Processos psicossociais nas organizações e no trabalho

Processos psicossociais nas organizações e no trabalho

José Carlos Zanelli
Narbal Silva
Suzana da Rosa Tolfo
(Orgs.)

© 2011 Casapsi Livraria e Editora Ltda.
É proibida a reprodução total ou parcial desta publicação, para qualquer finalidade, sem autorização por escrito dos editores.

1ª Edição
2011

Editores
Ingo Bernd Güntert e Juliana de Villemor A. Güntert

Assistente Editorial
Aparecida Ferraz da Silva

Capa
Carla Vogel

Projeto Gráfico & Editoração Eletrônica
Sergio Gzeschenik

Produção Gráfica
Fabio Alves Melo

Preparação de Original
Gabriel Madeira Fernandes

Revisão
Lucas Torrisi Gomediano

Dados Internacionais de Catalogação na Publicação (CIP)
(Câmara Brasileira do Livro, SP, Brasil)

Processos psicossociais nas organizações e no trabalho / organizadores José Carlos Zanelli, Narbal Silva, Suzana da Rosa Tolfo. -- São Paulo : Casa do Psicólogo®, 2011.

Vários autores.
Bibliografia.
ISBN 978-85-8040-051-9

1. Psicologia social 2. Trabalho - Aspectos psicológicos 3. Trabalho e classes trabalhadoras - Saúde mental I. Zanelli, José Carlos. II. Silva, Narbal. III. Tolfo, Suzana da Rosa.

11-02995	CDD-158.7

Índices para catálogo sistemático:
1. Psicologia do trabalho : Psicologia aplicada 158.7

Impresso no Brasil
Printed in Brazil

As opiniões expressas neste livro, bem como seu conteúdo, são de responsabilidade de seus autores, não necessariamente correspondendo ao ponto de vista da editora.

Reservados todos os direitos de publicação em língua portuguesa à

Casapsi Livraria e Editora Ltda.
Rua Santo Antônio, 1010
Jardim México • CEP 13253-400
Itatiba/SP – Brasil
Tel. Fax: (11) 4524-6997
www.casadopsicologo.com.br

Sumário

Apresentação 9

CULTURA E AMBIENTE PSICOSSOCIAL NAS ORGANIZAÇÕES

1 Qualidade de vida no trabalho e organizações saudáveis como expressões da cultura organizacional 15
José Carlos Zanelli, Narbal Silva, Suzana da Rosa Tolfo

SAÚDE, QUALIDADE DE VIDA E BEM-ESTAR NO TRABALHO

2 Trabajo, subjetividad y gestión de Recursos Humanos bajo el espíritu del nuevo capitalismo 33
Juan Pablo Toro

3 Notas sobre o adoecimento mental em trabalhadores rurais 49
José Newton Garcia de Araújo, Tarcísio Márcio Magalhães Pinheiro, Maria Regina Greggio

PREVENÇÃO DE RISCOS PSICOSSOCIAIS E SEGURANÇA NO TRABALHO

4 Implicancias bioéticas en salud mental laboral 63
Elisa Ansoleaga Moreno

LIDERANÇA, PODER E GOVERNANÇA ORGANIZACIONAL

5 La incidencia del liderazgo en la estructuración de la toma de decisión y la confianza en las organizaciones 77
Rodolfo A. Escalada

6 Aprendizaje organizacional y poder: Jerarquía, heterarquía y redes 93
Claudia Liliana Perlo, Maria del Rosario de la Riestra, Maria Verónica López Romorini

7   Dificultades en la implementación de modelos de gestión de Recursos Humanos en el Uruguay 107
Fernando Neira

DIVERSIDADE HUMANA E ASSÉDIO MORAL

8   Análise das contribuições do processo de banalização da injustiça social para o assédio moral nas organizações 127
Alessandra Ramos Demito Fleury, Denise Cristina Martins dos Santos Nery, Kátia Barbosa Macêdo

VÍNCULOS DO TRABALHADOR COM A ORGANIZAÇÃO

9   Comprometimento organizacional: Aprimoramento e evidências de validade do modelo tridimensional de Meyer e Allen no contexto brasileiro 145
Antonio Virgilio Bittencourt Bastos, Ana Paula Moreno Pinho, Carolina Villa Nova Aguiar, Igor Gomes Menezes

10   Entrincheiramento organizacional: Proposta de um novo vínculo indivíduo-organização 161
Ana Carolina de Aguiar Rodrigues, Antonio Virgilio Bittencourt Bastos

PRODUÇÃO DA SUBJETIVIDADE E SIGNIFICADOS ATRIBUÍDOS AO TRABALHO

11   Subjetividades e ética do trabalho nas organizações industriais contemporâneas 179
Regina Coeli Machado e Silva

12   Significados otorgados al contexto de trabajo actual y a los cambios en las condiciones laborales por un grupo de trabajadores de Bogotá 203
Maria Claudia Peralta Gómez

13   La tensión entre prescripto y real y su impacto en la calidad del trabajo subjetivamente percibida: Un análisis clínico.......... 219
Andrea Pujol

14   Ser operário da construção civil é viver a discriminação social 235
Livia de Oliveira Borges, Tamara Palmieri Peixoto

15 O minimizar do sofrimento de artistas de teatro 253
Roseli Vieira Pires, Kátia Barbosa Macêdo

16 Características del empleo de mandos medios del sector
automotriz en córdoba: Una contribución para pensar la
calidad del empleo en la actualidad 267
Javier Navarra, Andrea Pujol

17 La calidad del empleo en las trayectorias de trabajadores de
empresas del sector de software y servicios informáticos
de la ciudad de Córdoba, Argentina 285
Federico Barnes, Viviana Jara Roldán, Andrea Pujol

CARREIRA E PÓS-CARREIRA NAS ORGANIZAÇÕES

18 As formas da estruturação da carreira na contemporaneidade:
Interfaces e articulações teórico-técnicas entre a Psicologia
Organizacional e do Trabalho e a Orientação Profissional 305
Marcelo Afonso Ribeiro

APORTES EPISTEMOLÓGICOS E METODOLÓGICOS PARA O DESENVOLVIMENTO DA PSICOLOGÍA DAS ORGANIZAÇÕES E DO TRABALHO

19 Investigación en Psicología Organizacional:
Una aproximación positiva 329
Thelma Cetina Canto, Cecilia Aguilar Ortega, Adda Mendoza Alcocer

ESTRATÉGIAS E TÉCNICAS DE INTERVENÇÃO

20 A perspectiva da psicodinâmica do trabalho sobre a prática
da clínica do trabalho em instituições brasileiras 343
Ana Magnólia Mendes, Luciane Kozicz Reis Araújo

21 Alineación de la misión, visión y valores: Una propuesta de
intervención 355
Thelma Cetina Canto, Mónica Valeria Yam Aké,
Gloria Stella Arango Giraldo, Cecilia Beatriz Aguilar Ortega

22 Vulnerabilidad psico-socio-laboral, estrés por atención
al público y salud mental 367
Melisa Mandolesi, Carlos Bonantini, Victor Quiroga,
María Romina Cattaneo

23 Percepción de la calidad y satisfacción de los servicios
bibliotecarios en una universidad pública 379
Guadalupe Centeno Ley, Magdalena Escamilla Quintal,
Thelma Cetina Canto, Isabel Reyes-Lagunes

24 Validación de la escala de actitudes hacia el trabajo en
desempleados adultos 395
Tomás Izquierdo Rus

25 El proceso diagnóstico en las organizaciones 407
Victor Quiroga, Carlos Bonantini, Melisa Mandolesi,
María Romina Cattaneo

26 La consultoría psicosociologica en la encrucijada 421
Carlos Bonantini, Victor Quiroga, Melisa Mandolesi,
María Romina Cattaneo

Apresentação

Este livro é um dos produtos da organização do *II Congresso Iberoamericano de Psicologia das Organizações e do Trabalho*, em Florianópolis, Brasil, nos dias 14, 15 e 16 de abril de 2011. O II CIAPOT ocorre no âmbito e promoção da Rede Iberoamericana de Psicologia das Organizações e do Trabalho (RIPOT). A RIPOT foi fundada em Montevidéu, Uruguai, durante o período de realização da IX Jornada de Psicologia das Organizações e do Trabalho, nos dias 11 e 12 de junho de 2008. Em 2009, também em Montevidéu, foi possível viabilizar o I CIAPOT, como uma das ações propostas pela *Declaración de Montevideo de la Red Iberoamericana de Psicología de las Organizaciones y el Trabajo*[1]. Nesse documento estão postulados os objetivos da Rede, centrados em desenvolver a investigação, o intercâmbio científico e acadêmico e a comunicação na área.

O II CIAPOT, conforme os propósitos estabelecidos para sua realização, congrega profissionais, pesquisadores, professores e estudantes interessados nos estudos da Psicologia e de suas aplicações ao campo amplo da produtividade humana. Tem como tema central os *Processos psicossociais nas organizações e no trabalho*, que empresta o título a esta obra, cuja relevância vem sendo acentuada na literatura científica internacional e nas intervenções práticas dos profissionais preocupados com a saúde, a qualidade de vida e o bem-estar no atual mundo do trabalho.

Todos os capítulos que compõem esta obra estão abarcados, de algum modo, pelo princípio da interdependência entre os âmbitos histórico, econômico, cultural, político, social e psicológico, ainda que nossos fenômenos centrais estejam focados na dimensão psicossocial. Neles, certamente, o leitor confirmará o pressuposto de que a Psicologia das Organizações e do Trabalho é uma área de produção de conhecimentos e um campo de atuação que está construído na intersecção de diversas contribuições disciplinares. Além disso, confirmará a premissa de que o fenômeno organizacional é indissociável do fenômeno trabalho e vice-versa, de modo que recursos das duas categorias de análise devem ser estudados e conhecidos em interação se

---

[1] Disponível em: www.ripot.blogspot.com.

quisermos avançar no entendimento científico da área e intervir em prol do contingente mundial de trabalhadores que se podem beneficiar deste campo de atuação.

E que fique bem claro: a menção aos trabalhadores é extensiva às famílias, comunidades, sindicatos, corporações, governos, assim como aos desempregados, aos que sobrevivem no mercado informal de trabalho, aos aposentados, aos jovens em treinamento ou educação; enfim, a toda complexa teia de relações do mundo do trabalho.

Os capítulos, como o leitor poderá constatar, trazem uma rica variedade de conteúdos, abordagens, procedimentos e orientações ou suportes teóricos e epistemológicos, em diferentes seções temáticas, tanto para os relatos de base empírica como para os ensaios. O que, por si, revela a diversidade de preferências e enfoques adotados por seus autores, muitos deles voltados para a pesquisa e docência. Isso, por suposto, coloca assente o potencial de trocas e ganhos de aprendizagens possíveis para os participantes da RIPOT, entre universidades e todos aqueles que têm interesses por tais assuntos. De comum entre eles, há a intensa preocupação com as mudanças recentes no mundo do trabalho e a constituição complexa das organizações no contexto do capitalismo contemporâneo e da hegemonia neoliberal, em especial, com as decorrências psicossociais para os trabalhadores. Tal preocupação incita a busca de alternativas teóricas e procedimentos metodológicos, seja para investigações coerentes e rigorosas, do ponto de vista científico, para intervenções ou práticas profissionais responsáveis, do ponto da aplicação, ou para adequações à realidade nacional, regional ou peculiar a uma determinada organização.

A estruturação dos capítulos foi orientada pelos eixos temáticos propostos para o II CIAPOT. O número de trabalhos em cada eixo variou conforme as escolhas ou motivações dos autores. O que permite concluir que algumas temáticas, por interesses pessoais ou por demandas científicas e sociais, têm sido colocadas em evidência. Assim, na sequência do Sumário, podem ser observados, aqui reunidos nos parênteses, o número de capítulos por temática: "Cultura e ambiente psicossocial nas organizações" (1); "Saúde, qualidade de vida e bem-estar no trabalho" (2); "Prevenção de riscos psicossociais e segurança no trabalho" (1); "Liderança, poder e governança organizacional" (3); "Diversidade humana e assédio moral" (1); "Vínculos do trabalhador com a organização" (2); "Produção da subjetividade e significados atribuídos ao trabalho" (7); "Carreira e pós-carreira nas organizações" (1); "Aportes epistemológicos e metodológicos para o desenvolvimento da Psicologia das Organizações e do Trabalho" (1); "Estratégias e técnicas de intervenção" (7).

Estamos convictos de que este livro servirá como importante instrumento de divulgação para o conhecimento mútuo e o estabelecimento de relações que multipliquem as possibilidades de convênios, cooperações ou compartilhamento entre pesquisadores, estudantes e profissionais dos países sob a égide da Ibero--América, no que concerne à Psicologia das Organizações e do Trabalho e, especificamente, dos Processos Psicossociais.

Florianópolis, abril de 2011.

José Carlos Zanelli
Narbal Silva
Suzana da Rosa Tolfo

CULTURA E AMBIENTE PSICOSSOCIAL NAS ORGANIZAÇÕES

1

QUALIDADE DE VIDA NO TRABALHO E ORGANIZAÇÕES SAUDÁVEIS COMO EXPRESSÕES DA CULTURA ORGANIZACIONAL

José Carlos Zanelli [1]
Narbal Silva [1]
Suzana da Rosa Tolfo [1]

Introdução

Há evidências, largamente difundidas nos meios de comunicação, de que o estresse, os transtornos de ansiedade e a depressão têm tido crescimento progressivo nas últimas décadas. Isso revela um declínio do bem-estar da população, cuja consequência, entre outras, é o aumento devastador do consumo de drogas lícitas e ilícitas. Ou seja, com transtornos fóbicos e obsessivo-compulsivos, da alimentação e do pânico, o abuso de substâncias tóxicas está aumentando, entre outros infortúnios, como as injustiças sociais e a degradação do ambiente. Agências de investigação têm demonstrado que grande parte dos países, no mundo atual, passa por uma crise de felicidade (Marks, Simms, Thompson & Abdallah, 2006). Tal condição se torna mais evidente em contextos políticos e econômicos nos quais as relações de trabalho tornam-se cada vez mais precárias (Islam, Wills & Hamilton, 2009). De um modo genérico, podemos dizer que são consequências psicossociais da evolução político-econômica e tecnológica recente, ou nem tanto, se considerarmos a lógica de dominação e de exploração do desenvolvimento capitalista mundial dos últimos séculos.

O desenvolvimento urbano e a intensificação de atividades facilitadas pela profusão de produtos eletrônicos têm provocado uma busca incessante por novas experiências por ou repetição estereotipada de comportamentos, enquanto as relações familiares, as relações de caráter social ou cívico, nas quais as pessoas podem interagir face a face, para dialogar e aprender nas trocas interpessoais,

---

[1] Departamento de Pós-Graduação em Psicologia da Universidade Federal de Santa Catarina.

aparentam estar enfraquecendo (Putman, 2000). As relações virtuais, por meio de Facebooks, Blogs, Twitters, entre outras ferramentas de interação virtual, têm substituído, de modo voraz, as interações humanas presenciais. O contraponto, para as organizações de trabalho, é que o isolamento psicossocial induz ao ostracismo. Cabe, portanto, refletir sobre as implicações do princípio de que somos o que somos, a partir das relações que estabelecemos com os outros – defendido, entre muitos, por Rogers (1991). As consequências imediatas repercutem no enfraquecimento da coesão e da construção de uma cultura consolidada em bases de valores éticos compartilhados, por exemplo: justiça, honestidade, respeito e transparência. A impregnação do sentido ético nas organizações de trabalho representa a possibilidade do ser humano se desenvolver dentro de um contexto de trabalho favorável à construção de relacionamentos saudáveis, por meio de políticas e ações de gestão de pessoas (Silva & Tolfo, 2011). Os valores considerados éticos e morais são os referentes ao bem e ao mal, ao permitido e ao proibido, ao certo e ao errado, ao que é considerado comportamento correto e válido para todos (Silva, Zanelli & Tolfo, 2010). Diante de tais circunstâncias, é fácil deduzir uma redução no engajamento e elevação da rotatividade, do aumento do absenteísmo, do retrabalho e de desperdícios, de sabotagens deliberadas e não intencionais, de descumprimento de metas. Em suma, perda de produtividade no trabalho.

A evolução e a intensificação tecnológica, a diversidade da força de trabalho e a diminuição das relações humanas presenciais são algumas das dimensões que têm tornado o mundo do trabalho tão complexo como jamais foi visto. Por sua vez, ainda que muitas atividades estejam atingindo um nível de especialização também ímpar na história da humanidade, a percepção integrada do conjunto, por meio do desenvolvimento do pensamento sistêmico, e a capacidade de interagir, tornando produtivo o trabalho em equipe, muitas vezes implica na própria manutenção e na sobrevivência do setor ou da organização (Senge, 1999). Contudo, nesse cenário, estão sendo intensificados os conflitos de valores, seja entre gerações, seja entre procedências étnicas ou culturais, de gênero, de orientação sexual e outros. No nível estratégico e tático, o desafio é estabelecer políticas e práticas que motivem e comprometam pessoas com os propósitos da organização. Face a isso, a gestão da diversidade cultural representa uma resposta dos gestores à diversificação crescente da força de trabalho e às necessidades de competitividade (Fleury, 2000).

Vivemos em sociedades centradas no mercado, nas quais os pressupostos para a construção de valores que sustentam os modelos mentais têm sido, entre outros, os de consumir cada vez mais, aliados à exacerbação do individualismo. A reutilização de produtos é ideia obsoleta, para muitos indivíduos, e falimentar, para os dirigentes das organizações e dos países. O ciclo de vida dos produtos tem diminuído de modo intenso e progressivo nas últimas três décadas. A norma é descartar. Isso não nos interessa apenas do ponto de vista das consequências para a degradação do ambiente físico. Até que ponto o princípio da obsolescência ininterrupta é transferível para as relações entre pessoas nas organizações e no convívio social, de modo geral? Retornamos, assim, às dificuldades da construção de uma cultura consolidada em valores compartilhados, orientados para solidariedade e colaboração, fortalecimento da coesão e aprendizagem coletiva, que remete aos desafios do psicólogo que intervém nos processos psicossociais.

Há indicações, cada vez mais divulgadas na mídia em geral, de que estamos consumindo bem mais do que nosso planeta pode oferecer. Nesse ritmo, podemos esgotar os recursos naturais não renováveis, por exemplo, o petróleo e o gás natural, em um período relativamente breve. A gestão ambiental ainda engatinha, enquanto larga parcela da população mundial permanece mergulhada na ignorância e desassistida, em suas necessidades fundamentais, ou desconfiada das instituições políticas, educacionais e gerenciais na capacidade de proteger a Terra. Em contrapartida, a reputação e a responsabilidade ambiental das corporações são traduzidas nos noticiários por ações calamitosas de destruição física do ambiente e decadência moral de seus dirigentes. Na realidade dos Estados Unidos da América, ampla parcela de empresas perdeu reputação nos últimos anos pelos malefícios proporcionados ao meio ambiente (Gaines-Ross, 2008) – conclusão que parece facilmente generalizável para muitos outros países.

Estamos vivendo uma época de corrida desenfreada em busca de cumprimento de metas, término de um projeto, atendimento a um compromisso ou, simplesmente, acelerando, sem muita certeza do por quê e do para onde. O que também tem sido expresso, por meio de partidarismos, sectarismos, radicalismos, fundamentalismos religiosos que, por conseguinte, não admitem a possibilidade de *diálogo* e têm tomado conta das discussões. Muitas vezes, o que interessa é vencer ou vencer. Tolerância, humildade, aceitação da diversidade parecem valores que, embora propalados e compreendidos como politicamente corretos em diversos locais de trabalho, são repetidos de modo evasivo, sem apreensão dos significados, no sentido das pessoas os internalizarem, de modo compartilhado. Tornaram-se palavras vazias em um contexto de isolamento emocional. Mais uma vez, embora conscientes dos fatores estruturantes ou macro-sociais e das responsabilidades individuais, podemos indagar:

Como o psicólogo pode contribuir para a gestão desses processos psicossociais? Quais são os principais fatores que potencializam o bem-estar nas organizações? Quais interfaces entre cultura organizacional e qualidade de vida podem contribuir para construir organizações mais saudáveis?

Partimos da suposição básica de que os processos psicossociais em uma organização, construídos desde os primórdios das interações humanas em um ambiente específico de trabalho, constituem as bases para a promoção da saúde e da produtividade organizacional (Zanelli & Silva, 2008a, 2008b). Saúde compreendida como o estado de bem-estar do conjunto dos trabalhadores, dirigentes e dirigidos, nos múltiplos aspectos físicos, cognitivos, afetivos, motivacionais e comportamentais. Produtividade compreendida como o uso racional dos recursos visando atender as necessidades humanas, com preservação máxima do entorno físico e social. A análise de tais fenômenos envolve características que perpassam os níveis individual, grupal, organizacional e macro-societário; portanto, uma intrincada combinação, em sentido amplo, de variáveis pessoais e sociais. Tais processos estão relacionados, internamente nas organizações de trabalho, com as práticas para a promoção e a otimização dos recursos vinculados à melhoria das tarefas (por exemplo, planejamento dos postos de trabalho), do ambiente social (por exemplo, fluxo comunicativo, estilos de liderança, aspectos ergonômicos e de qualidade de vida), com a cultura e dimensões gerais da organização (políticas, estratégias, tecnologia e outras).

Os desafios recaem, em grande parte, sobre os gestores, mas, se cada ser humano não for educado para a consciência dos processos de construção de significados éticos, responsabilidades e propósitos de sustentabilidade, tanto física como psicossocial, os infortúnios e desesperanças permanecerão. As organizações de trabalho, como unidades vivas, são atores relevantes na multideterminação sistêmica – ao mesmo tempo, provocam e sofrem as consequências de suas ações. Nesse raciocínio, partimos do princípio de que as organizações vivas constituem sistemas que se reorganizam constantemente, com base na dialógica da complexidade (Morin, 2003).

Resta esclarecer que estamos enfocando as empresas, organizações que prestam serviços e produzem bens, com fins lucrativos, mas também as organizações governamentais e não governamentais, com ou sem fins lucrativos, em princípio, orientadas para as demandas dos cidadãos. Em qualquer alternativa, interessa-nos construir o alinhamento de valores, na direção do bem comum e da preservação do entorno. Algo que pode ser feito, ou não, no cotidiano das organizações que nos envolvem. E, sem dúvida, muitas vezes sob intensa pressão das tensões, das contradições e dos paradoxos. O desafio posto, tanto para os gestores quanto para os geridos nas organizações de trabalho, reside em construir e compartilhar valores que possam ser expressos por meio de políticas, programas e práticas para a construção efetiva de qualidade de vida no trabalho. É disso que trataremos na seção que segue.

Qualidade de vida expressa no nível dos artefatos visíveis

Parece não haver dúvidas de que o psicólogo atuante em organizações de trabalho deve pautar a sua prática na busca da qualidade de vida. Nas políticas, nos programas e nas ações de qualidade de vida no trabalho (QVT), ao serem enfocados os comportamentos humanos essenciais para o desenvolvimento organizacional (Limongi-França, 2003), a atuação do psicólogo em equipes multidisciplinares torna-se imprescindível ao êxito das práticas de QVT (Silva & Trierweiler, 2010). Mas o que pode contribuir de fato para a qualidade de vida dos trabalhadores? Como identificar pressupostos, valores e ações que sejam profícuas nessa direção? Essas questões permanecem atuais, pois mesmo que a qualidade de vida no trabalho seja objeto de interesse de pesquisadores e profissionais, pelo menos nas últimas cinco décadas (algo similar ao que ocorre em relação à cultura organizacional), ainda existem controvérsias quanto a suas abrangência, definição e aplicação nas organizações. Ao partir da denominação genérica – QVT – e do enfoque adotado, o conceito pode ser definido com base na saúde, na motivação, na satisfação, nas condições ergonômicas e trabalhistas, no estresse, nos estilos de liderança, na prática de atividade física, dentre outros (Tolfo, Silva & Luna, 2010).

Psicólogos têm contribuído para a elaboração de diferentes abordagens sobre a questão, com vistas a responder às demandas científicas e práticas. O que pressupõe conhecer suas possibilidades de atuação no nível estratégico da organização e conhecer com profundidade métodos e técnicas de intervenção (Zanelli, 2002).

Entre as principais abordagens sobre QVT, Hackman e Oldham (1975) demonstram que o estabelecimento de relações entre as dimensões de uma tarefa a ser executada e o surgimento de estados psicológicos críticos podem ter resultados positivos em nível pessoal e de trabalho. Os 3 estados psicológicos críticos são: percepção da significância do trabalho, percepção da responsabilidade pelos resultados e conhecimento dos resultados do seu trabalho. Nesta perspectiva, as ações gerenciais são priorizadas com vistas a tornar os cargos mais produtivos e satisfatórios. Para Nadler e Lawler (1983), qualidade de vida no trabalho pressupõe a preocupação com os reflexos do trabalho nas pessoas e na efetividade organizacional, e as pessoas são partícipes na solução de problemas organizacionais.

Walton (1973), estudioso clássico do fenômeno, sustenta o seu conceito de QVT nos princípios de humanização do trabalho e na responsabilidade social das organizações. Para ele, QVT compreende o entendimento de necessidades e aspirações do indivíduo, por meio da reestruturação do desenho de cargos e novas formas de organizar o trabalho, aliado ao trabalho em equipes com autonomia e à melhoria do meio organizacional. Com base em tais autores, Tolfo (2008) identificou 3 vertentes principais nos estudos de QVT: humanização do trabalho; questões relacionadas à reformulação de cargos e à participação e envolvimento dos trabalhadores nas decisões e nos problemas do trabalho; e bem-estar e satisfação do trabalhador, aliada ao aumento de produtividade, eficácia e efetividade organizacional.

No conjunto dos estudos, verifica-se também que a qualidade de vida no trabalho contempla, didaticamente falando, conteúdos subjetivos (satisfação de necessidades intrínsecas) e objetivos e concretos (remuneração e condições de trabalho). De modo especial, é por meio da observação dos componentes objetivos (os artefatos visíveis) que é mais aparente a articulação entre cultura e QVT. Os artefatos visíveis incluem todos os fenômenos que alguém vê, ouve e sente quando se depara com novo grupo orientado por uma cultura não familiar a quem o observa (Schein, 2009). Da forma como é sistematizado o trabalho nas organizações, as políticas voltadas à gestão de pessoas, dentre outras, são representativas do modo como os valores podem ser expressos. Por seu lado, os conteúdos subjetivos estão mais latentes, orientando os modos de lidar com os empregados, as atitudes relativas ao relacionamento entre chefias e empregados e expressões sobre a concepção de natureza humana. Embora a distinção entre objetivo e subjetivo seja questionável, nesse caso, ela contribui para o entendimento de algumas características mais ou menos concretas em relação àquilo que, na organização, é preconizado como valor ou ideal a ser perseguido, por meio da missão e da visão. Seguindo tal raciocínio, as políticas, os programas e as ações de QVT representam parcela importante, objetiva e visível da cultura organizacional.

Entendemos a cultura organizacional como o jeito de ser típico e compartilhado de determinado agrupamento social. Os diferentes grupos de pessoas têm modos distintos de apreender os eventos da realidade, e respondem a ela com base em significados que são progressivamente aprendidos e compartilhados. O que supõe a edificação da cultura nas organizações de trabalho por meio de processos de construção da realidade social (Silva & Zanelli, 2004; Zanelli & Silva, 2008a, 2008b).

Entre as diversas abordagens para a identificação de aspectos presentes no trabalho que proporcionam qualidade de vida no trabalho, o modelo proposto por Walton (1973) é adotado como uma perspectiva ampla de análise e será o referencial básico da articulação apresentada neste trabalho. Ele é composto por oito categorias de análise e seus indicadores, que permitem analisar o conjunto de condições e as práticas organizacionais, questões relacionadas à satisfação e à percepção dos empregados sobre os aspectos positivos no trabalho (Silva & Tolfo, 1995), assim como permitem identificar aproximações à perspectiva de construção de organizações saudáveis. Os pressupostos fundamentais de qualidade de vida no trabalho constituem elementos imprescindíveis das organizações saudáveis. Encontram-se vinculados à saúde e à qualidade de vida das pessoas nas organizações. Nas organizações que se orientam pelos pressupostos de valorização dos aspectos humanos no ambiente de trabalho são construídas políticas de responsabilidade pela manutenção da saúde e do bem-estar de toda comunidade organizacional (Zanelli, Calzaretta, García, Lipp & Chambel, 2010).

As dimensões de QVT e os respectivos indicadores são os seguintes: compensação justa e adequada (equidade salarial interna e externa e benefícios); condições de trabalho (condições físicas seguras e salutares e jornada de trabalho); oportunidade de uso e desenvolvimento de capacidades (autonomia e possibilidades de autocontrole); aplicação de habilidades variadas e perspectivas sobre o processo total do trabalho); oportunidade de crescimento contínuo e segurança (oportunidade de desenvolver carreira e segurança no emprego); integração social no trabalho (apoio dos grupos primários, igualitarismo e ausência de preconceitos); constitucionalismo (normas e regras, respeito à privacidade pessoal e adesão a padrões de igualdade); trabalho e espaço total da vida (papel do trabalho frente ao conjunto da vida do empregado) e relevância social da vida no trabalho (relevância social do trabalho e da organização no ambiente no qual se insere) (Walton, 1973). As oito dimensões inter-relacionadas formam um conjunto que possibilita ao pesquisador apreender os pontos percebidos pelos trabalhadores como positivos ou negativos, na sua situação de trabalho (Silva & Tolfo, 1995). Também constituem processos psicossociais fundamentais para a qualidade de vida do ser humano no trabalho e podem orientar práticas saudáveis nas organizações. Todavia, conforme salienta Walton (1973), os indicadores propostos não são definitivos e genéricos, no sentido de contemplar todos os aspectos relativos à questão; no que concorda Fernandes (1996), que os amplia ao incluir demandas relativas à Saúde, Ecologia, Ergonomia, Psicologia, Sociologia, Economia, Administração e Engenharia. Nessa direção, também são identificados os trabalhos de Limongi-França (1996, 2003), que conceituam QVT como ações articuladas de uma organização para implantar melhorias e inovações gerenciais, tecnológicas ou estruturais no trabalho. Para ela, os focos de QVT são constituídos de indicadores biológicos, psicológicos, sociais e organizacionais.

De acordo com as fontes do International Labour Office (1984), os aspectos psicossociais nas organizações são relativos às interações que ocorrem no ambiente de trabalho, ao conteúdo do trabalho, ao suporte organizacional, às competências do trabalhador, às necessidades, à cultura e valores, à relação entre o trabalho e outros espaços da vida pessoal, como a família. Se tais aspectos podem influenciar a saúde, o desempenho e a satisfação no trabalho, podemos então identificar uma estreita aproximação entre os indicadores de QVT, conforme Walton (1973) e os aspectos psicossociais relacionados ao trabalho.

Os estudos da cultura organizacional, tal quais os de QVT, remetem a interfaces com diversas áreas de conhecimento (Psicologia, Antropologia, Sociologia, Administração e outras) e apresentam alguns pressupostos que, segundo Schein (1987, 2009), são: relacionamento da organização com o ambiente (relativo ao tipo de relação que a organização estabelece com o meio externo); natureza da verdade e da realidade (o interesse principal é o de saber quem e de que modo é construído o que é tido como verdade e realidade na organização); natureza da natureza humana (referente ao conceito de ser humano que prevalece na organização, se o ser humano é inerentemente bom, mau ou neutro); natureza das atividades humanas (a finalidade essencial está em saber se o trabalho realizado na organização é predominantemente individual ou colaborativo); e natureza dos relacionamentos humanos (o interesse principal está em saber se os relacionamentos humanos, no contexto de trabalho da organização, tendem ao individualismo ou à cooperação).

Com base nos pressupostos culturais e nos indicadores de QVT, é possível elaborar um paralelo entre ambos os construtos, conforme o Quadro 1. As relações estabelecidas entre cultura e qualidade de vida no trabalho não pretendem ser unidirecionais e exclusivas, mas mostram tendências existentes de mútua influência. Um ou mais pressupostos culturais podem estar sendo expressos por meio de mais de um indicador de QVT. Outras combinações, além das estabelecidas no Quadro 1 também são possíveis. Os pressupostos básicos de cultura são expressos no nível dos artefatos visíveis por meio indicadores objetivos de QVT, que, por sua vez, reforçam e consolidam aspectos da cultura considerados importantes.

Quadro 1 - Relações entre pressupostos básicos de cultura organizacional e QVT.

PRESSUPOSTOS BÁSICOS DE CULTURA	INDICADORES DE QVT
Relacionamento com o ambiente	Relevância social da vida no trabalho – Trabalho e espaço total de vida
Natureza da verdade e da realidade	Uso e desenvolvimento de capacidades – Constitucionalismo
Natureza da natureza humana	Uso e desenvolvimento de capacidades – Oportunidade de crescimento e segurança – Trabalho e espaço total de vida

Natureza das atividades humanas	Condições de trabalho – Uso e desenvolvimento de capacidades – Trabalho e espaço total de vida – Compensação justa e adequada
Natureza dos relacionamentos humanos	Integração social – Constitucionalismo

Fonte: Silva e Tolfo, 1995.

As aproximações entre as categorias lógicas de cultura organizacional e os indicadores de QVT estão expressas, por exemplo, ao se indagar os gerentes (segmento funcional responsável pela preservação e veiculação da cultura dominante) e os trabalhadores (que também reproduzem a cultura) a respeito das práticas voltadas à QVT. Em suas verbalizações, eles mesmos poderão fazer referências a pressupostos de sustentação dos indicadores de QVT que, especialmente no caso dos gestores, quando propalados, mas não praticados, tendem a se coadunar com os valores esposados. De modo oposto, os indicadores de QVT, quando objetivados e firmemente consolidados, podem revelar parte de aspectos importantes da cultura organizacional. O que remete à necessidade de caracterizar QVT com base no contexto cultural, sócio-econômico e político brasileiro, que é próprio e diferente dos países desenvolvidos (Fernandes e Becker, 1988). No Quadro 2, apresentamos um exemplo referente ao assunto.

Quadro 2 - Indicadores de QVT expressos em artefatos visíveis.

O *layout* dos escritórios da sede Natura refletia essa sensação de abertura e camaradagem. Todo mundo, com exceção dos três presidentes, ficava em cubículos opacos em cor de rosa, em uma grande área aberta, desde diretores aos atendentes de serviço ao consumidor. Todo mundo almoçava no mesmo restaurante e não havia vagas reservadas para a diretoria. Leal orgulhosamente mostrava o contraste entre a cultura da Natura com a de um banco onde ele havia trabalhado anteriormente, onde os elevadores eram bloqueados todos os dias de manhã, para que o presidente da empresa pudesse subir sozinho enquanto o restante dos empregados ficava olhando e esperando.

Fonte: Silva e Zanelli, 2004. Retirado do site: www.natura.com.br

Ao entendermos que a cultura nacional influencia sobremaneira a cultura organizacional, torna-se imperioso compreender, como no exemplo do Quadro 2, a cultura organizacional e a cultura brasileira de modo indissociável.

Dourado e Carvalho (2007) contribuem para a análise da questão ao argumentar que, se por um lado as intensas mudanças observadas no Brasil, sobretudo a partir da década de 1990, desafiam pressupostos culturais consagrados, em direção ao aumento da autonomia e da confiança nos trabalhadores, por outro o cenário contemporâneo de incerteza e "curto-prazo" muitas vezes limita as condições para o desenvolvimento de projetos voltados à promoção da qualidade de vida. Esse cenário, não raro, restringe as preocupações com QVT em relação à dimensão biológica do trabalhador. Embora também importantes, as ações ficam circunscritas na promoção de atividades físicas e nutricionais.

As percepções relativas ao trabalho como possibilidade de qualidade de vida são orientadas pela cultura organizacional e podem ser direcionadas em uma perspectiva de organizações saudáveis. Assim sendo, na seção que segue, pretendemos estabelecer relações entre pressupostos culturais de QVT e a construção psicossocial de organizações saudáveis.

A construção psicossocial de organizações saudáveis

A construção psicossocial de organizações saudáveis, orientadas para a saúde e qualidade de vida, pressupõe a adoção de pressupostos culturais de base humanista. Um pressuposto cultural é aquilo que é tido como verdade irrefutável numa organização (Freitas, 2007). Algo que não se discute, porque está historicamente "naturalizado". Em virtude disso, tais organizações também podem ser denominadas humanizadas. Compreendemos esse tipo de organização como aquela voltada à responsabilidade para com os seus funcionários e o ambiente externo, e agrega valores que não somente a maximização do retorno para os acionistas. No âmbito interno, ocorre promoção de melhorias na qualidade de vida e de trabalho, construção de relações democráticas e justas, diminuição de desigualdades e diferenças de raça, sexo ou credo, além de contribuírem para o desenvolvimento das pessoas sob os aspectos físico, emocional, intelectual e espiritual. Ao enfocar o ambiente externo, as ações se direcionam à eliminação de desequilíbrios ecológicos, à superação de injustiças sociais, ao apoio a atividades comunitárias – enfim, o que se convencionou chamar de exercício da cidadania corporativa (Vergara & Branco, 2001).

A tentativa de esclarecer as múltiplas interpretações atribuídas ao conceito de organizações saudáveis e, mais especificamente, ao termo saudável, remete à intenção prática que é colocada nesses termos, sem esquecer a produção científica que ocorreu nas últimas décadas em torno do fenômeno. Tal produção provém de perspectivas e âmbitos diversos, nem sempre em claras conexões, mas, de algum modo, abriga a investigação científica realizada em distintas disciplinas. Ressalta o "cuidado" com a saúde dos empregados, mas também com a organização em seu conjunto. Supõe uma mudança da direção e do desenvolvimento dos recursos humanos, ao considerar a saúde psicossocial como um meio, mas também um fim em si. Trata-se, portanto, de uma mudança que agrega valor estratégico aos objetivos organizacionais (Salanova Soria, 2008). A materialização de organizações saudáveis, por meio da construção de ambientes físicos e psicossociais promotores da felicidade humana possui, como pressupostos culturais, entre outros, aqueles que endereçam à qualidade de vida no trabalho e nos demais espaços da vida pessoal.

Uma organização que propõe atividades de transformação para tornar--se saudável desenvolve esforços sistemáticos de planejamento e intervenção pró-ativa para melhoria de seus aspectos psicossociais. Por isso, promove ações conscientes e intencionais na direção de um estágio de desenvolvimento organizacional em que haverá incremento de resiliência ou, de modo simples, competência para a resolução e aprendizagem frente aos problemas e crises. A organização saudável não só enfrenta as crises com maior sucesso; sai delas fortalecida.

Uma organização orientada para a construção psicossocial saudável tornar--se-á mais segura e o ambiente, mais motivador e comprometido. Os resultados, sejam os produtos ou serviços, serão de mais qualidade, para um entorno com o qual são firmadas boas relações. A fonte real de vantagem competitiva está no comportamento das pessoas, na construção de uma organização, na qual cada indivíduo toma a iniciativa, colabora, tem autoconfiança e respeito pelo ambiente interno e externo à organização. Vantagem competitiva vem de pessoas que se comprometem consigo mesmas, com suas equipes, com suas unidades, com suas organizações (Nahapiet & Ghoshal, 1998).

Na lógica proposta por Salanova Soria (2008), organizações saudáveis mantêm empregados saudáveis – portanto, um capital psicológico positivo – que, por sua vez, obtêm resultados saudáveis. Saúde é percebida como investimento, e não como custo. Saúde é um pressuposto cultural inerente às atividades de gestão de pessoas, em ações de atenção aos empregados para cuidar de seu desenvolvimento integral. Ainda como pressuposto cultural, difunde-se a ideia de que é possível construir e manter um ambiente de bem-estar, não só para os empregados e os empregadores, mas também para seus clientes ou usuários. Enfim, para a sociedade, com uma perspectiva de qualidade de vida que extrapola o ambiente de trabalho, porque depende das condições econômicas, estruturais e até climáticas de uma determinada região.

Observemos uma definição de organizações saudáveis que sintetiza aspectos relevantes da construção do conceito:

aquelas organizações caracterizadas por investir esforços de colaboração, sistemáticos e intencionais para maximizar o bem-estar dos empregados e a produtividade, mediante a criação de postos de trabalho bem planejados e significativos, de ambientes sociais de apoio e, em suma, mediante oportunidades equânimes e acessíveis para o desenvolvimento da carreira e do equilíbrio entre trabalho e vida privada. (Wilson, Dejoy, Vandenberg, Richardson & Mcgrath, 2004, p. 567)

De modo geral, as características que sobressaem nas organizações saudáveis estão associadas às relações de respeito entre empregados e empregadores e entre os empregados, adaptação ao trabalho, flexibilidade e mudança, oportunidades de aprendizagem contínua, respeito à diversidade, atenção aos cuidados familiares, comunicação com fluxo aberto em todas as direções, possibilidades de diversão e tempo livre, e assim por diante. Como pode ser observado, não se trata de restringir-se à ausência de enfermidades ou problemas. Significa um esforço em direção à construção de uma cultura voltada para o bem-estar físico, social e psicológico. Cuidados que têm a ver com a otimização do estado de bem-estar e, novamente, com os pressupostos culturais do que conceituamos como qualidade de vida.

As construções de competências psicossociais, tanto individuais, grupais e organizacionais, estão ancoradas na gestão para conseguir maximização do funcionamento e desempenho baseados em várias características, entre elas: autoeficácia, esperança, otimismo e resiliência (Luthans & Youssef, 2004; Stanjovik, 2006). Atenção é dedicada aos recursos de tempo e de dinheiro, estabelecimento de propósitos claros, interações humanas satisfatórias, atividades significativas e desafiadoras, coerência entre o falar e o fazer, superação dos desafios, maturidade emocional e moral, civilidade e responsabilidade. Além disso, entre outras características, é possível elencar: retribuição justa, alinhamento dos objetivos pessoais e organizacionais, uso das potencialidades pessoais e das potencialidades organizacionais, combate ao isolamento, rotatividade e perda de produtividade, adequação dos desafios às diferentes competências individuais, reconhecimento e aprendizagem com os erros, escuta ativa, tolerância e compaixão, estímulo às curiosidade, criatividade e inovação.

Considerações finais

A saúde ocupacional, em um sentido amplo, é elemento chave da gestão e do desenvolvimento saudável de pessoas, como fator estratégico nas organizações. O conceito de organização saudável, na alternativa que preferimos, é apreendido na perspectiva da construção psicossocial da cultura baseada na ética e no fortalecimento das interações em prol de objetivos compartilhados.

Cultura e qualidade de vida, tanto no trabalho como fora dele, constituem elementos indissociáveis para a construção de organizações saudáveis. As ações de qualidade de vida no trabalho, respaldadas por culturas organizacionais que as facilitem, tornam-se condição *sine qua non* à promoção de organizações saudáveis. O papel dos gestores é essencial para coordenar as ações no dia a dia da vida organizacional. É o que recentemente tem sido denominado de gestão por meio do exemplo.

A construção de relações humanas mais saudáveis no ambiente de trabalho só é possível pela mudança de valores e atitudes fundamentais. Consiste em mudar o contexto físico e psicossocial que os gestores e demais trabalhadores criam nas organizações tradicionais, no contexto capitalista predador. Construir organizações saudáveis pressupõe enfrentar o desafio da mudança profunda nas organizações, pela via da educação intensiva, baseada em valores fortemente compartilhados e em uma concepção ampla de qualidade de vida. Enfim, está conectada a mudanças culturais – de ideias e de crenças básicas – em relação à saúde, ao trabalho e à melhoria continua do capital psicológico, social, e econômico.

Referências bibliográficas

Dourado, D. C. P. & Carvalho, C. A. (2007). Extra! Extra! O caso da Metrorec revela como é operada a manipulação ideológica do discurso da QVT. *Cadernos Ebape, 5*(4).

Fernandes, E. & Becker, J. L. (1988). *Qualidade de Vida no Trabalho: a realidade dos CPD's.* In: ENANPAD (12a ed.) (pp. 1775-1792). Natal. v.3,.

Fernandes, E. C. (1996). *Qualidade de vida no trabalho: como medir para melhorar.* Salvador: Casa da Qualidade.

Fleury, M. T. L. (2000). Gestão da diversidade cultural: experiências das empresas brasileiras. *Revista de Administração de Empresas* / EAESP / FGV,.

Freitas, M. E. (2007). *Cultura organizacional: evolução e crítica.* São Paulo: Thomson.

Gaines-Ross, L. (2008). *Corporate reputation: 12 steps to safeguarding and recovering reputation.* New York, NY: Wiley.

Nahapiet, J. & Ghoshal, S. (1998). Social capital, intellectual capital and the organizational advantage. *Academy of Management Review, 23*(2), 242-266.

Hackman, J. R. & Oldham, G. R. (1975). Development of the job diagnostic survey. *Journal of Applied Psychology, 60*(2), 159-170.

International Labour Office. (1984) Psychosocial factors at work: recognition and control. *Report of the joint ILO/WHO Comitee on Occupational Health – Ninth Session.* Geneva.

Islam, G., Wills, E. & Hamilton, M. (2009). Objective and subjective indicators of happiness in Brazil: The mediating role of social class. *Journal of Social Psychology, 149*(2), 267-272.

Limongi-França, A. C. (1996) *Indicadores empresariais da qualidade de vida no trabalho: esforço empresarial e satisfação dos empregados no ambientes de manufaturas com certificação ISO 9000.* Tese (Doutorado em Administração) Faculdade de Economia, Administração e Contabilidades, Universidade de São Paulo, São Paulo.

Limongi-França, A. C. (2003). *Qualidade de vida no trabalho: conceitos e práticas nas empresas da sociedade pós-industrial.* São Paulo: Atlas.

Luthans, F. & Youssef, C. M. (2004). Human, social and now positive psychological capital management: investing in people for competitive advantage. *Organizational Dinamics, 33,* 143-160.

Marks, N., Simms, A., Thompson, S. & Abdallah, S. (2006). *The happy planet index: an index of human weil-being and environmental impact.* London, UK: New Economic Foundation.

Moraes, L. F. R. & Kilimnik, Z. M. (1989). A evolução do papel do administrador, a utilização do computador e reflexos em sua qualidade de vida. In: ENANPAD, 13 *Anais*... Belo Horizonte. v.1. p. 305-324.

Morin, E. (2003). *O método I. A natureza da natureza*. Porto Alegre: Sulina.

Nadler, D. A. & Lawler, E. E. (1983). Quality of work life: perspectives and directions. *Organizational dynamics*, *11*, 20-30.

Putman, R. (2000). *Bowling alone: the collapse and revival of American community*. New York, NY: Simon and Schuster.

Salanova, M. (2008). Organizaciones saludables y desarrollo de recursos humanos. *Estudios Financieros*, *303*, 179-214.

Rogers, C. R. (1991). *Tornar-se pessoa*. Rio de Janeiro: Martins Fontes.

Senge, P. M. (1999). *A dança das mudanças*. Rio de Janeiro: Campus.

Schein, E. H. (2009). *Cultura organizacional e liderança*. São Paulo: Atlas.

Silva, N. & Tolfo, S. R. (2011). Processos psicossociais na construção de sentido ético nas organizações. Em: S. G. da Costa. *Psicologia aplicada à administração*. São Paulo: Elsiever.

Silva, N., Zanelli, J. C. & Tolfo, S. R. (2010). Dilemas éticos na atuação do psicólogo brasileiro. Em: V. A. Bastos, S. M. G. Gondim. *O trabalho do psicólogo no Brasil*. Porto Alegre: Artmed.

Silva, N. & Trierweiler, M. (2010). *O psicólogo nas ações de qualidade de vida: possibilidades de intervenção nos ambientes físico e psicossocial das organizações*. Curitiba: Editora Juruá.

Silva, N. & Zanelli, J. C. (2004). Cultura organizacional. Em: J. C. Zanelli, J. E. Andrade-Borges & A. V. Bastos. *Psicologia, organizações e trabalho no Brasil*. Porto Alegre: Artmed.

Silva, N. & Tolfo, S. R. (1999). Cultura organizacional e qualidade de vida no trabalho: um estudo no ramo hoteleiro de Florianópolis. *Convergência. Revista de Ciencias Sociales. 6*(20).

Stankovik A. D. (2006). Development of a core confidence-higher order construct. *Journal of Applied Psychology*, *91*, 1.208-1.224.

Tolfo, S. R. (2008). Qualidade de Vida no Trabalho. Em: A. Laner & J. B. Cruz Jr. *Indivíduo, organizações e sociedade*. Ijuí/RS: UNIJUÍ.

Tolfo, S. R., Silva, N. & Luna, I. (2009). Cultura organizacional, identidade e qualidade de vida no trabalho: articulações e sugestões de pesquisas em organizações. Pesquisas e Práticas Psicossociais, *4*(1).

Walton, R. E. (1973). Quality of working life: what is it? *Sloan Management*, *15*(1), 11-21.

Wilson, M. G., Dejoy, D. M., Vandenberg, R. J., Richardson, H. A. & Mcgrath, A. L. (2004). Work characteristics and employee health and well-being: Test of a model of healthy work organization. *Journal of Occupational and Organizational Psychology, 77*, 565-588.

Vergara, S. C. & Branco, P. D. (2001). A empresa humanizada. *RAE – Revista de Administração de Empresas, 41*(2).

Zanelli, J. C. (2002). *O psicólogo nas organizações de trabalho*. Porto Alegre: Artmed.

Zanelli, J. C. & Silva, N. (2008a). *Interação humana e gestão: a construção psicossocial das organizações de trabalho*. São Paulo: All Books/Casa do Psicólogo.

Zanelli, J. C. & Silva, N. (2008b). *Interacción humana y gestión: la construcción psicosocial de las organizaciones de trabajo*. Montevideo: Psicolivros/Casa do Psicólogo.

Zanelli, J. C., Calzaretta, A. D., García, A. J., Lipp, M. E. N. & Chambel, M. J. (2010). *Estresse nas organizações de trabalho: compreensão e intervenção baseadas em evidências*. Porto Alegre: Artmed.

SAÚDE, QUALIDADE DE VIDA E BEM-ESTAR NO TRABALHO

2

TRABAJO, SUBJETIVIDAD Y GESTIÓN DE RECURSOS HUMANOS BAJO EL ESPÍRITU DEL NUEVO CAPITALISMO

Juan Pablo Toro[1]

Introducción

El lugar del trabajo en la construcción de la subjetividad moderna ha sido materia de profusa investigación y discusión. El desarrollo del industrialismo y la configuración de la sociedad salarial han asignado al trabajo / empleo un rol central en la constitución del sujeto moderno y de parte sustancial de su identidad. Desde su origen etimológico en la tortura y su significación como condena hasta su endiosamiento como forma privilegiada de expresión humana, como fuente de realización personal y manifestación de voluntad creadora, su historia ha estado llena de contradicciones y ambivalencias y, hasta hace poco tiempo, el péndulo de su valoración parecía haberse detenido en el polo de su glorificación. El trabajo / empleo como panacea, como vehículo y factor determinante de calidad de vida, integración cultural, normatividad y cohesión social (Blanch, 2003) parece haber alcanzado su punto culminante durante el siglo pasado y desde hace algunas décadas está experimentando cambios agudos que han llevado a algunos hasta a anunciar su desaparición.

Con todo, parece haber acuerdo en cuanto a que en este escenario de profundas transformaciones socioculturales, los procesos socializadores que fueron efectivos como mecanismos productores de individuos integrados en la sociedad industrial, ya no garantizan el ajuste y adaptación social ni aseguran la integración a un mundo del trabajo que también se modifica. El proceso de socialización parece hoy día compitiendo con procesos individualizadores que cobran creciente protagonismo, de manera tal que las condiciones actuales imponen características especiales a la "prueba del trabajo" (Martuccelli, 2007). Las mismas pueden describirse y desplegarse con mayor claridad si se las mira

---

[1] Universidad Diego Portales, Santiago, Chile.

en la perspectiva de la breve historia que se traza desde las grandes transformaciones que se inician a mediados de los años 70 del siglo XX. Sobre este trasfondo, la psicología del trabajo y de las organizaciones ha ido construyendo su saber y sus prácticas teniendo como objetivo de atención al sujeto como trabajador y como miembro organizacional. Ha generado para ello dispositivos conceptuales referidos al trabajador y sus necesidades y ha definido el tipo de problemas que éste debe resolver para integrarse y contribuir al entorno laboral.

En esta presentación se pretende ilustrar cómo la experiencia del trabajar ha venido sufriendo cambios al paso de las transformaciones económicas, políticas y sociales; y describir las grandes características de este proceso extendido y de carácter global. Es importante recalcar, sin embargo, que aún cuando esos rasgos pueden ser identificados, se debe atender también a la gran diversidad de realidades a las que dan lugar. Así, el espacio geográfico, social y cultural constituye complejos entramados sobre los cuales se construye la experiencia laboral. Esta advertencia es necesaria puesto que gran parte de los aportes conceptuales para comprender las transformaciones del trabajo proviene de los países desarrollados del norte y su aplicación a unas realidades como las latinoamericanas es, por lo menos, controvertida. Así, algunos investigadores se preguntan si es correcto hablar de taylorismo, de fordismo o de postfordismo en éste ámbito regional y recuerdan la condición híbrida de su realidad cultural y socioeconómica para evitar una aceptación mecánica o acrítica de esas nociones. Sin entrar a fondo en ese debate, lo que sí puede afirmarse es que las formas típicas de organización del trabajo que se han dado en el mundo desarrollado de una manera diacrónica, como una secuencia relativamente ordenada y continua, se presentan en Latinoamérica como estructuras sincrónicas y mestizas.

Tomando resguardo de estas limitaciones, resulta iluminadora la propuesta de Boltanski y Chiapello (2002) en relación a la evolución del pensamiento y la práctica sobre la organización del trabajo cuando despliegan el análisis de lo que ellos describen como distintos espíritus del capitalismo ("la ideología que justifica el compromiso con el capitalismo", pág. 41). Así como en su conocida tesis Weber postula a la ética protestante como base sobre la cual despega el capitalismo inicial, Boltanski y Chiapello quieren dar cuenta de los patrones que explican las transformaciones del capitalismo del siglo XX y de las transformaciones de los valores, de los conceptos de gestión y del concepto del trabajador a que da lugar este nuevo espíritu. Se utilizará entonces el marco propuesto por estos autores para describir los distintos modelos conceptuales a partir de los cuales se han identificado los problemas que debe enfrentar la organización del trabajo y las formas de resolverlos.

Para concluir, se plantearán algunas opciones que se le presentan a la psicología del trabajo y de las organizaciones en el marco del nuevo capitalismo para atender e incidir sobre la calidad de la experiencia laboral, lo que se hace posible en tanto opera como psicología aplicada a la Gestión de los Recursos Humanos (GRH).

Las transformaciones socioculturales y la organización del trabajo

Boltanski y Chiapello (2002) han prestado atención a estos cambios desarrollando una mirada que permite identificar y comprender tres momentos en la evolución del capitalismo hasta la configuración del modelo actual. Se trata, plantean los autores, de tres espíritus, tres formas distintas de movilizar los esfuerzos e intereses de los miembros de la organización y de concebir la dinámica de las organizaciones que muestran la enorme capacidad del capitalismo de adecuarse y responder a la crítica de que ha sido objeto. En lo que sigue, se intentará identificar cómo estas configuraciones de prácticas y sentidos han estado asociadas a diferentes enfoques y desarrollos de la psicología del trabajo y de las organizaciones, y a distintas modalidades de concebir el manejo de las personas en el trabajo.

Una primera etapa del desarrollo del capitalismo moderno transcurre durante el siglo XIX y culmina alrededor de los años 30 del siglo pasado. En este período, que coincide con la fase fundacional de la psicología industrial, el espíritu del capitalismo tiene al empresario emprendedor y conquistador como figura central. Él es quien asume riesgos, especula e innova para generar riqueza que está anclada a un territorio y que trasmite a su familia. En los períodos iniciales del desarrollo fabril, en la empresa aún de pequeño tamaño, el propietario despliega con sus empleados unas relaciones de carácter familiar o patriarcal.

Los problemas a los que respondió la naciente psicología industrial de la época fueron básicamente la adaptación de trabajadores sin experiencia a la vida de la fábrica, para lo cual resultó altamente funcional la administración científica taylorista. Bajo su mirada racionalizadora de los puestos de trabajo, lo que importaba era la maximización del rendimiento individual que se acompañaba de un manejo de sistemas de incentivos concebidos bajo el paradigma del hombre económico. La subjetividad del trabajador era obviada. Resulta inolvidable el personaje del trabajador que crea Chaplin en la película Tiempos Modernos: un engranaje más de la megamáquina.

Siguiendo a Boltanski y Chiapello (2002), un segundo momento del espíritu del capitalismo emerge durante los años 30 a 60 del siglo XX. El desarrollo de la empresa se impulsa en este período por el entusiasmo progresista que se sostiene sobre las ideas originales del positivismo, en tanto el crecimiento, el progreso y el bienestar se ven como los resultados esperados de la aplicación de la técnica, del dominio creciente de la naturaleza por parte del hombre. En el ámbito laboral, la vida al interior de la organización garantiza seguridad de carrera con una creciente autonomía para los mandos medios, cada vez más profesionalizados y diferenciados de los propietarios. La organización, cuyo tamaño, centralización y burocratización son fundamentales, caracteriza este período. Su figura heroica ya no es el dueño, sino es el director (gerente) profesionalizado y la empresa, crecientemente tecnificada, constituye un entorno meritocrático que abre la posibilidad de movilidad social para los trabajadores de menor nivel de calificación. La empresa es manejada por la racionalidad, la planificación, el entrenamiento de los supervisores, todo bajo el primado del crecimiento. Poco a poco, los mandos medios técnicos comienzan a manifestar una fuerte insatisfacción con las modalidades de administración predominantes. Quieren más participación en la toma de decisiones en sus organizaciones que se han consolidado como tecno-estructuras y han adquirido grandes tamaños.

Este es el período que corresponde al auge del fordismo como forma de organización del trabajo. Su característica más saliente es haber establecido una suerte de pacto social implícito entre empresa y trabajador en el que a cambio de estabilidad en el puesto y beneficios adicionales a la remuneración, se pide a los trabajadores su compromiso y lealtad con la empresa. El trabajo asume su modelo típico y regular, aquel que caracteriza a la "sociedad salarial" de Castel (1997): empleo estable en relación de dependencia, subordinado y regulado por contratos indefinidos; el trabajador es un hombre, "cuello azul", semi o no calificado, único proveedor de su familia; el trabajo se desarrolla en jornada completa; en grandes establecimientos; existe una alta división social y técnica, claras jerarquías de mando; sistemas de previsión y seguridad social regulados por un marco normativo, etc. (Neffa, 2003).

Los problemas que enfrenta la psicología aplicada al trabajo en este período se relacionan fundamentalmente con la visibilización de los grupos informales en la organización, lo que podríamos marcar como un hito relevante en tanto da cuenta de la emergencia de la subjetividad del trabajador como un fenómeno a considerar por parte de la administración. El modelo del trabajador como *homo economicus* empieza a ceder lugar a una concepción predominantemente social, esto es, el trabajo empieza a ser considerado como un lugar en donde las personas satisfacen necesidades afectivas y sociales que deben ser atendidas por la organización. Algunos de los objetos de estudio e intervención prioritarios de esta época son el liderazgo, las relaciones humanas en el trabajo, la motivación, los procesos de grupo, la adaptación a los avances tecnológicos. La organización ha descubierto la relación entre ambiente socio-emocional, eficiencia y productividad, empieza a atender a la caja negra y pone ese conocimiento al servicio de la administración del personal.

El tercer espíritu del capitalismo: el postfordismo y el flexismo

Un tercer espíritu del capitalismo surgiría en torno a los años '90 del siglo XX, nos dicen Boltanski y Chiapello (2002). Éste estaría a la base de las grandes transformaciones del mundo del trabajo que marcaron el término de los treinta años dorados que vivieron las economías desarrolladas desde la segunda postguerra hasta mediados de los años '70, y que se caracterizaron por una masiva expansión del consumo y por la mejora significativa de las condiciones de vida de gran parte de su población.

En aquellos años comienza a experimentarse un cambio en el modelo de acumulación capitalista según el cual el patrón de desarrollo económico basado en un estado nacional industrial comienza a ceder espacio a mercados cada vez más globales, complejos, dinámicos, inseguros y competitivos que abren paso a un paradigma de producción flexible, basado en un conjunto de nuevas tecnologías de información y comunicación, un nuevo *management* y nuevas formas de relaciones laborales (Todaro & Yáñez, 2004; Neffa, 2003).

Emerge entonces en el mundo desarrollado y se extiende globalmente, con distinto ritmo y con idiosincrasias específicas, un modelo de capitalismo que se articula sobre la base de la flexibilidad: flexibilidad del capital, por una parte –que se deslocaliza y se mueve sin reconocer fronteras, con la velocidad y elasticidad de las nuevas tecnologías de la información y la comunicación– y, por otra parte, flexibilidad del trabajo. Éste se desregula y pierde estabilidad, de modo que se debilita la relación de empleo "normal" y emergen crecientes formas atípicas de relación laboral que se corresponden con las necesidades de las empresas de adecuarse a mercados abiertos, competitivos e inciertos donde el dinamismo financiero es el principal recurso de generación de utilidad.

Es este escenario, frente al cual el sentimiento predominante parece ser la incertidumbre y el temor frente al empeoramiento de las condiciones del empleo (Oficina Internacional del Trabajo [OIT], 2006), el que Boltanski y Chiapello (2002) caracterizan como articulado por un nuevo espíritu del capitalismo. Se requiere ahora movilizar el esfuerzo de los trabajadores remplazando las ideas fuerza del fordismo (la seguridad del empleo, la carrera en la empresa), ofreciendo mayores grados de autonomía, demandando la iniciativa y la confianza del empleado. El vocabulario del nuevo *management* hace caer en desuso los conceptos valorados por el antiguo paradigma: ya no se habla de administrar ni de administradores, sino de gestión y de gerentes o *managers*; no basta que éste sea un líder legitimado por la autoridad, ni que apele a la racionalidad argumentativa, debe ser capaz de seducir a su personal, ya no motivarlo (eso supone la existencia de objetos externos), sino movilizarlo para la automotivación. Los trabajadores, por su parte, ya no ven garantizada su estabilidad en la empresa por sus calificaciones; más bien, deben hacerse responsables ellos mismos del desarrollo y potenciación de sus competencias y, de esta manera, acrecentar su empleabilidad dentro y fuera de la empresa.

En una organización ahora de estructura reticular y menos jerarquizada, se espera y estimula el autodesarrollo a través de la multiplicación de proyectos más o menos efímeros, que dejan atrás la previsibilidad de la administración por objetivos; hoy se demanda al trabajador creatividad, rápida capacidad de reacción o, mejor aún, proactividad. De la carrera en la empresa y en grados de especialización crecientes se pasa a carreras fragmentadas, autogestionadas e incluso a reconversiones profesionales. La calificación inicial tiene una validez cada vez menor en el tiempo y los estudios no constituyen un antecedente suficiente para el asegurar el ascenso social.

El nuevo espíritu del capitalismo y el postfordsimo como su forma de organización del trabajo son elementos articuladores de una serie de amplias transformaciones de carácter societal que muestran el tránsito del paradigma de la sociedad ordenada del industrialismo nacional –la modernidad organizada– a la segunda modernidad. En lo que respecta más específicamente a la vida de las organizaciones laborales, bajo la inspiración del espíritu del capitalismo flexible surge un nuevo modelo de organización de la empresa y del trabajo que impacta sus estructuras y procesos, desarrolla nuevas estrategias de movilización de los mandos medios y de los trabajadores y, por cierto, genera distintas experiencias subjetivas en su interior. La pregunta que se quiere responder ahora es cuáles son los efectos de estas transformaciones en términos de las experiencias de los trabajadores y sus repercusiones en su calidad de vida.

La experiencia de trabajo en la organización postfordista

Para responder a la pregunta conviene recordar a grandes trazos algunas de las consecuencias más relevantes para el ámbito laboral que trae consigo la expansión del paradigma flexible. Así, la relación de empleo se vuelve insegura, sujeta a los vaivenes de mercados abiertos, dinámicos e inciertos que llevan a la empresa a transferir parte relevante del riesgo a los propios trabajadores. Los colectivos de trabajadores, consolidados como actores importantes en el paradigma fordista, se debilitan y fragmentan como resultado del *outsourcing* así como por la expansión del individualismo que acompaña al proceso modernizador. Conjuntamente, se erosiona o demuele la protección laboral construida en las décadas de auge del industrialismo por la acción colectiva de los trabajadores, de los estados nacionales y de instituciones supranacionales. En síntesis, el paradigma laboral flexible se expresa en gran medida bajo diversas formas de precarización de la relación de empleo.

En este marco, las nuevas formas de organizar el trabajo se caracterizan por plantear al trabajador nuevas demandas, tales como la mentalización de las tareas y funciones, y la responsabilización individual por los resultados. Los avances tecnológicos y la gran expansión del sector de los servicios, entre otros factores, han incrementado la calidad y cantidad de las exigencias cognitivas que remplazan o se agregan a las demandas físicas: ahí donde antes había riesgo de fatiga física se encuentra ahora fatiga mental. Por otra parte, la reducción de las dotaciones de personal producto de los procesos de "adelgazamiento" o "liofilización" de la organización (Castillo, 1996) a lo que se suman las ideas bienintencionadas del *empowerment*, terminan aumentando de manera considerable las responsabilidades del personal, no siempre con las compensaciones y reconocimiento que corresponden a esas mayores exigencias. Se extiende la polivalencia, es decir la idea de un traba-jador multifuncional cuya asignación de tareas supera los límites de la clásica descripción de cargos asociada al concepto fordista de especialización en el puesto. En suma, los conceptos de eficiencia del nuevo *management* – que se pueden sintetizar con el "hacer más con menos" – y los continuos planes de mejoramiento continuo bajo criterios de calidad, tienden a la intensificación y extensión de las jornadas de trabajo.

¿Cómo se expresa el paradigma postfordista en un país latinoamericano?

Como se señaló más arriba, los procesos de transformación social y del trabajo tienen un carácter secuencial o diacrónico en los países desarrollados, sin embargo se presentan en nuestra realidad latinoamericana en forma más sincrónica. De este modo, cuando se examina la empresa latinoamericana, se encuentra una fusión de modalidades organizativas, tal como señala Ramos (2009) para el caso de Chile. Este autor, trabajando con empresas medianas y grandes de distintos sectores económicos, se dio a la tarea de caracterizar las transformaciones en la empresa vividas en los últimos años, buscando conocer en qué medida los cambios observados correspondían a adaptaciones postfordistas.

Sus resultados muestran algunas tendencias de cambio en al menos un 53% de los casos estudiados por él. Las transformaciones coinciden en general con las tendencias postfordistas ya mencionadas y tocan, entre otros, aspectos como la introducción de actividades grupales como formas de mejoramiento en la calidad, en la eficiencia y en la seguridad; la implementación de una creciente polivalencia de los trabajadores; un incremento menor de la autonomía y un aumento mayor del control de los trabajadores y la incorporación de personal temporal. Además, constata que no aparecen siendo estimuladas ni la reflexividad (la disposición a la autoobservación, a la apertura y al aprendizaje organizacional) ni la autonomía, características positivas de los nuevos modos de organización del trabajo postfordista o toyotista,

Los trabajadores perciben una leve tendencia al aumento de su autonomía, mientras la variedad de tareas sí presenta incrementos importantes (la investigación utilizó los elementos constitutivos del trabajo según Hackman y Oldham, 1976). Este punto merece ser remarcado, ya que la variedad de tareas tiene la doble cara de resultar potencialmente enriquecedora, en su versión virtuosa, y de resultar una sobrecarga en su versión ominosa. Además, una apreciable mayoría de los trabajadores consultados reporta un aumento en la demanda del uso de conocimientos para el desempeño de su trabajo –la mentalización–. Ramos (2009) destaca que aún cuando dos tercios de su muestra de trabajadores valoran las características intrínsecas de sus puestos de trabajo, es decir tienen grados satisfactorios de autonomía y despliegan variedad de habilidades que le dan sentido a su labor, el tercio restante vive condiciones que pueden calificarse como precarias, ya no desde la perspectiva de la calidad del empleo, ya que se trata de trabajadores de empresas formalizadas, medianas y grandes, *sino de precariedad de contenido del trabajo mismo.*

Se reporta también un creciente sentimiento de inseguridad que inquieta a un 84,3% de los trabajadores calificados y no calificados de su muestra, la que parece basarse en el quiebre del contrato social implícito del fordismo. La debilidad del contrato psicológico que provee confianzas recíprocas permite pensar que el espacio del trabajo podría regularse entonces haciendo énfasis en los aspectos socionormativos de la relación laboral, esto es, poniendo foco sobre los deberes y derechos de empresa y trabajador generando espacios para la ciudadanía laboral. Pero las cifras del estudio en cuestión muestran que sólo bajos porcentajes de los trabajadores han sido parte de procesos de reflexividad organizacional, aún cuando ésta ha sido propuesta por el propio modelo postfordista como una forma de incrementar el compromiso de los trabajadores con las metas organizacionales.

Transformaciones del trabajo, subjetividad y calidad de vida laboral

El estudio de Ramos (2009) da cuenta de las transformaciones en los modelos organizativos de un sector de la empresa chilena y de la percepción y experiencia de los trabajadores en relación a esos cambios. Lo que pretendemos ahora es ejemplificar con más detalle algunas implicancias subjetivas del trabajar en estos nuevos entornos laborales. El tema se abordará sobre la base de resultados de investigación llevada a cabo recientemente con un equipo de colegas en Chile (Stecher, Godoy & Toro, 2010).

Utilizando entrevistas en profundidad en una muestra de trabajadores de supermercados, se logró identificar algunos hallazgos que relativizan y particularizan algunas de las afirmaciones de tipo general con las que se intenta caracterizar la experiencia del trabajo en el paradigma flexible. Así por ejemplo, a pesar de las condiciones de trabajo relativamente precarias en términos de la estabilidad en el empleo y del trato recibido de la supervisión, del frecuente control por la amenaza, se observa nítidamente una ética del trabajo bien hecho (ser un buen trabajador, ponerse al servicio del cliente) que constituye un recurso de los trabajadores para dotar de sentido positivo su experiencia laboral. También emerge como referente de sentido el valor que se otorga a las identidades de oficio, si bien esto ocurre sólo en algunas de las ocupaciones del universo que constituye un supermercado. Panaderos, carniceros, pasteleros, hacen significativa la cotidianidad laboral desde su posición de maestros, ocupando el lugar más alto del prestigio social al interior del supermercado. Pero su caso es más bien la excepción, ya que lo más típico es que, como resultado de la polifuncionalidad, sea difícil dotar de sentido identitario la tarea que se desempeña El caso ejemplar lo constituyen las cajeras, en quienes recae parte importante de la relación con clientes y aspiran a ser reconocidas en su condición de especializadas, sin embargo están sometidas a frecuente rotación en distintos puestos de trabajo.

Tal vez el hallazgo más relevante que surge de las entrevistas es que en el marco de las fuertes limitaciones y condicionantes dadas por la organización del trabajo, se presentan densas tramas de sociabilidad informal que aparecen valoradas muy positivamente al momento en que los trabajadores evalúan su calidad de vida en el trabajo. Esta sociabilidad constituye un soporte para enfrentar la demanda y presión del trabajo en un contexto donde lo que predomina son las coerciones y no la identificación con la empresa, donde existe una conciencia de ser explotado y utilizado en aras de la ganancia de la organización. De este modo, contrariamente a la expectativa de encontrar una sociabilidad individualista y competitiva que sería característica del paradigma flexible, lo que prima entre los trabajadores son las relaciones informales cordiales, gratas y solidarias, que operan como un soporte cotidiano, e incluso como un refugio que resguarda frente a las fuertes exigencias de la jornada laboral y las difíciles condiciones de trabajo.

Resultados como los expuestos hablan de las tensiones que vive una muestra de trabajadores de bajos niveles ocupacionales en un contexto flexible y precario. Por cierto, las experiencias que hagan los trabajadores de otras ocupaciones, con otros recursos y capitales sociales y culturales, serán distintas. Así por ejemplo, como se pudo observar en otra investigación, los jóvenes profesionales tienden a naturalizar el entorno del trabajo flexible y lo asimilan como el espacio propicio para desarrollar una carrera autogestionada (Díaz, Godoy & Stecher, 2005, 2006). Así entonces, mientras las nuevas formas de gestión y su soporte jurídico-formal flexible e individualizado parecen demandar desde fuera a los trabajadores con menores niveles de calificación, que se sienten presionados y amenazados por la inestabilidad, en el caso de los mandos medios y niveles gerenciales estas demandas parecen operar de manera internalizada como una "ideología *managerial*" (Aubert & Gaulejac, 1993; Gaulejac, 2005).

Trabajo, subjetividad y gestión de recursos humanos

El panorama que se ha esbozado ofrece desafíos para una psicología del trabajo y de las organizaciones que, conjuntamente al desarrollo de los espíritus del capitalismo y sus críticas, ha ampliado su foco de interés más allá de la actividad laboral como mero comportamiento y se ha interesado crecientemente en la experiencia del trabajador y, yendo más allá del rendimiento económico y la productividad y pretende aportar a su desarrollo personal y a su calidad de vida (Quijano de Arana, 1993). Hay desafíos presentes para la psicología en tanto al trabajo se le demande cumplir efectivamente una funcionalidad múltiple, esto es, que sea eficaz como instrumento para la obtención de medios de vida y, a la vez, sea una fuente de sentido en la vida cotidiana y de expresión de la persona, provea identidad y autoestima. Todas estas funciones del trabajo constituyen parte de las promesas de los procesos de modernización cuyo cumplimiento, aunque opere sólo como un horizonte de posibilidad, se ve aún más lejano para un grupo importante de trabajadores para quienes las nuevas formas de organizar el trabajo implican precarización y sobre exigencias.

¿Cómo establecer un vínculo entre el conocimiento psicológico que refiere a la subjetividad del trabajo-vinculado a la tradición crítica de las ciencias sociales-, con la práctica de una psicología profesional en las organizaciones, que se ejerce predominantemente en el ámbito de la GRH y bajo marcos exigentes de funcionalidad para el negocio según el paradigma del *management*? Intentar un encuentro es una tarea difícil, ya que se trata de la confrontación de dos discursos (Mandiola, 2010) de supuestos y vertientes epistemológicas divergentes. La literatura crítica nos habla de las formas de apropiación de la subjetividad que ejecuta la organización, de las variadas formas de regulación de la identidad y de las exigencias colonizadoras del trabajo emocional y estético al que están sometidos los trabajadores (Leidner, 1999; Alvesson & Wilmott, 2002; Gorroño, 2008). Desde esta perspectiva, la GRH, como parte del nuevo *management*, ha devenido en el discurso y la práctica de formas de gobierno de la subjetividad laboral (Costea, Crump & Amiridis, 2008) propicios a las necesidades del nuevo espíritu del capitalismo.

Por otra parte, la psicología del trabajo y de las organizaciones aporta orientación y conocimientos a la GRH intentando identificar aquellos aspectos de la organización y de las condiciones del trabajo, así como las características y competencias de las personas, que se asocian al compromiso, a la productividad y a la eficiencia en el trabajo.

Al examinar este panorama, se aprecia que en la actualidad han emergido algunas oportunidades para propiciar un encuentro entre estas perspectivas, las que han sido generadas por el propio desarrollo del nuevo *management* en su acción legitimadora. Una primera oportunidad la constituye el marcado incremento del interés que ha venido suscitando la Responsabilidad Social Empresarial (RSE). Producto de una serie de factores, entre ellos la vigilancia creciente de la ciudadanía y los medios sobre la actividad empresarial, a la empresa actual no le es indiferente la imagen y reputación que obtenga entre sus clientes o audiencias. Ciertamente, entre las motivaciones para que la empresa se comprometa en programas de RSE las de orden económico y competitivo son relevantes (no interesa discutir ese punto ahora), pero nos queremos focalizar en las oportunidades que abre esta perspectiva en tanto puede ser el marco en que las iniciativas de calidad de vida y bienestar de los trabajadores – como aquellas que quisieran impulsar los psicólogos de la empresa – tengan un canal de expresión y desarrollo. No obstante, no siempre es así, por lo que resulta necesario considerar que la genuina RSE es aquella que se manifiesta tanto en lo externo (el entorno social y ambiental) como en lo interno (sus propios trabajadores). Una empresa que fomenta desarrollos comunitarios, que asume responsabilidades en la conservación ambiental o apadrina escuelas y hospitales pero que, a la vez, recibe denuncias por maltrato o incumplimiento de las normativas laborales, está siendo inconsistente y utiliza en forma burda el concepto sólo por su repercusión mediática. Hace un par de años un diario chileno publicó un reportaje sobre los *worst places to work*, para lo cual generó un ranking de denuncias ante la oficina de inspección del trabajo. Curiosamente, en lugares privilegiados del ranking aparecen algunas de las empresas ganadoras del *Great Place to Work*, empresas subsidiarias de ellas o del mismo holding. Con todo, hoy por hoy se aprecia un creciente número de empresas e instituciones que, desde la perspectiva de la responsabilidad social interna, ponen en marcha programas o acciones específicas orientadas a la conciliación trabajo – familia, la promoción de vida saludable o la prevención del estrés en el puesto de trabajo.

Una segunda oportunidad de afectar positivamente la calidad de vida laboral surge de la importancia creciente que está logrando el tema de los factores de riesgo psicosocial en el trabajo. Desde los años '70 del siglo pasado una serie de investigadores han venido produciendo conocimiento riguroso y contundente que explica cómo las condiciones psicológicas del entorno laboral tienen efectos demostrables en la salud -expresados en trastornos cardiovasculares, enfermedades mentales y músculo-esqueléticas- y se ha llegado a formular modelos teóricos de amplia difusión (Karasek & Theorell, 1990; Siegrist, 1996). Si bien estos modelos cuentan con amplio reconocimiento, no agotan el extenso espectro de los riesgos psicosociales, que hoy incorporan otras dimensiones como la violencia en el lugar de trabajo (acoso psicológico y sexual), la conciliación trabajo – vida, la justicia organizacional, por mencionar algunos de ellos (Sauter, Hurrell, Murphy & Levi, 2010*)*.

Las repercusiones de estos estudios han tenido variados efectos políticos, como puede comprobarse por la atención que organismos internacionales como la OIT y la Organización Mundial de la Salud (OMS) otorgan a los factores psicosociales como un tema relevante en el incremento de enfermedad física y mental asociado a las nuevas condiciones de riesgo en el trabajo. En esta misma dirección, crecientemente las normas nacionales e internacionales de salud ocupacional vienen integrando en sus procedimientos la auditoría de los factores de riesgo psicosocial (Widerszal-Bazyl, Żołnierczyk-Zreda & Jain, 2008).

También organizaciones sindicales se han dedicado a la difusión y estudio del tema, como el Instituto Sindical de Trabajo, Ambiente y Salud (ISTAS) de España (http://www.istas.net), cuyos instrumentos de medición están siendo difundidos entre los países de habla hispana. Recientemente en Chile se validó una versión del cuestionario ISTAS 21 por el organismo público que regula la seguridad social, con el ánimo de introducir el tema y propiciar su cuantificación, movido en parte por el alarmante crecimiento de las licencias médicas por enfermedad mental de los trabajadores (Superintendencia de Seguridad Social [SUSESO], 2009). Por su parte, las empresas observan con atención el aumento del ausentismo por estas causas y manifiestan su preocupación por los costos directos e indirectos que se le asocian. De este modo, se está desarrollando una sensibilidad que hace propicio el momento para generar propuestas de prevención y manejo de los riesgos psicosociales.

Se han sugerido dos áreas de trabajo en las que pueden converger los estudios de la subjetividad laboral de índole predominantemente académica y teórica con la psicología del trabajo y de las organizaciones que se practica cotidianamente al interior de las organizaciones. Por cierto, existen entre ambas psicologías muchas diferencias de perspectivas de sus enfoques, metodológicas y hasta epistemológicas, pero ambas están intentando dar respuesta a las preguntas sobre la calidad de la experiencia laboral a que da lugar el profundo cambio que ha experimentado el trabajo. Aún cuando se trata de perspectivas con puntos de partida y llegada distintos, una de intención predominantemente adaptativa -como es la de GRH- y otra de intención transformadora –como los estudios de subjetividad-, a ambas interesa la experiencia laboral que hacen los trabajadores, esto es, en qué medida y de qué forma ésta es grata o frustrante, si genera espacios de identidad, autonomía y crecimiento o, por el contrario resulta en extrañamiento, malestar y sufrimiento.

El trabajo flexible en el marco del nuevo espíritu del capitalismo desafía a la psicología a ampliar la comprensión de una subjetividad laboral que se transforma pero, a la vez, la impele a generar estrategias de intervención de modo de convertir o acercar la práctica laboral que cotidianamente hacen hombres y mujeres hacia una experiencia portadora de sentido, enriquecedora, compatible con sus metas y aspiraciones y con las otras esferas de sus vidas.

Bibliografía

Alvesson, M. & Willmott, H. (2002). Identity regulation as organizational control: producing the appropiate individual. *Journal of Management Studies, 39*(5), 619 -644.

Aubert, N. & Gaulejac, V. de (1993). *El Coste de la excelencia.* Barcelona: Paidós.

Blanch, J.M. (2003). Trabajar en la sociedad informacional. En J. M. Blanch (Coord.) *Teoría de las relaciones Laborales: desafíos.* Barcelona: UOC.

Boltanski, L., & Chiapello, È. (2002). *El nuevo espíritu del capitalismo.* Madrid: Akal.

Castel, R. (1997). *La metamorfosis de la cuestión social.: una crónica del salariado.* Buenos Aires: Paidós.

Castillo, J.J. (1996). *Sociología del trabajo.* Madrid: CIS.

Costea, B., Crump, N., & Amiridis, K. (2008). Managerialism, the therapeutic habitus and the self in contemporary organizing. *Human Relations,* 61(5), 661-685.

Díaz, X.; Godoy, L. & Stecher, A. (2005). *Significados del trabajo, identidad y ciudadanía: la experiencia de hombres y mujeres en un mercado laboral flexible.* Santiago de Chile: CEM.

Diaz, X.; Godoy, L. & Stecher, A. (2006). Significados del trabajo en un contexto de flexibilización laboral: la experiencia de hombres y mujeres en Santiago de Chile. En X. Díaz, L.Godoy, A. Stecher & J.P. Toro (Coords.) *Trabajo, identidad y vínculo social: reflexiones y experiencias en el capitalismo flexible.* Santiago, Chile: Universidad Diego Portales & CEM.

Gaulejac, V. de (2005). *La société malade de la gestion.* París: Éditions du Seuil.

Gorroño, I. (2008). El abordaje de las emociones en las organizaciones: luces y sombras. *Cuadernos de Relaciones Laborales,* 26(2).

Hackman J.R. & Oldham, G.R. (1976). Motivation through the design of work: test of a theory. *Organizational Behavior and Human Performance,* 16, 250-279.

Karasek, R. & Theorell, T. (1990). *Healthy work: stress, productivity and the reconstruction of working life.* New York: Basic Books.

Leidner, R. (1999). Emotional labor in service work. *Annals, American Academy of Political Social Science,* 561, 81 – 95.

Mandiola, M. (2010). La educación en las escuelas de negocios: discursos en conflicto. *Psicoperspectivas,* 9 (1), 93-110. Recuperado el 23 de diciembre de: 2010 desde http://www.psicoperspectivas.cl

Martuccelli, D. (2007). *Cambio de rumbo.* Santiago, Chile: LOM.

Mayo, E. (1972). *Problemas humanos de una civilización industrial.* (número de edición consultada). Buenos Aires: Nueva Visión. (obra original publicada en 1947)

Neffa, J. C. (2003). *El Trabajo humano. Contribuciones al estudio de un valor que permanece.* Buenos Aires: Lumen.

Oficina Internacional del Trabajo (OIT) Programa de Seguridad Socioeconómica. (2006). *95° Conferencia Internacional del Trabajo: cambios en el mundo del trabajo.* Memoria del director general, informe I (C).. Recuperado el 20 de julio de 2010, de: http://www.ilo.org/public/spanish/standards/relm/ilc/ilc95/index.htm

Quijano de Arana, S. (1993). *La psicología social en las organizaciones: fundamentos.* Barcelona: PPU.

Ramos, C. (2009). *La transformación de la empresa chilena.* Santiago, Chile: Universidad Alberto Hurtado.

Sauter, S., Hurrell, J., Murphy, L. & Levi, L. (2010). Factores psicosociales y organizativos. En *OIT Enciclopedia de salud y seguridad en el trabajo,* Vol II, Cap. 34. Recuperado el 21 de diciembre de 2010 de: http://www.insht.es/portal/site/Insht/menuitem.1f1a3bc79ab34c578c2e8884060961ca/?vgnextoid=5f5b4cf5a69a5110VgnVCM100000dc0ca8c0RCRD&vgnextchannel=9f164a7f8a651110VgnVCM100000dc0ca8c0RCRD

Siegrist, J. (1996). Adverse health effects of high-effort/ low-reward conditions. *Journal of Occupational Health Psychology,* 1, 27, 27 – 42.

Stecher, A., Godoy, L. & Toro, J.P. (2010). Condiciones y experiencias de trabajo en la sala de venta de un supermercado: explorando los procesos de flexibilización laboral en el sector del retail en Chile. *Polis,* 27. Recuperado el 30 de diciembre de 2010 de: http://www.revistapolis.cl/polis%20final/27/art23.htm

Superintendencia de Seguridad Social. (2009). *SUSESO – ISTAS 21: manual de uso.* Santiago, Chile: SUSESO.

Todaro, R. & Yáñez, S. (2004). *El trabajo se transforma.* Santiago, Chile: CEM.

Widerszal-Bazyl, M., Żołnierczyk-Zreda, D. & Jain, A. (2008). Standards related to psychosocial risks at work. En L. Stavroula & T. Cox (Eds.), *The european framework for psychosocial risk management: PRIMA-EF. (páginas?).* Recuperado el 20 de diciembre de 2010 de: http://prima-ef.org/Documents/chapter%203.pdf

3

NOTAS SOBRE O ADOECIMENTO MENTAL EM TRABALHADORES RURAIS

José Newton Garcia de Araújo[1]
Tarcísio Márcio Magalhães Pinheiro[2]
Maria Regina Greggio[1]

Introdução

O trabalho é uma categoria antropológica central, enquanto atividade que, diferenciando-se do fazer puramente instintivo, distingue o homem dos demais seres vivos, permitindo-lhe fazer cultura, ou seja, transformar o mundo e a si mesmo (Marx, 1989/1844), nos níveis individual e coletivo. Neste sentido, ele não se confunde com emprego ou atividade salarial, especialmente quando esta remete ao trabalho explorado ou alienado. No entanto, mesmo em nossas "sociedades salariais" (Castel, 1995), construídas sob a égide do capitalismo, o trabalho tem uma importância fundamental na construção da identidade, do sentimento de dignidade e cidadania, tendo forte valor simbólico para o sujeito, em sua relação com o outro e com o mundo. Referindo-se ao trabalho, Freud (1974/1939) comenta que nenhuma outra técnica para a conduta da vida prende o indivíduo tão firmemente à realidade quanto a ênfase concedida ao trabalho, pois este, pelo menos, fornece-lhe um lugar seguro numa parte da realidade, na comunidade humana. A possibilidade que esta técnica oferece de deslocar uma grande quantidade de componentes libidinais, sejam eles narcísicos, agressivos ou mesmo eróticos, para o trabalho profissional e para os relacionamentos humanos a ele vinculados, empresta-lhe um valor que, de maneira alguma, está em segundo plano (1974/1939).

Assim, muito mais que simples meio de subsistência, o trabalho constrói laços sociais, é fonte de reconhecimento pessoal, tendo importância vital na construção da subjetividade. Em outras palavras, ele é essencial para o equilíbrio e para a saúde psíquica. Entretanto, em condições adversas, o trabalho pode

---

[1] Pontifícia Universidade Católica de Minas Gerais.
[2] Faculdade de Medicina – Universidade Federal de Minas Gerais.

tornar-se fonte de adoecimento, não apenas orgânico, mas também psíquico ou mental. Hoje, os chamados transtornos mentais, ligados ao trabalho, ocupam lugar significativo nas causas de afastamento do trabalho e na concessão de benefícios previdenciários, sendo crescente a demanda de trabalhadores acometidos por adoecimento mental que procuram os serviços de Saúde do Trabalhador.

Sobre os Centros de Referência em Saúde do Trabalhador (CEREST's)

Neste texto, vamos discutir brevemente a incidência do adoecimento mental, mais especificamente em trabalhadores rurais, no Estado de Minas Gerais. A investigação sobre este tema, aqui parcialmente relatada, teve início a partir de um convite do Centro de Referência Estadual em Saúde do Trabalhador do Estado de Minas Gerais (CEREST-MG) a uma equipe de psicólogos do trabalho, em função do aparecimento de diversos casos de adoecimento mental, naquele serviço. O CEREST-MG está alocado no Hospital das Clínicas da UFMG, funcionando, simultaneamente, como centro de pesquisas e de ensino e como ambulatório, no qual atuam médicos do trabalho – professores e pesquisadores, além dos residentes desta especialidade.

Lembremos, de passagem, que, no Brasil, os CEREST's promovem também ações para melhorar as condições de trabalho e a qualidade de vida do trabalhador, por meio da prevenção e da vigilância. Cabe-lhes capacitar a rede de serviços de saúde, apoiar as investigações de maior complexidade, assessorar a realização de convênios de cooperação técnica, subsidiar a formulação de políticas públicas, apoiar a estruturação da assistência de média e alta complexidades para atender aos acidentes de trabalho, as patologias contidas na "Lista de Doenças Relacionadas ao Trabalho" e os agravos de notificação compulsória citados na *Portaria GM/MS, nº 777 de 28 de abril de 2004* (Ministério da Saúde, 2004). Sua função é, ainda, dar suporte técnico e coordenar projetos de educação em saúde para a rede do SUS, em sua área de abrangência, buscando as condições necessárias para que a saúde do trabalhador estejam aí asseguradas. Eles visam, igualmente, capacitar os profissionais da porta de entrada do Sistema Único de Saúde (SUS) para diagnosticar, notificar e referenciar as doenças advindas dos processos de trabalho.

A Constituição Federal de 1988, em sua Lei 8.080, insere a saúde do trabalhador no campo de atuação do SUS, regulamentada pela Portaria 1.679, de 18/09/2002. Esta portaria criou mecanismos para a organização e a implantação da Rede Nacional de Assistência à Saúde do Trabalhador – RENAST. Já a Portaria 656, de 20/09/2002, define as normas para o cadastramento e

Notas sobre o adoecimento mental em trabalhadores rurais 51

habilitação dos CEREST`s, estipulando os prazos legais para os estados cadastrarem e habilitarem seus serviços.

Os trabalhadores rurais e o CEREST-MG

Os trabalhadores rurais que procuram os serviços do CEREST-MG, muitas vezes apresentam múltiplas queixas e quadros nosológicos complexos, que abarcam desde acidentes, traumas, transtornos musculoesqueléticos, intoxicação por agrotóxicos, doenças infecciosas, dentre outras entidades. Estas condições orgânicas quase sempre são acompanhadas de um acentuado sofrimento psíquico ou de quadros evidentes de adoecimento mental. Foi a partir da evidência desse adoecimento psíquico, que ocorre, aliás, em diversas outras categorias de trabalhadores atendidos no CEREST-MG, que a coordenação deste CEREST considerou oportuna a presença de psicólogos do trabalho, na assistência a esses pacientes, dentro de uma abordagem interdisciplinar.

No Brasil, ainda são escassos os estudos relativos à saúde mental do trabalhador rural. Segundo Albuquerque (1999), as metodologias e instrumentos utilizados pela psicologia, entre nós, estão voltados basicamente para a população urbana, o que cria um vácuo, relativo às pesquisas, intervenções e formas específicas de assistência psicológica aos sujeitos que vivem e trabalham no meio rural.

Diversas pesquisas, no campo da saúde pública, anteciparam-se à clínica psicológica, na investigação do adoecimento mental desses sujeitos. Lembremos, por exemplo, de um texto já distante dos dias atuais, no qual Possas e Trapé (1983) comentam os casos crônicos dos trabalhadores rurais remeterem a uma sintomatologia vaga, através de queixas como cefaleia difusa, mal-estar geral, epigastralgia, inapetência etc., acrescentando que tais sintomas costumavam ser associados, inicialmente, a verminoses ou à anemia. Só depois, quando estas patologias eram descartadas, sobrevinha a hipótese de problemas psicológicos.

O atendimento a esses trabalhadores, nos serviços públicos de saúde, tem evidenciado que o seu adoecimento mental ocupa um lugar de destaque, entre as diversas formas de sofrimento que os molestam. Um estudo de Rozemberg (1994) já mostrava que 30% das famílias pesquisadas, em zona rural do Espírito Santo, relataram doenças "nervosas", associadas a um elevado uso de drogas psicotrópicas (88% dos entrevistados). Desses usuários, 47% declararam dependência explícita de tais medicamentos. Este autor também afirma que as queixas dos trabalhadores rurais eram difusas ou inespecíficas, daí eles mesmos referirem-se a elas como "problema de nervos". Nesse caso, tais patologias podem ser consideradas como uma síndrome, inclusive em função dos limites nebulosos entre o normal e o patológico aos quais elas remetem. Daqui, podem emergir dois problemas, entre outros: de um lado, a existência do "doente crônico", no meio rural, em se tratando de sofrimento mental ou de distúrbios psíquicos inespecíficos; de outro lado, a dificuldade em se compreender ou mesmo diagnosticar as causas desses distúrbios, dada a complexidade da vida e do trabalho, no ambiente rural. Resta ainda outro desafio, que é o estabelecimento do nexo causal entre o adoecimento mental e o trabalho rural.

Os produtos agrotóxicos

Se os casos crônicos não remetem, necessariamente, a estados severos de adoecimento mental, isso não descarta a ocorrência de transtornos psíquicos graves. Sobre as possíveis relações entre trabalho rural e adoecimento, Possas e Trapé (1983) já levantaram a hipótese de que a maioria dos pacientes queixosos apresentava intoxicação crônica, devido à exposição a produtos agrotóxicos. Segundo Levigard e Rozemberg (2004), o vasto mercado de agrotóxicos, no Brasil, compreende aproximadamente trezentos princípios ativos aplicados em duas mil fórmulas diferentes, entre os organofosforados, carbamatos e organoclorados, substâncias que provocam diversas doenças neurocomportamentais, entre as quais a depressão e o alto número de suicídios, nessa classe de trabalhadores. Dados levantados por Pires e al. (2005) mostram que, entre 1992 e 2002, de um total de 1.355 casos de intoxicação por agrotóxicos, no Mato Grosso do Sul, 506 levaram a tentativas de suicídio, que resultaram em 139 mortes. Lopes (2008) afirma que, de um total de 540 mil trabalhadores rurais, no Brasil, os estados com maior índice de sujeitos contaminados por defensivos agrícolas são o Mato Grosso do Sul, o Rio Grande do Sul e Minas Gerais.

Faria *et al.* (1999) referem-se à alta frequência de "transtornos psiquiátricos menores" ou de "morbidade psiquiátrica menor", associados à intoxicação por organofosforados. Eles relatam, também, a existência de sequelas neuropsicológicas crônicas nos indivíduos que sofreram intoxicação por agrotóxicos, embora ainda considerassem escassas as conclusões relativas aos efeitos psicológicos, de longo prazo, em pessoas com exposição crônica a tais produtos.

A "doença do nervo" e a situação socioeconômica do trabalhador rural

Como dito logo acima, o sofrimento manifesto de trabalhadores rurais foi considerado um transtorno psiquiátrico ou uma morbidade psiquiátrica

Notas sobre o adoecimento mental em trabalhadores rurais

53

menor. Sobre as manifestações psíquicas e orgânicas relativas ao sofrimento advindo do trabalho, sabemos que, desde os anos de 1950, Le Guillant (2006, p. 175) já mencionava, no caso da "neurose das telefonistas", o nexo entre tal acometimento e "a própria natureza de suas atividades profissionais". As observações do autor têm clara e oportuna analogia, quanto à sintomatologia vaga, com o sofrimento difuso expresso pelos trabalhadores rurais atendidos no CEREST-MG, embora tal mal-estar possa aplicar-se a numerosas outras categorias de trabalhadores. Ao afirmar que tais sintomas remetem a uma *"Síndrome Geral de Fadiga Nervosa"* ou a uma *"Síndrome Subjetiva Comum da Fadiga Nervosa"*, pois é importante termos em conta que ela remete também a um sofrimento coletivo, Le Guillant (2006) afirma a relação íntima entre a fadiga nervosa e o contexto laboral. Esta abordagem questiona as interpretações, muitas vezes equivocadas, que pretendem reduzir o adoecimento mental ou psicossomático dos trabalhadores a problemas psíquicos individuais, desvinculados de ou sem nexo com as atividades laborais.

Sobre os casos dos trabalhadores atendidos no CEREST-MG com episódios neuróticos ou psicóticos graves, sem histórico anterior destes sintomas, levanta-se a hipótese de que tais crises podem ter sido desencadeadas por situações adversas e traumáticas, vivenciadas no trabalho. No caso da intoxicação por agrotóxicos, tais produtos podem desencadear episódios semelhantes aos aspectos delirantes (ou outros) de um quadro esquizofrênico, mesmo quando nenhum traço clínico de psicose conste nos prontuários médicos desses sujeitos ou em seus próprios relatos, por ocasião dos atendimentos médico e psicológico. Com efeito, quando os produtos organofosforados atingem o sistema neuropsicológico, diversos sintomas aparecem, evidenciando que a estrutura psíquica do indivíduo foi gravemente afetada. Aqui, aparecem condutas, como tentativas de suicídio, abandono familiar, abandono do trabalho, além de outras, que refletem o estado de desalento ou de "sem-saída", face a uma situação de vulnerabilidade estrutural, no plano psicossocial, geradora de intenso sofrimento. Nesse caso, é importante uma conduta clínica dar conta de um diagnóstico diferenciado, ou seja, de um diagnóstico capaz de estabelecer o nexo entre o adoecimento e as condições e/ou a organização do trabalho.

De todo modo, repetimos, as hipóteses que relacionam os transtornos mentais ao contato com os agrotóxicos não são as únicas a cobrirem os estudos relativos aos agravos que acometem os trabalhadores rurais. Com efeito, outros fatores costumam, com grande frequência, aliás, estar associados ao adoecimento psíquico, nessa camada da população, tais como: as precárias condições socioeconômicas; o excesso de atividades, dada a natureza do trabalho no campo; o risco constante de adoecimento e de acidentes de trabalho; a impossibilidade de controlar as forças da natureza e as mudanças climáticas (seca, excesso de chuvas, geadas, às quais se ajuntam as doenças das plantações, causadas por fungos, insetos e outras pragas), que podem destruir a produção, levando a prejuízos financeiros e a endividamentos; as lógicas imponderáveis do mercado, com a oscilação de preços de determinados produtos, desembocando em perdas e prejuízos, além do desestímulo ao cultivo; a vulnerabilidade sócioeconômica do trabalhador, a baixa escolaridade, o isolamento e a exclusão social, entre outros. Observe-se ainda que são distintas as situações trabalhistas desses sujeitos. Citemos apenas, de um lado, os empregados de grandes e médias propriedades, com contratos formais, informais ou temporários, alguns deles vivendo em condições análogas àquelas do trabalho escravo, fato este fartamente denunciado pela imprensa; de outro lado, os pequenos proprietários rurais, que sustentam a si e a suas famílias, através das culturas típicas da agricultura familiar. Essas pequenas culturas, no Brasil, têm importância especial, pois somam cerca de 70% das cinco milhões de propriedades rurais existentes no país. Segundo Albuquerque (1999), 74,2% dos municípios brasileiros tinham menos de 20 mil habitantes e sua economia ainda girava em torno de atividades agropecuárias, nas quais é significativo o contingente de pequenos produtores e da agricultura de subsistência. Embora estes dados possam estar ligeiramente defasados, a estrutura global da economia rural brasileira não se alterou substantivamente.

A partir dos anos 90, a agricultura familiar no Brasil tem sido objeto de políticas públicas, como o Programa Nacional de Fortalecimento da Agricultura Familiar (PRONAF) e a criação Ministério do Desenvolvimento Agrário. Se tais projetos foram criados, principalmente, por causa da pressão dos movimentos sociais organizados, não é evidente que este setor da economia não tenha real prioridade, nos últimos governos, uma vez que o chamado *agronegócio* tem concentrado mais de 70% do crédito que financia a agricultura nacional. (Olalde, 2004). Isso demosntra o desamparo sócio-econômico do pequeno agricultor, relativo à falta de capacitação técnica, já comprometida pela sua pouca escolaridade, pelas escassas condições de financiamento dos meios de produção, pela frágil estrutura logística para negociar seu produto, etc. Tal situação de vulnerabilidade tem outros efeitos danosos, aliados à precariedade socioeconômica, com impactos específicos no plano da subjetividade, gerando um evidente mal-estar psíquico, com reflexos diversos no campo da saúde mental.

O atendimento psicológico ao trabalhador rural

A sintomatologia difusa e as queixas inespecíficas, acima citadas, têm se confirmado no atendimento prestado aos trabalhadores rurais, no CEREST-MG, levando à hipótese de adoecimento mental. Como já foi dito, nos últimos quatro anos, uma equipe de psicólogos do trabalho foi integrada a este centro de atendimento, a convite da coordenação deste Centro, em função dos sintomas não esclarecidos apenas através da clínica médica e dentro de uma perspectiva de trabalho integral.

Essa contribuição da psicologia possibilitou o atendimento interdisciplinar a tais trabalhadores. Isto se justificou pelo fato de que o seu perfil de adoecimento vem se constituindo como um desafio, do ponto de vista clínico, nos casos do adoecimento mental, geralmente associado a outras patologias. Daí a necessidade de se aprofundar o conhecimento do contexto laboral e dos processos de adoecimento desses sujeitos, no sentido de aperfeiçoar a avaliação, o diagnóstico e as formas de intervenção clínica, nos níveis individual e coletivo, o que inclui políticas de prevenção.

Grande parte desses trabalhadores tem vindo do interior do Estado de Minas Gerais. Citemos o caso dos agricultores da cidade de Alfredo Vasconcelos, encaminhados pela prefeitura municipal ou pelo sindicato local de trabalhadores rurais. Trata-se, em geral, de pequenos agricultores que se ocupam das tradicionais culturas hortigranjeiras (morango, tomate, pimentão, jiló, milho, feijão etc.), além de atividades de floricultura, ligadas ao agronegócio de exportação, distribuídas em pequenas e grandes propriedades. O município de Alfredo Vasconcelos encontra-se a cerca de dez quilômetros de Barbacena, no centro-leste de Minas Gerais, cidade incluída "entre as cidades brasileiras que registram os maiores índices de intoxicação, entre os trabalhadores rurais" (Lopes, 2008, p. 23). Conhecida durante muito tempo como "cidade dos loucos", por sediar diversos hospitais psiquiátricos, Barbacena é hoje, junto a pequenas cidades de seu entorno, um centro de cultivo e exportação de flores. Esse tipo de cultura, tanto quanto a plantação de produtos hortigranjeiros, são feitos com a utilização massiva de produtos agrotóxicos. Os agricultores, no caso, dividem-se, de um lado, entre aqueles que são empregados de médios e grandes produtores, e, de outro lado, os pequenos proprietários autônomos, que se dedicam mais aos produtos hortigranjeiros.

A construção de um protocolo

O projeto científico do CEREST-MG prevê uma permanente interface entre a pesquisa e a assistência, nos planos institucional e clínico. Ele torna possível o diálogo entre a medicina do trabalho e a psicologia do trabalho, sem excluir outros olhares, dada a complexidade dos problemas (psicossociais, econômicos, ambientais, técnicos, culturais, ergonômicos etc.) apresentados pelos trabalhadores rurais. Tal proposta se encaixa, também, nas políticas do Ministério de Saúde, conforme o "Manual de Procedimentos para os Serviços de Saúde" do MS:

> Na condição de prática social, as ações de saúde do trabalhador apresentam dimensões sociais, políticas e técnicas indissociáveis . . . De modo particular, as ações de saúde do trabalhador devem estar integradas com as de saúde ambiental, uma vez que os riscos gerados nos processos produtivos podem afetar, também, o meio ambiente e a população em geral. (Ministério da Saúde, 2001, p. 17)

Este mesmo manual ainda constata que:

> . . . frequentemente, as análises da situação de saúde, elaboradas em âmbito nacional, estadual ou municipal, limitam-se à avaliação do perfil de morbimortalidade da população em geral, ou de alguns grupos populacionais específicos, mas as informações disponíveis não permitem a adequada caracterização das condições de saúde em sua relação com o trabalho, nem o reconhecimento sistemático dos riscos ou o dimensionamento da população trabalhadora exposta. Essas deficiências impedem o planejamento de intervenções, sendo ainda isolados os estudos sobre a situação de saúde de trabalhadores em regiões específicas. (Ministério da Saúde, 2001, p. 21)

Depois de algum tempo de atividades conjuntas entre os médicos do trabalho e a equipe de psicólogos, no CEREST-MG, surgiu a proposta de construção de um "Protocolo de Atenção à Saúde Mental dos trabalhadores rurais", no estado de Minas Gerais. Este instrumento, cuja elaboração ainda está em curso, visa sistematizar a assistência à saúde mental desta categoria de trabalhadores, através dos encaminhamentos necessários aos serviços públicos, que integram a rede de atendimento.

A análise das lacunas do sistema de atenção a esses trabalhadores, em geral não encaminhados ao CEREST regional mais próximo ou a serviços alternativos, como os Centros de Apoio Psicossocial (CAPS), foi o ponto de partida para a ideia da construção desse protocolo. Esse instrumento visa integrar a assistência primária à secundária, incluindo o Programa Saúde da Família (PSF), os CEREST's regionais e o CEREST-MG.

Referenciais teóricos

Dentro da experiência levada a termo, até o presente momento, conforme já explicitado, nossas atividades no CEREST-MG têm mesclado pesquisa e intervenção clínica, de sorte que uma e outra se complementam. Essa dupla vertente exige estarmos atentos aos lugares específicos da prática clínica e da prática da pesquisa, sem perder de vista o seu entrelaçamento. Giami e Samalin-Amboise (1989) analisam as relações entre essas duas práticas como uma problemática própria das "profissões da relação", principalmente quando estas se desenvolvem em contextos sociais mais amplos que o clássico *setting* de um consultório clínico. Tal é o caso das pesquisas e/ou intervenções em coletivos, como organizações e instituições, comunidades, grupos homogêneos de pacientes (aidéticos, hipertensos, diabéticos etc.). O cruzamento das duas práticas significa pesquisar em situação de intervenção e intervir em situação de pesquisa, o que exige um cuidado especial do pesquisador-clínico para, ao mesmo tempo, distinguir e reunir a "escuta clínica" e a "escuta da pesquisa". Se isso supõe técnicas e posturas distintas, uma remete à outra, podendo ou não, tornarem-se obstáculo, ora para a pesquisa ora para a intervenção clínica. O pesquisador-clínico deverá, pois, estar atento às demandas do paciente (o tratamento) e às suas próprias (a pesquisa), a fim de tomar as devidas distâncias que permitam atender adequadamente a esses distintos objetivos. Em outras palavras,

> ... o clínico e o pesquisador não trabalham sobre o mesmo objeto: o objeto do clínico recai sobre os sintomas do sujeito e as respostas terapêuticas; o objeto da pesquisa se funda na produção de um saber partilhável e transmissível na comunidade científica. (Giami e Samalin-Amboise, 1989, p. 169)

Conclui-se ainda que, se estes propósitos são diversos e, ao mesmo tempo, imbricados, eles se tornam, por sua vez, um objeto especial de reflexão para o pesquisador-clínico e para a equipe envolvida nos projetos de tal natureza.

Esta problemática remete à perspectiva psicossociológica, que é um dos referenciais da presente pesquisa. Com efeito, a psicossociologia se construiu no entrecruzamento de saberes diversos, no campo das ciências humanas e sociais, tendo em vista a hipótese de que todo objeto deve ser investigado à luz de sua complexidade (referimo-nos, acima, à multiplicidade de fatores relacionados ao adoecimento mental do trabalhador rural). Pagès (1986) entende a psicossociologia como uma disciplina das conexões, do "entre" campos distintos do saber. Ela se coloca na linhagem do pensamento complexo de Morin (1990), propondo a superação do pensamento simplificador e positivista, que isola e separa as diferentes dimensões do real. Em outras palavras, ainda segundo

Pagès (1986), a psicossociologia comporta uma problematização múltipla, renunciando a um referencial único para guiar nossa interrogação científica. Ela tem também tem, como referência, a noção de "fatos sociais totais", proposta por Mauss (1996). A concepção de um "fato social total" leva em conta os aspectos os simbólicos, nos quais estão implicados fenômenos religiosos, jurídicos, morais, econômicos, estéticos, morfológicos. Em outras palavras, ele remete a todos os níveis da realidade social: o macro e o micro, o coletivo e o individual, o social e o psíquico.

Aplicando esta noção ao adoecimento mental do trabalhador rural, não se pode perder de vista, na análise de seus sintomas singulares, as dimensões psicossociais, econômicas, ecológicas, ergonômicas, familiares, educacionais, além de outras que circunscrevem os processos de trabalho e do cotidiano da vida no campo. Relembremos aqui a propalada dimensão biopsicossocial, que deve nortear a análise de fenômenos ou comportamentos humanos. Segundo Gaulejac (2001), o "social" contém em si dimensões emocionais, subjetivas, afetivas e inconscientes, ao mesmo tempo em que o "o psíquico" é modelado pela cultura, pela língua, pelo simbólico e pela sociedade. Acrescente-se que o corpo, por sua vez, seria o lugar de inscrição das contradições do campo social, síntese de investimentos e contrainvestimentos, de conflitos e, até mesmo, de traumas que o atingem do "exterior" e do "interior" do sujeito, no caso, do trabalhador rural.

Referências bibliográficas

Albuquerque, J. B. (1999). Apontamentos para uma psicologia social voltada para o ambiente rural no Brasil. *Anais do I Congresso Norte Nordeste de Psicologia-Salvador:* pp. 12-17. v.1.

Faria, N. M. X., Facchini, L. A, Fassa, Anaclaudia G & Tomasi, E. (1999). Estudo transversal sobre saúde mental de agricultores da Serra Gaúcha (Brasil). *Rev. Saúde Pública, 33*(4), 391-400.

Freud, S. (1974/1930). O mal-estar na civilização. In: *Edição Standard Brasileira das obras completas de Sigmund Freud.* Vol. XXI. Rio de Janeiro: Imago, p. 75-171.

Gaulejac, V. (2001). Psicossociologia e Sociologia Clínica. In: J. N. G. Araújo. & T. C. Carreteiro. *Cenários sociais e abordagem clínica.* São Paulo: Escuta; Belo Horizonte: Fumec.

Giami, A. & Samalin-Amboise, C. (1989). La praticien chercheur et le chercheur intervenant. In: Revault-d'Allonnes *et al.* (orgs.). *La démarche clinique en sciences humaines.* Paris: Dunot.

Le Guillant, L. (2006). *Escritos de Louis Le Guillant* – da ergoterapia à psicopatologia do trabalho. Organização e apresentação de Maria Elizabeth Antunes Lima. Petrópolis: Vozes..

Levigard, Y. E. & Rozemberg, B. (2004). A interpretação dos profissionais de saúde acerca das queixas de "nervos" no meio rural: uma aproximação ao problema das intoxicações por agrotóxicos. *Cadernos de Saúde Pública, 20*(6). Recuperado em 27 de maio de 2009, de: <http://www.scielo.br/scielo.php?script=sci_arttext&pid=S0102-311X2004000600008&lng=en&nrm=iso>.

Lopes, L. (2008). Suicídio no campo e na mesa. *Ecológico, 1*(1), 22-29.

Marx, K. (1989/1844). *Manuscritos Econômico-filosóficos.* SP: Ática.

Mauss, M. (1966). *Sociologie et Anthropologie.* Paris, PUF.

Ministério da Saúde. (2001). *Doenças Relacionadas ao Trabalho*: manual de *Procedimentos para os Serviços de Saúde.* Brasília: Editora MS.

Ministério da Saúde (2004). Portaria Nº 777/GM, de 28 de abril de 2004.

Morin, E. (1990). *Introduction à la pensée complexe.* Paris: ESF.

Olalde, A. R. (2004). Agricultura familiar e desenvolvimento sustentável. Recuperado em 14 de agosto de 2009, de: http://www.ceplac.gov.br/radar/artigos/artigo3.htm.

Pagès, M. (1986). *Trace ou sens: le système émotionnel.* Paris: Hommes et Groupes.

Pires, D. X., Caldas, E. D., Recena, M. C. P. (2005). Uso de agrotóxicos e suicídios no Estado do Mato Grosso do Sul, Brasil. *Cadernos de Saúde Pública*, *21*(2). Recuperado em 27 de maio de 2007, de: <http://www.scielo.br/scielo.php?script=sci_arttext&pid=S0102-311X2005000200027&lng=en&nrm=iso>.

Possas, C. A. & Trapé, A. Z. (1983). Saúde e trabalho no campo: da questão agrária à política previdenciária. *Cadernos do Internato Rural*, *2*, 13-9.

Rozemberg, B. (1994). O consumo de calmantes e o "problema de nervos" entre lavradores. *Revista de Saúde Pública* [online], *28*(4). Recuperado em 28 de maio de 2009, de: <http://www.scielo.br/scielo.php?script=sci_arttext&pid=S0034-89101994000400010&lng=pt&nrm=iso>. ISSN 0034-8910.

PREVENÇÃO DE RISCOS PSICOSSOCIAIS E SEGURANÇA NO TRABALHO

4

IMPLICANCIAS BIOÉTICAS EN SALUD MENTAL LABORAL

Elisa Ansoleaga Moreno[1]

Introducción

En Chile, las licencias médicas por "trastornos mentales y del comportamiento" experimentaron un alza de 82% entre 2005 y 2007 (SUSESO, 2008). Las patologías asociadas a esta alza fueron depresión, ansiedad y estrés, correspondiendo principalmente con el tramo de edad entre 20 y 40 años.

La depresión está clasificada a nivel mundial como la causa más importante de discapacidad, actualmente unos 450 millones de personas sufren trastornos mentales o neurológicos, de los cuales 121 millones sufren depresión. La mayor prevalencia de este trastorno se da en personas entre 15 y 44 años lo que nos indica que se trata de población trabajadora o potencialmente trabajadora (OPS, 2001).

La creciente prevalencia de patología mental en América Latina (Kohn *et al.*, 2005) no se condice con los presupuestos que le son asignados. La subestimación de este problema hace que alrededor de un 80% de quienes padecen patologías mentales no accedan al tratamiento necesario (Periago, 2005). Desde el 2001 la OMS ha promovido un conjunto de iniciativas globales, sin embargo, Mirta Periago, nos alerta respecto a que las repercusiones del problema no han sido consideradas en su magnitud, concluyendo que la salud mental debiese ser un problema prioritario de salud pública (Periago, 2005).

De otra parte, la Comisión de Determinantes Sociales de la Salud ha señalado que el trabajo ocupa un lugar importante en los procesos de salud/enfermedad (OMS, 2010a). Los patrones de empleo reflejan y refuerzan la gradiente social existiendo grandes y graves desigualdades de acceso a oportunidades del mercado laboral: quienes se ubican en la parte baja de la gradiente social tienen más desempleo, condiciones de trabajo más precarias y peores

---

[1] Universidad Diego Portales – UDP.

resultados de salud, que aquellos que se encuentran en mejores posiciones sociales (Marmot *et al.*, 2010).

La presencia de alta prevalencia de problemas de salud mental asociada al denominado riesgo psicosocial laboral (Sanderson & Andrews, 2006; Siegrist, 2008; Bonde, 2008; Standfeld & Candy, 2006), reviste un problema importante para las personas, sus organizaciones y la salud pública. En consecuencia las implicancias bioéticas deben ser incorporadas al análisis de este problema de modo de avanzar en una bioética socialmente responsable y pertinentemente situada en su contexto de aplicación.

Una revisión de la literatura da cuenta de la carencia de análisis desde la perspectiva bioética en las relaciones entre condiciones de trabajo y salud mental, este artículo invita a la bioética a involucrarse en ésta discusión. La incorporación de la bioética se fundamenta en dos cuestiones esenciales: (a) que nos referimos a un problema de salud pública, ámbito del cual la bioética no debiera restarse a riesgo de que la salud ocupacional siga siendo un instrumento de biopolítica (cuyo interés principal es subordinar los asuntos de la vida al uso del poder económico y político, a diferencia de la bioética cuyo propósito final es procurar la salud como un bien en sí mismo); y (b) que la bioética puede ser un instrumento específico de alerta y de confección de agenda, y en consecuencia, proponer líneas de acción mediante la identificación de algunos elementos específicos de las condiciones de trabajo que amenazan a la salud mental y que pueden ser prevenidos y/o controlados.

Método

Este trabajo utiliza como esquema de análisis la discusión sobre un conjunto de tesis en el ámbito de la salud mental y el trabajo. En primer lugar, se discute acerca del concepto de salud mental sosteniendo que éste enfrenta dificultades pragmáticas de abordaje; luego, se examinan parámetros específicos de identificación de patología mental en dependencia de situaciones laborales siendo posible diferenciarlos de otros elementos etiológicos; en tercer lugar, se reconoce que dentro de los factores laborales existe una gran diversidad y especificidad contextual, por lo que sugerimos delimitar sobre cuáles es posible hacer prevención y control; finalmente, respecto de aquello en que se puede ejercer prevención y control, se interpela éticamente al Estado, en su condición de regulador y garante, y a las empresas, en el ejercicio de su responsabilidad social empresarial.

El concepto de salud mental enfrenta dificultades pragmáticas de abordaje

Observamos muchas dificultades respecto a la operacionalización del concepto de salud mental, la tendencia suele ser abordarla desde una concepción negativa, es decir, la salud mental equivale a la ausencia de patología (perspectiva modal) o ausencia de distres (Mirowsky & Ross, 1989). Payton (2009) discute acerca de si la salud mental, la patología mental y el distrés son o no parte de un mismo continuo mediante el análisis de tres perspectivas, dos de ellas de concepción negativa más la denominada psicología positiva, que sostiene que la ausencia de enfermedad mental es una condición necesaria pero no suficiente para alcanzar la salud mental.

Payton (2009) concluye sugiriendo una perspectiva que denominó "discontinua", es decir que el distrés, la patología mental y la salud mental no serían parte de un mismo continuo, pero se pueden observar fuertes asociaciones positivas y direccionales desde el distrés hacia el trastorno mental y asociaciones negativas y direccionadas desde el distrés hacia la salud mental. Por ello, tanto la perspectiva discontinua propuesta por Payton así como la de Mirowsky y Ross (1989) sitúan en una posición determinante al concepto de distrés. El distrés ha sido definido como aquello que provoca sufrimiento emocional en las personas y que bajo ciertas condiciones, de mantención en el tiempo o de intensidad, y en ausencia de un contexto comprensivo, redundaría en la aparición de patología mental, particularmente, depresión y ansiedad.

Una segunda aproximación a la salud mental, propuesta por la OMS, la define como un ". . . estado de bienestar en el cual el individuo es consciente de sus propias capacidades, puede afrontar las tensiones normales de la vida, puede trabajar de forma productiva y fructífera y es capaz de hacer una contribución a su comunidad" (OMS, 2010b).

Esta definición tiene la virtud de plantearse una perspectiva que busca ser integral, asociando el concepto de salud mental a las capacidades de las personas y los grupos sociales para desempeñarse proactivamente en la sociedad en sus diversos planos. En este sentido puede ser considerado una importante referencia de política pública. Con todo, este modelo, propio de los países social-demócratas europeos, presenta la dificultad que no puede ser asumido en su integralidad en países con niveles de ingreso muy inferiores, y con un desarrollo institucional bastante más limitado. Siguiendo a Kottow (2008a) el concepto de "bienestar" suele relacionarse con visiones políticas liberales, con autonomía de los ciudadanos y con sociedades generosas en la igualdad de oportunidades que dicen ofrecer, y por lo tanto, tiende a hacer una abstracción de los individuos y de sus posibilidades.

Ante contextos de alta desigualdad social donde la mayoría de la población no cuenta con oportunidades para desarrollar y desplegar sus capacidades a fin de "afrontar las tensiones normales de la vida" y "trabajar de forma productiva y fructífera contribuyendo a su comunidad" (OMS, 2010b) y si lo que interesa es mejorar los estándares de atención, prevención y promoción de salud mental, debemos utilizar conceptos que, al mismo tiempo, sean operacionalizables y consideren elementos contextuales. Por ello, aun cuando el concepto de salud mental propuesto por la OMS puede constituir una perspectiva orientadora, por su integralidad y universalidad, en nuestro contexto latinoamericano parece prudente identificar mínimos que nos permitan alcanzar progresivamente dichas metas. Por lo anterior, es que proponemos utilizar el concepto de distrés como un precursor de patología mental avanzando en la identificación de los elementos generadores de distrés.

Es posible identificar factores laborales asociados a patología mental diferenciándolos de otros elementos etiológicos

La pérdida de la salud mental ha sido comprendida a la luz de las actuales condiciones de vida, la experiencia de estrés cotidiano, dado por las dificultades enfrentadas en el ámbito de la familia, una mala disposición del transporte público, así como la presión por adquirir cada vez más bienes de consumo, entre otros, tensionan emocionalmente a las personas. Adicionalmente se ha reconocido que el trabajo ocupa un lugar etiológico determinante, en tanto actividad central en la articulación de la vida de las personas al compararlo con otras actividades cotidianas: dedicamos al trabajo 50 de los 78 años de de esperanza de vida al nacer (Oficina Internacional del Trabajo [OIT], 2006). Siendo el trabajo un espacio social determinante cabe preguntarnos por qué éste se convierte hoy en productor de patología mental.

El estudio de aspectos psicosociales del trabajo adquiere pública relevancia cuando los cambios en la organización del trabajo demandan y tensionan al trabajador emocional y cognitivamente, lo que se traduce en un aumento de la denominada carga psíquica y mental en el trabajo (Dejours, 1992; Díaz, 2010; Vezina, 2007). Hoy conviven con los clásicos riesgos físico-ambientales los denominados riesgos psicosociales y sitúan al distrés laboral como precursor de patología mental.

A nivel internacional, se han utilizado como parámetros asociados a patología mental laboral tres modelos de riesgo psicosocial en el trabajo. El modelo de Karasek (Karasek & Theorell, 1990), denominado de *demanda-control-apoyo* que sostiene que en la medida que las personas perciben altas demandas psicológicas acompañadas de un bajo control sobre sus procesos de trabajo y un bajo soporte social, experimentarán distrés laboral. El modelo de Siegrist (1996), del *Desbalance Esfuerzo-Recompensa*, sostiene que en la medida que las personas experimentan, por un período prolongado, un desbalance entre el esfuerzo invertido en el trabajo y las recompensas recibidas, producirán distrés. El modelo de Moorman (1991), denominado de *justicia organizacional*, refiere a la percepción de los intercambios sociales en las organizaciones, en la medida que el trabajador percibe que es víctima de injusticia en la distribución de los recursos, en los procedimientos, en la disposición de información y en las retribuciones recibidas, experimentará distrés. Estos tres modelos explican mecanismos de producción de distrés asociado al trabajo, lo que ha sido ampliamente reconocido como precursor central de patología física y mental.

Estos modelos son consistentes con la perspectiva discontinua de Payton (2009) y con la del distrés de Mirowsky y Ross (1989), siendo posible identificar, a través de ellos, un conjunto de variables psicosociales que pueden ser medidas y controladas, tales como: el apoyo social, la demanda psicológica, la falta de control, la percepción de injusticia y de desequilibrio entre el esfuerzo y las recompensas. Estas variables permiten comprender de qué manera la organización del trabajo se vuelve patógena, en tanto la exposición a éstas se ha relacionado con la aparición de patología mental (Sanderson & Andrews, 2006; Siegrist, 2008; Bonde, 2008; Standfeld & Candy, 2006).

Los modelos de Karasek, Siegrist y Moorman han sido testeados en países de desarrollo medio y alto, por lo que resulta importante verificar su aplicabilidad en nuestro contexto Latinoamericano. También es fundamental indagar sobre otros factores asociados a patología mental en el trabajo: la vivencia de ambientes laborales cargados de violencia, real o simbólica; el sobrecompromiso; el acoso moral y/o sexual, la discriminación. Finalmente, es menester indagar contextualizadamente de qué manera la desigualdad social cobra mayor o menor relevancia en la aparición de patología mental asociada a condiciones de trabajo.

Volviendo a la pregunta por el concepto de salud mental, la evidencia presentada hace directa alusión a salud mental, sin embargo, lo que realmente estudian es la presencia de patología mental asociada a cierta condición de distrés laboral específico dado por una organización social del trabajo patógena.

Es muy importante destacar que una buena disposición de estos factores puede constituir protección de la salud mental, permitiendo el desarrollo de la autonomía, autoestima y autoeficacia de las personas en sus lugares de trabajo. Por ello, las organizaciones deben en primer lugar, reconocer que la disposición de los factores psicosociales del trabajo pueden cumplir un rol patogénico o salutogénico, y por lo tanto, pueden emprender acciones de promoción y prevención para evitar el surgimiento de patología mental. Sin embargo, no es posible generalizar pues la naturaleza y organización del trabajo imponen limitaciones y posibilidades de intervenir en lo psicosocial del trabajo.

Dentro de los factores laborales existe una alta especificidad propia de la naturaleza y organización del trabajo, en consecuencia, es preciso delimitar sobre cuáles podemos hacer prevención y control

Es fundamental poder identificar qué elementos son propios de la naturaleza del trabajo y cuáles son parte de la organización del mismo. Existen muchos trabajos que por su naturaleza ven afectados los factores psicosociales. Es el caso de un obrero en una cadena de montaje que no puede controlar el ritmo y monotonía de su trabajo, o el del personal de seguridad de un banco que no puede desplegar autonomía ni creatividad en tanto debe ceñirse a rigurosos procedimientos, o el del trabajo en la pequeña minería en que se soportan condiciones físico-ambientales extremas, arriesgando la vida, sin medidas de seguridad adecuadas. En los dos primeros casos, es la naturaleza, y en el tercero, son las condiciones de trabajo las que imponen restricciones importantes, y la situación se agrava si la alternativa real de estos trabajadores es el desempleo.

De otra parte, la mayoría de los trabajos se realizan en el sector servicios, contexto laboral caracterizado por altas demandas psicológicas, una fuerte presión de tiempo y ritmos de trabajo, escaso reconocimiento y, situaciones de microviolencias cotidianas dadas por tener que relacionarse intensivamente con colegas, clientes, y/o usuarios. En este caso, aludimos a elementos propios de la organización del trabajo que serían nocivos para la salud psicológica del trabajo y que, en principio, son modificables.

Los factores psicosociales del trabajo nos presentan un abanico de variables a considerar, sin embargo, no basta con identificarlas – en términos generales- siendo oportuno diferenciar, atendiendo a la naturaleza del trabajo, aquellas que son posibles de modificar, de las que, por ser elementos propios de organización social del trabajo, sí pueden ser modificados.

Siendo posible modificar algunos elementos, es justo apelar a un imperativo ético de responsabilidad social de las empresas y de fiscalización y regulación por parte del Estado

En aquellos elementos psicosociales que son posibles de modificar, y teniendo como horizonte la salud psicológica de los trabajadores, es menester

Implicancias bioéticas en salud mental laboral

69

preguntarnos si acaso es un asunto del mercado o del Estado establecer prevenciones, compensaciones, e investigar las buenas y malas prácticas laborales.

La pérdida de protagonismo de los Estados en la protección y regulación de las relaciones laborales, la merma de poder negociador de parte de los trabajadores, la primacía del mercado como articulador de las relaciones sociales y un sistema de organización laboral que reproduce las inequidades encontradas en otros ámbitos de la sociedad, han tenido como resultado un incremento del trabajo a tiempo parcial, aumento del subempleo y desempleo, pérdida de seguridad en el empleo, y la precarización creciente de las condiciones laborales. En la medida que el trabajo pierde estabilidad y la relación laboral se hace más precaria, el cuidado de la salud y los riesgos asociados al trabajo son traspasados a los trabajadores.

El trabajo desprotegido negocia protección por dinero y el trabajador se vuelve corresponsable de su desprotección. Por ello, la pérdida de cautela sobre el mercado de trabajo afecta directamente las condiciones de trabajo, las posibilidades de ejercicio de la ciudadanía y en consecuencia la salud de los trabajadores. (Kottow, 2010)

En la medida que los Estados disponen de buenos sistemas de protección social, la inseguridad laboral y los cambios en la organización del trabajo tienen consecuencias menos nefastas, o mejor dicho, no provocan el efecto paradojal de que las personas valoren enormemente su puesto de trabajo, aun en condiciones de alta precariedad, por el temor de la pérdida de éste y a las desastrosas consecuencias económicas y psicosociales que arrastra el desempleo en una sociedad con escasa protección social.

Sugerimos que el Estado recuperare su rol de regular y garantizar condiciones laborales justas reconociendo en el origen de la relación laboral un conjunto de asimetrías de poder y de información, en desmedro de los trabajadores.

Sin embargo, en primera instancia debiésemos apelar a la responsabilidad de las empresas en resguardar la salud de sus trabajadores. El concepto de responsabilidad social de la empresa, tan en boga hace dos décadas, alude a un conjunto de acciones que la empresa desarrolla en beneficio de la comunidad en que se inserta, entre otras son de público conocimiento: la construcción de escuelas y centros deportivos, la plantación de árboles, el patrocinio a algún hogar de ancianos, niños, etc. Estas acciones suelen desplegar una inmensa parafernalia publicitaria señalando el gasto en el que incurren frente a eventos de alta connotación social y pública (Teletón, un maremoto, etc.). Una variante interesante de la responsabilidad social ha puesto el foco en la calidad de vida de sus trabajadores desarrollando programas en conciliación trabajo-vida personal, promoción de salud, y en excepcionales casos, de salud mental laboral. Por ello, la responsabilidad empresaria tiene mucho que avanzar en relación a su comunidad más inmediata, sus propios trabajadores. El reconocimiento de que la disposición de los factores psicosociales del trabajo puede cumplir un rol patogénico o salutogénico, reviste una gran oportunidad para ejercer la responsabilidad social a través de acciones que propendan a lugares de trabajo psicológicamente saludables.

Discusión

Siguiendo a Kottow (2010) la bioética trata de una reflexión con fines prácticos que utiliza la deliberación como herramienta principal frente a dilemas, siguiendo siempre el mandato ético de revisar "qué es lo que falta" y acordando cuáles son los valores que nos sujetan para desde allí elaborar la política. Nuestra propuesta consistió en identificar aquello que es necesario atender asumiendo como horizonte ético normativo el derecho y posibilidad de toda persona a desarrollarse en contextos saludables.

En esta perspectiva, se proponen dos líneas de acción, de una parte, es preciso ofrecer a las empresas un modelo de abordaje integral del riesgo psicosocial del trabajo, y de otra, apelar al surgimiento de políticas de mayor proyección desde el Estado.

Un modelo integral debiera considerar a nivel diagnóstico la evaluación diferencial del riesgo psicosocial laboral, identificando puestos o unidades de trabajo de mayor riesgo, así como de prácticas y políticas, protectoras y/o dañinas, de la organización. En el ámbito de la intervención, se sugiere generar estrategias específicas que promuevan: el apoyo social entre pares y con los superiores; generar mecanismos de reconocimiento; favorecer procesos de comunicación fluida y transparente; disponer procesos de retroalimentación del desempeño equitativos y justos; aumentar el control sobre los procesos de trabajo permitiendo el despliegue de habilidades y, optimizar las demandas/carga de trabajo, a través de procesos de planificación eficiente que potencie la colaboración entre los equipos.

De otra parte, es también relevante desafiar el escenario de desprotección actual proponiendo políticas sociales protectoras. Los trastornos mentales asociados a las actuales condiciones y organización social del trabajo, deben llevarnos a una reflexión más amplia acerca del rol que deben jugar los Estados en la detección, fiscalización, compensación, prevención y control, de aquellos elementos nocivos para la salud mental. En tal sentido, el Estado debe garantizar que las condiciones psicosociales laborales no reproduzcan las inequidades en salud mental.

Compete al mundo académico aumentar la evidencia disponible en nuestro contexto específico, generando información desagregada por sectores económicos, categorías y grupos ocupacionales, pues diferencias en las condiciones y naturaleza del trabajo pueden significar diferentes riesgos para la patología mental, y en consecuencia, sólo desde allí se podrán generar propuestas específicas que atiendan estas variantes.

El llamado es a una bioética que reflexione acerca de cómo las actuales condiciones de trabajo, potencian o inhiben la salud mental de la población y sus posibilidades de adquirir y desplegar capacidades que los sitúen en una mejor posición en la sociedad, a fin de que las personas puedan vivir la vida que quieren vivir (Sen, 2002). Para ello, es preciso avanzar en fijar estándares, con carácter de obligación, que se puedan hacer cumplir en el marco de una bioética de la protección.

Las relaciones entre las actuales condiciones de trabajo y patología mental, interpelan a una ética de la protección, en tanto ésta

... es concreta y específica: *concreta* porque atiende a individuos reales que sufren desmedros o insuficiencias de empoderamiento que son visibles, y *específica* porque cada privación es identificable y distinguible, como lo han de ser los cuidados y el apoyo remedial. (Kottow, 2008b)

Este trabajo identifica elementos constitutivos de riesgo para la salud mental de la población y avanza en la delimitación de los conceptos y responsabilidades de actores involucrados, en tal sentido, ofrece una agenda cuyo horizonte es generar cambios concretos.

Bibliografía

Bonde, J.(2008) Psychosocial factors at work and risk of depression: a systematic review of the epidemiological evidence. *Occupational & Environmental Medicine, 65,* 438-45.

Dejours, C. (1992) *Trabajo y desgaste mental. Una contribución a la psicopatología del trabajo.* Buenos Aires: CREEDLA-HUMANITAS.

Díaz, C. (2010) Actividad Laboral y Carga Mental de Trabajo. *Ciencia & Trabajo, 12* (36), 281-92.

Karasek, R.A. & Theorell, T. (1990). *Healthy work: Stress, productivity and the reconstruction of working life.* New York: Basic Books.

Kohn, R., Levav, I., Almeida, J., Vicente, B., Andrade, L., Caraveo-Anduaga, J. *et al.* (2005). Los trastornos mentales en América Latina y el Caribe: asunto prioritario para la salud pública. *Revista Panamericana de Salud Publica, 18* (4-5), 229-240.

Kottow, M. Bases Filosóficas, Éticas y Sociales de la Salud Pública. Curso de doctorado en Salud Pública, Facultad de Medicina, Universidad de Chile. 2010.

Kottow. M. (2008a) Bienestar, dolor y sufrimiento. En Tealdi, J.C. (dir) *Diccionario latinoamericano de bioética.* Bogotá: UNESCO-Universidad Nacional de Colombia.

Kottow. M. (2008b) Bioética de protección. En Tealdi, J.C. (dir) *Diccionario latinoamericano de bioética.* Bogotá: UNESCO -Universidad Nacional de Colombia.

Marmot, M., Allen, J., Goldblatt, P., Boyce, T., McNeish, D., Grady, M. *et al.* (2010) Fair Society, Healthy Lives. The Marmot Review: Strategic review of health inequalities in England post 2010. Recuperado 26, Julio, 2010 de: http://www.marmotreview.org/AssetLibrary/pdfs/Reports/FairSocietyHealthyLivesExecSummary.pdf

Mirowsky, J. & Ross, C. (1989) *Social Causes of Psychological Distress.* New York: Aldine de Gruyter.

Moorman, RH. (1991) Relationship between organizational justice and organizational citizenship behaviors: do fairness perceptions influence employee citizenship? *Journal of Applied Psychology, 76,* 845-55.

Oficina Internacional del Trabajo [OIT]. (2006). Seguridad social y reforma del sistema de pensiones en Chile. Evolución demográfica y pensiones en Chile. OIT NOTAS. 4. 1-4. [en línea]. Recuperado 16, Mayo, 2007, de http://www.oitchile.cl/pdf/Cuarto%20numero.pdf.

Organización Mundial de la Salud. [OMS] (2010a). *Comisión De Determinantes Sociales De La Salud*. Recuperado 23; Diciembre, 2010, de: http://www. who.int/social_determinants/strategy/QandAs/es/index.html

Organización Mundial de la Salud. [OMS]. (2010b) *Definición salud mental*. Recuperado, 26, Julio, 2010 de: http://www.who.int/topics/mental_health/ es/index.html

Organización Panamericana de la Salud. [OPS]. *The World Health Report 2001 – Mental Health: New Understanding, New Hope*. Recuperado 26, Julio, 2010, de: http://www.paho.org/English/DD/PIN/mentalhealth_002.htm

Payton, A. (2009) Mental Health, Mental Illness, and Psychological Distress: Same Continuum or Distinct Phenomena?*. *Journal of Health and Social Behavior, 50* (2), 213-27.

Periago, M. (2005) La salud mental: una prioridad de salud pública en las Américas. *Revista Panamericana de Salud Publica, 18* (4-5), 223-228.

Sanderson, K., & Andrews, G. (2006) Common mental disorders in the workforce: recent finding from descriptive and social epidemiology. *Canadian Journal of Psychiatry, 51* (2), 63 – 75.

Sen, A. (2002) ¿Por qué la equidad en salud? *Revista Panamericana de Salud Pública, 2002, 11* (5/6), 302-09.

Siegrist, J. (1996). Adverse health effects of high-effort/low-reward conditions. *Journal of Occupational Health Psychology, 1, 27- 41*.

Siegrist, J. (2008). Chronic psychosocial stress at work and risk of depression: evidence from prospective studies. *European Archives of Psychiatry and Clinical Neuroscience, 258* (suppl 5), 115-19.

Standfeld, S., Candy, B. (2006) Psychosocial work environment and mental health. A meta-analytic review. *Scandinavian Journal of Work Environmental & Health, 32* (6), 443 – 62.

Superintendencia de Seguridad Social, Ministerio del Trabajo y Previsión Social, Gobierno de Chile [SUSESO] (2008). Licencias tramitadas por problemas de salud mental crecieron en 82% entre 2005 y 2007. *El Mercurio*, sección nacional, Martes 10 de Junio del 2008, p11.

Vezina, M. (2007, Noviembre, 5). Las exigencias psicosociales vinculadas a la organización del trabajo. Ponencia presentada en Seminario Internacional Investigación, políticas y prácticas asociadas a problemas de salud mental y trabajo en Chile: una perspectiva de género, Santiago, Chile.

LIDERANÇA, PODER E GOVERNANÇA ORGANIZACIONAL

5

LA INCIDENCIA DEL LIDERAZGO EN LA ESTRUCTURACIÓN DE LA TOMA DE DECISIÓN Y LA CONFIANZA EN LAS ORGANIZACIONES

Rodolfo A. Escalada[1]

Introducción y objetivo

El presente trabajo tiene por objeto platear cómo, el liderazgo, incide en la estructuración de la "toma de decisión y la confianza" en las organizaciones. Comienzo pues, planteando qué entiendo por liderazgo. En mi tesis doctoral[2] planteo que el liderazgo, compone dos dimensiones. La primera, promueve un ordenamiento simbólico, basado en el Mito Institucional del Líder. La segunda, vinculada con la puesta en escena de dicho orden, se objetiva por las prácticas de quienes ocupan el rol de líderes. Mi trabajo de investigación me llevó a definir siete construcciones sociales en las cuales esta puesta en escena se plasma, son estas: a) La toma de decisión; b) La confianza; c) La cultura; d) El concepto de cambio; e) Los valores; f) La comunicación; y g) El tiempo.

En este artículo, brindo una comunicación parcial de los hallazgos relativos a la relación del liderazgo con la "toma de decisión y la confianza".

La doble dimensión del liderazgo

El Legado Mesiánico, herencia propia de las tres grandes religiones mono-teístas, es parte de la genealogía que lleva a que el liderazgo haya devenido en un Mito Institucional de las organizaciones modernas. Y una vez concretada esta operación, se erigió en un medio simbólicamente generalizado. La Real Academia Española, nos da el siguiente significado: (Del lat. bíblico Messĭas,

---

[1] Centro de Estudios Interdisciplinarios de la Universidad Nacional de Rosario, Rosario, República Argentina.

[2] *El liderazgo como un elemento estructural de las organizaciones*, dirigida por el Dr. Aldo Schlemenson.

y este del hebr. měšīāḥ, ungido). 1.m. El Hijo de Dios, Salvador y Rey descendiente de David, prometido por los profetas al pueblo hebreo. 2. m. Sujeto real o imaginario en cuyo advenimiento hay puesta confianza inmotivada o desmedida. Esperar alguien al Mesías. (Por alus. a los judíos, que no reconocen al Mesías en Jesucristo). loc. verb. Esperar a alguien que ya llegó.

Surge en estas expresiones una segunda palabra a tener en cuenta, "ungido". Entres sus significados encontramos: (Del lat. ungěre). Signar con óleo sagrado a alguien, para denotar el carácter de su dignidad, o para la recepción de un sacramento. Elegir a alguien para un puesto o para un cargo. La Enciclopedia Británica agrega: Las personas y cosas se ungen para simbolizar la introducción de una influencia sacramental o divina, una emanación, espíritu o poder sagrados.

Por tanto, el Mesías (el ungido), puede ser un Sujeto tanto real o imaginario en cuyo advenimiento se pone una confianza desmedida. Esta se vincula a una "misión de salvación", "de restauración". El Mesías tiene un carácter providencial. Luego, para que esta operación se complete, se requiere de una segunda instancia que encontramos en la unción. El Mesías es además alguien elegido para un puesto o cargo, de allí que debe ser diferenciado para denotar su carácter o dignidad. Encontramos entonces, en el surgimiento de un Mesías, tres tiempos: 1°) Hay un tiempo primigenio signado por la crisis, la confusión, por un estado de necesidad, los que instalan la espera de una llegada. Hay una llamada que se pone en acto. 2°) El tiempo de la llegada, el Mesías aparece entre nosotros, responde a una llamada. Esta situación implica una relación paradojal entre quienes llamaron y quien llega. El que llega debe escuchar lo que le piden. Por tanto el terreno de lo que debe hacer ya está delimitado. El Mesías no puede hacer lo que desee, debe responder a aquello para lo cual fue llamado. Si no, no será reconocido como el Mesías. 3°) Si el Mesías escucha el llamado, será reconocido, por lo tanto, elegido y nombrado. Este llamado en tanto imaginario, requiere de recursos simbólicos que marquen la legalidad del Mesías. Por tanto lo ceremonial de la unción, establece la dignidad de quien ha venido a cumplir la misión de salvarnos. Estos tres tiempos permiten comprender por qué, la misión salvadora de un Mesías, siempre está asociada a la restauración. La restauración es la de "un orden" que se corresponde con el deseo expresado por ese llamado. Al tiempo que este orden oculto en los pliegues del llamado, establece bases estructurales al Mesías mismo. Su espacio de acción está determinado, por lo que el llamado muestra, a la vez que oculta. Las categorías de acción y estructura surgen de un llamado con estatuto imaginario y un reconocimiento de ropajes simbólicos que garantizan un orden, que remite al universo simbólico desde el cual el sistema simbólico mismo se estructura. Esta relación entre el salvador y aquellos que deben ser salvados, constituye la base de un mito ampliamente extendido, el de un encuentro entre quien es convocado, y aquellos que producen un llamado para ser cuidados y guiados por el buen camino. Esta lógica simbólica está presente a lo largo de la historia, siendo lo determinante y esencial que este encuentro se ordena desde el Mito. El Mito Institucional del Líder organiza estructuralmente las acciones y establece una forma de relación intersubjetiva. El llamado de los seguidores y la respuesta del líder, ambas, son intervenciones en lo real, desde un registro imaginario, pero el cual se torna imposible sin apelar al mundo de los símbolos. De hecho, el mito mismo sólo puede ser concebido como ya ceñido por el registro simbólico (Lacan, 1991, p. 326). Por tanto, la acción humana por excelencia está fundada originariamente en la existencia del mundo del símbolo (Lacan, 1991, p. 335). Por ello, la estructura no puede ser pensada en los términos de un organigrama moderno y las relaciones imaginarias que un dibujo en un papel establecen. La línea de trabajo seguida abona la tesis que en todo análisis de la relación intersubjetiva, lo esencial no es lo que está ahí, lo visto. Lo que es la estructura, es lo que no está ahí (Lacan, 1991, p. 327). Es decir, la acción humana por excelencia está fundada originariamente en la existencia del mundo del símbolo, a saber en leyes y contratos (Lacan, 1991, p. 335). Las relaciones de lo instituido y lo instituyente cobran fuerza en estos planteos. Estos efectos permiten comprender lo instituido como aquello que está establecido, el conjunto de normas y valores dominantes así como el sistema de roles que constituye el sostén de todo orden social. La fuerza instituyente que triunfa se instituye, y en ese mismo momento, por el simple efecto de su afirmación y consolidación, se transforma en instituido y convoca a su instituyente. Las instituciones, caracterizadas de esta manera, son abstracciones. Las organizaciones son su sustento material, el lugar donde aquellas se materializan y desde donde tienen efectos productores sobre los individuos, operando tanto sobre sus condiciones materiales de existencia como incidiendo en la constitución de su mundo interno. Las organizaciones, desde este punto de vista, son mediatizadoras en la relación entre las instituciones y los sujetos (Schvarstein, 1995, p. 26). De allí que una organización puede ser entendida como la puesta en escena de un orden simbólico. El Mito Institucional del Líder, forma parte de ese orden simbólico, con carácter de universal. Por tanto, como todo orden simbólico posee su expresión material (la puesta en escena). Como ya he anunciado, en este trabajo abordaré dos de las siete construcciones sociales encontradas en mi investigación, "la toma de decisión y la confianza".

Metodología de investigación

Mis reflexiones se apoyan en un caso denominado "La Maternidad"[3], en el que participé como consultor externo. La metodología utilizada para la investigación fue cualitativa. El trabajo de investigación desde esta perspectiva apunta a encontrar el significado, la comprensión de la práctica social, a través de ordenar y relacionar lógicamente la información que la práctica nos suministra y que hemos registrado (Kisnerman, 1997, p. 13). La sistematización de la información, posibilita la construcción de teoría, y la apertura de nuevas zonas de sentido. Dicha sistematización fue realizada utilizando el Método de Comparación Constante, utilizando fundamentalmente técnicas de entrevistas abiertas y focus group.

Casuística

La demanda inicial se vinculó a problemas que, en principio, surgieron por la inminente "mudanza" de una Maternidad a otro edificio de la Secretaría de Salud. En dicho edificio funcionaban desde hace varios años otros servicios de salud. Al momento de la consulta estaba previsto que la Maternidad ocuparía dos pisos del edificio. Las nuevas instalaciones (estructura edilicia, capacidad de atención, número de camas, tecnologías, lugares de descanso para el personal médico de guardia y otros) representaban un servicio de mayor calidad a la población, al tiempo que los profesionales dispondrían de mejores recursos de trabajo. No obstante, se originaron fuertes resistencias del personal, quienes manifestaron su negativa a la "mudanza". Dada la cercanía de la fecha (la cual fue decidida por el Ejecutivo) y los niveles de conflicto, fui convocado para colaborar.

El momento inicial estuvo caracterizado por la manifestación de resistencias a la decisión política, las que se expresaron a través de distintos síntomas. Anuncios de deterioros en el nuevo edificio (inexistentes), planteos de que se iba a estar incómodo, quejas sobre aspectos vinculados a la seguridad (cuando en el edificio histórico no existían), pedidos de traslado del personal de enfermería a otros destinos, y otros, señalaban los niveles de insatisfacción de una parte del personal. La Dirección había realizado ingentes esfuerzos, no obstante, las demandas no cesaron. Un hecho trascendente en la historia de la "mudanza de la Maternidad" radica en que el proyecto del traslado a un nuevo edificio surgió

---

[3] Este caso fue abordado con otros objetivos en una comunicación anterior: Sistemas Organizacionales – Una experiencia a nivel de Estado, en las IX Jornadas de Psicología de las Organizaciones y del Trabajo, Montevideo 2008.

por los años 2000 / 2001. Sin embargo, debido a la crisis social y económica en la que se debatió nuestro país, tuvo que ser postergado. En varias ocasiones se realizaron anuncios que la mudanza era un hecho, pero tantas otras veces se volvió a postergar. La mudanza recién se concretó a fines del 2006. Durante todo ese tiempo (cinco años), las autoridades manifestaron que la Maternidad se mudaría tal cual estaba al nuevo edificio. Este era un mensaje tranquilizador, ya que permitía sostener la identidad organizacional. No obstante, y a medida que en el edificio se fueron construyendo los distintos espacios de trabajo, se evidenció que no había lugar para todos. Algunos servicios no podrían funcionar en los dos pisos asignados. El espacio, como mediatizador de la unidad organizacional, comenzaba a dar una información. Esto provocó importantes conflictos, sucintándose una especie de lucha por los territorios. El estado de negociación permanente con el área "arquitectura" fue una de las características. Algunas áreas comenzaron acciones individuales a los fines de obtener de arquitectura un espacio en esos dos pisos, ya que aquellos que no "cupieran", deberían marchar a otros pisos. La fecha de la "mudanza" se fijó para antes de fin de año del 2006, con menos de dos meses de anticipación, lo que motivó un aumento de la ansiedad al interior de la organización. Destacamos que la fecha fue establecida por el Ejecutivo municipal, más allá de que la consideración técnica de los miembros de la Maternidad especificaba que dos meses no sería tiempo suficiente para que todo estuviera en condiciones. Es decir, la racionalidad de la toma de la decisión fue política y no técnica.

La toma de decisión

Esta modalidad en la toma de la decisión, plantea un estilo que indica cómo se lidera y qué es lo que debe buscarse cuando se lidera. Luhmann realiza una afirmación que consideramos relevante: Se trata únicamente de la capacidad de reducir las distancias (desviaciones, alejamientos) entre el sistema y el entorno que pudieran poner en peligro la existencia del sistema: distancias entre el fin propuesto y la realidad (Luhmann, 1995, p. 52). Considero que esta distancia entre lo propuesto y la realidad es algo que no se tuvo en cuenta. No se tuvo en consideración que esa toma de decisión significó una intervención en el sistema desde una racionalidad propia de lo político, sin tener en cuenta la racionalidad técnica, propia del servicio de salud y sus posibilidades concretas de trabajo. La sola comunicación de la decisión implicó la erosión del sistema, debido a que los sujetos intervinientes no estaban en condiciones de adjudicarle sentido a tal decisión. No por carecer de sentido, brindar una salud de mayor calidad a la población, sino por el hecho de que no se comprendía cómo, desde el Ejecutivo, "no se comprendía" que eran necesarios otros plazos (claro está, desde el punto de vista de ellos). La imposibilidad de adjudicación de sentido, implicó el aumento de interrogantes y por tanto mayor circulación de información en términos de suposiciones. "La información se trata de una diferencia que lleva a cambiar el estado mismo del sistema; por el solo hecho de acontecer transforma" (Luhmann, 1995, p. 63). Planteo una primera cuestión a fines de comprender lo que ocurría. Quienes lideraron contribuyeron a generar cambios que llevaron a un aumento de la distancia entre el fin propuesto y la realidad. Esta distancia, que consideraré como una brecha, tomó forma; una forma no carente de volumen. Esta brecha no debe ser pensada como un espacio vacío, sino como un espacio que promovió fuertes incertidumbres. Entre los principales hitos constituyentes de esta incertidumbre, destacan los siguientes:

- Cambios en el sistema de autoridad: se ignoraba si la Dirección se sostendría tal como estaba (los Directores tampoco lo sabían).

- Posibilidad de fusión de algunos servicios, en particular administrativos, por lo que no existía claridad sobre la posibilidad de conservar la unidad administrativa existente, lo que implicaba una ruptura de la antigua unidad organizacional.

- Cambios en los espacios de trabajo, que llevarían a establecer una nueva red vincular.

- No existía el espacio suficiente para que todos se mudaran a los dos pisos asignados.

Como puede observarse, todo esto generaba un cambio a nivel de toda la organización, en la que los vínculos construidos a lo largo de los años variarían irremediablemente. Para algunos sujetos esto implicaba atravesar por una vivencia similar a la de comenzar en un "nuevo trabajo… no deseado". Los sujetos se vieron sometidos ante la incertidumbre del cambio tanto del propio lugar de trabajo, como a nivel del entorno con el que se vincularía. El sistema se puede caracterizar como una forma con la implicación de que dicha forma está compuesta por dos lados: sistema/entorno (Luhmann, 1995, p. 67). El conflicto existente en la organización poseía una forma que se fue definiendo a partir de una serie de operaciones que fueron generando un sistema. En la recursividad de un mismo tipo de operación tenemos como resultado un sistema. Por lo tanto, la diferencia entre sistema y entorno resulta por el simple hecho de que la operación se enlaza a operaciones de su propio tipo y deja fuera a las demás (Luhmann, 1995, p. 67).

A los fines que nos ocupan, en necesario profundizar en las características de estas operaciones. En primer término estas operaciones se componen de

La incidencia del liderazgo en la estructuración de la toma de decisión y la confianza en las organizaciones   83

prácticas ejecutadas por individuos pertenecientes a la organización. Recordemos que en su condición de actores, los individuos recrean las condiciones que hacen posibles sus actividades, de modo que, en ellas, está involucrada la estructura. Pero al mismo tiempo, la estructura se reproduce a través de una serie de sucesivas prácticas sociales situadas contextualmente. Por lo tanto, se puede decir que existe una estrecha relación entre la consciencia, las prácticas y la estructura. "Las estructuras son integradas por medio de la acción y la acción se conforma estructuralmente" (Ortiz Palacios, 1995, p. 60). Recordemos que, sujetas a la "noción de dualidad de estructura, las propiedades estructurales de sistemas sociales son tanto un medio como un resultado de las prácticas que ellas organizan de manera recursiva" (Ortiz Palacios, 1999, p. 61).

En tal sentido, sostengo que la toma de decisiones por parte del sistema de liderazgo deviene en un tipo de práctica social que, de un lado, es el medio estructural por el que ésta se realiza; y por el otro, origina resultados que se convierten en nuevas prácticas, de allí la recursividad. En relación con la toma de la decisión, hay dos cuestiones que si bien aparecen como una misma, en rigor involucra elementos que están acoplados y deben diferenciarse. Una primera cuestión está vinculada a lo que se logra con una decisión tomada en términos de un determinado objetivo social; la otra, depende de lo que se promueve a partir de la forma en la que la decisión es tomada. En la Maternidad, el objetivo de contribuir a un sistema de salud de mayor calidad, se escindió de la forma en la toma de decisión. Es en esta línea de reflexión que propongo una pregunta básica: ¿El Intendente de una Ciudad, es parte de un efector de Salud? La pregunta puede parecer fácil, ya que todos sabemos que no lo es. No obstante, entre sus responsabilidades se encuentra (sujeto a Ley) garantizar la salud de la comunidad. En este sentido, es el responsable institucional de un sistema, pero no forma parte del organismo que, perteneciendo a ese mismo sistema (Municipalidad) es el encargado de proveer la salud en términos fácticos (en nuestro caso la Maternidad). Cuando el Intendente tomó la decisión de la mudanza, lo hizo como el responsable institucional que es, pero sin tener en cuenta las posibilidades totales con las que contaba el Subsistema Maternidad. Suele pensarse que la decisión es la consecuencia de un acto reflexivo a través del cual será posible lograr una idea de acción. Esto, es tan sólo el final del proceso. Decidir, implica la comparación entre distintas alternativas posibles (nunca todas, ya que el todo está por fuera de nuestra capacidad). Si no existieran varias alternativas, el proceso de decisión carecería de sentido. "Ya que . . . una de las alternativas debe ser distinguida por la decisión (de lo contrario no sería decisión), cada decisión tiene una alternativa escogida. . . . Esta sustitución sólo se puede pensar temporalmente, como una sucesión" (Luhmann, 1995, p. 10). La relación existente entre las diferentes alternativas, queda en estado latente y perdiéndose la más de las veces en la historia. No obstante, y aun cuando permanezcan como perdidas, permanecen, puesto que fueron parte del juego reflexivo que se llevó a cabo para la elección de una alternativa. Los miembros de la Maternidad, no tuvieron oportunidad de poner en juego sus propias alternativas. Desde la Intendencia, entre distintas alternativas, no se consideró la alternativa de realizar una consulta a los profesionales de la Maternidad sobre la oportunidad del momento en que se pretendía hacer la mudanza. Recordemos todas las indefiniciones que pesaban sobre esta mudanza. "Los sistemas organizacionales son sistemas sociales constituidos por decisiones y que atan decisiones mutuamente entre sí" (Luhmann, 1995, p. 14). Si se considera que no tuvieron participación ni fueron consultados, nos encontramos con que los miembros de la Maternidad quedaron a nivel de la pura acción, es decir, como sujetos sujetados a una decisión que deben operacionalizar, pero a la cual no le encuentran el sentido en función de todas las indefiniciones existentes. La realidad adquirió mayor complejidad por la sencilla razón de que la intervención del líder principal estructuró un sistema en el que el monto de incertidumbre alcanzó una intensidad difícil de elaborar. "Se puede caracterizar un sistema como complejo cuando es tan grande, es decir, cuando incluye tantos elementos, que ya no puede ser combinado cada elemento con cada uno de los otros, sino que las relaciones deben producirse selectivamente" (Luhmann, 1995, p. 14). Cuando se toma una decisión deben analizarse las alternativas en juego, a los fines de poder abarcar la complejidad existente. Lo interesante es que, por el camino de la reducción de la complejidad se consigue una dualidad fundamental para la continuidad de cualquier sistema, toda reducción exitosa automáticamente le brinda al sistema la posibilidad de procesar mayores niveles de complejidad. Por el contrario, si una decisión vuelve al sistema más complejo, le quita posibilidades de absorción de mayores niveles de complejidad. Como hemos señalado más arriba, en este caso la complejidad se generó a partir de la dificultad para asignar un sentido a la decisión tomada. En las entrevistas surgieron expresiones tales como: ¿estos alguna vez pusieron una curita?; ¿por qué no nos tienen en cuenta?; ¿por qué no le preguntan a los que saben?; que vengan a atender ellos; expresiones que testimonian el nivel de molestia generado.

Otra cuestión importante es la relativa al horizonte temporal. Una decisión produce un corte en la dimensión espacio-temporal. Una alternativa se convierte en decisión, y esta motorizará una serie de acciones conducentes al logro (o al menos al intento) de un objetivo dado. Por tanto, se instala la dimensión de lo pasado, de un presente (siempre fugaz) y de un futuro sobre el que se tiene determinadas expectativas. La temporalidad que establece una decisión, genera tres tipos de acciones posibles: 1) "acciones que pueden ser

La incidencia del liderazgo en la estructuración de la toma de decisión y la confianza en las organizaciones

realizadas simultáneamente"; por ejemplo: es posible mudar un sector que brinda determinado servicio de salud mientras la administración sigue funcionando. 2) "acciones que establecen un proceso sucesivo"; por ejemplo: antes de que un nuevo quirófano comience a brindar servicios en la maternidad, debe instalarse el servicio de neo, pues de no ser así no habría como asistir a un bebé que requiera de una incubadora. 3) "acciones tendientes al aplazamiento de las acciones". Estas últimas suelen presentarse cuando la prioridad de las acciones se vuelve conflictiva, ya sea porque por una u otra razón, no se logre establecer una selección adecuada que vincule armónicamente los procesos propios de la organización. En la Maternidad, el aplazamiento de las acciones estaba expresado discursivamente en un "no se puede hacer, no vamos a llegar". La inadecuada decisión del líder puede producir en la relación presente / futuro, la certeza de una imposibilidad. Paradojalmente, tal certeza es generadora de mayores montos de incertidumbre, y dado que nadie resiste un no-lugar a nivel de la relación espacio-tiempo, queda como única opción: "el pasado". Algo así como "huir hacia el pasado", buscar refugio en lo conocido, en aquello en lo que se tiene capacidad de experto. Esta operación, en términos psicológicos, es generadora de certidumbre y por tanto resulta contenedora de las ansiedades que esa relación presente / futuro generan. Por lo tanto, y aun a expensas de la pérdida de una mejora en los niveles de eficiencia que podrían haberse obtenido con nuevas tecnologías y con una mayor capacidad de atención para un mayor número de pacientes, los miembros de la organización buscaron refugio en los aspectos más institucionalizados de la misma. No mudarse era una forma de dar continuidad un orden establecido.

Quiero profundizar ahora, cómo la toma de decisión de los líderes produce condiciones de estructuración en una organización social. En el caso que estamos analizando, la forma en que se tomó la decisión produjo una ruptura a nivel de la institucionalidad de la Maternidad. Siendo ésta un baluarte esencial de la organización, la decisión tomada fue percibida más como un ataque que como una mejora. El otro tema fundamental a considerar, consiste en determinar cómo la decisión atomizó el orden simbólico que provee el Mito Institucional del Líder. Desde mi punto de vista, cuando se trata de una empresa unipersonal, o con muy pocos empleados, puede hablarse "del líder"; sin embargo, cuando se trata de organizaciones complejas, de grandes dimensiones, no puede pensarse sólo en las acciones de "un líder", sino en las acciones de un "sistema de liderazgo". Esto es así debido a que la complejidad de la organización demanda un sistema de liderazgo capaz de absorber y procesar dicha complejidad. En el caso de la Maternidad, el sistema de liderazgo se encontraba constituido por: el Intendente Municipal (a quién también denominaré como Líder Principal); el Coordinador del Proyecto de la Mudanza de la Secretaría de Salud (de la cual depende la Maternidad); los Directores de la Maternidad (Director y Vice) y los Jefes de Servicios o Áreas Administrativas. Todos estos roles forman parte de un sistema, en el que cada quien tiene sus responsabilidades, participa de la conducción y ejerce importantes cuotas de poder. La forma como la decisión fue tomada, produjo un distanciamiento y el surgimiento de fuertes polarizaciones entre los principales actores del sistema.

La confianza

Hemos analizado las consecuencias del proceso de toma de decisiones en la mudanza de la Maternidad. Un punto saliente fue que la pérdida de autoridad de la Dirección de la Maternidad (a partir de la modalidad de toma de decisión desde el Ejecutivo Municipal), fue directamente proporcional a la pérdida de confianza en la capacidad de gestión de la Dirección. Jara (Hevia de la Jara, 2003, p. 23), retomando un trabajo clásico de Franz Peterman[4] sobre la confianza, plantea que la psicología ha abordado este tema desde tres perspectivas: personalidad, situación y relación. La personalidad se vincula a personalidad de "alta o baja confianza", que determina lo que comúnmente llamamos personas confiadas o desconfiadas. En lo atinente a la situación, la confianza se estudia en psicología como variable situacional, es decir, atendiendo a la influencia del contexto –variables de refuerzo y entorno– en la creación o no de la confianza. Finalmente, el autor presenta a la confianza como una variable relacional, acercándose más a la variable de la confianza que presenta la sociología (como una apuesta que pretende reducir los riesgos). Acudo a Schlemenson para establecer su impacto en términos subjetivos: Las relaciones primarias ofrecen un modelo para la comprensión de los complejos mecanismos que operan en las relaciones interpersonales y / o grupales en el mundo del trabajo, susceptibles de ser invadidas por estas ansiedades primarias, irracionales y desestructurantes. Tal como ocurre en las relaciones tempranas, la interacción con el entorno social puede resultar para el adulto un continente de dichas ansiedades persecutorias, y, de esta forma, fortalecer la personalidad normal. Las experiencias gratificantes refuerzan los sentimientos de confianza, introducen una visión constructiva de los demás, y alientan la búsqueda de soluciones a través de la colaboración y el diálogo. El liderazgo democrático también se basa en la confianza, mientras que el autoritarismo propende a un mundo dicotómico de buenos y malos, aliados y enemigos (Schlemenson, 1990, p. 49).

---

[4] Refiere al texto de Peterman, F. (1999), Psicología de la Confianza, España: Ed. Herder

Cuando las ansiedades persecutorias se movilizan por hechos concretos de la vida cotidiana, no hace falta ser un desconfiado empedernido para que la desconfianza surja, producto precisamente de que un determinado umbral de ansiedad se vio sobrepasado. Esto habilita el surgimiento de maniobras defensivas que devienen en acciones concretas. Cuando en la Maternidad comenzaron a darse cuenta de que no todos iban a tener lugar en los dos pisos asignados, comenzaron maniobras individuales de los distintos servicios tendientes a lograr que Arquitectura les asegurara un espacio. Fueron los mismos Jefes de Servicios, a espaldas de la Dirección de la organización, quienes llevaron adelante las negociaciones. De aquí se desprende que, cuando el contexto se torna agresivo (el segundo planteo de Peterman), se inician acciones tendientes a la subsistencia. Si quien se supone que debe ocuparse del cuidado de los miembros de la organización (los Directores) no lo hacen, pues entonces sus miembros deberán procurarse su propia subsistencia. Un proceso de anarquización de la organización comienza a estructurarse, y tuvieron lugar a partir de las acciones independientes de los líderes de los Servicios.

Retomemos tres síntomas que surgieron en la organización: planteos sobre las incomodidades, quejas por aspectos de la seguridad (cuando en el edificio histórico no existían), pedidos de traslado del personal de enfermería. Incomodidad e Inseguridad se presentan como significantes que deben ser interpretados. ¿Incomodidad con qué? ¿Inseguridad de qué? ¿Con un edificio nuevo, luminoso, moderno, con un comedor más amplio? ¿Con un lugar de guardia más cómodo, con nuevas tecnologías insistentemente reclamadas? ¿Con un office para enfermería más amplio? Estamos en condiciones de postular que la incertidumbre originada por la forma de toma de decisión, generó una situación de incomodidad que volvía insegura la existencia dentro la organización. Los montos de ansiedad, llevó a quienes no estaban en condiciones de soportarlo, solicitar traslados a otros lugares de trabajo.

Sobre esta base conceptual en la que vengo trabajando, Elliot Jaques postula la existencia de dos clases de instituciones.

- Instituciones generadoras de paranoia: son las estructuras y procesos que agitan cualquier sentimiento subyacente de sospecha o de recelo, incrementan el egoísmo, la codicia, la competitividad destructiva, y dan lugar a relaciones laborales negativas;
- Instituciones generadoras de confianza mutua: son las estructuras y procesos que refuerzan nuestros impulsos subyacentes de amor, confianza, afinidad, amistad, y liberan el afecto, la cooperación creativa y la innovación (Jaques, 2000, p. 373).

Denominamos a la primera "paranoigénica" y a la segunda "filogénica". Las vivencias que se fueron suscitando en la Maternidad, fueron abriendo paso a una organización de tipo paranoigénico, cuyo desenlace fue la ruptura de los sistemas de confianza.

El movimiento diatrogénico generado, tuvo como correlato el surgimiento de liderazgos tendientes a la superación de la coyuntura. Liderazgos constituidos a partir de las ansiedades persecutorias que se generaron al interior del sistema; por lo tanto, como estas acciones tienen propiedades estructurantes, dieron paso a una estructura paranoigénica. Realmente notables fueron los cambios subjetivos que todo esto fue generando: Jefes de Servicios que por lo general tenían un perfil calmo, tomaron posiciones muy fuertes, de gran rigidez, tanto en sus comportamientos como en sus discursos. Las acciones basadas en estrategias paranoigénicas –me permito provisoriamente nombrarlas así-, llevaban irremediablemente a posturas cerradas, por lo tanto el sesgo, o el estilo, devino en autoritario. Ser democrático y dialoguista en una organización llevada por la paranoia, no parece un camino posible. Las acciones de los líderes generan estructuras y éstas estructuran la forma de liderar. Desde el tercer punto de vista que plantea Peterman (la confianza como variable relacional): los problemas se plantean en términos de la conservación de la estabilidad de los sistemas de acción; o más abstractamente de la identidad; de la definición, en el mundo real (Luhmann, 2005, p. 7). Como vimos, una caída de la confianza por la toma de una decisión, produjo un fuerte impacto a nivel de la conservación del sistema, tal cual estaba dado. Tener un camino claro indicado por parte de quienes participan de la conducción de la organización, es vital; ya que el drama de "tener o no tener", se emparenta con el de "ser o no ser" (tan bien planteado por Shakespeare). Si no tengo un espacio definido donde trabajar, no puedo trabajar, ergo, dejo de existir en esa dimensión. Volviendo al encuadre a partir del cual vengo sosteniendo que el liderazgo, en tanto estructurante de las organizaciones, presenta por un lado un aspecto de orden simbólico instalado fundamentalmente por el Mito Institucional del Líder (de origen mesiánico); y por el otro, una puesta en escena, que le brinda su materialidad en la vida cotidiana, me interesa poner de manifiesto una fuerte contradicción que se suscita. El Mito Institucional implica el deseo de un líder que nos quiera (en el mundo del trabajo esto aparece trasmudado en los deseos de ser respetado, individualizado, tenido en cuenta, atendido en necesidades personales, ayudado a progresar, promovido, y muchas otras), y de un líder que aporte a la salvación y la restauración. Lo que se puso en escena en la Maternidad (en lo material concreto), fueron decisiones que rompieron el principio ordenador del Mito. Si los líderes comenzaron a ser vividos como "peligrosos" debido a las decisiones que tomaron, la confianza en ellos decreció notablemente. Esto

La incidencia del liderazgo en la estructuración de la toma de decisión y la confianza en las organizaciones

implicó un aumento de la complejidad del sistema organizacional, porque el orden simbólico establecido se vio resquebrajado. ¿Qué ocurrió entonces? Pues comenzaron a surgir otros líderes que presentaron resistencia y oposición. Esto ocurre por una razón fundamental: al ser el liderazgo un medio simbólicamente generalizado, su desaparición no es una opción; ya que esta desaparición implicaría el cese de uno de los componentes simbólicos, del universo simbólico, que a lo largo de los siglos ha ido dando paso a las sociedades (especialmente en nuestra época a ese particular sistema social que llamamos organización). El cese de ese orden simbólico sencillamente implicaría el cese del sistema, es decir, la desaparición de la organización. No estoy afirmando que del liderazgo depende todo, lo que pongo de manifiesto es que se trata de uno de los componentes fundamentales del universo simbólico. En otros términos, toda organización se estructura desde ciertos y determinados ordenadores simbólicos, por lo tanto, el cese de alguno de ellos, implicará la complejización del sistema. Si esto ocurre, otros componentes deberán salir a dar cuenta de lo perdido, afectando la propia funcionalidad. El desorden aumenta cada vez más la complejidad y genera un punto en el que el sistema no puede sostener su coherencia interna. Esta fue lo que hicieron los Jefes de Servicio. El problema radica, en que al seguirse estrategias paranoides, la competencia, el egoísmo, se convierten en principios estructurantes de las relaciones laborales. Para finalizar deseo recuperar un tema fundamental. La Maternidad, por las características de su trabajo, mantiene una vinculación permanente con la vida y la muerte. Cada profesional se enfrenta diariamente a situaciones en las que la incertidumbre juega un papel fundamental y permanente. Quienes asumen tales niveles de responsabilidad, juegan constantemente con la incertidumbre. De aquí que en situaciones como la abordada, las capacidades individuales de procesar mayores niveles de complejidad deben ser interrogadas. En prácticas laborales en las que el riesgo es permanente, los umbrales[5] de tolerancia están cerca de su límite máximo. Los umbrales frente al aumento del riesgo de la práctica, pueden sobrellevarse si los hechos se presentan en forma sucesiva y sucesivamente pueden ser descargados (descarga de tensión), ya sea en términos de resolución, derivación, descarte o negación. En los momentos como el que estamos trabajando, el tiempo pasa de lo sucesivo a lo simultáneo. Mientras se debe continuar con una práctica en la que de por sí la incertidumbre y el riesgo están presentes, es preciso procesar que no que está claro hacia dónde va la organización para la se trabaja, a la vez que quienes tienen a su cargo la conducción de esta organización, no están en condiciones de ofrecer una respuesta. Son tantos los futuros posibles, todos abiertos e indefinidos, que

---

[5] Uso aquí el concepto umbral desde la significación clásica dada por la psicología de la percepción.

la capacidad, en términos subjetivos, de procesamiento de la incertidumbre, rebasa el umbral.

Queda suficientemente demostrado cómo, el liderazgo en su doble dimensión (Mito Institucional y Puesta en Escena), incide en la estructuración de la toma de decisión y de la confianza, incidiendo las mismas en la estructuración de la Organización y sostén del orden simbólico. Dicha dialéctica produce condiciones de subjetivación por medio de las cuales se consolida y produce la recursividad propia de los sistemas sociales.

Bibliografía

Hevia de la Jara, Felipe (2003). ¿Cómo construir confianza? Hacia una definición relacional de la confianza. Artículo publicado en el Instituto de Investigaciones Jurídicas de la UNAM. México.

Jaques, Elliot (2000). La Organización requerida. Buenos Aires. Editorial Granica.

Kisnerman, N. (1997). Sistematización de la práctica con grupos. Buenos Aires. Lumen-Hvmanitas. p. 13–17.

Lacan, J. (1991). Los Escritos Técnicos de Freud. Buenos Aires: PAIDOS.

Luhmann, N. (1995). Introducción a la teoría de los sistemas. Barcelona: Anthropos.

Luhmann, Niklas (2005). Confianza. Editorial. Barcelona. Editorial Anthropos.

Ortiz Palacios, L (1999). Acción, Significado y Estructura en la teoría de A. Giddens. Convergencia, Revista de Ciencias Sociales, septiembre – diciembre. año 6 número 20. Universidad Autónoma del Estado de México, pp. 57-84.

Schlenenson, Aldo (1990) La perspectiva ética en el análisis organizacional. Buenos Aires. Editorial Paidos.

Schvarstein, L. (1995) Psicología Social de las Organizaciones. México: PAIDOS.

6

APRENDIZAJE ORGANIZACIONAL Y PODER: JERARQUÍA, HETERARQUÍA Y REDES

Claudia Liliana Perlo[1]
Maria del Rosario de la Riestra[1]
Maria Verónica López Romorini[1]

Introducción

En este congreso presentamos conceptos fundamentales que abonan el marco teórico de nuestra investigación en curso en torno a las concepciones de *poder y jerarquía* que las personas sostienen como teorías en uso (Argyris, 1978) en las organizaciones laborales. Este estudio forma parte de las investigaciones que desarrollamos hace más de una década en el Instituto Rosario de Investigaciones en Ciencias de la Educación – IRICE- CONICET, Rosario, Argentina. Dentro de ese marco abordamos procesos colectivos de aprendizaje y cambio en las organizaciones. La pregunta central ¿Qué es necesario aprender para producir cambios reales y efectivos en las organizaciones? guía nuestra observación desde una perspectiva cualitativa y a través del estudio en casos. El abordaje teórico-metodológico se funda en la hermenéutica (Gadamer, 1977) integrando la perspectiva sistémica y los enfoques complejos (Morín, 1995).

En estudios anteriores (Perlo, 2008)[2] observamos que las personas generalmente conciben al poder como un objeto/sustancia, que proviene de la autoridad del puesto desplazándose verticalmente a través de una estructura piramidal, obstaculizando los procesos de participación y fluidez del cambio en el contexto organizativo. Esto provoca un debilitamiento en la red organizativa que conduce al trabajo en soledad y de manera aislada, disminuyendo en los individuos su autonomía reflexiva (Dávila & Maturana, 2007), capacidad

---

[1] Instituto Rosario de Investigación en Ciencias de la Educación (Irice) – Conicet UNR, Rosario, Argentina.

[2] Proyecto: *Aprendizaje y desarrollo organizacional: las concepciones del poder y su incidencia en los procesos de cambio colectivo*. (2007-2009)- IRICE- Conicet - UNR.

creativa y responsabilidad ético-social para hacerse cargo de sí mismos y del colectivo al que pertenecen.

Buscamos indagar en qué medida las posibilidades o las limitaciones para aprender y cambiar se encuentran fuertemente ligadas a las concepciones de poder y jerarquía que sostienen las personas en su práctica. En este sentido, nos interesa profundizar en el concepto de heterarquía (McCulloch, 1965). El autor referido presenta, a través de un estudio sobre redes neuronales, una perspectiva complementaria de este concepto con el concepto de jerarquía.

Aquí presentaremos los hallazgos teóricos, producto de una exploración y profundización bibliográfica actualizada en torno a los conceptos de jerarquía y heterarquía, vinculado a la noción de red.

Desarrollo teórico

> *"El poder es una forma de autoridad "superior", que la puede poseer una o varias personas. Estos ejercen su autoridad sobre los demás de un rango inferior al suyo"*
> *(Entrevistado)*
>
> O bien,

> *"Me veo en todos, ninguno es más que yo, ni es menos un grano de cebada" Walt Whitman.*

De jerarquías y heterarquías

En esta profundización teórica buscamos considerar una visión compleja del concepto de jerarquía que no se reduzca a la subordinación de niveles micro y macro, que configura un espacio organizativo entre lo inferior y lo superior.

La indagación parte de poner en cuestión la concepción de la jerarquía entendida como la existencia de niveles de superioridad de unos sobre otros.

Desde una perspectiva sistémica y holográmica (Wilber, Böhm *et al.*, 2008) resulta indispensable revisar esta concepción que responde a un modelo mecánico de la realidad. La administración científica se enmarcó en este modelo configurando relaciones jerárquicas evidentes en las cadenas de mando.

Etimológicamente jerarquía, nos aporta el sentido de

... gradación de personas, valores o dignidades. . . . Una de las propiedades sobresalientes de toda manifestación de vida es la tendencia a constituir estructuras multinivel de sistemas dentro de sistemas . . . Desde los albores de la biología organicista esta estructuras multinivel han sido denominadas jerarquías. No obstante, este termino puede resultar bastante equivoco al derivarse de las jerarquías humanas, estructuras éstas bastante rígidas, de dominación y control, y muy distintas del orden multinivel hallado en la naturaleza. Es conveniente observar que el importante concepto de red – la trama de la vida – provee una nueva perspectiva sobre las denominadas jerarquías de la naturaleza. (Capra. p. 47-48)

Consideramos que la perspectiva jerárquica no es adecuada para aprender colectivamente. Es necesario ampliar nuestro campo de percepción, en el cual nos encontramos entramados sistémicamente.

El concepto de heterarquía es presentado por primera vez por Warren McCulloch en 1965, en un trabajo referido a redes neuronales. "McCulloch derivó el concepto de heterarquía de un principio que él apreciaba mucho: el principio del mando potencial, por el cual la información constituye a la autoridad" (Von Foerster, 1997, p. 141).

Von Foerster ilustra este principio con la historia de la batalla de las Islas Midway, cuando la flota japonesa estuvo a punto de destruir a la estadounidense:

El barco insignia estadounidense fue hundido en los primeros minutos, y su flota fue abandonada a su propia organización, pasando de una jerarquía a una heterarquía. Entonces, el encargado de cada barco, grande o pequeño, tomaba el comando de toda la flota cuando se daba cuenta de que, dada su posición en ese momento, sabía mejor lo que iba a hacer. Como todos saben, el resultado fue la destrucción de la flota japonesa y el punto de viraje decisivo de los acontecimientos de la guerra del Pacífico. (Von Foerster, 1997, p. 141)

Von Foerster analiza este tipo de organización a través del concepto de "heterarquía", al cual define como gobierno de otros o gobierno de los otros. Contrariamente, conceptualiza etimológicamente a la jerarquía como *archien* (gobierno) y *hieros* (santo). Planteado de este modo la oposición de ambos conceptos, en tanto las heterarquías se caracterizan por la distribución en subsistemas de gobierno (Kontopoulos, 1993) mientas que en la jerarquía el poder se concentra en el superior, ubicado en lo alto de la estructura piramidal.

Las relaciones heterárquicas se evidencian en la naturaleza reticular de la que formamos parte, como señala Barragán Morales (2010), constituyen una madeja de interdependencias.

Iannacci y Mitleton-Kelly, citado por Barragan Morales (2010) sostienen que las heterarquías son sistemas débilmente acoplados porque en ellas se registra una interacción descentralizada, impulsada por diferentes intereses particulares que incluso pueden ser contradictorios.

Asimismo Barragan Morales considera que, jerarquía y heterarquía refieren a un mundo organizado en niveles o subsistemas. El concepto de heterarquía se torna necesario para comprender que la determinación de los proceso macro a micro nunca es completa. Los sistemas evidencian una multideterminación de naturaleza abierta en continua reorganización, multidimensional y contradictoria que requieren de una mirada más amplia y compleja que la de los niveles exclusivamente jerárquicos.

En convergencia con Iannacci y Mitleton-Kelly, Barragan Morales considera que, los sistemas jerárquicos, en comparación con los sistemas heterárquicos se encuentran débilmente acoplados.

Estos autores proponen para el análisis de la dinámica de interacciones de un sistema, recuperar la perspectiva de McCulloch quien plantea utilizar de manera complementaria los conceptos de jerarquía y heterarquía.

En este momento estamos en condiciones de preguntarnos ¿En qué medida los sistemas guardan simultáneamente las dos formas de organización: jerárquica y heterárquica?; ¿Por qué estos autores caracterizan a los sistemas heterárquicos abiertos, flexibles, multidimensionales como "débilmente acoplados"? Dichas características hoy son reconocidas desde los sistemas complejos como esenciales para su estabilidad, conservación y trascendencia. En el mismo sentido, volvemos a preguntarnos, ¿Por qué en los sistemas jerárquicos en los cuales no puede garantizarse la determinación de lo macro hacia lo micro no se percibe debilidad estructural?

Von Foerster ilumina estas preguntas al señalar que, la estabilidad de los sistemas, no se da contra-actuando en oposición a las fuerzas perturbadoras sino utilizándolas como fuente de creatividad. Estos conceptos, en el contexto organizativo nos permiten trascender el espacio de lucha, entre los de arriba y los de abajo en la cadena jerárquica de mando, hacia un espacio de encuentro creativo entre personas. Entendidas estas últimas como subtotalidades, diversas, únicas, y complementarias de la trama colectiva concebida aquí como totalidad (Bohm, 2008).

De la metáfora de la pirámide a la metáfora de la red

El "concepto de red brinda una nueva perspectiva sobre las jerarquías de la naturaleza" (Dabas, 2001), donde existe la posibilidad de coexistencia de "jerarquías" distintas, sucesivas, simultáneas en diferentes posiciones de la red y que son reconocidas por su idoneidad en el desempeño.

En la actualidad, concebimos a la sociedad como una "sociedad red" (Castells, 2006), altamente interconectada, flexible y cada vez más interdependiente. Como señalamos, concebir de manera mecánica los fenómenos sociales dificulta destacar la fluidez de los procesos en los que estamos inmersos. Pues, son estos procesos los que constituyen la red dinámica donde se reconocen los vínculos (hilos), y de este modo son las organizaciones un producto, un orden, una "comunidad de práctica" (Wenger, 2001). Pero, a su vez, son productoras de esa red, resultando el colectivo u organización, el tejido relacional donde los individuos están presentes. Las comunidades de práctica se constituyen a partir de dicha presencia y participación. Ahora bien, la red participativa de la organización se encuentra en constante transformación.

Como señalara Friedrich von Hayek, citado por Von Foerster "la única posibilidad de trascender las mentes individuales es confiar en las fuerzas 'auto-organizativas' suprapersonales que crean un orden espontáneo" (1997, p. 133).

Desde esta perspectiva la estructura reticular caracterizada por la flexibilidad, la adaptabilidad y la descentralización del control se instituye en un tipo de orden fuerte, saludable, inclusivo, de sostén de las personas dentro de los sistemas auto-eco-organizados (Morin, 1996) en evolución.

"La auto-eco-organización propia de los seres vivos significa que la organización físico-cósmica del mundo exterior está inscrita en el interior de nuestra propia organización viviente" (Morin, 1996, p. 1).

Las redes reestructuran el poder y el flujo de comunicación, presentando atravesamientos múltiples. Las redes son medios que amplían las posibilidades de procesamiento de información y de aprendizajes, abriéndose de este modo, al aprendizaje en colaboración. Múltiples ejemplos de esto se observan en la web, a partir de las redes sociales, la construcción de blogs, wikis, sitios.

Esta interacción implica una apertura, que implica estar vinculado, conectado, dar y recibir, facilitar la comunicación, escuchar al otro y por lo tanto, participar haciendo. El conocimiento es un recurso que por medio de la construcción e interacción de comunidades, puede generarse y además compartirse con otras comunidades o individuos, sin que se pierda.

Las formas reticulares o rizomáticas son las que posibilitarán una comprensión holística del proceso.

La posibilidad de supervivencia de una organización está dada por su capacidad para diseñarse a sí misma como un *sistema social de aprendizaje*, por lo que se deben tener en cuenta las relaciones que las comunidades mantienen entre sí para poder participar en sistemas de aprendizaje más amplios que de la organización misma.

En otras palabras, la trama de la vida esta constituida por redes dentro de redes. En cada escala y bajo un escrutinio más cercano, los nodos de una red se revelan como redes más pequeñas. Tendemos a organizar estos sistemas, todos ellos anidando en sistemas mayores, en un esquema jerárquico situando los mayores por encima de los menores a modo de pirámide invertida, pero esto no es más que una proyección humana. En la naturaleza no hay un arriba ni un abajo, ni se dan jerarquías, solo hay redes dentro de redes. (Capra 1996, p. 55)

Desde una perspectiva convergente, Maturana (2010)[3] señala que no existe jerarquía en la naturaleza, sí existe orden que se confunde con aquella. El orden deviene de la organización de las coordinaciones de coordinaciones de la tarea que se lleva a cabo.

Entendemos que una concepción de poder que busque generar cambios en el contexto organizativo deberá separarse de la concepción tradicional de jerarquía asociado a la superioridad establecida por las diferencias. Desde una concepción compleja y reticular de los procesos colectivos, consideramos que las diferencias no deberían establecer un sistema de superioridad, sino deberían buscar complementariedad, colaboración y sentido compartido.

Un nuevo orden en la red: La co-inpsiración

En el mismo sentido necesitamos realizar una revisión de la concepción tradicional del liderazgo, entendida en roles fijos y estáticos que definen a seguidores y seguidos (Gardner, 2002). Esta revisión puede permitirnos descubrir las relaciones asimétricas entre alter y ego, las estructuras jerárquicas de dominación y presión contrarias a la concepción del ser humano como unidades autopoiéticas, autoreferentes y autodeterminadas (Maturana, 2004).

Hoy sabemos por la experiencia de nuestro propio vivir, que el ser vistos, el ser escuchados, el participar en un convivir fundado en la confianza mutua, expande nuestra conducta creativa, inteligente y amplía nuestro deseo en la calidad de lo que hacemos en cualquier dominio.

---

[3] Conversaciones con el especialista, Círculos Epistemológicos reflexivos. Escuela Matriztica de Santiago. Atacama, Chile.2010.

En este sentido, Maturana vislumbra el fin de la era del liderazgo tradicional tal como lo plantea Jaques (2004), quién hace referencia a la jerarquía como parte de la naturaleza humana. Jaques refiere a sistemas organizados en estratos gerenciales, subordinados que deben rendir cuentas en una estructura vertical. Ahora bien, Maturana en un sentido divergente expresa que cada vez resulta más difícil y costoso sostener un vínculo vertical y de subordinación en las organizaciones productivas.

Las personas por su misma naturaleza son renuentes a ser considerados como engranajes de una línea productiva.

El liderazgo tradicional basado en las jerarquías en tanto unos superiores a otros se está agotando, porque anula los fundamentos de una conducta responsable y está fracasando en su intento de obtener calidad y eficiencia en el quehacer productivo.

La conducción centrada en el sometimiento vertical de unos sobre otros, denota debilidad tanto de las personas como del sistema que necesita de dicha estructura para sostener su poder, que de otro modo no podría conseguirlo.

Es en este sentido que Dávila y Maturana (2007) plantean una gerencia Co-inspirativa definida como

> . . . el arte y ciencia del escuchar, del ver, y del invitar a actuar desde el saber y comprender que somos y como somos generadores de los mundos que vivimos, conscientes de que nuestros saberes son solamente instrumentos para hacer lo que queremos hacer. (2007, par. 33)

Esta gerencia co-inspirativa lleva a recuperar la responsabilidad de ser autor de la tarea, "de asumir errores y permitirse decir no sé sin miedo a un castigo, porque se sabe que lo que no se sabe se puede aprender y se quiere aprender" (Dávila & Maturana; 2007, par. 19). Desde una gerencia co-inspirativa el reconocimiento de los errores abre los espacios reflexivos que llevan a cambiar la circunstancia que dieron origen a los mismos.

Reflexiones finales

> *"Knowledge has changed; from categorization and hierarchies, to networks and ecologies. This changes everything and emphasizes the need to change the spaces and structures of our organizations"*
>
> (Siemens, 2006:V)

No existe jerarquía en la naturaleza (Maturana, 2010)[4], "la abeja reina", "el jefe de la manada", "el rey león" son categorías humanas, sociales que hemos extrapolado a la conducta animal que desconoce pirámides y sistemas de gobiernos tanto monárquicos como totalitarios o militares.

Sostenemos que este orden no es biológico sino cultural y que obedece a nuestro embellecido ego y a la necesidad del hombre de controlar y dominar.

En este sentido jerarquía es superioridad y dominación de unos sobre otros, alimentadas por el nuestro ego.

La naturaleza se organiza en torno a lo que Maturana señala como "coordinación de haceres".

¿Hasta qué punto lo que nosotros observamos como competencia/ mutualismo, predación/simbiosis no son diferentes movimientos homeostáticos en búsqueda del balance dinámico que requiere la naturaleza en su permanente e inevitable movimiento para fluir con el cambio?

En una entrevista realizada a Maturana y Dávila[5], expresan:

La competencia no es el mecanismo de sobrevida diferencial, como señala Darwin. Nosotros decimos, como una afirmación biológica no teórica, que el fenómeno es la deriva natural. Los organismos se deslizan en la circunstancia del vivir sobre la tangente en la cual se conserva la vida. Los que no son aptos, por supuesto, desaparecen, pero no por una relación competitiva. Y eso también se aplica a las organizaciones.

Asimismo señalan "Más que un líder que dirija, se necesita que la gente colabore".

---

[4] Conversaciones con el especialista, Círculos Epistemológicos reflexivos. Escuela Matriztica de Santiago. Atacama, Chile.

[5] Extraído de: http://www.ieco.clarin.com/economia/lider-dirija-necesita-gente-colabore _0_192300010.html

En este sentido, sostenemos que una visión jerárquica de las relaciones humanas plasmada en las arquitecturas organizativas no son adecuadas para comprender lo que ocurre en la red, en la cual nos encontramos sistémicamente entramados (Capra, 2006).

Necesitamos fortalecer la noción de subsistemas y multiniveles que caracterizan al universo auto-eco-organizado Morín (1996) del que formamos parte.

El aprendizaje desde una concepción reticular del poder facilita los procesos de cambio colectivo, posibilitando un desarrollo coevolutivo (Jansch, 1981), producto del reconocimiento de la naturaleza no-jerárquica de las relaciones humanas.

"La estructura ideal para el ejercicio de esta clase de poder no es la jerarquía, sino la red, que como veremos, es la metáfora central de la ecología" (Capra, 2006, p. 32).

Aprender esta concepción del poder exige modificar profundamente en las presunciones básicas (Schein, 1988) de autoridad y jerarquía que asumen los actores sociales en la acción colectiva.

Humberto Maturana afirma en la citada entrevista, "La calidad del trabajo y su efectividad no dependen de una autoridad, sino de la disposición de las personas que lo realizan". Por su parte, Dávila señala que "no necesitamos un líder que dirija sino personas que coincidan".

El concepto de autopoiésis (Maturana & Varela, 1984) abona la concepción de poder ligada a la autoridad como apropiación, creación, agenciamiento de sí mismo (Blase & Blase, 1999) como así también a una perspectiva holística del ejercicio del mismo.

Una concepción de poder que busque generar cambios en el contexto organizativo deberá transformar el concepto tradicional de jerarquía, asociado a la superioridad establecida por las diferencias. Desde una concepción compleja y reticular de los procesos colectivos, consideramos que las diferencias no deberían establecer un sistema de superioridad, contrariamente deberían buscar complementariedad, colaboración y sentido compartido que puede brindarnos una perspectiva holográmica de la red.

Asimismo, nos preguntamos si estas concepciones de jerarquía y heterarquía no devienen de una visión fragmentada y reducida, puesto que ambos refieren al poder ejercido por uno o por otro eludiendo el nosotros.

En el mismo sentido, hasta que punto ¿Hasta qué punto el concepto de heterarquía no refiere a un sentimiento nostálgico del abandono del concepto de jerarquía?

Por lo hasta aquí profundizado, consideramos a la heterarquía como un concepto que nos permite transitar hacia un orden no jerárquico, un orden multiniveles. Existe siempre un orden configurado a través de nuestra propia observación. Ahora bien, dicho orden se encuentra en permanente entropía, deriva natural que fluye permanentemente del orden al caos y del caos al nuevo orden, en un camino de evolución auto-eco-organizado.

Bibliografía

ARGYRIS, C. & SCHÖN, D. (1978) Organizational Learning: A theory of action perspective. Addison Wesley. Reading MA.

BARRAGÁN MORALES F." *Los conceptos de jerarquía y heterarquía en el análisis del desarrollo local".* Disponible en: proimmse.unam.mx/doctos/Morales_UAMI0406.pdf. Consulta: 27-4-10

BLASE, J; BLASE, J .(1999) The micropolitical orientation off facilitative school principal sand its effects on teachers'sense of empowerment. Journal of Educational Administration Nro. 35, 2. 130-141.

Bohm, D. (2008) La totalidad y el orden implicado, Kairos. Barcelona

CAPRA, F (2006) La trama de la vida. Anagrama, Barcelona.

DABAS, E.(2001) Redes: entramado de lo no simultaneo. Disponible en: www.liagiraldo.pro.br/atividade.../RedesEntramadoSimultaneo.pdf. Consulta: 27-4-10

DÁVILA YÁNEZ, X; MATURANA, H. (2007). La gran oportunidad: Fin del Liderazgo, en el surgimiento de la gerencia co-inspirativa. Extracto del capítulo del Libro: Entendimiento Matriztico Organizacional: En el fin del Liderazgo y el comienzo de la gerencia co-inspirativa. En preparación-Instituto Matriztico- Santiago de Chile.

FOUCAULT, M. (1971) Microfísica del poder. Madrid, La Piqueta, 3ra. ed., 1993.

Gadamer, H.G. (1990) El giro hermenéutico, Madrid, Cátedra.

Gardner, H (2002) Mentes líderes, Un anatomia del liderazgo, Paidos, Barcelona,

GORE E.; DUNLAP, D. (1988) Aprendizaje y Organización. Una lectura educativa de las teorías de la educación. Buenos Aires, Tesis.

JANTSCH, E. (1981). "The evolutionay vision: toward a unifying paradigm of physical, biological, and sociocultural evolution". Westview. Boulder, Colorado.

JAQUES, E (2000) La Organización Requerida: Un Sistema Integrado Para Crear Organizaciones Eficaces y Aplicar El Liderazgo Gerencial En El Siglo XXI. Granica- Buenos Aires.

JEN, E. (2000) Stable or Robust? What's the Difference? Santa Fe Institute, Disponible en:http://www.santafe.edu/~erica/stable.pdf Consulta: 26-4-10

KONTOPOULOS, KYRIAKOS M. (1993) The Logics of Social Structure, London, Routledge.

LÓPEZ YÁÑEZ, J; SÁNCHEZ MORENO, M. (2001) "Acerca del cambio en los sistemas complejos". *Espacios*, 21(7), 70-99.

LUHMANN, N. (1995) Poder. Anthropos. Barcelona.

MCCULLOCH, W. S. 1965. "A Heterarchy of Values Determined by the Topology of Nervous Nets", Embodiments of Mind, MIT Press, Cambridge.

MORÍN, E. (1998) Introducción al pensamiento complejo. Gedisa. Barcelona

MORÍN, E. EL PENSAMIENTO ECOLOGIZADO (1996) CNRS, París Fuente: Gazeta de Antropología N° 12, Texto 12-01 http://www.ugr.es/~pwlac/G12_01Edgar_Morin.html.

MATURANA, H; VARELA, F. (1984) *De máquinas y seres vivos.* Universitaria. Santiago de Chile.

MINTZBERG, H. (1992). El poder en la organización. Barcelona: Ariel.

MORGAN, G. (1998) Imágenes de la organización. *México, Alfaomega.*

NAJMANOVICH, L.P. (2006) El desafío de la complejidad: redes, cartografías dinámicas y mundos implicados. Enlace, ago, vol.3, no.2, p.49-61.

PATEE, H, (1973) Hierarchy Theory. he Challenge of Complex Systems. George Braziller. New York.

PARAJÓN, A (2006) Psicología, participación y poder. Paidós. Buenos Aires. Argentina.

PERLO, C, DE LA RIESTRA, M.R (2007) "El cambio organizacional: ¿En qué medida contribuye la acción individual? ¿Cómo se efectiviza la acción colectiva?". Acta V Simposio Internacional de Análisis Organizacional- UBA

PERLO, C. (2008) Aprendizaje y desarrollo organizacional: las representaciones del poder y su incidencia en los procesos de cambio, Actas del IV SEMINARIO DEL ESPACIO: EL ESPACIO Y LA POLÍTICA.

PERLO, C. COSTA, L.; DE LA RIESTRA, MR (2009a) "Conflicto y emoción. Tensiones emergentes y nuevas configuraciones de la alteridad". Actas del Congreso Iberoamericano de Psicología en la Transformación de las Organizaciones del Trabajo. RIPOT. Montevideo.

PERLO, C.; DE LA RIESTRA, MR; COSTA, L (2009b) "Investigar el mal--estar, construir el saber estar para generar bien-estar en nuestros contextos organizativos" (6-11) Revista IRICE (CONICET-UNR) N° 20 Nueva Época. ISSN 0327-392X. Editorial IRICE- CONICET. Rosario.

SCHEIN, E. (1988) La cultura empresarial y el liderazgo. Barcelona. Editorial Plaza & Janés. Barcelona. España

VON FOERSTER, H. (1997) PRINCIPIOS DE AUTOORGANIZACIÓN EN UN CONTEXTO SOCIOADMINISTRATIVO. CUADECO,

Cuadernos de Economía. Publicación del Departamento de Teoría y Política Económica, Facultad de Ciencias Económicas, Universidad Nacional de Colombia, Santa Fe de Bogota, Columbia No 26

VON GOLDAMMER, E. *et al.*, (2003) Heterarchy – Hierarchy. Two complementary categories of description en http://www.vordenker.de/heterarchy/a_heterarchy-e.pdf

WATZLAVICK, P.; WEAKLAND, J. H.; FISCH, R. (1995) *Cambio, formación y solución de los problemas humanos.* Barcelona, Herder.

WILBER, K.; BÖHM, D.; Y OTROS (2008) El paradigma holográfico. Romano García, Vicente, (tr.). Editorial Kairós. Barcelona. 1ª ed., 7ª imp. (10/1987).

7

DIFICULTADES EN LA IMPLEMENTACIÓN DE MODELOS DE GESTIÓN DE RECURSOS HUMANOS EN EL URUGUAY

Fernando Neira[1]

Objetivos

Desarrollar modelos o sistemas de gestión del capital humano en las organizaciones, impacta positivamente sobre el logro de las estrategias que se proponen alcanzar. Partiendo de esta premisa básica, investigamos sobre las dificultades que encontramos en un sector específico de actividad y que percibimos forman parte del universo de empresas uruguayas, a la hora de implementar modelos o sistemas de gestión de personas.

A tales efectos indagamos sobre:

- ¿El grado en que están comprometidos los líderes de las empresas uruguayas con la gestión profesional del capital humano de sus organizaciones?
- ¿Por qué motivo el grado de compromiso no es mayor?
- ¿Qué les impide visualizar la importancia de la gestión del capital humano desde una mirada integral?
- ¿Qué incidencia tienen las relaciones laborales en las posibilidades de desarrollo de la gestión de personas?
- ¿Cómo es la cultura que rodea a los líderes, en cuanto al lugar que ocupa la gestión del capital humano en las prioridades de la gestión organizacional?

---

[1] Universidad Católica del Uruguay.

Relevancia

Identificar los elementos que obstaculizan la implementación de sistemas de gestión del capital humano de las organizaciones, puede permitir la elaboración de nuevas estrategias de trabajo que posibiliten derribar las barreras, objeciones y obstáculos que frenan el proceso.

Contenidos principales

La investigación indaga sobre cómo se desarrollan las prácticas en las organizaciones, sus formas distintivas, dificultades e impactos, de forma de comprender los elementos que favorecen y los que impiden la generación de modelos de gestión integrales que den lugar a espacios para el protagonismo y empoderamiento de los funcionarios, eficientes para su propio desarrollo humano y los resultados organizacionales.

Procura analizar la vinculación o divorcio entre la gestión de recursos humanos y las prácticas en materia de relaciones laborales, y en qué medida estas últimas obstaculizan las posibilidades de la primera.

La investigación da cuenta de los resultados recogidos entre una muestra muy representativa de actores del mundo empresarial, sobre:

- La génesis de los instrumentos de gestión del capital humano aplicados en las empresas.
- La importancia del líder en dicha instrumentación
- La incidencia de las relaciones laborales y las características que adoptan los instrumentos implementados ante la sindicalización.
- La opinión que las empresas tienen sobre la importancia que se le asigna a la Gestión Humana en la elaboración de la Estrategia de Negocio de las organizaciones.

Procedimientos metodológicos

Encuesta entre gerentes de Recursos Humanos

Se aplica encuesta entre responsables de Gestión del Capital Humano de 117 empresas del país.

La encuesta recoge la opinión de 82 participantes en el Congreso de la Asociación de Profesionales Uruguayos de Gestión Humana (ADPUGH), realizado en setiembre de 2008 y de 35 responsables de gestión del capital humano que fueron contactados en forma personal.

La muestra puede considerarse como representativa del segmento más comprometido y moderno dentro del universo de Gerentes y/o responsables de RR.HH. del país y esta situación debe considerarse especialmente a la hora de evaluar los resultados.

Entrevista

Se aplica entrevista semidirigida a cinco directores de empresas de gran tamaño y un miembro de la Dirección de la Cámara de Industrias del Uruguay. Cinco dirigentes sindicales y un miembro del Secretariado Ejecutivo del PIT-CNT. Tres negociadores del Ministerio de Trabajo y Seguridad Social en los Consejos de Salarios y un miembro de la cúpula de dicho Ministerio. Tres gerentes de Recursos Humanos de Consultoras multinacionales de primera línea en nuestro país y un consultor independiente docente de la Facultad de Ciencias Empresariales de la UCUDAL.

El cuestionario indaga sobre las áreas de interés del estudio:

- Filosofía predominante en torno al negocio, la empresa, las personas.
- Concepción sobre los modelos de gestión de las personas
- Formas de gestión del capital humano utilizadas efectivamente en las empresas
- Incidencia de las relaciones laborales en la implementación y alcance de las formas de gestión del capital humano implementadas.

Análisis de las páginas web institucionales

Se analizan las páginas web institucionales de todas las cámaras empresariales y de todos los sindicatos del país, a los efectos de visualizar la importancia y el lugar que ocupa la gestión de las personas en la agenda gremial.

Análisis de las páginas web institucionales

Se analiza la propuesta de trabajo que las trece principales Consultoras que operan en nuestro país, indagando sobre la oferta que realizan al empresariado en materia de Modelos de gestión para el trabajo con su capital humano.

Principales hallazgos de la etapa de encuesta

1. Existe una clara ausencia de modelos integrales de gestión del capital humano. Las empresas (68% de las encuestadas) utilizan herramientas parciales y aleatorias para el gerenciamiento de las personas, divorciadas de la gestión de las relaciones laborales y/o la gestión de la calidad, generalmente no cuantificadas en sus efectos y sin retorno para los funcionarios.

2. Se presenta una clara resistencia de las direcciones a definirse por un Modelo de Gestión. Pese a los modernos estudios y a las exitosas experiencias a nivel mundial que muestran el positivo impacto que tiene sobre los resultados organizacionales, el manejo profesional del capital humano desde una mirada sistémica el 84 % no se inspira en una Escuela, Corriente o Autor específico. El 92 % fue implementando sus instrumentos de Gestión a lo largo del tiempo y no registra una fecha concreta de inicio. En el 62% de los casos, la instrumentación responde a inquietudes de los responsables del área de RR.HH. y no a la Dirección de la empresa.

3. El factor sindicalización tiene una poderosa incidencia sobre la implementación de instrumentos de gestión y/o la posibilidad de volcarse a Modelos de gestión integrales. El análisis de la prueba chi cuadrada resulta revelador a la hora de visualizar su impacto. Es la variable que se demuestra más sensible y la que introduce mayor dispersión y diferencia en las conductas organizacionales analizadas. Las empresas sindicalizadas muestran un registro casi exactamente inverso al promedio del total de la muestra.

4. Visión de la Gestión Humana. El 75 % de los encuestados tiene una mirada muy pesimista del lugar que ocupa la Gestión Humana en la concepción del empresariado uruguayo. En ese porcentaje mayoritario, se entiende que dicha Gestión no se visualiza como una parte sustantiva a la hora de elaborar la Estrategia del Negocio.

   La pregunta utilizada en la encuesta, interrogaba sobre si usted considera que "las empresas visualizan" (comprenden, tienen en cuenta, está en su mente), la importancia de la Gestión Humana a la hora de generar la Estrategia. Podría ocurrir que pese a ser visualizada la importancia, no se le diera lugar por carencia de recursos, materiales, temporales o humanos. Sin embargo la sensación negativa apunta a una ausencia de valoración que hace a las ideas o filosofía reinante a la hora de encarar un negocio.

De la etapa de entrevistas (empresarios y trabajadores)

La coincidencia de opiniones recogidas en el ámbito empresarial y en el obrero es sorprendente en por lo menos cinco aspectos:

1. La relación patronal – obrero se visualiza desde la confrontación. El paradigma, especialmente reafirmado desde los nuevos escenarios planteados a partir del 2005, muestra un esquema "ganar – perder" donde el beneficio de una parte, redunda necesariamente en detrimento de la otra.

   Aunque derivada de los respectivos focos de atención, el conflicto coloca a la contraparte en la ajenidad. La confrontación expresa la existencia de dos enfoques contrapuestos y no la presencia de ideas que pueden y deben complementarse en un proceso de mejora continua. El otro es un obstáculo para la consecución de mis fines y no un socio estratégico para su obtención.

   Mas eficiencia y menor salario para ser más competitivo, menos trabajo y mayores ingresos para el logro de una mejor calidad de vida, son los términos irreconciliables de una sociedad, donde la legítima aspiración del otro, se logra en detrimento de la propia y no como su consecuencia o complemento.

2. En tal sentido las relaciones laborales (independientemente de ser activas o pasivas) son visualizadas como la primera y fundamental instancia de relacionamiento entre los protagonistas, en tanto escenario donde defender en provecho propio, los intereses en juego. Como consecuencia, la gestión del capital humano, ocupa un lugar secundario donde se van instrumentando aquellas herramientas que no entran en colisión o no ponen en riesgo la relación al primer plano.

3. La competitividad y el éxito en el mercado es la condición para cualquier política de gestión. Contrariamente al ciclo de Edward Deming que llevó al éxito a un Japón arruinado por la guerra y que pregonó la secuencia: *calidad, productividad, competitividad, sobrevivencia*, tanto empresarios como trabajadores uruguayos, comienzan afirmando que la competitividad y la productividad son los que podrían habilitar la posibilidad de trabajo con calidad y con sistemas de gestión participativos y modernos.

   En un alto número de casos, la ignorancia sobre modelos de gestión fundados en paradigmas diferentes al de la confrontación de clases de raigambre marxista, resulta alarmante.

4. El manejo de los indicadores económicos de las organizaciones es patrimonio exclusivo y excluyente de la empresa. Los números se manejan con total secreto. Se parte de supuestos e intuiciones y no de datos y hechos para la evaluación de estados de situación, posibilidades y perspectivas. Este hecho está naturalizado para todos los actores.

5. Percepción de un entorno en el que no se encuentran señales discordantes. Tanto empresarios como trabajadores, visualizan a quienes en nuestro medio han transitado por procesos de gestión integrales, y en su gran mayoría lo han hecho con éxito, como moscas blancas que por diversos motivos han tenido la posibilidad de existir, pero cuyas experiencias no pueden ser imitadas. En tal sentido, ninguna de las partes manifiesta que exista a nivel social o cultural, una presión en el sentido de parecerse a los mejores.

Para muestra un botón: en el VI Forum Internacional de Management, Marketing y Negocios organizado por ADM en setiembre de 2008 en conjunto con 26 entidades empresariales y profesionales, no se dio espacio a la gestión del capital humano en las organizaciones entre sus temas centrales.

Pese a haber sido declarado de interés nacional y ministerial y convocar para la discusión de "temas urgentes de la contemporaneidad", los temas tratados no consideraron de importancia la mirada sobre alternativas de gestión en las organizaciones. Otros temas no menos importantes, aunque también mucho menos asibles, robaron la agenda: energías alternativas, cambios climáticos, ciencia y tecnología, nuevas economías, sistemas financieros y mercado de capitales, estrategias de negocios, nuevas tendencias de marketing, las Pymes como modelo de desarrollo, el desarrollo uruguayo y los nuevos escenarios del mundo en términos geopolíticos. VI Forum Internacional de Management, Marketing y Negocios (2008).

Entrevistas (consultoras y gobierno)

Las consultoras y el actor gubernamental, resultaron coincidentes en los cinco aspectos señalados por empresarios y trabajadores.

La confrontación se señala como la característica predominante en las relaciones obrero – patronales. Se corrobora la importancia de la incidencia y el peso de la conflictiva laboral en la posibilidad de aplicar y/o construir un modelo de gestión del Capital Humano, que natural y necesariamente debe incluir una mirada común empresario-obrero en torno a la Estrategia del Negocio. Estrategia que para tener éxito en el largo plazo, debe satisfacer

Dificultades en la implementación de modelos de gestión de Recursos Humanos en el Uruguay

además de la necesaria rentabilidad, las expectativas del resto de los públicos involucrados (funcionarios, clientes, proveedores, sociedad).

Se confirma que en orden de prioridades, la competitividad y el resultado económico ocupa el primer lugar, en detrimento de otros aspectos que terminan subordinados a ellas.

Páginas web institucionales

Constatamos que efectivamente la preocupación general está centrada en las relaciones laborales, sus parámetros legales y sus perspectivas en cuanto a impacto salarial, mientras que la gestión del capital humano está totalmente ausente de las agendas.

La preocupación se centra en el conflicto y su resolución, especialmente en su faceta externa (negociación colectiva, papel del gobierno, legislación, etc.) y no en la gestión interna de los procesos y las relaciones. Aún en el ámbito del análisis, que le da mesura a los juicios, la reflexión empresarial está volcada a la búsqueda de elementos externos para explicar la falta de competitividad y los problemas de crecimiento.

Las propuestas de capacitación para los asociados, se centran en programas con fuerte énfasis en la gestión económica del negocio, en el manejo de la conflictiva con los sindicatos y en aspectos vinculados a los consejos de salarios, sin consideración explícita al manejo del Capital Humano.

Un panorama para nada diferente encontramos en nuestra indagación de los sitios web sindicales. La opinión de los dirigentes sindicales se confirma como era previsible, radicalizándose en algún caso, atenuándose en otros, pero con un eje común que le da centralidad al conflicto obrero-patronal desde la mirada de la lucha de clases implícita en la relación.

Análisis de la oferta de las consultoras

Las consultoras de plaza son importantes actores en tanto asesores de primera línea, especialmente de las empresas más importantes del país. Realizan trabajos de auditoría, brindan capacitación, asumen procesos de selección de personal y en fin, ofrecen una oferta de herramientas de gestión que prometen positivo impacto en las posibilidades de desarrollo organizacional. De la indagación sobre la oferta de servicio ofrecida en la Web de las Consultoras de plaza surge el siguiente cuadro:

1. Ninguna Consultora pone como condición de trabajo el comenzar a trabajar con la Dirección a los efectos de alinear la implementación de sus herramientas de gestión, con la filosofía de la cabeza de la organización. O en su defecto, para trabajar sobre la filosofía de la Dirección a los efectos de alinearla con la filosofía de los instrumentos de gestión a ser implementados. Simplemente basta la solicitud del Jefe o Gerente de RR.HH. para comenzar a trabajar sobre "la necesidad" planteada para la empresa. En ninguna, las características del liderazgo es obstáculo para la contratación de sus servicios. La contraparte puede ser la Gerencia de Recursos Humanos preocupada por la mejora del Clima Organizacional, sin importar mayormente la posición de la Dirección en torno al tema.

   De alguna forma, si bien la filosofía de la Dirección es esencial al éxito o fracaso y especialmente a la sostenibilidad de los cambios organizacionales en el tiempo, y de acuerdo a las entrevistas realizadas, las Consultoras son concientes de ello, no hacen cuestión en este punto para concretar su oferta de servicios.

2. Se confirma también una coincidencia en una propuesta de servicios, que presenta "herramientas" y postula áreas o aspectos sobre los que intervenir, pero que no propone un modelo integral para ser aplicado en las organizaciones.

   En todas, es posible entonces, la contratación de un "módulo" o un "instrumento" de gestión en forma aislada: selección de personal, gestión de carrera, gestión de clima, capacitación, outplacement, etc.

3. El asesoramiento sobre Relaciones Laborales, no forma parte de la oferta que brindan las consultoras sobre asesoramiento en Gestión Humana o Recursos Humanos según el caso. Las Relaciones Laborales, tienen su propia oficina, vinculada a staff de abogados que asesoran en torno a la conflictiva, la negociación y la legalidad. Es un área que se presenta como un hierro caliente que es complejo a la hora de poder pensarlo integrado al resto de las herramientas para la gestión humana sobre las que se asesora.

Conclusiones fundamentales

Pese a los avances y los cambios la implementación de Modelos de Gestión de Capital Humano, exitosos en otras partes y en algunas organizaciones nacionales, y/o su adaptación al medio local, no se ha desarrollado con la celeridad esperada. Existen importantes dificultades para visualizar las virtudes de tales modelos e importantes resistencias para su implantación o estudio.

Si bien el compromiso de las Direcciones es incipiente y se refleja en la asignación de recursos, dista mucho aún de comprender a cabalidad la nueva función de la gestión del Capital Humano, lejana ahora de la antigua Oficina de Personal.

En la gran mayoría de las empresas uruguayas no se aplica un "Modelo", sino más bien, se implementan algunas herramientas o instrumentos que tienen relación con gestionar aspectos de los Recursos Humanos de la organización de un modo distinto al tradicional. La carencia es más significativa en tanto tampoco hay en el horizonte Modelos que puedan ser tomados como tales. Referentes inspiradores o benchmark a ser imitados. Las consultoras, en tanto asesoras del sector, no los consideran en sus propuestas y los existentes en el país, pese a su éxito, no están en la agenda del empresariado ni de los trabajadores.

Sorprende, dada la profundidad de su incidencia, el claro divorcio entre gestionar los Recursos Humanos o Capital Humano y gestionar las Relaciones Laborales aspecto que explica la mayoría de los desvíos al promedio en todas las consultas realizadas. Este divorcio se ve reflejado como parte de la cultura tanto empresarial como sindical, en las declaraciones, comunicados y filosofía de los sitios oficiales de las diversas gremiales.

A la luz del desplazamiento que provoca la variable sindicalización en la estrategia de gestión de las organizaciones, habría que considerar que las herramientas aplicadas para la gestión de las personas, no estarían contemplando suficientemente el comportamiento que pretenden gestionar, cuando estas se agremian y actúan como interlocutor a partir del actor sindical.

Los desvíos provocados por la presencia de sindicatos en las organizaciones delatan la "visión" o mirado de otra forma la "carencia de visión", sobre la importancia de gestionar el capital humano de manera integral.

Esta carencia de visión, que habla también de la ausencia de una filosofía sustentadora más profunda, está reforzada por la aplastante visión negativa que sobre los empresarios del país tiene la mayoría de los consultados de la encuesta, al ser indagados sobre esta materia.

Haber identificado estas dificultades puede arrojar luz sobre los caminos posibles para que las empresas uruguayas, ámbito de generación de riqueza y satisfacción de necesidades, espacio de realización de las personas, puedan gestionar estos aspectos, de un modo económicamente más eficiente y humanamente más pleno.

Bibliografía

Alles, Marta (2000): Dirección estratégica de recursos humanos, Granica, Bs. As.

Alles, Martha (2006): 5 pasos para transformar una oficina de personal en un área de Recursos Humanos, Granica, Bs. As.

Becker, Gary (1983): El Capital Humano, Alianza, Buenos Aires

Cedrolla, Gerardo (1995): "Negociación colectiva internacional: ¿realidad o utopía? En Revista Relasur, Cedrolla, Gerardo (2004): "El debate internacional actual sobre las relaciones de trabajo: enfoques y teorías contemporáneas" en Relaciones Laborales, No.4.

Cedrolla, Gerardo (2004): "Las tipologías de los sistemas de relaciones laborales como instrumento de análisis de las relaciones de trabajo: algunas conclusiones de un relevamiento bibliográfico y una propuesta de marco tipológico para el estudio comparativo" en Relaciones Laborales, No.5,

Chiavenato, Idalberto (2002): Administración de Recursos Humanos, 5ta. Ed. Mc Graw Hill, Bogotá.

Covey, Stephen (1997): Los 7 hábitos de la gente altamente efectiva, Paidós, Buenos Aires.

Deming, Edwards (1989): Calidad, Productividad y Competitividad. La salida de la Crisis, Díaz de Santos, Madrid

Freud, S. (1927-1937). XXI. El malestar en la cultura, Col. Obras Completas de Sigmund Freud. 2da. ed. 11ª reimp. Amorrortu Editores, Buenos Aires.

Goleman, Daniel (1996): Inteligencia Emocional, Kairos, Madrid

Ishikawa, Kaoru (1986): ¿Qué es el control total de calidad? La modalidad Japonesa, Norma, Bogotá

Juan Pablo II (1981): Laborem Exercens. 2da. Ed. Paulinas, Buenos Aires.

Manganelli, Raymond; Klein, Mark: Cómo hacer Reingeniería, Norma, 1995, Bogotá.

Mertens, Leonard (2002) Productividad en las organizaciones. Trazos de la Formación nro.15: Montevideo

Mertens, Leonard (2007) Formación y productividad. Guía SIMAPRO.

Ishikawa, Kaouru (1997): ¿Qué es el control total de calidad? La modalidad Japonesa, Norma: Colombia.

Modelo de Mejora Continua, Instituto Nacional de Calidad (2010), Recuperado el 27 de setiembre de 2010 en http://www.inacal.org.uy/files/userfiles/Compilado_grises.pdf

Robbins, Stephen (1999): Comportamiento organizacional, Prentice Hall, México.

Rodríguez, Juan Manuel; Cozzano Beatríz; Mazzuchi Graciela (1997) Conflictividad Laboral y Negociación Colectiva: empresarios y trabajadores ante una ruptura histórica. Revista Relaciones Laborales Nº 2. Universidad Católica del Uruguay, Montevideo, Uruguay

Rodríguez, Juan Manuel; Cozzano Beatríz; Mazzuchi Graciela (2001) La transformación en las Relaciones Laborales, Uruguay 1985-2001. Universidad Católica del Uruguay, Montevideo.

Rodríguez, Juan Manuel; Cozzano Beatríz; Mazzuchi Graciela (2007) Las Relaciones Laborales y Modelo de Desarrollo, Programa Modernización de las Relaciones Laborales, Universidad Católica del Uruguay, Montevideo.

VI Forum Internacional de Management, Marketing y Negocios, – Los Temas (2008). Recuperado el 27 de setiembre de 2010 en http://www.forum.com. uy/informacion_evento/

Sitio Web Asociación de Despachantes de Aduanas, Recuperado el 31 de julio de 2009 en http://www.adau.com.uy

Sitio Web Asociación de Dirigentes de Marketing del Uruguay, Recuperado el 23 de julio de 2009 en http://www.adm.com.uy

Sitio Web Asociación de Escribanos del Uruguay, Recuperado el 10 de julio de 2009 en http://www.aeu.org.uy

Sitio Web Asociación de Industriales de la Madera y Afines del Uruguay, Recuperado el 6 de julio de 2009 en http://www.adimau.com.uy/

Sitio Web Asociación de Ingenieros del Uruguay, Recuperado el 27 de julio de 2009 en http://www.aiu.org.uy

Sitio Web Asociación Rural del Uruguay, Recuperado el 15 de julio de 2009 en http://www.aru.com.uy/

Sitio Web Asociación Uruguaya de Agencias de Publicidad, Recuperado el 13 de julio de 2009 en http://www.audap.com.uy/

Sitio Web Asociación Uruguaya de Ceremonial y Protocolo, Recuperado el 17 de julio de 2009 en http://www.aucyp.com

Sitio Web Cámara de Anunciantes del Uruguay, Recuperado el 9 de julio de 2009 en http://www.anunciantes.com.uy/

Sitio Web Cámara de Industrias del Uruguay, Recuperado el 30 de julio de 2009 en http://www.ciu.com.uy

Sitio Web Cámara de Fabricantes de Componentes Automotores, Recuperado el 14 de julio de 2009 en http://www.autopartes.org.uy/

Sitio Web Cámara de la Construcción del Uruguay, Recuperado el 6 de julio de 2009 en http://www.ccu.com.uy

Sitio Web Cámara Inmobiliaria del Uruguay, Recuperado el 14 de julio de 2009 en http://www.ciu.org.uy/

Sitio Web Cámara de Industrias Navales, Recuperado el 17 de julio de 2009 en http://www.camaranaval.com/

Sitio Web Cámara Mercantil de Productos del País, Recuperado el 24 de julio de 2009 en http://www.camaramercantil.com.uy/

Sitio Web Cámara Metalúrgica, Recuperado el 28 de julio de 2009 en http://www.cammetal.com.uy

Sitio Web Cámara Nacional de Comercio y Servicios del Uruguay, Recuperado el 7 de julio de 2009 en http://www.cncs.com.uy/

Sitio Web Cámara Uruguaya de Tecnologías de la Información, Recuperado el 9 de julio de 2009 en http://www.cuti.org.uy/

Sitio Web Círculo Uruguayo de la Publicidad, Recuperado el 15 de julio de 2009 en http://www.circulopublicidad.com

Sitio Web Colegio de Contadores, Economistas y Administradores, Recuperado el 8 de julio de 2009 en http://www.ccea.com.uy/

Sitio Web Sindicato Médico del Uruguay, Recuperado el 22 de julio de 2009 en http://www.smu.org.uy

Sitio Web Sociedad de Arquitectos del Uruguay, Recuperado el 27 de julio de 2009 en http://www.sau.org.uy/

Sitio Web Unión de Exportadores del Uruguay, Recuperado el 17 de julio de 2009 en http://www.uruguayexporta.com

Sitio Web Asociación De Empleados y Obreros Municipales, Recuperado el 21 de julio de 2009 en http://www.adeom.org.uy

Sitio Web Asociación de Docentes de la Universidad de la República, Recuperado el 8 de julio de 2009 en http://www.adur.org.uy

Sitio Web Asociación de Empleados Bancarios del Uruguay, Recuperado el 24 de julio de 2009 en http://www.aebu.org.uy

Sitio Web Agremiación Federal de Funcionarios de la Universidad de la República, Recuperado el 7 de julio de 2009 en http://www.affur.org.uy

Sitio Web Asociación Funcionarios de UTU, Recuperado el 31 de julio de 2009 en http://www.afutu.org.uy

Sitio Web Asociación de Obreros y Empleados de Conaprole, Recuperado el 9 de julio de 2009 en http://www.sindicatodeconaprole.org.uy

Sitio Web Asociación de la Prensa Uruguaya, Recuperado el 10 de julio de 2009 en http://www.apu.org.uy

Sitio Web Agrupación UTE, Recuperado el 20 de julio de 2009 en http://www.aute.org.uy

Sitio Web Confederación de Organizaciones de Funcionarios del Estado, Recuperado el 20 de julio de 2009 en http://www.cofe.org.uy

Sitio Web Congreso del pueblo, Recuperado el 23 de julio de 2009 en http://www.congresodelpueblo.org

Sitio Web Equipo de Representación de Trabajadores en el BPS, Recuperado el 6 de julio de 2009 en http://ww.redsegsoc.org.uy

Sitio Web Federación ANCAP, Recuperado el 8 de julio de 2009 en http://www.fancap.es.tl

Sitio Web Federación Nacional de Profesores de Enseñanza Secundaria, Recuperado el 22 de julio de 2009 en http://www.fenapes.org.uy

Sitio Web Federación de Funcionarios de OSE, Recuperado el 29 de julio de 2009 en http://www.ffose.org.uy

Sitio Web Federación Uruguaya de Empleados de Comercio y Servicios, Recuperado el 16 de julio de 2009 en http://www.fueci.org.uy

Sitio Web Federación Uruguaya de Magisterio, Recuperado el 10 de julio de 2009 en http://www.magisterio.org.uy

Sitio Web Federación Uruguaya de la Salud, Recuperado el 24 de julio de 2009 en www.fuspitcnt.wordpress.com

Sitio Web Sindicato de la Industria del Medicamento y Afines, Recuperado el 24 de julio de 2009 en http://www.sima.com.uy

Sitio Web Sindicato Nacional de Trabajadores de la Enseñanza Privada, Recuperado el 8 de julio de 2009 en http://www.sintep-documentos.blogspot.com

Sitio Web Sociedad Uruguaya de Actores, Recuperado el 29 de julio de 2009 en http://www.sua.org.uy

Sitio Web Sindicato Único Nacional de al Construcción y Anexos, Recuperado el 30 de julio de 2009 en http://www.sunca.org.uy

Sitio Web Adecco, Recuperado el 30 de julio de 2009 en http://www.adecco.com.uy

Sitio Web Advice, Recuperado el 6 de julio de 2009 en http://www.advice2.com.uy

Sitio Web Ariceta & Asociados consultores, Recuperado el 6 de julio de 2009 en http://www.aricetaconsultores.com.uy

Sitio Web CPA Ferrere, Recuperado el 6 de julio de 2009 en http://www.cpa.com.uy

Sitio Web Deloitte, Recuperado el 14 de julio de 2009 en http://www.deloitte.com.uy

Sitio Web Friedman, Recuperado el 15 de julio de 2009 en http://www.friedman.com.uy

Sitio Web Human Phi, Recuperado el 22 de julio de 2009 en http://www.humanphi.com.uy

Sitio Web KPMG Uruguay, Recuperado el 16 de julio de 2009 en http://www.kpmg.com.uy/

Sitio Web Manpower, Recuperado el 6 de julio de 2009 en http://www.manpower.com.uy/

Sitio Web PricewaterhouseCooper, Recuperado el 16 de julio de 2009 en http://www.pwc.com.uy/

Sitio Web RHC Consultoría, Recuperado el 23 de julio de 2009 en http://www.rhc.com.uy/

Sitio Web Ruíz Masse Desarrollo Organizacional, Recuperado el 14 de julio de 2009 en http://www.ruizmasse.com.uy

Sitio Web Voyer Uruguay Recursos Humanos, Recuperado el 9 de julio de 2009 en http://www.voyer.com.uy

ANEXOS

Anexo I
Cuestionario Encuesta aplicada

Características de su empresa (marque con una x lo que corresponda):

a. La empresa que Ud. integra es:	**Nacional**	**Multinacional**
b. El giro principal de la empresa es:	**Producción**	**Servicios**
c. El porcentaje mayoritario de la facturación se dirige al mercado:	**Interno**	**Externo**
d. En relación a su competencia la ubicaría dentro del mercado en situación de:	**Poca competencia**	**Mucha competencia**
e. Los funcionarios están sindicalizados (en caso afirmativo indique en que porcentaje)	**Sí**	**No**
f. Las Relaciones Laborales y el Dpto. de Gestión Humana son dirigidos por la misma gerencia	**Si**	**No**
g. Cantidad de funcionarios de su empresa:		

Para el desarrollo de su Gestión Humana su empresa aplica un Modelo de Gestión Integrado o utiliza un conjunto de Herramientas	**Modelo de Gestión Integrado**	**Conjunto de Herramientas**
2. Su Sistema de Gestión Humana está inspirado en una Escuela, Corriente o Autor específico	**Si**	**No**
3. Cuales son las principales características de la Escuela, Corriente o Autor que Ud. menciona ha inspirado la Gestión Humana de su empresa.		
4. El Sistema implementado: 1. tuvo una fecha de instrumentación definida o 2. se fue diseñando a lo largo del tiempo	1	2
5. La introducción del Sistema de Gestión utilizado responde: 1. A un requerimiento (estrategia) de la Dirección o 2. A una sugerencia de los responsables del área de Gestión Humana	1	2

6. Existen en su empresa indicadores que puedan cuantificar la gestión del Capital Humano	Si	No
7. De existir dichos indicadores, son compartidos con todos los funcionarios	Si	No
8. Existe en su empresa algún tipo de correlación medible entre logro de objetivos y beneficios variables otorgados.	Si	No
Comentarios		
9. La Dirección de la empresa está comprometida con la Gestión Humana afectando los recursos necesarios	Si	No
10. El responsable de la Gestión Humana (Gerente/Director/Jefe) participa con la Dirección de la empresa en el diseño de la Estrategia de la empresa.	Si	No
11. El contenido de las herramientas del Sistema, lo hace únicamente el Área de Gestión Humana o participan otros niveles de la Organización a través de Talleres o metodología similar	**Sólo Gestión Humana**	**Participan otros**
Comentarios:		
12. La empresa realiza Encuesta de Clima Organizacional?	Si	No
13. Indique cuanto hace que implementó la última Encuesta. (1 año – 2 años – etc.)		
14. En su opinión: En el Uruguay las empresas visualizan la Gestión Humana como una parte sustantiva, a la hora de elaborar la Estrategia del negocio.	Si	No

Agradecemos agregue cualquier comentario que entienda pertinente:

Anexo II

Respuestas totales obtenidas (en %)

Categoría	Cantidad de Empresas	Las Relaciones Laborales y el Dpto. de Gestión Humana son dirigidos por la misma gerencia		Para el desarrollo de su Gestión Humana su empresa aplica I. un Sistema integrado II. utiliza un conjunto de Herramientas		Su Sistema de Gestión Humana está inspirado en una Escuela, Corriente o Autor específico		El Sistema implementado: 1. tuvo una fecha de instrumentación definida o 2. se fue diseñando a lo largo del tiempo		La introducción del Sistema de Gestión utilizado responde: 1. A la Estrategia de la Dirección 2. A Sugerencia de los responsables de Gestión Humana		Existen en su empresa indicadores que puedan cuantificar la gestión del Capital Humano		De existir dichos indicadores, son compartidos con todos los funcionarios		Existe en su empresa algún tipo de correlación medible entre logro de objetivos y beneficios variables otorgados		La Dirección de la empresa está comprometida con la Gestión Humana afectando los recursos necesarios		El responsable de la Gestión Humana (Gerente/Director/Jefe) participa con la Dirección de la empresa en el diseño de la Estrategia de la empresa		El contenido de las herramientas del Sistema, I. lo hace únicamente el Area de Gestión Humana II. participan otros niveles de la Organización a través de Talleres o metodología similar		La empresa realiza Encuesta de Clima Organizacional?		En su opinión: En el Uruguay las empresas visualizan la Gestión Humana como una parte sustantiva, a la hora de elaborar la Estrategia del negocio.	
		Si	No	I	II	Si	No	1	2	1	2	Si	No	Si	No	Si	No	Si	No	Si	No	I	II	Si	No	Si	No
TOTALES		61%	39%	32%	68%	16%	84%	11%	89%	41%	59%	54%	46%	28%	72%	54%	46%	74%	26%	62%	38%	38%	62%	67%	33%	25%	75%
Empresas c/ func. sindicalizados	60	38%	62%	33%	67%	22%	78%	12%	88%	20%	80%	62%	38%	25%	75%	60%	40%	75%	25%	60%	40%	35%	65%	75%	25%	23%	77%
Diferencia en relación a total de la muestra		-22	22	1	-1	5	-5	1	-1	-21	21	8	-8	-3	3	6	-6	1	-1	-2	2	-3	3	8	-8	-2	2
Con func. sindicalizados con menos de 150 funcionarios	16	88%	13%	31%	69%	19%	81%	19%	81%	13%	88%	44%	56%	19%	81%	44%	56%	88%	13%	69%	31%	56%	44%	81%	19%	13%	88%
Diferencia en relación a total de la muestra		-27	27	-1	1	3	-3	8	-8	-29	29	-4	4	-9	9	-10	10	13	-13	7	-7	18	-18	15	-15	-12	12
Con func. sindicalizados con más de 151 funcionarios	44	20%	80%	34%	66%	23%	77%	9%	91%	23%	77%	66%	34%	27%	73%	66%	34%	70%	30%	57%	43%	27%	73%	73%	27%	27%	73%
Diferencia en relación a total de la muestra		-40	40	2	-2	6	-6	-2	2	-18	18	12	-12	-1	1	12	-12	-4	4	-5	5	-11	11	6	-6	2	-2
Empresas Nacionales	81	54%	46%	34%	68%	20%	80%	12%	88%	41%	59%	57%	43%	26%	74%	56%	44%	72%	28%	63%	37%	30%	70%	63%	37%	25%	75%
Diferencia en relación a total de la muestra		-6	6	2	0	4	-4	1	-1	0	0	3	-3	-2	2	2	-2	-2	2	1	-1	-8	8	-4	4	0	0
Empresas Nacionales c/func. sindicalizados	54	37%	63%	26%	74%	19%	81%	13%	87%	22%	78%	61%	39%	22%	78%	61%	39%	72%	28%	56%	44%	33%	67%	72%	28%	26%	74%
Diferencia en relación a total de la muestra		-7	24	-7	6	3	-3	2	-2	-19	19	7	-7	-6	6	7	-7	-2	2	-6	6	-5	5	6	-6	1	-1
Empresas multinacional	36	75%	25%	33%	67%	8%	92%	8%	92%	42%	58%	50%	50%	33%	67%	50%	50%	67%	33%	58%	42%	58%	42%	75%	25%	25%	75%
Diferencia en relación a total de la muestra		14	-14	1	-1	-8	8	-3	3	1	-1	-4	4	4	-4	-4	4	-8	8	-4	4	20	-20	8	-8	0	0
Empresas multinacionales c/func. Sindicalizados	6	50%	50%	0%	100%	50%	50%	0%	100%	0%	100%	50%	50%	50%	50%	50%	50%	100%	0%	100%	0%	50%	50%	100%	0%	0%	100%
Diferencia en relación a total de la muestra		-11	11	-68	88	34	-34	-11	11	-41	41	-4	4	22	-22	-4	4	26	-26	38	-38	12	-12	33	-33	-25	25
Giro principal: Servicios	103	60%	40%	32%	68%	14%	86%	11%	89%	39%	61%	63%	37%	26%	74%	63%	37%	73%	27%	61%	39%	41%	59%	68%	32%	26%	74%
Diferencia en relación a total de la muestra		-1	1	0	0	-2	2	0	0	-2	2	9	-9	-2	2	9	-9	-1	1	0	0	2	-2	1	-1	1	-1
Giro principal: Producción	14	64%	36%	36%	64%	0%	100%	14%	86%	57%	43%	57%	43%	43%	57%	57%	43%	86%	14%	64%	36%	21%	79%	57%	43%	43%	57%
Diferencia en relación a total de la muestra		3	-3	3	-3	-16	16	3	-3	16	-16	3	-3	15	-15	3	-3	11	-11	2	-2	-17	17	-10	10	17	-17
En mercado de Poca Competencia	36	72%	28%	39%	61%	19%	81%	14%	86%	50%	50%	67%	33%	33%	67%	67%	33%	83%	17%	50%	50%	42%	58%	63%	37%	30%	70%
Diferencia en relación a total de la muestra		12	-12	7	-7	3	-3	3	-3	9	-9	13	-13	5	-5	13	-13	9	-9	-12	12	4	-4	-4	4	5	-5
En mercado con Mucha Competencia	81	56%	44%	30%	70%	15%	85%	7%	93%	37%	63%	52%	48%	24%	76%	52%	48%	70%	30%	58%	42%	39%	61%	70%	30%	30%	70%
Diferencia en relación a total de la muestra		-5	5	-2	2	-1	1	-4	4	-4	4	-2	2	-4	4	-2	2	-4	4	-4	4	1	-1	3	-3	5	-5
Facturación mayoritaria en mercado interno	99	57%	43%	29%	71%	13%	87%	10%	90%	39%	61%	62%	38%	28%	72%	62%	38%	73%	27%	64%	36%	39%	61%	70%	30%	23%	77%
Diferencia en relación a total de la muestra		-4	4	-3	3	-3	3	-1	1	-2	2	8	-8	0	0	8	-8	-1	1	2	-2	1	-1	3	-3	-2	2
Facturación mayoritaria en mercado externo	18	83%	17%	50%	50%	33%	67%	17%	83%	50%	50%	67%	33%	50%	50%	67%	33%	83%	17%	50%	50%	33%	67%	50%	50%	33%	67%
Diferencia en relación a total de la muestra		23	-23	18	-18	17	-17	6	-6	9	-9	13	-13	22	-22	13	-13	9	-9	-12	12	-5	5	-17	17	9	-9

Grilla de Análisis de la Oferta de las Consultoras

	1	2	3	4	5	6	7	8	9	10	11	12	13
Tercerización de personal	x			x				x				x	
Evaluaciones psicológicas y técnicas	x		x	x									
Consultoría													
Descripción y diseño de puestos / de cargos	x	x		x		x		x	x	x	x	x	
Evaluación de desempeño	x	x		x	x	x	x		x	x	x		
Evaluación de potencial / de personal	x			x		x		x	x		x		
Encuesta / análisis de Clima	x	x		x	x	x	x	x	x	x	x	x	
Outplacement /Reorientación Laboral	x	x		x	x	x	x	x	x	x		x	
Sondeo Salarial / Encuesta de Remuneraciones	x					x	x		x				
Trabajo en Equipo / Equipos de proyecto	x	x											
Análisis de Cultura Organizacional								x		x			
Capacitación / Formación in Company	x	x	x	x	x	x	x	x	x	x	x	x	x
Búsqueda y Selección / Atracción e incorporación		x	x	x	x	x	x	x	x	x	x		
Retención de Talentos / Plan de carrera.		x						x	x		x	x	
Valoración y categorización de puestos / Sistemas de incentivos.		x			x	x	x			x	x		
Coaching individual y grupal		x			x						x		
Sistemas de Indicadores							x						
Responsabilidad Social Empresaria							x						
Procedimientos y Reglas de Operación / Rediseño de procesos		x					x	x					x
Sistema de remuneraciones / Política Salarial				x				x	x	x	x	x	
Diseño de Estructura organizacional		x								x	x	x	
Monitoreo de Mercado Laboral							x						
Gestión del Cambio Organizacional													
Capacitación gerencial para el cambio		x											x
Plan de comunicación interna		x											
Entrenamiento a facilitadores del cambio		x											
Transiciones			x										
Gestión por competencias			x										
Interim Executives			x										
Planificación de carrera				x						x		x	
Gestión del cambio						x	x	x	x		x		x
Planificación estratégica									x		x	x	x
Plan de Mejora de Gestión													x

DIVERSIDADE HUMANA E ASSÉDIO MORAL

8

ANÁLISE DAS CONTRIBUIÇÕES DO PROCESSO DE BANALIZAÇÃO DA INJUSTIÇA SOCIAL PARA O ASSÉDIO MORAL NAS ORGANIZAÇÕES

Alessandra Ramos Demito Fleury[1]
Denise Cristina Martins dos Santos Nery[1]
Kátia Barbosa Macêdo[1]

Introdução

O que permite a adaptação a uma sociedade contraditória é a ideologia, que substitui, em grande parte, a força bruta direta necessária para que a ordem social se mantenha, segundo os interesses dominantes, mas a ameaça da força é a substância. Assim, a consciência não reage diretamente ao conteúdo da ideologia, mas à ameaça. O que nos faz trabalhar continuamente é menos a justificativa ideológica, e mais o medo do que aconteceria se assim não o fizéssemos (Crochik, 2003).

Pode-se definir ideologia por um conjunto de explicações, aparentemente lógicas e coerentes, para explicar as diferenças dentro de determinado grupo, como se fossem diferenças naturais (Chauí, 1980). A internalização deste conjunto explicativo da ordem social possibilita ao homem produzir conforme os interesses dominantes em determinada sociedade, em determinada época.

As transformações no mundo do trabalho, advindas do neoliberalismo, configuram uma realidade em que o homem, para atendê-la, deve colaborar com vivências no seu cotidiano laboral que o violentam fisicamente e psicologicamente.

A nova concepção liberal do Estado mínimo, marcada pelo processo de globalização, faz-nos crer que estamos em uma guerra constante, uma guerra

---

[1] PUC-GO.

econômica, e que esta justificaria o processo de banalização da injustiça social que se vive (Dejours, 2006).

Dejours, em seu livro *A banalização da injustiça social*, propõe uma reflexão sobre como, atualmente, toleramos o intolerável. Considera como intolerável tanto o nosso sofrimento quanto o alheio e promove uma discussão de como o discurso economicista permeia a construção de cidadãos incapazes de reconhecer e considerar a subjetividade do ser humano, principalmente em relação as suas condições de trabalho.

O autor aponta que o trabalho é fonte de vivências de prazer e sofrimento e que a organização do trabalho exerce grande influência nestas vivências. O trabalho pode, então, ser estruturante da nossa identidade, quando favorece o seu fortalecimento, como pode ser desestruturante ao enfraquecê-la.

A principal discussão do autor sobre a resolução desta problemática centra-se no papel do reconhecimento como fortalecedor da nossa identidade, sendo esta uma armadura para nossa saúde psíquica. Considera também a construção de espaços de discussão coletiva, os quais promoveriam possibilidades de perceber a diferença entre o trabalho prescrito e o real, desvelando as armadilhas da organização do trabalho, possibilitando ao sujeito proteger-se de situações que provoquem alienação e outros distúrbios psíquicos. O individualismo e a solidão são considerados, pelo autor, colaboradores do processo de adoecimento no trabalho, o que é incrementado com práticas de gestão, como a avaliação de desempenho individual (2008). O extremo das consequências desta situação pode eclodir no suicídio no local de trabalho (Dejours & Bègue, 2010). Menos extremo que o suicídio, mas fenômeno que merece a atenção dos estudos científicos, é a questão do assédio moral, sobre o qual acredita-se encontrar suporte na ideologia neoliberal, que banaliza a injustiça social.

O presente estudo tem como objetivo analisar de que forma a banalização da injustiça social contribui para o fenômeno do assédio moral.

Para responder esta questão, apresenta-se a contextualização para compreensão de como a ideologia dominante tece a configuração social necessária para a ocorrência do assédio moral, incluindo a teoria da banalização da injustiça social como explicativa e facilitadora desta situação. Em seguida, analisa-se o assédio moral a partir de sua conceituação e de estudos contemporâneos sobre o tema. Para auxiliar as considerações finais deste trabalho, será feita uma breve discussão de como a psicodinâmica do trabalho (Dejours, 1992; 1994, 1999) pode compreender e intervir nesta patologia do mundo do trabalho.

Contexto e ideologia dominante

O processo de globalização intensificou-se nas últimas duas décadas e foi marcado pelo estabelecimento de uma política econômica que submete o mundo do trabalho e os trabalhadores a privilegiarem sua objetividade e negligenciarem sua subjetividade (Dejours, 2005).

As mudanças nas formas de produzir e organizar o trabalho trouxeram consequências, como a quebra de direitos sociais, reformas no contrato laboral e terceirizações, crescimento do setor informal, aumento do subemprego, precarização do trabalho, desemprego massivo e aumento da miséria urbana. As repercussões na vida dos trabalhadores foram imediatas, passando a exigir mais eficiência técnica, espírito competitivo e agressivo, flexibilidade e polifuncionalidade. A reestruturação, e consequente enxugamento da máquina empresarial, exige trabalhar mais com menos pessoas (Barreto, 2002).

Estas consequências são legitimadas por uma ideologia neoliberal, que reproduz um modelo de homem com liberdade para acumulação de riquezas, desde que tenha condições de submeter-se às leis do mundo do trabalho, em que o fator humano é percebido como determinante de sucesso ou fracasso (Dejours, 2005).

O trabalhador, reduzido ao *homo aeconomicus*, enfatiza a emissão de comportamentos que, coerentes com esta realidade, possam fazê-lo acreditar ser ele o maior responsável pelos resultados alcançados com o seu trabalho, descredenciando o ambiente como variável a ser considerada neste processo. A hipercompetitividade emerge como produto deste mercado de trabalho determinando as relações humanas nas organizações, estimulando a instrumentalização do outro e complementando a lógica da ideologia neoliberal (Heloani, 2003).

O estímulo constante da competitividade leva ao rompimento de laços afetivos entre os trabalhadores; o desabrochar do individualismo é o perfil do novo trabalhador: autônomo, capaz, competitivo, criativo, qualificado e empregável; esta política responsabiliza os trabalhadores pela sua formação/qualificação e sua adaptação às necessidades impostas pelo mercado. A garantia do emprego passa a ser responsabilidade de cada um (Barreto 2003; Souza, 2003). Estes fatores, criados e mantidos pela ideologia dominante, desconsideram a subjetividade humana e privilegiam o objetivo, o funcional e o produtivo.

O predomínio da competitividade e a busca da máxima produtividade com custos mínimos têm contribuído para o encrudecimento das relações humanas dentro das organizações onde, por vezes, procedimentos como o assédio moral são adotados e tolerados pelos trabalhadores, por sentirem-se de alguma maneira ainda privilegiados por estarem empregados, enquanto percebem a grande massa de trabalhadores desempregados que o sistema produz (Dejours, 2006).

Christophe Dejours, psicanalista francês, responsável pela elaboração da teoria de psicodinâmica do trabalho, percebe a saúde mental do trabalhador como resultado de um conjunto de variáveis intrapsíquicas, interpsíquicas e societais. Em seu livro *A Banalização da injustiça social*, o autor propõe uma análise de como, no nível da sociedade, configuram-se as condições necessárias para que o trabalhador possa ter sua saúde mental atingida e para que este fenômeno não seja percebido por todos como algo negativo, mas sim como consequência natural de um sistema em que o homem seria "impotente" quanto a sua mudança. A proposta deste artigo é desenvolver uma análise de como este processo favorece o assédio moral, partindo de uma análise societal sobre o fenômeno, e propor também uma reflexão de intervenção a partir da teoria da psicodinâmica e clínica do trabalho, bem como seus limites e possibilidades. Para tal, faz-se necessário que o leitor compreenda alguns termos e seus conceitos dentro desta abordagem.

Conceitos fundamentais em Psicodinâmica do trabalho

Alguns conceitos são essenciais para melhor compreensão da relação entre psicodinâmica do trabalho e o processo de banalização da injustiça social. Segue a definição, proposta por Dejours, de alguns destes conceitos:

- *Real* refere-se àquilo que, na experiência do trabalho, dá-se a conhecer ao sujeito, por sua resistência ao domínio, ao *savoir faire*, à competência, ao conhecimento e até à ciência. A experiência do real no trabalho traduz-se pelo confronto com o fracasso.

- *Espaço de discussão* representa o espaço que prefigura e contribui para alimentar ou engendrar o espaço público.

- *Trabalho* é a atividade coordenada de homens e mulheres para fazer face ao que não se pode obter pelo estrito cumprimento das prescrições.

- *Mentira* é o termo utilizado para referir-se à produção de práticas discursivas que vão ocupar o espaço deixado pelo vago silêncio dos trabalhadores sobre o real e pela supressão do *feedback*.

Estes conceitos serão utilizados para buscar compreender, a partir da psicodinâmica do trabalho, como o processo de banalização da injustiça social atua como suporte para o fenômeno do assédio moral nas organizações.

A banalização da injustiça social: processo resultante da ideologia dominante

Dejours (2006), ao introduzir o tema da banalização da injustiça social, busca tecer a configuração sócio-econômica que atua como justificadora do processo de violência física e psíquica a que o homem, na atualidade, se expõe em seu cotidiano laboral.

Para este autor, a grande questão situa-se no paradoxo constituído por uma guerra econômica, mesmo produzindo mais vencidos que vencedores, continua a engajar pessoas nesta batalha.

Ainda segundo Dejours (2006), a resposta a esta questão encontra-se na ideologia neoliberal, que percebe esta guerra como resultado natural do sistema, não restando ao homem possibilidade de resistir a algo que é instituído como natural e incontrolável aos desejos humanos. Como toda ideologia, pode ser analisada de maneira crítica e, a partir disto, desvelar os mecanismos que operam na constituição destas "verdades" internalizadas por grande parte da população. Para Dejours (2006), o sofrimento imputado nesta guerra econômica alimenta-se por uma sinistra inversão que cumpre elucidar. As estratégias de defesa utilizadas perante o sofrimento causado por esta guerra possibilitam o seu incremento.

A ideologia neoliberal promove a percepção de que o sofrimento alheio não está relacionado à adversidade das condições sócio-econômicas desenvolvidas pela sociedade juntamente com o Estado. A partir desta concepção, as pessoas não percebem o sofrimento alheio como injustiça, mas sim como uma opção pessoal de não esforçar-se o suficiente para aproveitar a "liberdade de acumulação de riquezas" que o neoliberalismo propicia.

Ao perceber o sofrimento como adversidade, e não como resultante de ações políticas e econômicas, pode-se até sentir compaixão, caridade ou piedade, mas não serão mobilizados sentimentos de indignação contra este sofrimento percebido, ou seja, aceita-se a situação, no caso, uma crise econômica, como consequência natural de um sistema em que não há nada a ser feito, a não ser submeter-se às suas exigências e preparar-se para ela.

A psicodinâmica do trabalho sugere que esta adesão seria uma manifestação do processo de "banalização do mal". A adesão à causa economicista (que separa a adversidade da injustiça) atuaria como uma defesa contra a consciência dolorosa das próprias cumplicidade e colaboração na situação. Ao aderirmos a esta causa, anestesiamo-nos contra os efeitos deletérios advindos de grande parte das situações de trabalho a que estamos expostos, contribuindo assim para a manutenção do sistema e a alienação sobre o sofrimento no trabalho.

A aceitação do trabalho sujo por pessoas do bem

Dejours (2006) levanta uma questão fundamental para compreender o processo de banalização da injustiça social: a participação de pessoas do bem no mal e na injustiça cometidos contra outrem. Define, como pessoas do bem, os indivíduos que não são paranoicos fanáticos e que dão mostras de um senso moral, que tem papel fundamental em suas decisões, suas escolhas e suas ações.

Para responder a esta questão Dejours (2006), descreve explicações convencionais para o tema que se baseiam na utilização da racionalidade estratégica do sujeito que busca, com uma atitude calculista, defender-se das ameaças da "crise econômica". Outra forma de explicação convencional reside na criminologia e na psicopatologia em que sujeitos perversos ou paranicos estariam por trás destas ações.

A explicação proposta pelo autor (Dejours, 2006), e que vem ao encontro do objetivo deste estudo, centra-se na valorização do mal, da tolerância à mentira, a sua não-denúncia e, além disso, à cooperação em sua produção e difusão.

A compreensão do processo pelo qual as pessoas de bem, dotadas de um senso moral, consentem em contribuir para o mal, tornando-se, em grande número ou mesmo em sua maioria "colaboradores", reside não somente em um motivo econômico, mas na apelação para a coragem das pessoas de bem.

A subversão da razão ética só pode sustentar-se publicamente e lograr a adesão de terceiros quando toma como pretexto o trabalho, sua eficácia e sua qualidade.

Um ingrediente importante, a partir da explicação proposta, é a virilidade, a qual seria vista como a capacidade de expressão de poder e estaria muito relacionada aos comportamentos masculinos. Este ingrediente justifica a afirmação de Heloani (2005), que indica os homens vítimas de assédio moral terem mais dificuldade de tornar pública a sua humilhação ao associar o fato à admissão de sua impotência, ou falta de virilidade, diante dos fatos, ferindo sua identidade masculina.

A racionalização do mal é a ideologia defensiva utilizada pela sociedade para a negação do sofrimento próprio e alheio. Esta racionalização permite uma diminuição do sofrimento moral, e constitui-se a partir de dois processos: a estratégia coletiva do cinismo viril e a ideologia defensiva do realismo econômico.

Na estratégia coletiva do cinismo viril, o indivíduo aceita infligir mal ao outro como prova de sua virilidade e para demonstrar que está a altura de seu posto de comando. Esta estratégia é reforçada pela ideologia defensiva do realismo econômico, o qual consiste em fazer com que o cinismo passe por força de caráter, por determinação e por um elevado senso de responsabilidades

Análise das contribuições do processo de banalização da injustiça social para o assédio moral nas organizações 133

coletivas. Tudo deve ser feito em nome do realismo da ciência econômica, da guerra das empresas e pelo bem da nação (Dejours, 2006). Esta estratégia será complementada pela patologia da solidão (Dejours, 2008a).

> O deserto, ao progredir sempre mais no mundo do trabalho, faz com que não sejam apenas as defesas coletivas e a solidariedade que recuem. Aquele que se envolve subjetivamente com todas as responsabilidades inerentes a sua tarefa e encara honestamente as dificuldades que surgem na gestão da discrepância existente entre o trabalho prescrito e o efetivo, adquire progressivamente, uma experiência do mundo que é, inicialmente uma experiência do real. (p. 226)

Conforme Dejours (2008, 2008a), a experiência do real é também uma experiência de fracasso, a qual não será submetida à apreciação ou ao julgamento do outro, pois não há confiança para tal. O trabalhador, inserido neste contexto individualista, se ousar expor sua experiência real, estará se expondo para reprovação e/ou censura, e até mesmo poderá ser reconhecido como trabalhador incompetente, e não como alguém que é capaz de formular uma experiência crítica sobre os desafios do seu cotidiano laboral.

A racionalização do mal, a estratégia do cinismo viril e a patologia da solidão são elementos essenciais para que a banalização da injustiça social utilize a colaboração de pessoas do bem sem abolição do senso moral, mas a partir da sua inversão. Esta inversão contribuiria para que o sofrimento no local de trabalho fosse, não somente aceito, mas também justificado, atribuindo ao fator humano a culpabilidade da sua situação e livrando os agressores de serem percebidos como tais.

Assédio moral como forma de violência e injustiça nas organizações

Conforme Heloani (2005), a característica central do assédio moral é a intencionalidade de infligir mal à vítima, a partir de sua constante e deliberada desqualificação, seguida de sua consequente fragilização, com o intuito de neutralizá-la em termos de poder. Esse enfraquecimento psíquico pode eclodir em um processo de despersonalização do indivíduo vitimizado. Trata-se de um processo disciplinador, que tem como objetivo anular a vontade daquele que, para o agressor, se apresenta como ameaça.

O tipo de assédio que nos interessa neste artigo é aquele que atenta contra a moral das pessoas e pode ser definido como:

Toda e qualquer conduta abusiva manifestando-se por comportamentos, palavras, gestos, atos, escritos que podem prejudicar a dignidade física ou psíquica de uma pessoa, por em perigo seu emprego ou degradar o ambiente de trabalho. (Hirigoyen, 1998, p. 65)

Apesar do assédio moral no local do trabalho fazer adoecer e poder até matar, a humanidade convive com este fenômeno desde as primeiras relações de trabalho, porém somente no começo da década de 1990, ele foi identificado como um fenômeno destruidor do ambiente de trabalho, que diminui a produtividade, favorecendo o absenteísmo e doenças causadas no ambiente de trabalho, especialmente danos psicológicos devido ao desgaste que provoca em suas vítimas (Barreto, 2000; Guedes, 2003; Hirigoyen, 1998).

A vítima do assédio moral não é o empregado sem força de vontade ou negligente. Ao contrário, pesquisadores encontram como vítimas justamente os empregados com um senso de responsabilidade, com iniciativa, e geralmente pessoas bem educadas, líderes informais entre seus companheiros, possuidoras de valiosas qualidades profissionais e morais, são pessoas competentes, questionadoras e extremamente éticas (Barreto, 2002; Hirigoyen, 1998; Zabala, 2001).

Nas organizações modernas, a relação com o trabalho ou com o lugar do trabalho tende a se tornar a principal referência dos indivíduos ou, de outra forma, faz com que eles assumam o papel de identidades, tanto social quanto individual. A carreira, ou o status profissional, torna-se um organizador da vida pessoal e um estruturante da identidade do indivíduo (Dejours, 2005).

A falta de atenção dos sindicatos em relação à subjetividade dos trabalhadores (Dejours, 1994) e a sua saúde mental colaborou, e ainda colabora, para que o assunto não seja abertamente discutido e para que sejam cobradas nas organizações, ações preventivas sobre este fenômeno. Para Dejours (2006), a saúde mental foi descartada pelos sindicatos, contribuindo para a desqualificação do discurso sobre o sofrimento e contribuindo para a tolerância ao sofrimento subjetivo.

No Brasil, a discussão sobre o assédio moral é relativamente recente, e, apesar de constar mais no mundo acadêmico que empresarial, vem dando visibilidade ao que, até então, aparecia como "risco invisível" no mundo do trabalho. Uma dissertação de mestrado, defendida em maio de 2000 na Pontifícia Universidade Católica de São Paulo (PUC), Departamento de Psicologia Social, denominada "Uma jornada de humilhações" (Barreto, 2000), realizou pesquisa em campo sobre o assunto. Entre março de 1996 e julho 1998, foram entrevistadas 2.072 pessoas (1.311 homens e 761 mulheres). Realizada junto ao Sindicato dos Trabalhadores nas Indústrias Químicas, Plásticas, Farmacêuticas e Similares de São Paulo, abrangeu trabalhadores de 97 empresas de

Análise das contribuições do processo de banalização da injustiça social para o assédio moral nas organizações | 135

grande e médio porte, incluindo multinacionais. Do universo pesquisado, 42% (494 mulheres e 376 homens) relataram experiências de humilhações, constrangimentos e situações vexatórias repetitivas no local de trabalho. Este foi o primeiro estudo que colocou o assédio moral como agravante de problemas de saúde em nosso país.

Uma pesquisa realizada durante o ano de 2001, junto a 301 trabalhadores entre os que recorrem à Delegacia Regional de Trabalho (DRT/DF), mostrou a importância atual desse fenômeno. Trabalhadores e trabalhadoras foram chamados a responder sobre a vivência de diversas situações que caracterizam o Assédio Moral nas organizações (Batista, 2003). A pesquisa em questão destaca o Assédio Moral como fundamentalmente dirigido contra aqueles trabalhadores e trabalhadoras que não se conformam ao padrão educativo maior, atualmente exigido pelas empresas.

Conforme estudo realizado por Nery (2005), podemos supor que a percepção do assédio moral pelos trabalhadores acontece através de atitudes que deterioram propositalmente as condições de trabalho e que o comportamento que mais caracterizou o Assédio Moral nas populações em que o questionário foi aplicado está mais relacionado à comunicação e à interação do sujeito do que com o universo do trabalho e os outros.

Conforme afirmação de Hirigoyen (2002a), de maneira geral os dirigentes e os executivos das empresas não consideram que as relações interpessoais no trabalho possam desencadear problemas em sua organização, salvo os casos que o prejuízo torna-se evidente.

Inovações tecnológicas associadas a velhas fórmulas de gestão, humilhações, constrangimentos e rebaixamentos fazem parte de um contexto de tirania nas relações de trabalho. A ganância pelo lucro e o abuso de poder são os principais causadores dessa forma de violência que é o assédio moral (Barreto, 2002/2003).

Heloani e Macêdo (2010) consideram algumas possibilidades de intervenção neste contexto que privilegia o assédio moral. Dentre elas pode-se destacar a criação, pelo departamento de recursos humanos das organizações, de processos que possibilitem ao trabalhador agredido defender-se, preferencialmente por escrito e de maneira sigilosa. Apesar de indicarem esta intervenção, os autores acreditam que a solução mais adequada para o enfrentamento do problema seria o trabalho de humanização do processo laboral, o que implicaria tanto no reconhecimento da subjetividade do trabalhador quanto no de que:

o trabalho nunca é neutro ou contribui para a constituição de uma identidade emancipatória (processo de realização de si) ou induz à construção de uma identidade deteriorada (agente de desestabilização e de sofrimento). (Heloani, Macêdo, 2010, p. 15)

O processo de banalização da injustiça social e o assédio moral

A preocupação do sujeito, exposto ao sofrimento no trabalho, reside em aguentar firme, o tempo todo, sem relaxar (Dejours, 2005). Esta postura tem como base a ameaça de precarização do trabalho, que atua como um medo constante e leva os trabalhadores a um comportamento de submissão, que estaria relacionado à mentira instituída por gerentes, através da distorção comunicacional com que manipula esta ameaça e difunde a adoção de um sistema de produção e de controle de práticas discursivas referentes ao trabalho, à gestão e ao funcionamento da empresa.

Para Dejours (1992, 1994, 1999), a diferença entre o trabalho prescrito e o real deveria ser aceita e discutida para gerir racionalmente uma organização. Mas este comportamento demanda a construção de um espaço de discussão coletivo, que pode ameaçar o poder dos gestores no que tange a sua capacidade de concepção e planejamento de trabalho. Desta forma, ao se sentirem também ameaçados, estes gestores apelam para o uso do poder, impondo cada vez mais a mentira instituída, que vai ocupar o espaço deixado pela ausência de pronunciamento dos trabalhadores sobre as condições reais de execução do trabalho.

A situação acima descrita pode ser agravada, caso o gestor em questão tenha uma dose de perversão moral que, quando aliada à questão da hipercompetitividade, pode desencadear a agressão àqueles que, de alguma maneira, representem para o perverso a ameaça ao seu posto e ao seu poder.

A falta de posicionamento dos sindicatos frente às questões ligadas à saúde mental do trabalhador facilita a recusa deliberada de mobilização coletiva face ao sofrimento. A negação do sofrimento alheio é precedido pela negação do próprio sofrimento.

Desta forma, a banalização da injustiça social contribuiria para o não reconhecimento do sofrimento alheio no ambiente de trabalho abrindo espaço para que este tipo de gestor sinta-se à vontade para praticar suas agressões.

A seguir, serão analisados, a partir da teoria dejouriana, os fatores que podem resultar em vivências de prazer e sofrimento nas organizações e como a requalificação do sofrimento no ambiente de trabalho estaria relacionada ao combate da banalização da injustiça social.

Sofrimento e prazer do trabalhador nas organizações

Para Dejours (2006), o sofrimento no trabalho estaria relacionado principalmente às infrações das leis trabalhistas, ao enfrentamento de riscos e ao sentimento de não estar à altura das imposições do trabalho. Ao analisar melhor este sofrimento, podemos resumi-lo em quatro pontos fundamentais:

- O medo da incompetência seria o enfrentamento da defasagem irredutível entre o trabalho prescrito e o real;
- A pressão para trabalhar bem levaria ao constrangimento de executar mal o seu trabalho;
- A falta de esperança de reconhecimento mostra-se decisiva na dinâmica de mobilização subjetiva da inteligência e da personalidade no trabalho (motivação). Do reconhecimento, depende o sentido do sofrimento. O trabalho, somado ao reconhecimento, possibilita a realização do *ego*, o fortalecimento da identidade e, esta, a proteção da nossa saúde mental.
- Sofrimento e defesa seriam estratégias coletivas de defesa marcadas pelas pressões reais do trabalho. Mas a normalidade não implicaria ausência de sofrimento, e sim a utilização de estratégias defensivas, que atuariam como armadilha que insensibiliza contra o que faz sofrer.

Apesar de o sofrimento estar presente nas situações de trabalho, ele é negado pelas organizações políticas e sindicais com o objetivo de ocultação da realidade e de promoção de comportamentos cada vez mais comprometidos com os desafios organizacionais.

Em um contexto de desemprego e injustiça, os que tentam lutar por meio de greves se deparam com duas dificuldades: a inculpação pelos outros (greve de abastados) e a vergonha espontânea de protestar, quando outros são muito mais desfavorecidos (Dejours, 2006).

A intolerância afetiva para com a própria emoção reacional acaba levando o sujeito a abstrair-se do sofrimento alheio por uma atitude de indiferença – logo de intolerância com o que provoca seu sofrimento.

Para Dejours (2006), a banalização do mal é o processo graças ao qual um comportamento excepcional, habitualmente reprimido pela ação e o comportamento da maioria, pode erigir-se em norma de conduta ou mesmo de valor. A tese do autor é a de que o denominador comum a todas as pessoas é o trabalho, e que, a partir da psicodinâmica do trabalho, talvez possamos compreender como a banalização do mal se tornou possível.

Para Dejours (2006), requalificar o sofrimento significa lutar contra o processo de banalização do mal, o qual implica trabalhar em várias direções no ambiente de trabalho e, provavelmente, também na sociedade de uma maneira geral. Dentre elas: desconstruir a distorção comunicacional; desconstruir, cientificamente, a virilidade como mentira; reabilitar a reflexão sobre o medo e o sofrimento no trabalho e rever a, questões ética e filosófica acerca do que seria a coragem destituída de virilidade

A proposta da psicodinâmica do trabalho parte do pressuposto de que os espaços de discussão coletivos funcionam como um meio pelo qual reflexões e descontruções possam tornar-se realidade nas organizações, e como tal, auxiliem na apropriação de uma nova concepção sobre o sofrimento psíquico no trabalho. Além disso, este espaço, ao possibilitar o aparecimento das estratégias de defesa coletivas, proporcionaria uma maior consciência sobre a gestão organizacional e a análise da configuração da realidade poderá, por si só, fortalecer a identidade de cada trabalhador, o que contribuirá para sua saúde mental.

Considerações finais

O objetivo do presente estudo, de caráter exploratório, foi analisar de que forma a banalização da injustiça social contribui para o fenômeno do assédio moral.

A partir do desenvolvimento teórico apresentado neste artigo, partindo das teorias de Dejours (1999) sobre a banalização da injustiça social e das teorias do assédio moral (Hirigoyen, 2002; Heloani, 2003), percebe-se o estabelecimento de uma complementariedade entre os fenômenos na sociedade atual.

Alguns pontos abordados por Dejours (2006) sobre a banalização da injustiça social merecem destaque nas conclusões deste estudo. Dentre eles pode-se citar a negação do sofrimento próprio e alheio, que suporta-se na estratégia coletiva do cinismo viril, na patologia da solidão e estas justificam-se na ideologia do realismo econômico.

Tanto o envolvimento de pessoas do bem, quanto de pessoas com distúrbios psíquicos no fenômeno do assédio moral, estão relacionados e são suportados por uma ideologia que nega a subjetividade humana, nega o sofrimento alheio e impõe uma competitividade entre as pessoas que, de alguma forma, legitima processos agressivos, tal como o assédio moral.

Relevante ainda ressaltar que este trabalho partiu de uma visão societal sobre o sofrimento nas organizações, percebendo a configuração social e histórica do sujeito como determinante na interpretação do fenômeno do assédio moral nas organizações, o qual se estabelece a partir de atitudes e comportamentos dos indivíduos, que devem ser compreendidos como processos intersubjetivos, envolvendo o reconhecimento ou não do outro em sua humanidade, dentro da história (Heloani & Macêdo, 2010).

Sugere-se que outros estudos dentro desta perspectiva, que considerem o assédio moral a partir de questões sociais e políticas, sejam realizados, contribuindo para o esclarecimento e a possível intervenção neste fenômeno.

Referências bibliográficas

Batista, A. S. (2003). Violência "sem sangue" nos locais de trabalho. *Jornal do DIAP.* Recuperado em 05 de março de 2004, de http://www.diap.org.br/scrips/diap2000/impress.asp.noticia.

Barreto, M. M. S. (2000). *Uma jornada de humilhações.* São Paulo. Dissertação de mestrado em Psicologia Social – PUC.

Barreto, M. M. S. (2002). Assédio moral: ato deliberado de humilhação ou uma "política da empresa" para livrar-se de trabalhadores indesejados. *Revista Ser Médico.* São Paulo, ed 20, jul/ago/set. Recuperado em 10 de julho de 2004, de http://ser1.cremesp.org.br/revistasermedico/nova_revista/corpo.php?material=40.

Barreto, M. M. S. (2003). *Assédio moral: acidente invisível que põe em risco a saúde e a vida do trabalhador.* Rio de Janeiro: Sindipetro.

Chauí, M. S. (1980). *Ideologia e Educação. Educação e Sociedade,* 5, 24-40.

Crochik, J. L. (2003). *O desencanto sedutor: a ideologia da racionalidade tecnológica.*

Inter-Ação (2003). *Revista da Faculdade de Educação.* Goiânia: Editora da UFG, *28*(1), 15-35.

Dejours, C. (1992). *A loucura do trabalho: estudo de psicopatologia do trabalho.* São Paulo: Oboré.

Dejours, C. (1994). *Psicodinâmica do trabalho: contribuições da escola dejouriana à análise da relação prazer, sofrimento e trabalho.* São Paulo: Atlas.

Dejours, C. (1999). *Conferências brasileiras: identidade, reconhecimento e transgressão no trabalho.* São Paulo: Fundap.

Dejours, C. (2005). *O fator humano.* Rio de Janeiro: editora FGV.

Dejours, C. (2006). *A banalização da injustiça social.* Rio de Janeiro: editora FGV.

Dejours, C (2008). *Trabalho, tecnologia e organização: avaliação do trabalho submetida a prova do real.* São Paulo: Blucher.

Dejours, C. (2008a). *Da Psicopatologia à psicodinâmica do trabalho.* Lancman, S & Snelwer, L. I. (orgs). Brasília: Paralelo 15.

Dejours, C. & Bègue, F. (2010). *Suicídio e trabalho: o que fazer?* Brasília: Paralelo 15.

Guedes, M. N. (2003). *Terror Psicológico no trabalho.* São Paulo: LTR.

Heloani, J. R. (2003). *Gestão e organização do trabalho globalizado: história de manipulação psicológica do mundo do trabalho.* São Paulo: Atlas.

Heloani. J. R. (2005). *Assédio moral: a dignidade violada.* Aletheia, *22*, 101-108.

Heloani, J. R. & Macêdo, K. B. (2011). *Assédio moral: um problema mundial.* (No prelo)

Hirigoyen, M. F.(1998). *Assédio moral: a violência perversa no cotidiano.* Rio de Janeiro: Bertrand Brasil.

Hirigoyen, M. F. (2002). *Seminário Internacional sobre Assédio Moral no Trabalho.* São Paulo: Anais eletrônicos. Recuperado em 15 de março de 2003, de http://www.assediomoral.org/eventos/seminário.htm.

Nery, D. C. M. S. (2005). *Trabalho Feminino e Trabalho Masculino: Assédio Moral e Representações Sociais.* Dissertação de mestrado em Psicologia Social – PUC-GO.

Souza, R. (2003). Do assédio Moral. Em: A. F. P Alves *et al.* (orgs) *Assédio Moral e Sexual nas Relações de Trabalho* (pp. 123-127).

Zabala, I. P. Y. (2001). *Mobbing: como sobreviver ao assédio psicológico no trabalho.* São Paulo: Loyola.

VÍNCULOS DO TRABALHADOR COM A ORGANIZAÇÃO

9

COMPROMETIMENTO ORGANIZACIONAL: APRIMORAMENTO E EVIDÊNCIAS DE VALIDADE DO MODELO TRIDIMENSIONAL DE MEYER E ALLEN NO CONTEXTO BRASILEIRO

Antonio Virgilio Bittencourt Bastos[1]
Ana Paula Moreno Pinho[1]
Carolina Villa Nova Aguiar[1]
Igor Gomes Menezes[1]

Introdução

Nas últimas três décadas, a consolidada tradição de pesquisa sobre o comprometimento organizacional tem motivado a construção de diversas matrizes conceituais para um melhor entendimento da constituição do fenômeno, ou seja, de sua dimensionalidade. No entanto ainda não foi alcançado um consenso na literatura acerca da estrutura dimensional deste vínculo, o que tem levado à intensificação do debate sobre a sua natureza uni ou multidimensional, ao mesmo tempo em que gera a produção de diferentes medidas para o construto.

A primeira medida de comprometimento organizacional com grande impacto na construção de uma vigorosa linha de pesquisa em âmbito internacional foi o *Organizational Commitment Questionnaire* (OCQ), desenvolvida por Porter, Steers, Mowday e Boulian (1974), consolidada, posteriormente, no seminal trabalho de Mowday, Steers e Porter (1979). Com o OCQ, Mowday *et al.* (1979), preconizaram que o comprometimento organizacional deveria ser avaliado a partir de três aspectos que compõem a noção de identificação: (a) fortes crença e aceitação dos valores e objetivos da organização, (b) o forte desejo de manter o vínculo com a organização e (c) a intenção de se esforçar em prol da organização. Muitos estudos atestam a natureza unidimensional da medida e os ótimos indicadores psicométricos de validade e fidedignidade

---

[1] Universidade Federal da Bahia.

do OCQ (Morrow, 1983; Blau, 1987; Bastos, 1992; Commeiras & Fournier, 2001). Apesar da comprovada qualidade psicométrica do OCQ, a perspectiva unidimensional do comprometimento organizacional passou a ser alvo de alguns questionamentos teóricos, que deram base ao surgimento de novas perspectivas que, por sua vez, fundamentaram o aparecimento dos modelos muldimensionais do construto. Dentre estes modelos, o proposto por Meyer e Allen (1991) teve reconhecido destaque. Para estes autores, processos psicológicos distintos estão na base de dimensões específicas que configuram o comprometimento do trabalhador com a sua organização.

Para a elaboração de seu modelo, Meyer e Allen organizaram, sob um mesmo construto, três importantes vertentes de pesquisa já existentes: a que priorizava a natureza afetiva do vínculo (representada pelo trabalho de Porter, Mowday e Steers, 1979); a que enfatizava a noção de trocas e *side bets* – oriunda dos trabalhos de Becker (1960), Ritzer e Trice (1969) e Hrebiniak e Alutto (1972); e a vertente que encara o vínculo a partir de uma prespectiva de dever ou de obrigação para com a organização, ideia presente nos trabalhos de Kanter (1968) e de O'Reilly e Chatman (1986). Cada uma dessas vertentes estabeleceu as bases conceituais e operacionais de uma das dimensões do que viria a ser denominado de modelo tridimensional do comprometimento organizacional.

As dimensões foram então definidas como componentes, sendo eles:

a) Afetivo (*affective*) – comprometimento como um apego à organização, resultante de experiências anteriores que promovem sensação confortável dentro da organização e competência no trabalho;

b) De continuação (*continuance*), envolvendo a avaliação dos custos associados à saída da organização e que resulta da magnitude do número de investimentos feito pelo empregado na organização e da falta de alternativas no mercado;

c) Normativo (*obligation* ou *normative*), relacionado à adesão às normas e objetivos da organização, a partir de pressões normativas por ele introjetadas, que ocorrem no processo de socialização primário e após a entrada na organização.

Para cada dimensão, os autores propuseram e validaram escalas específicas, que passaram a dominar a pesquisa sobre comprometimento organizacional a partir de década de 1990. Recentemente, no entanto, este modelo passou a ser alvo de questionamentos envolvendo problemas conceituais e empíricos que apontam para a ambiguidade e imprecisão do construto.

Dentre os problemas empíricos, uma primeira fragilidade refere-se às altas correlações encontradas entre as bases afetiva e normativa, sugerindo a possibilidade de sobreposição e colocando em dúvida a real dimensionalidade das escalas deste modelo. Em metanálise conduzida por Meyer, Stanley, Herscovitch e Topolnytsky (2002), a revisão de 54 estudos, que apresentaram os resultados das correlações entre as dimensões do comprometimento, revelou uma média de correlação entre as bases afetiva e normativa de 0,63.

Outra inconsistência empírica que chama a atenção refere-se aos índices de consistência interna alcançados pelas escalas em diferentes localizações geográficas. No que se refere a este ponto, Meyer *et al.* (2002) demonstraram preocupação no que diz respeito à capacidade de generalização do modelo. De fato, comparações realizadas entre os resultados obtidos por estudos norte-americanos e por estudos de outras localidades revelam a significativa perda da confiabilidade no último caso (Bandeira, Marques & Veiga, 1999; Cooper-Hakim & Viswesvaran, 2005; Meyer *et al.*, 2002; Ko *et al.*, 1997; Lee, Allen, Meyer & Rhee, 2001; Medeiros & Enders; 1997).

No Brasil, estudos de validade de construto do modelo tridimensional foram conduzidos por Medeiros e Enders (1998) em empresas do Rio Grande do Norte, sendo encontrados valores de consistência interna abaixo dos valores médios obtidos nas validações realizadas em outras culturas ($\alpha = 0,68$, para a base afetiva; $\alpha = 0,70$, para a base normativa e $\alpha = 0,61$, para a base instrumental). O estudo revelou um baixo percentual de variação total explicada, considerando o conjunto de fatores, além de problemas envolvendo o significado de algumas sentenças quando traduzidas para o português.

Em outra pesquisa realizada por Medeiros, Enders, Sales, Oliveira e Monteiro (1999), com uma amostra de 573 trabalhadores de empresas privadas e servidores públicos do Rio Grande do Norte e pertencentes a organizações de natureza distinta, o modelo tridimensional proposto por Meyer e Allen (1991) apresentou novos problemas. Emergiu uma nova dimensão, denominada "afiliativa", pautada na identificação com o grupo em que trabalha. Os autores apontam para a necessidade de um novo conjunto de itens para melhor equacionar a dimensionalidade das escalas. Finalmente, Medeiros, Albuquerque, Marques e Siqueira (2005), apoiados em um conjunto de itens mais amplo do que os propostos inicialmente pelos autores, desenvolvem uma nova escala em que identifica não apenas três, e sim sete bases de comprometimento. Além das bases afetiva e afiliativa, a base instrumental desdobra-se em três (falta de recompensas e oportunidades; linha consistente de atividade e escassez de alternativas). A base normativa, por sua vez, divide-se em duas – obrigação em permanecer e obrigação pelo desempenho.

Tendo em vista os problemas conceituais e empíricos apresentados pelo modelo tridimensional de Meyer e Allen (1991), no contexto brasileiro, o presente trabalho teve como objetivo aprimorar as escalas propostas por esses autores, revendo e incorporando itens de diversos instrumentos disponíveis na literatura, buscando evidências de validade e consistência das dimensões que compõem o comprometimento organizacional.

Método

O estudo foi delineado, nas suas diferentes etapas, para atender ao objetivo central de aprimorar e reunir evidências sobre a validade das escalas que mensuram os três componentes do modelo proposto por Allen e Meyer (1990) para a investigação do comprometimento organizacional. Para tanto, buscou-se seguir os passos necessários a quaisquer processos de construção e validação de instrumentos de mensuração de fenômenos psicológicos, em uma perspectiva quantitativa (Pasquali, 2010).

Participantes

O instrumento foi aplicado a uma amostra de 721 trabalhadores, de diferentes estados do Brasil, e segmentos produtivos. Do total de sujeitos, 44,7% são do sexo masculino e 55,3%, do sexo feminino. Com relação à escolaridade, 28,1% possuem até o segundo grau completo, 55,6% ingressaram no ensino superior e 16,3% concluíram curso de pós-graduação. Os respondentes, em sua maioria, estão localizados na região Nordeste (82,1%), em empresas privadas (66,0%), atuando no setor de prestação de serviços (30,3%).

Instrumentos

Para o desenvolvimento da medida, em um primeiro momento, foi realizada uma ampla revisão das escalas disponíveis na literatura nacional e internacional sobre comprometimento (Carson & Carson, 2002; Medeiros *et al.*, 2005; Meyer & Allen, 1991; Mowday, Porter & Steers, 1982; O'Reilly & Chatman, 1986; Rego, 2003), avaliando-se os seus indicadores psicométricos e selecionando os melhores itens para fazerem parte da nova escala. No total, foram escolhidos 41 itens: sendo 13 itens para avaliar a dimensão comprometimento organizacional de continuação, 20 itens para avaliar comprometimento organizacional afetivo e 8 itens para mensurar comprometimento organizacional normativo. Como técnica de escalonamento, foi utilizada a escala Likert de 6 pontos, variando de 1 (discordo totalmente) a 6 (concordo totalmente).

Procedimentos para coleta de dados

Foram utilizados três diferentes procedimentos de coleta de dados: autoaplicação do questionário em versão digital (via *internet*), impressa e, ainda, aplicação sob a forma de entrevista (para trabalhadores de menor escolaridade). Para a distribuição dos questionários autoaplicáveis, utilizou-se uma rede de contatos de trabalhadores de diferentes organizações e estados. No caso da coleta com trabalhadores de baixa escolaridade, as entrevistas foram realizadas em cursos técnicos noturnos e em organizações que dispusessem desse segmento de trabalhadores. Todos os participantes foram apresentados aos objetivos da pesquisa e assinaram um termo de consentimento livre e esclarecido, no qual o sigilo das respostas individuais foi assegurado. Os dados foram coletados em sua maioria na versão impressa do instrumento (86,3%), seguida pela entrevista (7,6%) e versão digital (6,1%).

Procedimentos para análise de dados

Para o estudo da validade de construto da medida os dados foram submetidos à análise fatorial exploratória, com método de extração PAF (*principal axis factoring*) e rotação oblíqua do tipo *Promax*. Com base nos resultados da análise fatorial exploratória, empregou-se a modelagem de equações estruturais como técnica de análise fatorial confirmatória. Observou-se a razão do qui-quadrado com os graus de liberdade e foram calculados os índices de aderência do modelo: *Comparative fit index* (CFI), *Goodness-of-fit index* (GFI) e *Adjusted goodness-of-fit index* (AGFI), que, quanto mais próximos de 1,0, representam uma melhor qualidade de ajuste do modelo (Silva, 2006) Finalmente, calculou-se o *Root mean square error of approximation* (RMSEA), sendo os valores abaixo de 0,10 considerados aceitáveis. Finalmente, foi calculado o coeficiente Alpha de Cronbach para cada dimensão, sendo considerados aceitáveis valores a partir de 0,70 e de alta confiabilidade os índices a partir de 0,80, conforme recomendações de Hair, Anderson, Tatham e Black (2005).

Resultados

O teste de adequação da amostra, KMO, resultou em um valor de 0,925, que indica alta adequação. Para a seleção dos fatores, embora o critério da raiz latente (*eigenvalues*) apontasse nove fatores com valores de *eigenvalues* acima de 1, o teste *scree* sugere claramente que três fatores respondem por uma parte significativa da variância explicada, a qual perfez um total acumulado de 40,193. Por fim, examinou-se a saturação item-fator após a rotação *Promax*, verificando-se que a melhor estrutura fatorial para os dados se coadunava com a disposição teórica definida *a priori*.

Para a exclusão de itens, foram seguidos os critérios de qualidade psicométrica, além da avaliação dos enunciados e conteúdos expressos dos itens, sendo retirados aqueles considerados pouco claros ou redundantes, ou com cargas fatoriais inferiores a 0,40. Esta etapa resultou numa escala composta por 23 itens, conforme apresentado na Tabela 1.

Tabela 1 - Itens selecionados de Comprometimento Organizacional e suas cargas fatoriais

Itens	Fatores			
	Afetiva	Instrumental	Normativa	h^2
A13 – Eu me sinto orgulhoso dizendo às pessoas que sou parte da organização onde trabalho.	,824			,604
A17 – Eu realmente me interesso pelo destino da organização onde trabalho.	,762			,440
A11 – Conversando com amigos, eu sempre me refiro a essa organização como uma grande instituição para a qual é ótimo trabalhar.	,732			,516
A05 – Essa organização tem um imenso significado pessoal para mim.	,638			,496
A12 – Eu acho que os meus valores são muito similares aos valores defendidos pela organização onde trabalho.	,637			,435
A07 – Sinto que existe uma forte ligação afetiva entre mim e minha organização.	,622			,560
A08 – Sinto os objetivos de minha organização como se fossem os meus.	,571			,398
A14 – A organização em que trabalho realmente inspira o melhor em mim para meu progresso no desempenho do trabalho.	,547			,432
A06 – Eu não me sinto emocionalmente vinculado a essa organização.	,539			,235
A01 – Eu realmente sinto os problemas dessa organização como se fossem meus.	,518			,399
I03 – Deixar essa organização agora exigiria consideráveis sacrifícios pessoais		,704		,476

I08 – Não abandono essa organização devido às perdas que me prejudicariam.	,692		,426
I07 – Muitas coisas em minha vida ficariam complicadas se eu decidisse sair dessa organização agora.	,622		,354
I05 – Mesmo se eu quisesse, seria muito difícil para mim deixar essa organização agora.	,574		,474
I02 – Seria muito custoso, para mim, trocar de organização.	,566		383
I04 – Para mim, os custos de deixar essa organização seriam maiores que os benefícios.	,507		,299
I12 – Mantenho-me nessa organização porque sinto que não conseguiria facilmente entrar em outra organização.	,484		,248
I10 – Eu acho que teria poucas alternativas de emprego se deixasse essa organização.	,466		,253
N05 – Eu não deixaria essa organização agora porque eu tenho uma obrigação moral com as pessoas daqui.		,682	,408
N08 – Se recebesse uma oferta de melhor emprego, não seria correto deixar essa organização.		,611	,457
N07 – Sinto-me em dívida para com essa organização.		,598	,297
N02 – Mesmo se fosse vantagem para mim, eu sinto que não seria certo deixar essa organização agora.		,563	,452
N03 – Eu me sentiria culpado se deixasse essa organização agora.		,559	,410
Alpha de Cronbach	0,88	0,80	0,76
Eigenvalue	6,70	2,94	1,56
% variância explicada	29,14	12,77	6,80

Dos dez itens que permaneceram para avaliar o comprometimento afetivo, cinco são oriundos da escala de Mowday *et al.* (1982), mostrando a força do OCQ para a avaliação desta dimensão do comprometimento. Dois itens são das escalas de Meyer e Allen (1991, 1993) e dois foram propostos por Rego (2003). Para a mensuração do comprometimento de continuação, dois itens vieram da escala de Carson e Carson (2002), dois de Powell e Meyer (2004), um de Meyer e Allen (1991) e dois de Rego (2003). Para esta dimensão, como se constata, nenhum dos itens originais da escala proposta por Meyer e Allen (1991) permaneceram entre aqueles como melhores indicadores psicométricos. Finalmente, os cinco itens que permaneceram para avaliar o comprometimento normativo, três são da versão original de Meyer *et al.* (1993) e dois da escala validada por Rego (2003).

Estas informações são importantes por indicarem que versões mais atuais do modelo inicialmente proposto por Meyer e Allen (1991) produziram itens que se revelaram mais adequados para a realidade brasileira, algo congruente com os problemas de confiabilidade encontrados nas tentativas de validação da versão original da escala no Brasil. Medeiros e Enders (1998) obtiveram índices de confiabilidade de 0,68, 0,62 e 0,70 para as dimensões afetiva, de continuação e normativa, índices bem inferiores aos encontrados neste estudo.

A partir dos resultados da análise fatorial exploratória, foi realizada uma análise fatorial confirmatória com os 23 itens. O primeiro passo foi especificar um modelo não-recursivo de mensuração, sendo investigadas as relações recíprocas entre as três dimensões.

Com base nas cargas fatoriais obtidas, nos índices de modificação *post hoc* e na teoria que envolve o construto, foram realizadas as seguintes reespecificações no modelo: a) retirada do item (I05), justificada pelo fato de haver uma covariância significativa entre ele e um item da base afetiva, o que poderia prejudicar a validade descriminante entre as bases; b) inserção de parâmetro entre os itens (A02 e A08), baseada nos seus conteúdos bastante similares, o que sustenta a associação entre eles; e, c) inserção de parâmetro entre os itens I04 e I02 por trazerem ideias muito similares.

O qui-quadrado deste modelo reespecificado foi $c^2 = 668,412$ (p < 0,001) e a razão $c^2/gl = 3,261$, valor que demonstra um bom ajuste entre os dados observados e estimados para o modelo. Além disso, os índices CFI, GFI e AGFI encontram-se superiores a 0,90 e o RMSEA, abaixo de 0,10. Na Tabela 2, estão dispostas as medidas de ajuste do modelo. Todos os demais índices de ajuste foram satisfatórios, com todos os valores dentro dos intervalos recomendados (Silva, 2006).

Tabela 2 - Medidas de ajuste do modelo de mensuração do Comprometimento Organizacional

Medidas de ajuste	Valores	Parâmetro
χ^2	668,412	p<0,001
Gl	205	
χ^2/gl	3,261	Abaixo de 5,0

Medidas de ajuste	Valores	Parâmetro
Comparative fit índex (CFI)	,915	Acima de 0,90
Goodness-of-fit índex (GFI)	,922	Acima de 0,90
Adjusted goodness-of-fit index (AGFI)	,903	Acima de 0,90
Root mean square error of approximation (RMSEA)	,054	Abaixo de 1,0

Em consonância com os resultados obtidos na análise exploratória e com estudos anteriores (Cooper-Hakim & Viswesvaran, 2005; Meyer & Allen, 1997; Meyer *et al.*, 2002), as dimensões afetiva e normativa do comprometimento apresentaram uma alta correlação. Apesar de relativamente forte, a correlação encontrada não é suficiente para indicar a sobreposição entre as duas dimensões. Ainda de forma similar à análise exploratória, os fatores normativo e de continuação apresentaram correlação moderada. A figura 1 apresenta o modelo final de mensuração do comprometimento organizacional.

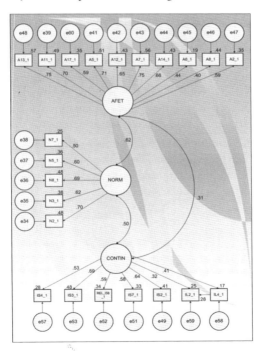

Figura 1 - Modelo de Mensuração do Comprometimento Organizacional (coeficientes padronizados)

Considerando as correlações entre as três variáveis latentes, testou-se, em um modelo estrutural de segunda ordem, a existência de um construto comprometimento organizacional geral. Para o modelo de segunda ordem, foram adotadas todas as modificações previamente adotadas no primeiro modelo de mensuração. Os índices de aderência sustentam o bom ajuste do modelo, conforme apresentado na Tabela 3.

Tabela 3 - Medidas de ajuste do modelo estrutural de Comprometimento Organizacional

Medidas de ajuste	Valores	Parâmetro
χ^2	668,412	p<0,001
Gl	205	
χ^2 /gl	3,261	Abaixo de 5,0
Comparative fit índex (CFI)	,909	Acima de 0,90
Goodness-of-fit índex (GFI)	,919	Acima de 0,90
Adjusted goodness-of-fit index (AGFI)	,900	Acima de 0,90
Root mean square error of approximation (RMSEA)	,054	Abaixo de 1,0

O modelo estrutural de segunda ordem, apresentado na Figura 2, revela a existência deste construto mais geral, do qual as três medidas podem ser consideradas dimensões componentes. As relações encontradas entre os fatores de primeira ordem com o fator de segunda ordem foram de 0,80, 0,87 e 0,52 para as bases afetiva, normativa e de continuação, respectivamente.

O modelo estrutural de segunda ordem demonstrou que a variável Comprometimento Organizacional explica significativamente as três variáveis latentes de primeira ordem, o que adiciona evidência importante ao modelo tridimensional deste construto.

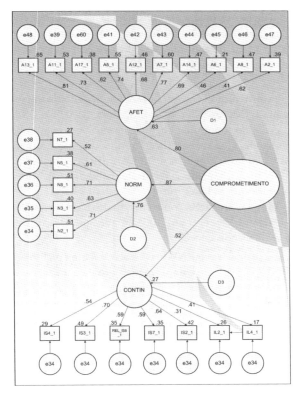

Figura 2 - Modelo estrutural de segunda ordem do Comprometimento Organizacional (coeficientes padronizados)

A especificação de um modelo de segunda ordem, no qual as três bases seriam explicadas por um construto em comum – comprometimento organizacional –, apresentou índices similares aos alcançados pelo modelo de mensuração. Apesar de muito próximos, o modelo estrutural (de 2ª ordem) pode ser considerado mais parcimonioso, sendo capaz de obter uma solução igualmente satisfatória utilizando uma quantidade menor de parâmetros (ou seja, mais simples).

Em comparação à medida original do comprometimento proposta por Meyer e Allen (1991) e traduzida em diferentes países, a medida validada no presente estudo apresenta propriedades psicométricas mais adequadas. Uma análise de estudos conduzidos na América do Norte mostra que a média de índices de confiabilidade para as bases afetiva, normativa e de continuação giram em torno de .80, .70 e .75, respectivamente. Em pesquisas realizadas fora da América do Norte, observa-se consistência nas médias de confiabilidade dos componentes afetivo (.80) e normativo (.74), e uma queda significativa (.65) em relação à base de continuação (Allen & Meyer, 1990; Meyer *et al.*, 2002; Cooper-Hakim & Viswesvaran, 2005; Ko *et al.*, 1997; Medeiros & Enders, 1998).

Da mesma forma como encontrado em estudos anteriores conduzidos no exterior e no Brasil (Meyer, Allen & Smith, 1993; Medeiros, 1998, Siqueira, 1995), a base afetiva do comprometimento continua sendo a que obtém maiores índices de confiabilidade. A escala de comprometimento normativo, mesmo integrada por cinco itens, também manteve o padrão observado em estudos anteriores, com uma sutil melhoria da sua confiabilidade. Adicionalmente, os resultados indicam que as bases normativa e afetiva deixaram de apresentar níveis tão elevados de correlação, como encontrado na meta-análise conduzida por Cooper-Hakim e Viswesvaran (2005) e que apontavam para uma clara sobreposição entre os dois conceitos.

Seguindo o padrão das outras duas escalas, há uma melhora significativa da confiabilidade da escala de comprometimento de continuação, sendo este um dos resultados mais significativos, considerando-se as versões anteriores utilizadas no Brasil.

Após a retirada do item do comprometimento de continuação e a inserção de dois parâmetros recomendados pelos índices de modificação e justificados pela teoria, as medidas de aderência do modelo tornaram-se bastante satisfatórias, todas elas alcançando valores nos intervalos recomendados para um bom ajuste (Silva, 2006), o que sugere uma boa qualidade das escalas.

Apesar dos índices de ajuste indicarem a adequação do modelo trifatorial do comprometimento organizacional, merece atenção o fato de a base de continuação ter apenas 27% da sua variância explicada pelo comprometimento organizacional, enquanto as bases afetiva e normativa apresentam, respectivamente, 63% e 76%, conforme apresentado na Figura 2.

Conclusões

Embora o modelo tridimensional proposto por Meyer e Allen (1991) venha sendo questionado por diversos pesquisadores da área, o presente estudo oferece, para o contexto brasileiro, medidas das três bases que são mais claramente definidas e que apresentam melhores indicadores de confiabilidade do que as escalas disponíveis até então. Além disso, preenche uma lacuna, já sinalizada em estudos anteriores, acerca da pertinência da manutenção da base calculativa/continuação como integrante do construto de comprometimento organizacional (Cooper-Hakim & Viswesvaran, 2005; Solinger *et al.*, 2008). Sobre essa questão, os resultados obtidos neste trabalho indicam a validade do comprometimento organizacional como um construto tridimensional, sendo legítima, portanto, a permanência dessa base.

Esse estudo disponibiliza uma escala mais confiável, com propriedades psicométricas bastante satisfatórias, preenchendo uma lacuna na agenda de pesquisa sobre comprometimento organizacional no Brasil. O significativo aprimoramento das escalas é uma importante contribuição para possíveis estudos futuros que busquem solucionar os problemas conceituais e empíricos ainda em discussão sobre a dimensionalidade do construto comprometimento organizacional.

Referências bibliográficas

Allen, N. J. & Meyer, J. P. (1990). The measurement and antecedents of affective, continuance and normative commitment to the organization. *Journal of Occupational Psychology*, 63, 118.

Bastos, A. V. B. (1992). Medidas de comprometimento no contexto de trabalho: um estudo preliminar de validade discriminante. *Psico*, 24(2), 29-48.

Becker, H. S. (1960). Notes on the concept of commitment. *The American Journal of Sociology*, 66, 32-40.

Blau, G. J. (1987). Using a person-environment fit model to predict job involvement and organizational commitment. *Journal of Vocational Psychology*, 30, 240-257.

Carson, K. D. & Carson, P. P. (2002). Differential relationships associated with two distinct dimensions of continuance commitment. *International Journal of Organization Theory and Behavior*, 5(3-4), 359-381.

Commeiras, N. & Fournier, C. (2001). Critical evaluations of Porter et al.'s organizacional commitment questionnaire: implications for researchers. *Journal of Personal Selling & Sale Management*, 21, 239-245.

Cooper-Hakim, A. & Viswesvaran, C. (2005). The construct of work commitment: testing an integrative framework. *Psychological Bulletin*, 131(2), 241-259.

Culpepper, R. (2000). A Test of Revised Scales for the Meyer and Allen (1991) Three-Component Commitment Construct. *Educational and Psychological Measurement*, 60, 604-616.

Dunham, R. B., Grube, J. A. & Castaneda, M. B. (1994). Organizational commitment: the utility of an integrated definition. *Journal of Applied Psychology*, 79, 378.

Hair Jr., J. F., Anderson, R. E., Tatham, R. L. & Black, W. C. (2005). *Análise multivariada de dados*. Bookman: Porto Alegre.

Hrebiniak, L. G. & Alutto, J. A. (1972). Personal and role-related factors in the development of organizational commitment. *Administrative Science Quarterly*, 17, 555-573.

Kanter, R. M. (1968). Commitment and social organization: A study of commitment mechanisms in utopian communities. *American Sociological Review*, 33, 499-517.

Ko, J. W., Price, J. L. & Mueller, C. W. (1997). Assessment of Meyer and Allen's Three-Component Model of Organizational Commitment in South Korea. *Journal of Applied Psychology*, 82, 961-973.

Mathieu, J. E. & Zajac, D. M. (1990). A review and meta-analysis of the antecedents, correlates, and consequences of organizational commitment. *Psychologicol Bulletin, 108*(2), 171-194.

McGee, G., & Ford, R. (1987). Two (or more?) dimensions of organizational commitment: reexamination of the affective and continuance commitment scales. *Journal of Applied Psychology, 72,* 638-642.

Medeiros, C. A .F. & Enders, W. T. (1998). Validação do Modelo de Conceitualização de Três Componentes do Comprometimento Organizacional de Meyer e Allen. *Revista de Administração Contemporânea, 2*(3).

Medeiros, C. A., Enders, W. T., Sales, I. de O., Oliveira, L. F. & Monteiro, T. C. de C. (1999). Três (ou quatro?) componentes do comprometimento organizacional. In: ENANPAD 99,23, Foz do Iguaçu. Anais. Foz do Iguaçu: ANPAD, 1999. CD-ROM.

Medeiros, C. A. F., Albuquerque, L. G., Marques, G. M. & Siqueira, M. (2005). Um estudo exploratório dos múltiplos componentes do comprometimento organizacional. *Revista Eletrônica de Administração, 11*(1), 1-22.

Meyer, J. P. & Allen, N. J. (1984). Testing the side-bet theory of organizational commitment: some methodological considerations. *Journal of Applied Psychology, 69,* 372-378.

Meyer, J. P. & Allen, N. J. (1991). A three-component conceptualization of organizational commitment. *Human Resource Management Review*. 1, 61-89.

Meyer, J. P. & Allen, N. J. (1997). *Commitment in the workplace: theory, research and application.* Thousand Oaks: Sage Publications.

Meyer, J. P., Stanley, J. D., Herscovitch, L. & Topolnytsky, L. (2002). Affective, Continuance, and Normative Commitment to the Organization: A Meta-analysis of Antecedents, Correlates, and Consequences. *Journal of Vocational Behavior, 61,* 20-52.

Meyer, J. P., Allen, N. J. & Smith, C. A. (1993). Commitment to organizations and occupations: extension and test of a three-component conceptualization. *Journal of Applied Psychology, 78*(4), 538-551.

Morrow, P. C. (1983). Concept redundancy in organizational research: the case of work commitment. *Academy of Management Review*, 8, 486-500.

Mowday, R. T., Porter, L. W. & Steers, R. M. (1982). *Employee-organization linkages: the psychology of commitment, absenteeism, and turnover.* New York: Academic Press.

Mowday, R. T., Steers, R. M. & Porter, L. W. (1979). The measurement of organizational commitment. *Journal of Vocational Behavior, 14,* 224-247.

Mowday, R. T. (1998). Reflections on the study and relevance of organizational commitment. *Human Resource Management Review*, 8(4), 387-401.

O'Reilly III, C. & Chatman, J. (1986). Organizational commitment and psychological attachment: the effects of compliance, identification, and internalization on prosocial behavior. *Journal of Applied Psychological*, 71(3), 492-99.

Pasquali, L. (2010). *Instrumentação psicológica: fundamentos e práticas*. Porto Alegre: ARTMED.

Porter, L. W., Steers, R. M., Mowday, R. T. & Boulian, P. V. (1974). Organizational commitment, job satisfaction, and turnover among psychiatric technicians. *Journal of Applied Psychology*, 5, 603-609.

Powell, D. M. & Meyer, J. P. (2004). Side-bet theory and the three-component model of organizational commitment. *Journal of Vocational Behavior*, 65, 157-177.

Rego, A. (2003). Climas de Justiça e Comprometimento Organizacional. *Revista RPOT*, 3(1), 27-60.

Ritzer, G. & Trice, H. M. (1969). An empirical study of Howard Becker's side-bet theory. *Social Forces*, 47, 475-479.

Silva, J. S. F. (2006). *Modelagem de equações estruturais: apresentação de uma metodologia*. Dissertação (Mestrado em Engenharia de Produção) – Universidade Federal do Rio Grande do Sul, Porto Alegre, RS.

Siqueira, M. M. M. (1995). *Antecedentes de comportamentos de cidadania organizacional: a análise de um modelo pós-cognitivo*. Tese (Doutorado em Psicologia) – Instituto de Psicologia, Universidade de Brasília, Brasília.

Siqueira, M. M. M. (2001). Comprometimento organizacional afetivo, calculativo e normativo: Evidências acerca da validade discriminante de três medidas brasileiras [CD]. In *Anais, 25. Encontro da ANPAD*, 2001, Campinas, SP. 1 CD.

Solinger, O. N., Olffen, W. & Roe, R. A. (2008). Beyond the three-component model of organizational commitment. *Journal of Applied Psychology*, 93(1), 70-83.

10

Entrincheiramento organizacional: proposta de um novo vínculo indivíduo-organização

Ana Carolina de Aguiar Rodrigues[1,2]
Antonio Virgilio Bittencourt Bastos[1]

Introdução

Há aproximadamente cinquenta anos, a necessidade de reter trabalhadores nas organizações e o interesse em compreender as razões para sua permanência estimularam os estudos sobre vínculos no trabalho e, especialmente, sobre o comprometimento organizacional. Ao longo do tempo, entretanto, novas transformações reduziram a garantia de estabilidade no emprego, especialmente no setor privado. A expectativa de permanência dos trabalhadores, embora ainda presente nas organizações para determinados segmentos profissionais, passou a ser coadjuvante de um interesse maior por desempenho, entregas de qualidade, competências e engajamento (Barros, 2007). Diante deste novo interesse, os trabalhadores que permanecem passaram a ser separados entre aqueles que contribuem ativamente e aqueles que apresentam comportamentos mais passivos, nem sempre ligados a maior produtividade e aos resultados esperados pela organização.

Ainda que, por muito tempo, a permanência dos trabalhadores tenha sido atribuída ao seu comprometimento com a organização (Mowday *et al.*, 1982), estudos atuais têm questionado se o critério da permanência deve ser central no conceito de comprometimento (Klein *et al.*, 2009, Rodrigues & Bastos, no prelo). Não só profissionais e gestores discordam de que a permanência seja um requisito para um trabalhador comprometido, como tal definição confunde o comprometimento com uma – entre tantas – de suas possíveis consequências. Além disso, entende-se que o trabalhador continue na organização por diferentes

---

[1] UFBA – Universidade Federal da Bahia.

[2] Uninove – Universidade Nove de Julho/SP.

razões, consideradas separadamente ou em conjunto: necessidade financeira, garantias de estabilidade, interesse nos retornos materiais, identificação com normas e valores organizacionais, envolvimento com o trabalho ou com a equipe, sentimento de dever, falta de alternativas no mercado, entre outros.

Dessa forma, espera-se que, quando a permanência for consequência do comprometimento, o trabalhador comprometido apresente, além de sua continuidade, outros comportamentos desejáveis para a organização. Embora essa acepção seja aceita por muitos estudiosos, não está claro, ainda, que tipo de vínculo estaria estabelecido com a organização no caso de um trabalhador que permanece sem comprometimento. Estaria esse trabalhador entrincheirado?

O desenvolvimento do construto de entrincheiramento organizacional foi impulsionado, inicialmente, pelos esforços em aprimorar e aumentar a precisão do conceito de comprometimento organizacional. Investigações anteriores, com enfoque na carreira, verificaram sobreposição entre o entrincheiramento e uma dimensão do comprometimento voltada para explicar a permanência do trabalhador, devido a sacrifícios pessoais associados à saída e à limitação de alternativas – a base instrumental ou de continuação (Meyer & Allen, 1991).

O objetivo deste ensaio é apresentar o quadro teórico do entrincheiramento com enfoque na organização, discutindo sua origem no campo das carreiras, sua estrutura conceitual, a forma como se desenvolve e as possíveis implicações para as organizações e para pesquisas futuras sobre vínculos no trabalho.

Entrincheiramento na carreira

Os primeiros estudos sobre o vínculo de entrincheiramento tiveram enfoque na carreira (Carson et al., 1995), estimulados pelas mudanças nas expectativas de crescimento profissional, pela instabilidade nas relações de trabalho e pela maior frequência na alteração dos planos de carreira somada à menor flexibilidade para a transição de ocupações. Essa impossibilidade ou não intencionalidade de procurar alternativas foi denominada entrincheiramento na carreira: tendência de um indivíduo a permanecer em sua profissão devido aos investimentos feitos, aos custos emocionais ligados à mudança e à percepção de poucas alternativas fora de seu campo de atuação.

Sua dinâmica é explicada a partir da escolha da profissão, feita com base nas preferências individuais e na estimativa de oportunidades de carreira, e de sua avaliação como instrumento de alcance das metas e necessidades pessoais (Carson & Carson, 1997). Nesse sentido, à medida em que o profissional faz investimentos em sua carreira, avalia-a como instrumento de alcance de seus objetivos. Tal avaliação pode levar a reinvestimentos, à tentativa de preservação psicológica, por meio de justificativas do que foi investido, ou à busca de uma nova carreira, que poderá ser inviabilizada pela percepção de poucas alternativas. Segundo os autores, o indivíduo que chega a esse ponto está entrincheirado.

Os sintomas e efeitos do entrincheiramento vêm sendo estudados a fim de explicar as consequências para os indivíduos e organizações (Carson & Carson, 1997). Dentre os fatores que contribuem para que um trabalhador entrincheirado permaneça na sua carreira, estão o receio do estigma associado ao seu afastamento, a resistência a desistir do *status* alcançado, o medo da limitação de empregabilidade e o ceticismo acerca dos ganhos financeiros após o afastamento (Kanter, 1989, citado por Carson *et al.*, 1995).

O conceito de entrincheiramento na carreira é construído com base, principalmente, na noção de investimentos e persistência em um curso de ação (no caso, permanecer na carreira), aspectos abordados por Becker (1960) em sua teoria sobre os *side bets*. Carson *et al.* (1995) propuseram três dimensões para o construto:

1. *investimentos na carreira*: dizem respeito aos investimentos acumulados, como dinheiro, esforço e tempo dedicado ao alcance de melhores posições, entre outros que poderiam ser perdidos na busca de alternativas;
2. *custos emocionais*: referem-se aos custos associados à mudança, como interrupção de relacionamentos interpessoais, ocasionada pelo afastamento dos colegas, redução de contatos no campo de atuação e perda de reconhecimento social, devido à renúncia do papel e *status* profissional alcançado;
3. *limitação das alternativas*: percepção de poucas oportunidades fora da carreira, devido, principalmente, à especificidade dos conhecimentos desenvolvidos e à idade do profissional. É possível que, ao ingressar na carreira, o trabalhador desloque seu foco para o seu campo de atuação, o que pode causar, com o tempo, a sensação de restrição de oportunidades.

Apesar de ter sido desenvolvido um modelo tridimensional, Blau (2001a, 2001b) observou que a dimensão "custos emocionais" apresenta itens pouco precisos, sendo composta por aspectos que se aproximam da dimensão "investimentos na carreira" (relacionamento interpessoal e reconhecimento social). Por serem ambas pautadas na teoria dos *side bets* de Becker (1960), o autor propõe que esses fatores sejam combinados em uma única dimensão, denominando-a "custos acumulados".

Uma importante investigação, relacionando modelos de entrincheiramento a diferentes variáveis, foi conduzida por Carson, Carson, Phillips e Roe (1996). Foram contemplados 476 sujeitos de grupos diversos (professores, veterinários, engenheiros, enfermeiros, entre outros) e incluídas como variáveis o comprometimento com a carreira, a satisfação com a carreira e com o trabalho, o comprometimento organizacional de continuação, o comprometimento organizacional afetivo e a intenção de afastamento da carreira. Foram encontrados quatro perfis de entrincheiramento: entrincheirados (aprisionados insatisfeitos e imóveis satisfeitos) e não-entrincheirados (pessoas que mudam de carreira e pessoas que permanecem voluntariamente). Conforme previsto na teoria, os grupos de profissionais entrincheirados apresentaram maiores níveis de comprometimento de continuação, menor intenção de afastamento e maior estabilidade na carreira em comparação a indivíduos não entrincheirados. Os autores apontam para a necessidade de investigar a relação entre o entrincheiramento e outras variáveis, a exemplo do desempenho, como forma de alcançar uma maior compreensão do construto.

No Brasil, Magalhães (2005) estudou a relação entre comprometimento com a carreira, o entrincheiramento e a generatividade (envolvimento do indivíduo com o bem-estar das próximas gerações e desejo de ser lembrado pelas atividades desenvolvidas). As análises conduzidas indicaram que o entrincheiramento se relacionou negativamente com a generatividade, enquanto que o comprometimento apresentou relação positiva com essa variável. É possível supor que indivíduos entrincheirados, presos a suas carreiras por necessidade, não estejam tão preocupados com sua produtividade, nem engajados na possibilidade de contribuir, por meio de seu trabalho, com as gerações futuras. Tal interpretação é condizente com os achados de Scheible *et al.* (2007). Os autores analisaram as relações entre os dois vínculos com a carreira – entrincheiramento e comprometimento (Meyer *et al.* 1993) – e o desempenho de 217 trabalhadores em uma empresa de tecnologia da informação. Foram encontradas relações significativas e negativas entre o entrincheiramento e o desempenho, e entre o comprometimento de continuação e o desempenho, tanto na autoavaliação do trabalhador como na avaliação do superior imediato. Uma explicação possível : o trabalhador entrincheirado em sua carreira não se relaciona com suas atividades de maneira a buscar destaque ou melhores resultados, o que gera desempenhos inferiores. A falta de envolvimento com as metas do grupo e menor interesse em contribuir são congruentes com os menores níveis de generatividade, ligados ao entrincheiramento, conforme assinalado por Magalhães (2005) e Magalhães e Gomes (2005).

Conquanto os resultados de estudos apresentados até aqui apontem para uma relação do entrincheiramento na carreira com comportamentos indesejáveis, Carson e Carson (1997) supõem que, mesmo entrincheirado, o profissional poderia sentir-se satisfeito, o que geraria novos investimentos e comportamentos desejáveis. Sendo assim, poder-se-ia dizer que o vínculo de entrincheiramento não é exclusivo ou excludente, mas pode vir acompanhado de outras formas de relacionamento entre o indivíduo e sua carreira.

Tal suposição foi transportada, também, para o modelo teórico do entrincheiramento com enfoque na organização, apresentado a seguir.

O conceito de entrincheiramento na organização

As primeiras investigações empíricas sobre o entrincheiramento foram promovidas após a definição e operacionalização do construto por Carson *et al.* (1995), com enfoque na carreira. Contudo um exame da literatura produzida nos estudos organizacionais indica que o termo já havia sido discutido teoricamente há mais de vinte anos. Nesta seção, são revisados os trabalhos que forneceram a base teórica do entrincheiramento com enfoque na organização e, em seguida, é apresentada a definição do vínculo.

A origem do conceito "entrincheiramento" nos estudos de comprometimento

O termo "entrincheiramento" com foco na organização aparece no livro publicado por Mowday *et al.* (1982), treze anos antes da proposição do construto com foco na carreira por Carson *et al.* (1995). Embora as equipes de K. Carson, R. Mowday e H. Becker não tenham feito referência entre si, ao falar sobre entrincheiramento, nota-se que a lógica permeadora do conceito nos dois enfoques é, essencialmente, a mesma.

O título de entrincheiramento, cuja origem não é explicitada, é atribuído por Mowday *et al.* (1982) à terceira e última fase de desenvolvimento do comprometimento, em que o empregado continuaria comprometido com a organização após os momentos de antecipação – impacto das experiências anteriores e expectativas dos empregados em seu comprometimento – e iniciação – características da organização e do emprego que influenciariam o comprometimento. Interessante notar que o entrincheiramento é definido como a *continuação* do comprometimento, o que remete ao comprometimento de *continuação*, visto que ambos referem-se à permanência do trabalhador na organização empregadora.

Os autores iniciam dizendo que, conforme reportado por pesquisas empíricas anteriores, o tempo de trabalho na organização é um dos principais preditores do comprometimento. Assim, com o passar do tempo, o indivíduo tenderia a aumentar o seu comprometimento, cuja continuidade seria denominada "entrincheiramento". Os autores apresentam cinco motivos pelos quais o tempo de emprego influenciaria o entrincheiramento do trabalhador:

1. o alcance de melhores posições no trabalho exige tempo. Quanto mais tempo na organização, maior a probabilidade de o empregado alcançar níveis hierárquicos e atribuições mais desafiadoras, além de recompensas extrínsecas mais significativas;

2. os investimentos feitos pelo empregado na organização não param, o que resulta em um maior número de investimentos acumulados na medida em que aumenta o tempo. Quanto maior o investimento de tempo e energia do trabalhador, maior a dificuldade de deixar a organização voluntariamente. Mowday *et al.* (1982) citam como exceção profissionais que ingressam em empresas com a intenção de passar o tempo suficiente para adquirir experiência e buscar melhores posições no mercado;

3. o tempo de serviço é um fator decisivo para o envolvimento social do trabalhador na organização e na comunidade. As redes sociais formadas com os colegas de trabalho parecem ameaçadas quando surge a oportunidade de mudar de emprego, o que faz o indivíduo avaliar se realmente está disposto a abrir mão de seus contatos sociais atuais;

4. a mobilidade do trabalhador é reduzida com o passar do tempo, o que pode resultar na percepção de poucas alternativas de emprego. Dois motivos principais são citados: a idade mais avançada, que é um fator restritivo para o emprego em muitas organizações, e a especificidade dos papeis e habilidades desenvolvidos na organização atual, o que os torna menos transferíveis para outras realidades;

5. o tempo de trabalho está associado à percepção de custos ao longo da vida, especialmente quando o trabalhador atinge a senioridade e percebe que algumas de suas aspirações não poderão ser alcançadas. É possível que, ao longo de anos, o investimento em seu emprego atual tenha exigido sacrifícios nos momentos de lazer com a família, *hobbies*, projetos de desenvolvimento profissional e acadêmico, entre outros. Para justificar tais sacrifícios, o indivíduo mantém atitudes positivas frente à organização, racionalizando suas decisões a fim de priorizar certos objetivos em detrimento de outros.

Ao confrontá-los com a teoria de Becker (1960), esses fatores poderiam ser chamados *side bets*. Proposta inicialmente para conceituar o comprometimento, essa teoria está na base de formação do construto de entrincheiramento. Na tradução para o português, *bet* significa "aposta", e *side* significa "lado". Assim, o indivíduo que aposta em determinado objetivo deve seguir um lado, uma direção consistente, uma lógica contínua de comportamento, restringindo as atividades que venham de encontro a esse objetivo inicial. Segundo o autor, a fim de atingir metas e satisfação de necessidades pessoais, o indivíduo se insere em linhas consistentes de ação, o que implica na rejeição de alternativas plausíveis, ainda que isso nem sempre seja feito de modo deliberado. Retomando Mowday *et al.* (1982), uma vez que o indivíduo já realizou investimentos e sacrifícios em prol do seu emprego em certa organização, deixá-la seria um comportamento incongruente com a linha de ação seguida até ali.

O comprometimento, para Becker (1960), pode ser resultado de decisões conscientes ou de desenvolvimentos graduais de *side bets* sem que o indivíduo perceba. O autor propõe quatro modelos de formação de *side bets*:

1. expectativas culturais gerais: o indivíduo realiza *side bets*, buscando evitar penalidades associadas à violação das expectativas. Por exemplo, uma pessoa não deve mudar de emprego frequentemente, pois aqueles que o fazem são considerados errantes e não confiáveis;

2. arranjos burocráticos impessoais: é a permissibilidade de uma situação devido a aspectos práticos envolvidos. O autor exemplifica esse modelo citando o caso de um trabalhador que resolve deixar seu emprego, mas descobre que, devido às regras do fundo de aposentadoria da organização, seu desligamento resultaria em uma perda considerável da soma de capital que possui nesse fundo;

3. ajustamentos individuais a posições sociais: o indivíduo fixa seu padrão de comportamento de acordo com o que é requisitado por seu papel social. Em uma organização, o trabalhador ajusta suas atividades e desempenho à posição em que se encontra e ao que é esperado para sua função. Isso faz com que aposte no conforto e na certeza de seu desempenho, permanecendo onde está;

4. interação face a face: sugere outro caminho de formação dos *side bets* a partir dos processos sociais. As pessoas apresentam autoimagens em suas interações, sendo necessário agir congruentemente com o que se quer ser. Por exemplo, se alguém declara implicitamente, em sua interação com outros, ser confiável, não se permitirá ser descoberto em mentira, comprometendo-se a falar somente a verdade.

Segundo Becker (1960), os modelos de formação dos *side bets* estão pautados em um sistema de valor que guia as decisões do sujeito. No que se refere às organizações, uma linha consistente de ação estará frequentemente baseada em mais de um *side bet*, como ganhos financeiros, senioridade, relações positivas e conforto no trabalho advindo de ajustes às condições particulares de sua organização, entre outros benefícios que avançariam com a permanência do trabalhador ou que poderiam ser perdidos, caso se afastasse. Ainda que a teoria de Becker (1960) enfatize aspectos de diferentes naturezas, sua operacionalização, feita por diferentes autores (Ritzer & Trice, 1969, Alluto *et al.*, 1973, Meyer & Allen, 1984), levou em consideração somente aspectos de troca, que geram um vínculo instrumental entre indivíduo e organização. Tal vínculo material, que configura também uma relação voltada para a satisfação de necessidades do indivíduo pela organização, compõe o fundamento do conceito de entrincheiramento, justificando, dessa forma, a utilização da teoria dos *side bets* como sua base formadora.

Proposição do construto de "entrincheiramento organizacional"

Dentre os significados designados para a palavra "trincheira" (Ferreira, 1998; Moderno Dicionário da Língua Portuguesa, 1998) estão subjacentes as noções de abrigo e amparo: 1. Escavação no terreno para que a terra escavada proteja os combatentes; 2. parapeito; 3. Obstáculo de madeira, que abriga contra o fogo o mineiro o cortador de folhas de erva-mate; 4. Muro ou tapume que, num circo ou praça de touros, separa a arena das bancadas dos espectadores. Termo difundido principalmente após a primeira guerra mundial, o vocábulo "trincheira" passou a ser associado a estratégias de guerra e proteção. Os soldados ficavam entrincheirados durante o combate, com o objetivo de aumentar a proteção e reduzir os danos de um possível ataque.

A transposição do conceito de entrincheiramento para o contexto organizacional gera a interpretação de que o trabalhador entrincheirado busca em sua organização – a trincheira – uma forma de proteção, segurança, garantias de estabilidade, manutenção de seu *status quo* e evitação de outras perdas associadas a sua saída. Nesse sentido, o vínculo estabelecido entre indivíduo e organização não inclui desejo, mas necessidade. O trabalhador permanece na organização, porque sua saída pode gerar danos maiores.

Na abordagem do entrincheiramento organizacional, uma alusão a duas das categorias de *side bets* propostas por Becker (1960) e a noção de alternativas limitadas contribuem para o entendimento dos motivos pelos quais um trabalhador pode sentir-se preso à organização:

- *ajustamentos à posição social (APS):* investimentos do indivíduo e da organização nas condições necessárias para o bom desempenho de determinada atividade e adaptação do comportamento do trabalhador à posição em que se encontra. Exemplos de ajustamentos seriam treinamentos para o desenvolvimento de atividades específicas, o que poderia causar, depois de algum tempo, a sensação de que todo o aprendizado e habilidades desenvolvidas nos últimos anos estariam voltados para a realidade particular daquela organização. Além disso, o *status* alcançado influenciaria o tipo de comportamento adotado e a rede de relacionamentos profissionais delineada, fazendo com que o indivíduo fosse reconhecido por seu desempenho e por sua função dentro da organização, o que seria perdido, caso saísse. Enquadram-se, nesta dimensão, o primeiro, o segundo e o terceiro motivos propostos por Mowday *et al.* (1982) para o entrincheiramento, conforme assinalado anteriormente. Em comparação ao entrincheiramento na carreira, essa dimensão reúne os sentidos expressos pelos fatores "investimentos na carreira" e "custos emocionais";

- *arranjos burocráticos impessoais (ABI):* estabilidade e ganhos financeiros que seriam perdidos caso deixasse a organização, como férias e feriados pagos, participação nos lucros, remuneração variável, benefícios de assistência médica, odontológica, previdência privada, aposentadoria, entre outros. Este aspecto é tratado de forma genérica por Mowday *et al.* (1982) no primeiro motivo proposto para o desenvolvimento do entrincheiramento. Embora essa dimensão não esteja presente na definição do entrincheiramento na carreira, defende-se que as recompensas extrínsecas ou retornos materiais obtidos da organização, fatores que o indivíduo não arriscaria perder, contribuem para maiores sentimentos de estabilidade e proteção, que estão subjacentes ao vínculo de entrincheiramento;

- *limitação de alternativas (LA):* consoante Carson *et al.* (1995), tal percepção também faria o indivíduo sentir-se entrincheirado na organização em que se encontra, por não visualizar outras oportunidades, seja por perceber restrições de mercado, seja por entender que seu perfil profissional não seria aceito por outras organizações, devido a limitações de idade, conhecimento, entre outros. Mowday *et al.* (1982) também tratam desse aspecto no quarto motivo proposto para o entrincheiramento.

Ainda que outras duas categorias propostas por Becker (1960) também influenciem a permanência do indivíduo na organização, ambas estão pautadas em uma dimensão relacional, que poderia envolver um vínculo afetivo, diferente da união por necessidade expressa pelo entrincheiramento. As "expectativas culturais gerais", no contexto organizacional, estariam referindo-se, não apenas ao comportamento esperado pela sociedade, mas também à cultura organizacional, manifestada nas interações grupais, fazendo com que o comportamento do indivíduo, desde que apresente sentimento de pertença ao grupo, seja influenciado pelas regras e expectativas grupais. Da mesma forma, as "interações face-a-face", dentro de uma organização, estariam ligadas à importância atribuída, pelo indivíduo, à forma como seus colegas de trabalho o percebem. O trabalhador buscaria construir uma imagem baseada nas expectativas do grupo e aderiria aos comportamentos necessários para mantê-la. Entende-se, portanto, que tais aspectos não devem ser incluídos na lógica de troca e instrumentalidade, presente no conceito de entrincheiramento.

Outra ideia não contemplada no conceito de entrincheiramento organizacional foi o quinto motivo proposto por Mowday *et al.* (1982), segundo o qual o indivíduo racionaliza suas decisões e apresenta atitudes positivas frente à organização como forma de justificar os sacrifícios feitos em seu benefício. Parece mais apropriado que esse tópico seja considerado, não uma dimensão do construto, mas um exemplo de como a teoria da dissonância cognitiva pode explicar o processo de entrincheiramento organizacional.

Festinger (1957/1975) propôs a teoria da dissonância cognitiva para explicar por quê o indivíduo se esforça para atingir um estado de coerência consigo mesmo e por quê há exceções nessa tendência. Segundo a teoria, um indivíduo confrontado com dois elementos dissonantes (exemplo: desejo de sair da organização e todo o processo adaptativo e retornos materiais que seriam perdidos caso saísse) buscará consonância, minimizando um desses elementos em favor do segundo (exemplo: perceberá características organizacionais às quais não se adaptou como um estímulo à sua saída) ou alterando o elemento comportamental (exemplo: deixará de querer sair da organização). Acredita-se que, para o trabalhador entrincheirado, o elemento menos resistente será o desejo de deixar a organização, sendo assim modificado. No caso, o indivíduo optará por permanecer na organização e adotará medidas para evitar dissonância futura, agindo passivamente frente a outras oportunidades de emprego (não distribuirá currículos entre empresas de recrutamento e seleção nem buscará emprego em outras organizações). Se, em hipótese, recebesse um convite para trabalhar em outra organização, um novo processo de dissonância se iniciaria. De posse de uma boa alternativa de emprego, talvez a decisão fosse, nesse caso, sair da organização.

Essa suposição traz para o foco de análise a "limitação de alternativas", constituinte do entrincheiramento organizacional. Esse mesmo fator, presente como uma subdimensão na escala do comprometimento de continuação (Carson & Carson, 2002; Ko *et al.*, 1997; Meyer *et al.*, 2002; Powell & Meyer, 2004), tem sido alvo de controvérsias, sob o argumento de que seria mais apropriado tratá-lo como antecedente, e não parte do comprometimento.

Cabe aqui retomar o questionamento conceitual, trazido no início deste trabalho, que criticou a noção de permanência como um constituinte do comprometimento organizacional, uma vez que a decisão de permanecer pode ser influenciada por muitas variáveis além do comprometimento. Entende-se que a permanência seja uma possível consequência do comprometimento, assim como o é empenho extra, desempenho, comportamento de cidadania organizacional, entre outros. Não se justifica, portanto, que, dentre tantas variáveis critério, a noção de permanência seja enfatizada a ponto de ter um determinante direto – limitação de alternativas – como constituinte do conceito de comprometimento. Na verdade, a inclusão dessa dimensão faz com que a sua consequência – permanência – seja atribuída diretamente ao comprometimento.

Ao tratar do entrincheiramento organizacional, em contrapartida, vê-se que os argumentos para que "limitação de alternativas" não seja parte do comprometimento servem como respaldo para sua integração ao construto de entrincheiramento. Embora a noção de permanência não deva ser considerada uma dimensão constitutiva do primeiro, está fortemente ligada ao segundo, não a permanência por vontade do trabalhador, mas a que é necessária, devido às condições que o cercam: as vantagens que recebe, o tempo e esforço despendidos, todo o processo adaptativo à organização, perdas que teria caso saísse, e que são potencializadas por não perceber outras alternativas disponíveis. Assim, a percepção de falta de alternativas não é entendida apenas como um antecedente para a permanência, mas como uma condição no processo de entrincheiramento do trabalhador.

Toda a conceituação do entrincheiramento organizacional e de seus fatores é pautada em um processo que limita as alternativas percebidas pelo indivíduo para inserção em outras organizações, sendo esse o conector central das três dimensões propostas. Os fatores APS e ABI representam aspectos limitantes originados no indivíduo e na organização, respectivamente: o primeiro pode ser considerado como um limitador de alternativas na medida em que o indivíduo se adapta à realidade específica da organização para a qual trabalha, de modo que passa a ser difícil encontrar outra organização para a qual esteja tão bem preparado e onde possa aproveitar todo o percurso já percorrido de investimentos em aprendizado, em relações estabelecidas, papéis desempenhados, entre outros; o segundo contribui para a percepção de poucas alternativas, na medida em que o trabalhador receia perder as vantagens materiais e benefícios recebidos da organização, que poderiam não estar disponíveis em outras oportunidades. O fator LA explicita a noção de alternativas limitadas e traz, para a análise, além dos aspectos intrínsecos contemplados pelas demais dimensões, os aspectos extrínsecos, relacionados à percepção de opções disponíveis no mercado de trabalho.

O entrincheiramento organizacional é, portanto, um construto pautado na cognição do trabalhador acerca dos fatores que limitam suas possibilidades de inserção em outras organizações. É plausível que o indivíduo não perceba alternativas disponíveis no mercado de trabalho e, com isso, adapte ou fortaleça suas crenças e percepções ligadas aos ajustamentos realizados na organização e às recompensas recebidas. Por outro lado, é possível também que o seu processo adaptativo e sua avaliação dos ganhos materiais gerem a sensação de que não há opções disponíveis que supram as suas expectativas, seus investimentos feitos até ali ou mesmo os aspectos materiais a que precisaria renunciar, caso deixasse o emprego atual. Em outras palavras, a noção de falta de alternativas compõe um ciclo vicioso, em que a percepção de poucas oportunidades gera ou reforça as dimensões APS e ABI, do mesmo modo que maiores APS e ABI geram ou reforçam a percepção de poucas oportunidades. Uma vez que, por esse argumento, a dimensão LA não poderia ser considerada um antecedente nem uma consequência do entrincheiramento, seria mais razoável considerá-la parte do construto.

O entrincheiramento na organização poderia ser, portanto, definido como a tendência do indivíduo a permanecer devido a possíveis perdas de investimentos e a custos associados a sua saída e devido à percepção de poucas alternativas fora daquela organização. Alguns padrões de comportamento resultantes do entrincheiramento na carreira foram descritos por Carson e Carson (1997) e podem aplicar-se ao contexto organizacional. Segundo os autores, as reações do trabalhador entrincheirado estão ligadas ao seu grau de satisfação: indivíduos entrincheirados e insatisfeitos buscarão mecanismos de gerenciamento do estresse, como confronto verbal, lealdade passiva ou negligência, que inclui absenteísmo, aumento de erros no trabalho e ineficiência. Uma quarta forma de lidar com a insatisfação seria sair da organização, opção nem sempre adotada, devido aos demais fatores ligados ao entrincheiramento. Por outro lado, profissionais entrincheirados e satisfeitos tendem a contribuir construtivamente, reduzindo a rotatividade e aumentando a estabilidade da força de trabalho. Diante da abordagem teórica aqui explorada, é proposto na Figura 1 um modelo esquemático do entrincheiramento na organização.

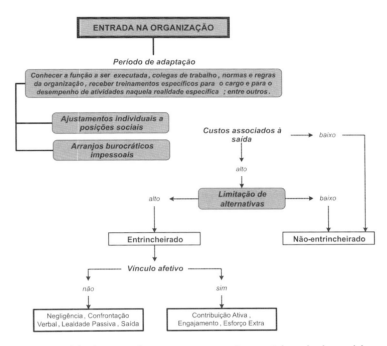

Figura 1 - Modelo de entrincheiramento na organização. Adaptado do modelo com foco na carreira (Carson & Carson, 1997)

O que é importante enfatizar no conceito de entrincheiramento, tanto com enfoque na carreira como na organização, é a essência do vínculo desenvolvido pelo indivíduo, que o mantém preso, como em uma trincheira, por não conseguir visualizar uma alternativa que o sustente de acordo com suas necessidades e expectativas. Assim, não é possível falar de uma permanência espontânea do trabalhador entrincheirado, mas de uma continuidade no curso de ação por entender que é preciso.

Perspectivas futuras no estudo do entrincheiramento organizacional

O quadro teórico do entrincheiramento organizacional aqui apresentado é o ponto de partida para o desenvolvimento de uma nova agenda de pesquisa no eixo de vínculos com a organização. Diante da importância de promover um maior refinamento conceitual e empírico para o entrincheiramento organizacional, foi construída e validada uma escala para sua mensuração, composta pelos três fatores discutidos em seu modelo teórico (Rodrigues, 2009). O processo de avaliação psicométrica da escala incluiu análises exploratórias e confirmatórias, e os resultados indicam estabilidade, *generalizabilidade* e alta consistência interna dos três fatores.

Alguns estudos preliminares já foram conduzidos, e as primeiras evidências de sobreposição entre o entrincheiramento organizacional e o comprometimento de continuação já foram encontradas (Rodrigues, 2009). Novas evidências de sobreposição deverão justificar a retirada da dimensão de continuação do conceito de comprometimento organizacional, contribuindo para a redução de alguns dos problemas observados nesse vínculo (Rodrigues & Bastos, no prelo).

Para o desenvolvimento do construto de entrincheiramento organizacional, recomenda-se que pesquisas sejam conduzidas, para avaliar seus antecedentes e consequentes, e que sejam aplicados, também, delineamentos longitudinais, que permitam uma maior compreensão do processo de estabelecimento desse tipo de vínculo.

Recomenda-se, ainda, a investigação de padrões que combinem níveis distintos de entrincheiramento e comprometimento organizacional, e sua relação com variáveis antecedentes e consequentes, desejáveis e indesejáveis pelo trabalhador e pela organização. Estudos qualitativos com indivíduos que apresentem esses diferentes perfis, explorando suas expectativas, intenções e comportamentos, poderão também favorecer um maior entendimento dos vínculos estabelecidos com a organização.

Referências bibliográficas

Alutto, J. A., Hrebiniak, L. G., & Alonso, R. C. (1973). On operationalizing the concept of commitment. *Social Forces*, 51, 448-454.

Barros, A. R. O. (2007). *Comprometimento organizacional: um estudo de suas relações com práticas de gestão e intenção de permanência.* Dissertação de Mestrado. Universidade Federal da Bahia, Bahia.

Becker, H. S. (1960). Notes on the concept of commitment. *The American journal of Sociology*, 66, 32-40.

Blau, G. (2001a). On assessing the construct validity of two multidimensional constructs: occupational commitment and occupational entrenchment. *Human Resource Management Review*, 11, 279-298.

Blau, G. (2001b). Testing the discriminant validity of occupational entrenchment. *Journal of Occupational and Organizational Psychology*, 74, 85-93.

Carson, K. D., Carson, P. P., & Bedeian, A. G. (1995). Development and construct of a career entrenchment measure. *Journal of Occupational and Organizational Psychology*, 68, 301-320.

Carson, K. D., Carson, P. P., Phillips, J. S., & Roe, C. W. (1996). A career entrenchment model: theoretical development and empirical outcomes. *Journal of Career Development*, 22, 4, 273-286.

Carson, K.D., & Carson, P. P. (1997). Career entrenchment: a quiet march toward occupational death? *The Academy of Management Executive*, 11 (1), 62-75.

Carson, K.D., & Carson, P. P (2002). Differential relationships associated with two distinct dimensions of continuance commitment. *International Journal of Organization Theory and Behavior*, 5, 3/4, 359-381.

Ferreira, A. B. H. (1998). *Novo dicionário Aurélio da Língua Portuguesa* (2a ed. rev. e ampl.). Rio de Janeiro: Nova Fronteira.

Festinger, L. (1957/1975). *Teoria da dissonância cognitiva.* Rio de Janeiro: Zahar Editores.

Klein, H. J., Molloy, J. C., & Cooper, J. C. (2009). Conceptual Foundations: Construct Definitions and Theoretical Representations of Workplace Commitments. In Klein, H. J., Becker, T. E., & Meyer, J. P. (Orgs). *Commitment in Organizations: Accumulated Wisdom and New Directions.* New York: Routledge Academic.

Ko, J. W., Price, J. L., & Mueller, C. W. (1997). Assessment of Meyer and Allen's three-component model of organizational commitment in South Korea. *Journal of Applied Psychology*, 82, 961-973.

Magalhães, M. O. (2005). *Personalidades vocacionais e desenvolvimento na vida adulta: generatividade e carreira profissional*. Tese de Doutorado. Universidade Federal do Rio Grande do Sul, Rio Grande do Sul.

Magalhães, M. O., & Gomes, W. B. (2005). Personalidades vocacionais, generatividade e carreira na vida adulta. *Revista Brasileira de Orientação Profissional*, 6(2), 71-80.

Meyer, J. P., & Allen, N. J. (1984). Testing the side-bet theory of organizational commitment: some methodological considerations. *Journal of Applied Psychology*, 69, 372-378.

Meyer, J. P., & Allen, N. J. (1991). A three-component conceptualization of organizational commitment. *Human Resource Management Review*, 1(1), 61-89.

Meyer, J.P., Allen, N. J., & Smith, C. A. (1993). Commitment to organizations and occupations: extension and test of a three-component conceptualization. *Journal of Applied Psychology*, 78(4) 538-551.

Meyer, J. P., Stanley, J. D., Herscovitch, L., & Topolnytsky, L. (2002). Affective, Continuance, and Normative Commitment to the Organization: A Meta-analysis of Antecedents, Correlates, and Consequences. *Journal of Vocational Behavior*, 61, 20-52.

Moderno Dicionário da Língua Portuguesa (1998). São Paulo: Editora Melhoramentos.

Mowday, R. T., Porter, L. W., & Steers, R. M. (1982). *Employee-organization linkages: the psychology of commitment, absenteeism, and turnover*. New York: Academic Press.

Powell, D. M., & Meyer, J. P. (2004). Side-bet theory and the three-component model of organizational commitment. *Journal of Vocational Behavior*, 65, 157-177.

Ritzer, G., & Trice, H. M. (1969). An empirical study of Howard Becker's side-bet theory. *Social Forces*, 47, 475-479.

Rodrigues, A. C. A., Bastos, A. V. B. (no prelo). Problemas conceituais e empíricos na pesquisa sobre comprometimento organizacional: uma análise crítica do modelo tridimensional de J. Meyer e N. Allen. *Revista de Psicologia Organizacional e do Trabalho*.

Scheible, A. C. F., Bastos, A. V. B., & Rodrigues, A. C. A. (2007). Comprometimento e Entrincheiramento: Integrar ou Reconstruir? Uma Exploração das Relações entre estes Construtos à luz do Desempenho. [CD]. In *Anais, 31. Encontro da ANPAD,* 2007, Rio de Janeiro, RJ. 1 CD.

PRODUÇÃO DA SUBJETIVIDADE E SIGNIFICADOS ATRIBUÍDOS AO TRABALHO

11

SUBJETIVIDADES E ÉTICA DO TRABALHO NAS ORGANIZAÇÕES INDUSTRIAIS CONTEMPORÂNEAS

Regina Coeli Machado e Silva[1]

Os profissionais da coordenação do trabalho nas empresas, seus saberes e suas representações

As concepções formuladas por profissionais dedicados ao gerenciamento e à coordenação do trabalho, no âmbito das organizações industriais contemporâneas, envolvem categorias subjacentes às representações do indivíduo como "criador" e "senhor de si mesmo e de sua obra" (cf. expressão de Valéry, 1998).

No âmbito do trabalho desenvolvido nas organizações industriais, quero mostrar essas representações em um contexto que valoriza a "inovação" e a "criação" de novos artefatos, que transformam o mundo, dando-lhe novas feições.

Essas representações são também próprias a outros segmentos "individualizados" da sociedade contemporânea e estão submersas nos valores e nas ideias da ideologia individualista da cultura ocidental moderna[2]. Esse é um dos motivos pelos quais a concepção do grupo pesquisado sobre si mesmo e sobre sua inserção nessa sociedade é tecida através de um esquema classificatório que desconhece as referências culturais de boa Por essas duas razões, o campo de pesquisa foi delimitado aos saberes organizacionais, produzidos e veiculados por quatro grandes escolas nacionais, de Pós-graduação, com reconhecido prestígio[3]. Deste modo, empreendi uma pesquisa predominantemente bibliográfica,

---

[1] UNIOESTE / Campus Foz do Iguaçu/PR.

[2] Esta ideologia, princípio estruturante do pensamento ocidental moderno, como definiu Dumont, 1985, concebe o indivíduo como um ser moral e racionalmente autônomo, opondo-se ao primado da hierarquia, em que as pessoas são socialmente determinadas.

[3] No Rio de Janeiro: Mestrado em Administração da Escola Brasileira de Administração Pública (EBAP) da Fundação Getúlio Vargas; Mestrado em Administração do

cujo conteúdo restringiu-se às disciplinas de "Teorias Organizacionais"[4]. Esta estratégia permitiu, então, caracterizar o grupo social selecionado na minha pesquisa e incluiu autores de obras e de "manuais" de administração (professores, pesquisadores, gerentes e consultores de empresas, nacionais e estrangeiros)[5].

Trata-se de um segmento profissional, que poderia ser designado como "profissionais da representação"[6], pois se constrói e se concebe como ocupando a posição "intelectual" ou "mental", no interior da divisão do trabalho. Assim, em virtude das valorações envolvidas nessa divisão técnica e social, esse grupo considera-se em uma posição considerada "superior" ao trabalho manual ou de "execução" e "subordinada" em relação ao domínio dos meios de produção. Esta posição "ambígua" torna mais favorável a construção de representações individualistas porque intimamente ligada a preocupações como o "controle", o "enquadramento" e a "vigilância" das condutas no trabalho, com o objetivo de transformar a realidade circundante. Nem "operário", nem "patrão", ocupando uma posição "móvel" e "dinâmica", a maioria desse grupo pertence à categoria assalariada, e forma um importante núcleo difusor dos valores da modernidade e dos sinais do sucesso ligado ao trabalho.

Por se conceberem como ocupando a posição "intelectual" ou "mental", no interior da divisão do trabalho, os profissionais de gerenciamento estão intimamente vinculados a temas ligados à subjetividade. Isto é, à representação de um "espaço interno" dos sujeitos – que se opõe ao "espaço externo" -, no

---

Instituto de Pós Graduação e Pesquisa em Administração, da Universidade Federal do Rio de Janeiro.

Em São Paulo: Mestrado e o Doutorado em Administração da Faculdade de Economia, Administração e Contabilidade (FEA) da Universidade de São Paulo; Mestrado e o Doutorado em Administração de Empresas (EAESP), da Fundação Getúlio Vargas.

[4] ministradas nos anos 1996 e 1997. Apenas para controle dos dados entrevistei os professores das referidas disciplinas, além de gerentes e consultores de duas empresas: a Asea Brown Boveri, empresa multinacional com um grupo de indústrias de bens de capital, cuja sede brasileira está localizada em Osasco, São Paulo, e uma unidade do Grupo Sadia, indústria nacional de processamento de alimentos, localizada em Toledo, Paraná.

[5] Para dar visibilidade e separar metodologicamente as referências bibliográficas dos meus argumentos analíticos das que são aqui considerados dados etnográficos, utilizei a fonte Arial, n°12, estilo normal – Exemplos: Bridges,1996; Handy,1995; Toffler, 1982. Também utilizei "aspas" para as categorias sociais próprias ao universo pesquisado e ao campo semântico da ideologia individualista como, por exemplo, "aprendizagem", "potencial", "vontade", "liberdade", "razão".

[6] Cf. expressão de Bourdieu *et al.* (1975).

Subjetividades e ética do trabalho nas organizações industriais contemporâneas 181

qual se desenvolvem as noções sobre o "eu", sobre o pensamento e sobre as atividades humanas de intervenção no mundo. A ideia do "eu" interior inclui tanto funções intelectuais, derivadas do distanciamento e da reflexividade próprias do Iluminismo, quanto percepções da existência de uma "verdadeira natureza", íntima e intransferível, característica do Romantismo alemão. A tensão entre estas duas tradições culturais do pensamento ocidental é constitutiva dos saberes sobre o humano, e permanece como um princípio analítico, reiterado neste artigo[7].

A individualização nas relações de trabalho na sociedade contemporânea

Os efeitos das novas formas de organização do trabalho são como um elo de suporte para os novos atributos exigidos aos indivíduos, parte e condição da possibilidade de construção de diferentes concepções da subjetividade. Designadas amplamente como "pós-fordismo", remetem a formas de trabalho ordenadas sob o signo da "flexibilidade", atributo que sustenta a criação de "protocolos" para novos contratos de trabalho (temporários ou não), para práticas internas de trabalho (caracterizadas por um estímulo à "especialização flexível" e "multifuncionalidade" no processo de trabalho) e para obtenção de salários calculados por produtividade (cf. Harvey, 1993, Toffler, 1985).

A "flexibilidade" é uma categoria central, qualificando campos semânticos que entrelaçam dinamicamente as concepções sobre o trabalho para as diversas representações dos indivíduos. É esse entrelaçamento que parece colidir com os "conceitos da clássica arquitetura" do trabalho, nas empresas: colisão caracterizada, pelos saberes organizacionais, como uma "reviravolta nas relações de trabalho do tipo taylorista e fordista"[8]. A base fundamental, ponto de sustentação e elo entre os diferentes significados do trabalho e as concepções da "pessoa", é uma situação que poderia ser denominada como individualização das relações de trabalho. Seus mecanismos parecem aprofundar os mecanismos disciplinares de controle estudados por Foucault (1977), pois a ênfase recai, não sobre uma sujeição constante, impondo relações de obediência e de utilidade por métodos de controle coletivo da organização do trabalho, mas sobre

---

[7] Como vem chamando atenção Luiz Fernando Dias Duarte (1995) e Roberto C. de Oliveira (1988).

[8] Além da reestruturação econômica que Harvey descreveu como "especialização flexível", Coriat (1994) atribui essa reviravolta ao fascínio despertado pelas técnicas japonesas de organização do trabalho, conhecidas entre nós pelos métodos veiculados pela Qualidade Total.

um desempenho centrado num tipo de controle individual, que enfatiza a "responsabilidade pessoal", a "iniciativa" e a "autonomia" no desempenho das funções. São mecanismos construídos para incentivar a qualificação profissional, para a ocupação de diferentes posições de uma família ocupacional, para criar "polivalência de funções", incentivar o "aprendizado" de habilidades que independam da área de especialização, ampliar o raio da ação profissional e ocupar funções diversas e sucessivas dentro de uma mesma empresa. Tudo isso é constantemente reiterado pela ênfase no "envolvimento", na "participação pessoal" e no "engajamento estimulado" (cf. Coriat, 1994.).

Este é o horizonte que oferece plausibilidade para a problematização da coordenação do trabalho, remetido para uma relação da pessoa consigo mesma, através da construção de códigos de referências prescritivas e explicativas, com diferentes princípios de estilização da conduta e de incitamentos dirigidos a cada um, para se ver como objeto de pensamento, de transformação e de inserção nas formas coordenadas de trabalho na empresa[9], formas pelas quais é possível acompanhar as diversas construções de subjetividade na empresa, aqui denominada, do ponto de vista da teoria antropológica, de *pessoa moderna*.

O argumento é o de que, frente ao debate quanto à centralidade do trabalho na sociedade contemporânea, parece estar havendo um refinamento do núcleo da problematização da ética do trabalho, remetido para a relação da pessoa consigo mesma, construindo diferentes significados envolvidos na construção do ideal do *homo multiplex* ou multifacetado[10], visíveis em três modos diferentes de subjetivação, denominados como as representações de uma subjetividade aqui denominadas *pessoa modular*, *flexível* e *autorrealizada*.

O controle sobre si transformado em "virtude": o ideal da pessoa nas organizações industriais contemporâneas.

O controle sobre si na construção da noção de pessoa modular

A noção de uma *pessoa modular* é definida pela sua capacidade em responder, rapidamente, de modo "imprevisto" e "criativo", às situações de trabalho,

---

[9] Foucault define estes incitamentos como tecnologias do "eu", pois trata-se de efetuar, por conta própria, ou com ajuda de outros, operações sobre o corpo, a alma, pensamentos, conduta ou qualquer forma de ser (1990).

[10] Apenas uma destas variantes será desenvolvida neste artigo. A outras duas referem-se, primeiro, à apropriação dos saberes psicológicos por parte dos saberes organizacionais – a noção de Pessoa Relacional – e, segundo, à noção de Pessoa Pragmática, construída pelos saberes que veiculam a ideia de um "mundo sem empregos".

Subjetividades e ética do trabalho nas organizações industriais contemporâneas 183

recompondo, combinando e recriando, por suas habilidades múltiplas, novas formas de trabalho, em um mundo de trabalho em mutação constante. Ter "sucesso profissional" significa, nesse modo de individualização, ser capaz de "transformar-se a si mesmo" constantemente para responder eficazmente a cada situação de trabalho e, a cada uma, refazer-se, "integrar" habilidades múltiplas.

A noção de *pessoa modular* envolve uma construção da totalidade da "pessoa", que se faz pelo movimento de exteriorização – as realizações profissionais – e pela incessante demonstração da capacidade de responder, de um modo "flexível" e "criativo"[11] àquelas situações novas no trabalho. Traçada sob o princípio dos dispositivos mentais como co-determinantes da conduta, esta construção da "pessoa" adota diferentes concepções sobre a natureza da mente. Uma delas tem como referência as ideias desenvolvidas pelas pesquisas fisiológicas sobre a "divisão do cérebro em hemisférios direito e esquerdo", forma para explicar a totalidade da conduta em seus elementos racionais e não racionais. Constituidor da própria gênese dos saberes organizacionais – a preocupação com os limites cognitivos da racionalidade[12] – este problema é reconvertido em termos novos e invertidos, pela apropriação dos conhecimentos produzidos pela Filosofia da Mente e das Ciências Cognitivas.

Aliada a estes princípios, encontra se a "flexibilidade". Combinados, os "dispositivos mentais" e a "flexibilidade" abrem caminho para tentar eliminar os contrastes entre as avalanches de mudanças que atingem as empresas e os problemas de autoadequação e de inserção que provocam, revelando-se maneiras através das quais cada um deve incorporar ao trabalho as "necessidades de renovação constante", para nele inserir-se de modo criativo.

Um dos meios para eliminar os contrastes entre as empresas – afetadas pelas mudanças – e as necessidades de autoadequação exigidas a cada um é a proposição de técnicas para a orientação da conduta no trabalho. Voltadas para uma disposição inequívoca de "renovação", "inovação", "expansão" e "transformação" de cada um, estas técnicas podem ser observadas em procedimentos que, dirigidos exclusivamente para o processo cognitivo individual, permitem o desenvolvimento da *flexibilidade* para ajustar-se rapidamente às condições mutantes e transitórias das empresas e do mercado. São eles: 1)

---

[11] O recurso às aspas está sendo adotado para realçar as categorias utilizadas no âmbito dos saberes organizacionais.

[12] Segundo Motta (1986), a transição da teoria da Administração para a Teoria das Organizações se deu pela influência da Escola de Relações Humanas e da sociologia de Weber, tendo sido marcada pelas análise dos limites impostos pelas necessidades, impulsos e motivos dos integrantes das organizações, que interferem em sua capacidade de aprender e resolver problemas (March & Simon, 1981).

"procedimentos de associação forçada"; associando ideias através da "técnica do catálogo", a "técnica do objeto escolhido" e a "técnica de listagens". 2) "Procedimento de associação livre"; gera ideias novas, através de conexões ao acaso, trazidas de experiências passadas ou provindas do ambiente físico, psicológico ou social. 3) "Procedimentos complexos"; consistem em uma elaboração de análise morfológica, combinando elementos de uma lista de atributos ligados ao problema e pela estimulação de certos métodos de raciocínio como a rotação da atenção, a mudança do ponto de acesso às ideias, a procura de outras alternativas e o exercício de reversões e fertilizações cruzadas de ideias. 4) "Procedimentos mistos"; como o recurso à analogia pessoal, em que a descrição de fatos e das emoções, vividas na experiência individual, pode possibilitar uma identificação empática como o assunto ou problema.

Esses procedimentos cognitivos permitem o desenvolvimento da "flexibilidade" pelo estímulo à "mudança constante de ideias trazidas por novas informações", com vistas a uma inserção congruente em organização de trabalho tanto mais "dispersa" quanto mais "transitória". Para inserção dos indivíduos nos grupos, uma das técnicas direcionada aos últimos é o *brainstorming,* associado a um instrumento cognitivo muito utilizado que visa à "suspensão do julgamento prévio" e orienta-se pela premissa de que "quantidade gera qualidade". Mais recentemente, há a busca de procedimentos cognitivos, orientada pela adoção da "razão complexa" nos termos propostos por Morin (1995). Tal orientação pode ser observada na insistência em implantar "equipes multifuncionais", ou "grupos de projeto" e desenvolver a habilidade essencial de lidar com a "complexidade". Isto significa "ler situações tendo vários cenários em mente, sob múltiplos ângulos", ao mesmo tempo em que a posição daqueles que pretendem ler pode ser móvel e flutuante (cf. Morgan, 1996). O entranhamento dessas concepções da *pessoa* nas atividades do trabalho desenvolve um sentido de individualidade pela adoção de uma vigilância cognitiva num movimento de voltar-se para situações externas que aproxima-se da "despossessão subjetiva" (Gusdorf, 1982) em que a consciência humana é reduzida a uma máquina de registrar e combinar sinais recebidos de fora. Traz, ainda, implicações para uma concepção da *pessoa* que Taylor definiu como "*self pontual*"[13], figura moderna

---

[13] ". . . adotar este tipo de postura radical de desprendimento para si mesmo com vistas à reforma é o que chamo de *self* pontual. Adotar esta postura é identificar-se com o poder de objetivar e refazer e, por meio disso, distanciar-se de todas as características particulares que são objetos de mudança potencial. O que somos essencialmente não é nenhum desses últimos, mas o que é capaz de consertá-los e elaborá-los, É isso que a imagem do ponto pretende comunicar, com base na definição geométrica: o verdadeiro *self* não tem dimensão', não está em parte alguma que não nessa capacidade de consertar coisas como objetos"(1997, p. 223).

que radicaliza o desprendimento e distanciamento cartesianos, efeitos da busca de um controle sobre si, entrelaçada a uma certa concepção de como se processo o conhecimento. A via aberta por esta concepção permite, então, a cada um se ver como "objeto de reformas" pelo controle racional, recriando n,ão só procedimentos habituais, mas o próprio indivíduo que assim se coloca. Em alguns casos extremados, como o das prescrições da "reengenharia", a exigência de redefinição das funções e da empresa é feita em nome da crença subjacente a este desprendimento. Ou seja, da própria possibilidade de "imaginar" e "inventar" novas formas de realização no trabalho "como se estivesse diante de uma folha em branco", desprendendo-se da posição atual para alojar-se em outro ponto de observação[14].

Em muitos aspectos próximos ao individualismo quantitativo (cf. Simmel, 1971), a visão da *pessoa* como "autônoma", dotada de "iniciativa", "discernimento" e "disciplina" ganha densidade e consistência e, concomitante a isso, a "capacidade de pensar" e de "abstrair" é ressaltada. Tem o significado de "tornar consciente o "programa interno" como um meio de intensificar a compreensão e possibilitar "novas combinações", saindo dos modelos predominantes, para acompanhar a uma "diversidade de visões". Toda essa ordenação dá consistência a uma concepção da *pessoa* que enfatiza o ideário liberal do individualismo "empreendor", dotado de "iniciativa" e de "responsabilidade", justamente porque sua "racionalidade complexa, desprendida e flutuante" deve estar pronta a acolher os desvios e descompassos provenientes das transformações e das variadas informações a que estão submetidas as empresas. Compreende-se melhor o papel da "criatividade", como criação e construção de soluções inovadoras, e da "intuição", como reação e impulso para a ação diante das situações imprevistas. Deste modo, por meio de uma individualização pela exteriorização, o princípio universalista é mantido como base para a construção de uma singularidade orientada para "criatividade das realizações", identificada no "sucesso profissional". Remetida ao "eu empírico" é a possibilidade de singularização, obtida através do "êxito profissional", cuja figura é conhecida no meio profissional como "fazer o nome".

Diante da tendência de descentralização das empresas, na necessidade de fazer face à "heterogeneidade" e à "fragmentação", promovendo soluções que privilegiem a "interdependência" e a "visão do todo", ganha visibilidade a ideia de que a chave para a eficiência pode estar centrada numa valorização da *pessoa* que não encarna a figura do trabalhador "minucioso", "especializado", "taylorista" e "limitado", mas na figura do trabalhador "integrado", dotado

---

[14] Cf. Hammer e Champy, 1994.

de "percepção", "mais individualizado", "configurativo ou modular", sempre "integrado" com o mundo exterior.

O domínio pessoal na noção de pessoa flexível[15]

Sobreposta à concepção da *pessoa* precedente, encontra-se a concepção da "pessoa flexível". A *pessoa* é concebida como "inteira", "integrada", "sem divisão de códigos de comportamento" e com a "consciência expandida". Como a *pessoa modular*, a *pessoa flexível* é vista como capaz de se autoadequar, porque concentra em si uma variedade de habilidades técnicas, "reintegrando a razão e a intuição", por meio de um "raciocínio sistêmico" e "não linear". Aqui, o trabalho oferece um caminho para uma individualidade ambígua, sendo concebido como um meio para buscar "benefícios intrínsecos", além de "casa" e "comida". Tais "benefícios intrínsecos" parecem encontrar-se na "sensação de embriaguez" suscitada pelo envolvimento profundo com o trabalho, bem como na satisfação obtida pelo sucesso de um trabalho, como se verá à frente.

Ao contrário da premissa dos dispositivos mentais, emanados do "cérebro" ou a ele identificados como "processador de informações", a representação da "mente", suposta nesta noção de *pessoa*, está referida à capacidade de todos em lidar com a "complexidade". Tal capacidade provém, de um lado, das "características intrínsecas ao cérebro de organizar e reorganizar-se", para lidar com as contingências que enfrenta – "capacidade de autoorganização" por meio da qual forja ou revisa padrões de atividade dos neurônios e, de outro, do "subconsciente", parte da "mente" que habilita todos a lidar como a "complexidade". O "subconsciente" é assim denominado

> porque opera 'abaixo' ou por 'por trás' do consciente. Sem esta capacidade da mente, seria impossível explicar como o ser humano consegue realizar tarefas 'complexas' que, se pode afirmar com certeza, não são realizadas unicamente através do consciente e do raciocínio

Desta "topografia da interioridade" emerge uma concepção da "aprendizagem" como "aquisição de conexões associadas", obtida através de um "treinamento do subconsciente". Este treinamento consiste em uma técnica especial de se "concentrar no resultado pretendido", e não nos processos ou meios que se supõem necessários para se chegar a ele. O "domínio pessoal"

---

[15] O material etnográfico utilizado para descrever essa noção de Pessoa foi apreendido através das ideias de Peter Senge (s/d), Toffler (1980), Morgan (1996) e Bettingnies (s/d).

Subjetividades e ética do trabalho nas organizações industriais contemporâneas   187

aí obtido é descrito como uma "atitude de manter-se ao mesmo tempo aberto e em vigilância constante" para alcançar o objetivo almejado. Mais do que nunca, esta atitude torna-se fundamental, pois, sem a divisão do trabalho "taylorista" e "fordista", o problema é "saber pensar com informações que se sucedem de forma fragmentada", próprias de um trabalho que tende a organizar-se de forma cada vez mais "heterogênea", sob "variação permanente". Frente a isto, o significado de "ser criativo" é identificado como "o resultado dessa permanente atenção sobre si mesmo" para alcançar os resultados almejados no trabalho. A via, para isso, dá-se pelo "fortalecimento da concentração", que leva a encontrar um maior número possível de "inter-conexões e inter-relações" entre vastas e diferentes ideias e recursos, ligando-os de maneira óbvia ou não – o "raciocínio sistêmico". Esta nova maneira de pensar as organizações – pelo raciocínio sistêmico – modifica a concepção e a posição da *pessoa*, pois cada um deve "deixar de se ver como separado do mundo" para passar a "se considerar como parte integrante dele", deixar de "ver os problemas" como "causados por alguém ou alguma coisa lá fora" para compreender que "são causados por nossos próprios atos". A decorrência lógica é que as pessoas "devem aprender a criar sua própria realidade e a mudá-la". Para isto, é necessário empreender uma "reflexão da ação" capaz de expor os "padrões sutis de raciocínio" que regem os comportamentos, a ser alcançada através de algumas técnicas[16].

Em muitos aspectos importantes, as premissas envolvidas nesta concepção da *pessoa* coincidem com as levantadas por Tânia Salem, em seu estudo sobre os manuais modernos de autoajuda, como a da realidade externa ao sujeito constituindo-se como um produto da interiorização ou do pensamento, comprometida como uma representação da *pessoa* fundada na "consciência" e suas qualidades correlatas: a "vontade", o "livre arbítrio" e a "responsabilidade" (1992). Aproximando-se da concepção da *pessoa* ao modo do "*self* pontual", o problema crucial torna-se o de "ajustar as imagens internas com a realidade exterior". Não se trata, mais uma vez, de simplesmente preencher os vazios ou de desfazer os hiatos deixados pelo pensamento, mas de "justapor o objetivo" (o que realmente se deseja) com uma "imagem clara da realidade onde se encontra em relação ao que se deseja. Este processo, agora distanciado do "*self* pontual", parece estar fundado num "revigoramento da posse de si", através da "consciência". Aliado à "vontade", esse revigorando da posse de si propicia o "ajuste e mudança gradativa entre as imagens interna e a realidade", num

---

[16] Como, por exemplo, "reconhecer os saltos de abstração" – atento ao modo como a própria observação salta para a generalização – observar como o "não dito" pode contradizer uma imagem interna e reconhecer a diferença entre a teoria de referência adotada e a teoria em uso efetivo. Para mais detalhes ver Peter Senge (s/d).

"processo de expansão contínua da consciência e da capacidade de compreensão". É essa "expansão contínua" que permite a "visão das interdependências entre os atos e a realidade" e a "visão completa das múltiplas maneiras em que influenciamos a realidade".

A busca da expansão da consciência, no entanto, é uma questão de "opção individual", e jamais deve ser imposta por quaisquer programas empresariais. Envolvendo uma série de mudanças no interior de cada um, ela se mantém por uma constante "tensão criativa" entre o "objetivo pessoal e a realidade". A "força resultante dessa tensão possibilita uma ação capaz de estar à frente, construindo situações ao invés de simplesmente reagir a elas". Um dos autores inclui os mecanismos dessa "tensão criativa" no que denomina como um aprendizado "genuíno e generativo", descrevendo-o como o próprio processo em andamento da "expansão da habilidade de criar".

É sob o prisma acima referido que a "verdadeira aprendizagem" está intimamente relacionada com "o que significa ser humano", pois só a ele é dada a capacidade de "criar, fazer o que nunca foi feito", ideia congruente com a da perfectibilidade dos iluministas. A "satisfação pessoal" – receber "benefícios intrínsecos" – poderia ser obtida na própria atividade, à medida que se procura justapor a intensa exploração das ideias e recursos para o desenvolvimento do trabalho à exploração das capacidades individuais, experimentando, controlando e avaliando as próprias reações. Procurar "orientar as atividades além da memória e do habitual", expor-se a riscos constantes, aventurar-se em busca de "soluções criativas e conviver com altos níveis de incerteza e de variação" compõem, assim, o significado da individualização subjacente ao ideal do homem "integrado" e "flexível".

O imperativo da "aprendizagem" não remete ao domínio de técnicas, massobretudo incide sobre a manutenção da disposição de "aprender a aprender", "aprender a pensar", "aprender a estar preparado e disponível" para se colocar à frente do desconhecido. Estar sempre no limite do visível, envolvido em sequências inusitadas de ações e ideias, com as próprias capacidades de criação *ad hoc,* cria uma experiência de individualização, caracterizada ao mesmo tempo como de domínio e abandono, comparada à embriaguez[17]. A busca de

---

[17] Num estudo sobre a busca de realização pessoal na atividade técnica, Dodier observou operadores de máquinas numa fábrica de embalagens metálicas e descreveu a experiência deles como "embriaguez sóbria", na qual se misturam sensações de embriaguez e de concentração necessárias à atividade, notadamente quando o perigo de morte está presente. Trata-se da mesma imagem evocada por Weber (1963) para descrever a vocação no domínio do irracional: dedicação apaixonada, estado de estranha embriaguez.

Subjetividades e ética do trabalho nas organizações industriais contemporâneas   189

"benefício intrínseco" também poderia estar nessa exploração do desconhecido com sucesso, não somente percebido, mas integrado em configurações no limite do visível[18].

Não é difícil observar, aí, a predominância da "responsabilidade", do recrudescimento da "vontade", da "escolha" e da "consciência", noções decorrentes do individualismo quantitativo. Também não é difícil enxergar que, sob muitos aspectos, todos os manuais se inspiram, ainda que de modo implícito, pelo pragmatismo como orientador da conduta[19]. O resultado é uma individualização que, ao contrário da exigência do distanciamento, faz do desprendimento apenas um primeiro passo para submeter-se a constantes rearrumações mentais, para cindir e unir as "imagens internas" com a "realidade externa". O significado da interioridade contido nessa concepção não resulta em uma contradição entre a "realidade externa" e "interna", pois a "realização" e a "satisfação" são identificadas como resultantes da "flexibilidade" como uma capacidade de justapor as possibilidades individuais às atividades na empresa, submersa num contexto marcado pela aceleração. No entanto a revelação do significado identificado como a "satisfação pessoal" da *pessoa integrada* e *flexível*, como é reconhecido no próprio campo de pesquisa, não é "tangível": está sempre referida à "sensação de embriaguez", às vezes associada à intensa "concentração", situação reveladora da condição paradoxal da exigência do distanciamento coexistindo com o envolvimento profundo no trabalho. Tal sensação é experimentada em momentos através das "experiências em que o trabalho flui, quando a gente trabalha em sintonia com a tarefa e em alta produtividade", em estruturas organizacionais que criam seus próprios "subsistemas transitórios" e uma "estrutura global" cada vez mais diferenciada[20].

---

[18] Dodier também se refere à realização pessoal na atividade técnica como "personalização da atividade", fenômeno que circunscreve o "*ethos* da virtuosidade", observado em exteriorização da *performance*, tanto na virtuosidade pianística, como na atuação dos *hackers*, "virtuoses" da informática, ou dos pilotos de Fórmula 1 (1995, Terceira Parte, cap. 6)

[19] A ideia mais geral do pragmatismo é que a crença tem íntima conexão com o sucesso da ação por lhe fornecer regras, bem como a de que o pensamento pode determinar a conduta e seu significado. Isto resulta numa atitude essencialmente empírica diante do mundo (cf. James, 1979).

[20] Os pressupostos lógicos que dão ressonância a essa representação provêm das formulações designadas sob o prefixo "re" e das experiências individuais e organizacionais concebidas sob o princípio *ad hoc*, a exemplo de Toffler (1995, s/d), da reengenharia, como Hammer e Champy (1993), Davenport (1994), bem como outros como Clark e Monkhouse (1995), Tomasko (1994), Mills (1993).

A responsabilização na noção de pessoa autorrealizada

Diferentemente das concepções da *pessoa modular* e *flexível*, a *pessoa autorrealizada* é identificada como uma "totalidade integrada", pois é concebida como "corpo" (matéria) e "espírito", em "inter-relação" e "interdependência com outros". Cada um é visto como "participante visceral" de um "todo", pela "participação" em um "fluxo contínuo de influências recíprocas" no qual estão incluídas. Ao contrário da pressuposição dos dispositivos mentais, o pressuposto mais geral que dá sustentação a essa concepção é de que a natureza humana é "superior", "instintiva" e "insatisfeita". A noção de *pessoa* aí elaborada é de que ela é resultante de uma "íntima articulação da mente (ou inteligência) com o ambiente físico e moral".

Este modo de conceber a *pessoa* pelo privilégio da interioridade sobre as situações exteriores, e todo o campo de significados que articula, converge para a construção do ideal de "autorrealização" no trabalho como uma das formas de atingir o "autêntico eu". Sob essa perspectiva, o trabalho exercido tende a se confundir com o itinerário de cada um em direção a si mesmo, uma busca experimental, possibilidade de apreender um sentido interno irredutível e conquista de cada um de sua "autenticidade". Em outros termos, o trabalho é uma via que possibilita, a cada um, a apropriação de seu destino, próprio e intransferível.

Como se pode facilmente entrever, essas concepções se colocam em uma evidente contraposição à "fragmentação", à "rigidez", ao "conformismo" nas empresas e à consequente redução da *pessoa* a apenas um de seus aspectos – pela sua identificação com o trabalho ou profissão, implicando a sua "despersonalização". Daí dissemina-se a ideia do trabalho como "gratificante" em si mesmo, implicando em sua "revalorização ontológica", o que aprofunda um campo para concepções da *pessoa*. A pretensão dessa revalorização seria desfazer a "moralidade dupla", própria às sociedades industriais, nas quais a percepção da "vida no trabalho" é revestida do caráter de uma "pseudorealidade" e de uma "pseudoidentidade" (cf. Berger, 1983). Tal percepção de que, no trabalho, a pessoa "não é ela mesma", foi também focalizada por Heelas, que analisou detidamente seus efeitos no movimento *New Age,* culminando com o que denominou de *self-work ethic*[21].

---

[21] A ideia básica é de que, trabalhando ou exercendo uma profissão, pode-se trabalhar a si mesmo num sentido espiritual. Além disso, o trabalho fornece a oportunidade para expressar as virtudes ressaltadas com o que significa ser *autenticamente humano* (cap 3, 1996).

Três fontes de referências significativas se combinaram para culminar nesta concepção da *pessoa autorrealizada*, reelaborada pelos saberes organizacionais. A primeira foi o movimento da "Qualidade Total", de inspiração japonesa, baseado na "satisfação do cliente", propondo modos de organização e de administração do trabalho que enfatizam tanto a "responsabilidade" e "iniciativa" individuais quanto o "envolvimento" e "participação" em equipe. Tal fórmula sintetiza o sentido da individualização das relações de trabalho, ao mesmo tempo em que instiga o pensamento sobre o "trabalhador", o "trabalho", as "empresas", o "mercado" e os "clientes" como "partes interdependentes de um todo". Talvez por instigar uma reflexão identificada como *pensar pelo avesso* (Coriat, 1994), para se referir às reviravoltas na trajetória de um "saber fazer" em relação aos "métodos tayloristas" e "fordistas", este movimento, pelo menos no Brasil, foi assimilado e reelaborado juntamente com a adesão ao "paradigma holista"[22]. Tal assimilação, a segunda fonte de referência aludida, parece não constituir regra geral. Porém, no que se refere ao universo pesquisado, a adesão ao "paradigma holista" é vista como uma concepção abrangente capaz de justificar, explicar e dar sentido às novas regras e práticas para trabalhadores e organizações. A terceira fonte de referência significativa, correlata à segunda, provém da apropriação da Psicologia Humanista, advinda do movimento norte-americano conhecido como Movimento do Potencial Humano. Integrante da contracultura dos anos 60 (Heelas, 1996; Taylor, 1991), o Movimento do Potencial Humano foi inspirado em uma abordagem holística[23].

A revalorização ontológica do trabalho na abordagem da Qualidade Total é indissociável de uma "abordagem positiva", centrada no "ser humano", e da ideia de que a empresa é um dos "ancoradouros do ser humano"; um lugar onde poderá "satisfazer as necessidades básicas". Assim, para satisfazê-las, a "motivação" aparece como uma mola propulsora da busca individual do "ideal máximo" da "autorrealização". A "autorrealização", o nível mais elevado no qual se distribuem, numa hierarquia de necessidades básicas e valores, proposta por Maslow[24], significa atingir o ideal da *pessoa* como um "todo integrado e

---

[22] Cf. Quintela e Cortada (1995), Brandão e Crema (1991), Edwards (1994), Wilson (1994) e Falconi (1992).

[23] Segundo Falconi, *op. cit.*, a introdução do modelo americano de qualidade, baseado na "ênfase na satisfação do cliente", no Japão, se deu a partir de 1954 e foi fortemente influenciada pela obra de Maslow que, por sua vez, foi influenciado pelo Movimento do Potencial Humano, segundo Heelas, 1996.

[24] No nível mais baixo dessa hierarquia das necessidades básicas do homem estão as "fisiológicas", que correspondem à sobrevivência (como alimentação, roupa e teto), seguidas das necessidades de "segurança" (proteção do indivíduo e da família,

múltiplo". Corresponde à "realização do próprio potencial", ao "autodesenvol-vimento", à "criatividade" e à "autoexpressão". Sob esta perspectiva, o trabalho pode tornar-se uma fonte de satisfação da necessidade de "autorrealização", considerada como o "objetivo último do ser humano", ao permitir orientar o comportamento em consonância com as características "genuínas" e "inerentes" da *pessoa*. O princípio que orienta a autorrealização é que aquilo que o homem "pode ser, ele deve ser". Se isso acontece, o homem encontra "sua verdade" por estar em "acordo consigo mesmo", com a "sua própria natureza mais profunda", transformando-se naquilo que é "potencialmente"[25].

Tal princípio não deixa lugar para a ideia de que a "vida real" e o "autên-tico eu" de uma pessoa estejam centrados apenas na esfera privada, única fonte decisiva para produção de significado pessoal, ou de que o trabalho possa ser convertido numa atuação na qual a pessoa não é ela mesma, ideia que se tornou "o problema" da sociedade industrial (cf. Berger, 1983). Também coloca limites à pretensão de ajustar as pessoas ao emprego, seja pela internalização das regras de um sistema hierárquico ordenado pela racionalidade burocrática, seja pela obediência ou pela subserviência, impostas pelos processos disciplinares. O princípio segundo o qual aquilo que o "homem pode ser, ele deve ser" sugere, ao contrário e como acabei de expor, que o "trabalho em si mesmo deve ser gratificante", as tarefas devem se ajustar às pessoas e deve haver "colaboração" e "participação" em função do "todo" (o colega, a empresa, o cliente, o mercado e o mundo, mesmo em suas dimensões incontornáveis). Tornar-se "o melhor do mundo", naquilo que faz no trabalho, seria uma das consequências inevitáveis da adoção desse princípio, porque se realizam as "virtualidades" do próprio "potencial", singular e irredutível, qualquer que seja o trabalho.

Se a motivação é uma mola propulsora, na construção da "autorrealização", o "potencial" é uma condição fundamental e expressa a ideia de conter em si um sentido imanente, natural, instintivo e vital. Direcionando a "exploração interna", o "potencial" sinaliza o caminho ao ambiente "externo" e seu retorno contínuo ao "interno". Esse movimento de voltar-se para dentro, é oposto ao da *pessoa modular,* em que a exploração em direção ao "externo" permanece sempre como ponto de partida. Constrói uma singularidade que se manifesta

---

estabilidade no lar e no emprego), das "necessidades sociais" (sentimentos de acei-tação, amizade, associação e sentimento de pertencer ao grupo), das "necessidades do *ego*" ou "estima" (autoconfiança, independência, reputação etc.).

[25] Taylor designa o significado dessas noções como sendo orientado pelo "ideal da autenticidade", que remonta ao expressivismo da ontologia romântica do séc. XVIII. Aponta em direção a uma forma de vida mais "autorresponsável", permitindo uma vida mais plena e diferenciada porque mais apropriada a cada um (1991, cap. 7).

Subjetividades e ética do trabalho nas organizações industriais contemporâneas   193

por um constante "mergulho no fundo de si mesmo" para "descobrir o eu verdadeiro", ao mesmo tempo ponto de partida e de chegada a essa exploração[26].

Articulada ao "potencial", encontra-se a categoria "energia", identificada como uma força que aciona e mantém o movimento numa dinâmica dos processos internos que movem e mobilizam a *pessoa*[27]. Porque também é imanente à *pessoa*, e jamais imposta, a "energia" denota uma entrega incondicional às tarefas (por se sentir impelido) e tem o efeito de demonstrar ou expressar o profundo "envolvimento", "comprometimento" e "participação" no trabalho.

Ao contrário do constante desafio suposto pela existência dos desvios entre o "eu" e a "realidade", colocado pela representação da *pessoa* integrada" pela modularidade (o "*self* pontual") e pela "flexibilidade", aqui é a "experiência interior" que produz o sentido da relação com o contexto de trabalho, numa operação em que cada um deve engajar o melhor de si mesmo. Esta é uma das razões alegadas para o incentivo a uma participação efetiva na empresa, desde o planejamento até o controle do trabalho, estimulado pelas mais variadas técnicas voltadas para o trabalhador e para o grupo nas empresas. Contra os princípios "taylorista" e "fordista" de parcelamento das tarefas, a ideia é "deixar que as pessoas coloquem um pouco de criatividade em tudo que fazem no trabalho, permitindo que elas se sintam autoras e responsáveis pelo que fazem". Tal participação, como se vê, tenta manter a unidade/totalidade da *pessoa* por meio de um jogo recíproco entre o reconhecimento das "potencialidades" individuais e a empresa, culminando na noção da "criatividade" como exteriorização, revelação e expressão destas "potencialidades" internas na tarefa, processo também identificado pela categoria "potencial criativo".

A noção de "potencial criativo" assume o significado de "criação" e "originalidade", numa direção oposta (embora possa ser complementar) à

---

[26] Interessante observar como esta concepção da Pessoa encontra ressonâncias com o modo de conceber o conhecimento pela consciência romântica, cujo *cogito* é exemplarmente descrita por Gusdorf. "Le *cogito* romantique fleurit à la surface de la totalité, émergeant à la manière d'une phosphorescence qui porte témoignage de la vie mystérieuse des profondeurs de l'inconscient et du préconscient" (1982, p. 362). Ao contrário do cogito de Descartes que evoca uma faísca de luz no vazio, o cogito romântico evoca uma planta nascendo de um terreno do qual é solidária (*op. cit.*).

[27] O sentido dessa articulação entre as categorias *potencial* e *energia* é análogo ao sentido da *Trieb* presente na *Naturphilosophie* alemã, descrita por Duarte e Venâncio, "como um impulso ou disposição 'natural' dos sujeitos vivos tendo em vista sua auto-realização. Esses sujeitos podiam ser tanto os organismos naturais e os seres humanos individuais, quanto entes coletivos e – *maxime* – a 'humanidade' ou 'civilização'" (1995, p. 84-85).

implicada na representação da *pessoa modular,* cujo significado se aproxima da ideia de "criatividade" como "inovação". A "criatividade" passa a ter um sentido de propor soluções que coincidam com a própria "originalidade", coincidência que revela ao mesmo tempo seus indícios indiscutíveis de "verdade" e "espontaneidade". O sentido subjacente a essa noção de "criatividade" é homólogo ao desenvolvido pela estética na tematização da criação artística[28], atividade vista como imitação da "força criadora da natureza". Transposta para "o problema" do trabalho, seu significado é revelado pela afirmação de que "trabalhar é imitar a própria criação" (Berger, 1983, p. 13), "competição" com os atos divinos, como sugere o mito de Prometeu (Berger, 1983).

A preeminência do espaço moral da *pessoa* é verificável no privilégio da "experiência vivida", na "convicção nas decisões", na "autorresponsabilidade", no "livre arbítrio" – de "natureza essencial por incluir o respeito ao outro". É traduzida pela capacidade de desenvolver "melhores escolhas de vida", desenvolver as próprias "potencialidades" e o "autocconhecimento" para manter a "harmonia intra e interpessoal". Um dos indícios de ter alcançado a realização do próprio "potencial" é vivenciar "experiências culminantes", em momentos transitórios, decorrentes do profundo envolvimento no contexto. Esse é o ponto de chegada, o ápice de um itinerário de quem passou por todos os degraus da "pirâmide da hierarquia das necessidades" de Maslow, pois cada degrau ultrapassado supôs que as necessidades do anterior foram atendidas.

Evidentemente, a exigência de "autorrealização" está concatenada a um conjunto de elaborações recentes, inextricáveis do saber romântico como um legado estruturante da cultura moderna. Dentre elas, como foi aludido, as elaborações do movimento denominado *potencial humano,* nos Estados Unidos[29]. Como Taylor aponta, este movimento remonta ao expressivismo original[30], com consequências mais específicas para a cultura contemporânea. A mais importante é justamente a força moral contida neste ideal de "autorrealização", denominado pelo autor como o "ideal da autenticidade". O princípio

---

[28] como Dumont demonstrou em seu estudo sobre Moritz (1991).

[29] Identificado como "uma reação ou oposição crítica e criativa ao mecanicismo do Behaviorismo e ao pessimismo da Psicanálise, o Movimento do Potencial Humano constitui uma opção que não nega os dois sistemas anteriores, mas busca ir além (Crema, 1985).

[30] Trata-se da ontologia romântica, que relaciona a voz ou impulso interior com a Filosofia da Natureza que lhe é essencial, tomando a percepção como dotada de significados que vem de dentro, de "um impulso interior que nos fala da nossa própria realização natural e da solidariedade com nossos semelhantes nas realizações deles" (1997, p. 472).

Subjetividades e ética do trabalho nas organizações industriais contemporâneas	195

ordenador deste ideal é o de que todos têm direito de desenvolver sua própria forma de vida, fundar seu próprio sentido do que é realmente importante ou digno de valor. As pessoas são incitadas a serem verdadeiras para si mesmas e a manterem suas próprias formas de "autorrealização", e o que isto engloba, em última instância, é determinado por cada um. A evocação de que todos têm direito de fundar seu próprio sentido de vida implica no reconhecimento do "direito à diferença", outra ideia do movimento da contracultura que trouxe consigo a consideração ao outro e o respeito mútuo (Taylor, 1997).

Todo esse horizonte cultural, que converge no ideal da *pessoa integrada pela autorrealização*", não deixa de trazer implicações importantes para os saberes organizacionais, apontadas por autores situados tanto dentro quanto fora deste campo de pesquisa. Remetidas umas às outras, essas análises consideram a "autonomia" e a "responsabilização" como formas de "controle" e de mobilização" do tipo pós-disciplinar, além da noção do indivíduo como um efeito e produto das relações de poder disciplinar, nos termos de Foucault, o que gera consequências ambíguas (Aubert & Gaulejac, 1991) A primeira é a transformação desses mecanismos de controle em virtude, promovendo um tipo de "servidão voluntária", reduzindo ou até mesmo desconsiderando a realização do trabalho como uma atividade de sobrevivência (Le Goff, 1995); a segunda é que estas concepções, de inspiração humanista, são levadas em conta apenas para serem instrumentalizadas, dirigindo-as para uma concepção completamente "pragmática" da *pessoa*. Ou seja, a pessoa é vista como possuidora de uma espécie de capital (seu "potencial") que ela gere, a fim de desenvolvê-lo e fazê-lo frutificar (Castel, 1991)[31]. O resultado é a busca incessante de uma *performance* no trabalho que atribui a cada um a realização e o desenvolvimento de si mesmo, tornando-o responsável tanto pelo "sucesso" quanto pelo "fracasso" profissional (Aubert & Gaulejac, 1991).

Para esses autores, a utilização das práticas organizacionais fornecidas pela Psicologia Humanista às abordagens da Qualidade Total, ao invés de se colocar em contraposição à racionalidade instrumental e à fragmentação, na verdade, cobre rachaduras do tecnicismo até chegar a nódulos anteriormente preservados da subjetividade (Castel, 1991). Nos termos de Castel, esta utilização transforma

---

[31] Castel descreve essa Pessoa como um "composto estranho do rousseaunismo sonhador que exalta a espontaneidade e pretende lutar contra as alienações e os constrangimentos em nome da transparência dos indivíduos, e de uma procura infinita da receita técnica, indispensável para bem conduzir essa tarefa. Tornar-se livre aplicando um programa, construir a espontaneidade a golpes de tecnologia; combater a alienação desdobrando uma bateria de exercícios, da qual nos perguntamos, às vezes, se não se originam de simples ginástica" (1991, p. 146).

o "potencial humano" – ao mesmo tempo pessoal e relacional – num capital objetivável, que se cultiva a fim de se tornar mais atuante na sociabilidade, no trabalho ou no gozo[32].

À luz da ética da autenticidade, esta intensificação da dimensão moral da *pessoa* no trabalho e dos seus efeitos como novas formas de poder, exigindo esforço mais rigoroso na tentativa de "modelar a existência", com vistas à produtividade e eficiência – encarnadas nas novas formas de individualização do trabalho – pode ser compreendida numa outra direção, complementar. Como evidenciou Taylor, essa ética, como todas as formas de individualismo e de igualdade, por um lado, abre um campo para formas de autorresponsabilização – argumento que permite compreender o desenvolvimento de formas de controle, mobilização e instrumentalização individuais voltadas para a produtividade. Por outro lado, há uma tensão permanente entre as exigências de autenticidade – que supõem demandas que estão além do *self*, pois, caso contrário, elas perderiam sua razão de ser[33] – e as exigências por mais liberdade, luta que jamais será resolvida por um dos dois lados, embora suas linhas de demarcação possam ser constantemente deslocadas e movidas (Taylor)[34]. Isto não impede, contudo, que essa tensão, verificada na relação da *pessoa* com a empresa, entre as exigências da autorrealização e de produtividade, não possa ser percebida como um conflito gerado pela dualidade desses níveis, objeto, justamente, das vicissitudes enfrentadas nas formulações que pretendem "integrá-los".

Para finalizar, pode-se argumentar que as formas de individualização no contexto das relações de trabalho das organizações industriais, descritas neste artigo, trazem consigo, do ponto de vista dos indivíduos, formas específicas de autorrealização, chances de felicidade e de contentamento. Mas trazem,

---

[32] Trata-se de uma estratégia de "construir um mundo psicológico ou social ordenado trabalhando o material humano, programando sua eficiência na construção de uma ordem pós-disciplinar que não passaria mais pela imposição dos constrangimentos, mas pela mudança e a gerência do fator humano em função de figuras novas sob as quais se apresenta a necessidade social" (Castel, 1991, p. 178-179).

[33] "Only if exist in a world in which history, or the demands of nature, or the needs of my fellow human beings, or the duties of citizenship, or the call of God, or something else of this order *matters* crucially, can I define an identity for myself that is not trivial" (Taylor, 1991, p. 40).

[34] Evitar o pessimismo cultural envolvido nas críticas às "piores formas de subjetivismo", identificados no narcisismo e no hedonismo, seria uma das vantagens em se pensar na ética da autenticidade como um dos desafios da modernidade, ainda não resolvidos.

Subjetividades e ética do trabalho nas organizações industriais contemporâneas   197

também, formas específicas de insatisfação, de infelicidade e de ansiedade. Nos dois casos, e diante das condições atuais, as preocupações com a "realidade externa" são transformadas em preocupações que os indivíduos têm consigo mesmos, o que une, intimamente e cada vez mais, o Valor da Pessoa à ética individual do trabalho. Concomitantes ao próprio nível elevado de individualização do segmento profissional pesquisado, as possibilidades contraditórias que subjazem a estas formas de autorrealização e de insatisfação são parte da condição humana em seu processo de autoconstrução. Neste caso específico, orienta-se em direção às significações de um ser "multifacetado", "integrado" e "flexível": o *homo multiplex*.

Referências bibliográficas

Arendt, H. (1989). *A condição humana*. Rio de Janeiro: Forense Universitária.

Castel, R. (1987). *A gestão dos riscos: da antipsiquiatria à pós-psicanálise*. Rio de Janeiro: Francisco Alves.

Coriat, B. (1994). *Pensar pelo avesso: o modelo japonês de trabalho e organização*. Rio de Janeiro: Revan/UFRJ.

Coterreau, A. Théories de l'action et notion de travail: note sur quelques difficultés et quelques perspectives. *Sociologie du travail N º Hs/94*.

Dodier, N. (1995). *Les hommes et les machines: la conscience collective dans les sociétés technicisées*. Paris: Métailié.

Duarte, L. F. D. (1995).Formação e ensino na Antropologia Social: os dilemas da universalização romântica. *O ensino da Antropologia no Brasil: temas para uma discussão*. Rio de Janeiro: Revista da ABA.

Duarte, L. F. D. & Venâncio, A. T. A. (1995). O espírito e a pulsão: o dilema físico-moral nas teorias da Pessoa e da cultura de W Wundt. *Mana Estudos de Antropologia Social, 1*(1).

Dumont, L.. (1995). *O individualismo: uma perspectiva da ideologia moderna*. Rio de Janeiro: Rocco.

Durkheim, É. (1995). *Da divisão do trabalho social*. São Paulo, Martins Fontes.

Durkheim, É. (1970). Le dualisme de la nature humaine et ses conditions sociales In G. Filloux (ed). *La science sociale et l'action*. Paris: PUF.

Elias, N. (1994). *A sociedade dos indivíduos*. Rio de Janeiro: Jorge Zahar.

Foucalt, M. (1984)*Vigiar e punir: nascimento da prisão*. Petrópolis: Vozes.

Godelier, M. (1990). Aide-mémoire for a survey of work and its representations. *Current Anthropology: a world journal of the sciences of man, 21*(6).

Gusdorf, G.. (1982), *Fondements du savoir romantique*. Paris: Payot.

Heelas, P. *The New Age Movement: the celebration of the Self and the sacralization of modernity*.Oxford: Blackwell Publishers.

Hobsbawn, E. J. (1998). *Mundo do trabalho: novos estudos sobre história operária*. São Paulo: Paz e Terra.

James, W. (1979). *Pragmatismo e outros textos*. São Paulo: Abril cultural.

Mauss, M. (1974). Ensaio sobre a dádiva. Em Sociologia e antropologia. São Paulo: EPU/EDUSP.

Oliveira, R. C. (1988). *Sobre o pensamento antropológico*. Rio de Janeiro: Tempo Brasileiro.

Subjetividades e ética do trabalho nas organizações industriais contemporâneas 199

Salem, T. (1992). Manuais modernos de auto-ajuda: uma análise antropológica sobre a noção de pessoa e suas perturbações. Estudos em Saúde Coletiva, 7.

Simmel, G. Group expansion and the developement of individuality. Levine(Ed) *On individuality and social forms*. Chicago: The University Press, 1971

Taylor, C. (1997). *As fontes do self: a construção da identidade moderna*. São Paulo: Edições Loyola.

Taylor, C. (1991). *The ethics of authenticity*. London/Cambridge: Harvard University Press.

Valèry, P. (1998). *Introdução ao método de Leonardo da Vinci*. São Paulo: Editora 34.

Referências Bibliográficas dos Saberes Organizacionais.

Adizes, I. (1995). *Gerenciamento as mudanças: o poder da confiança e do respeito mútuos na vida pessoa, na vida familiar, nos negócios e na sociedade*. São Paulo: Pioneira.

Adizes, I. (1990). *Os ciclos de vida das organizações*. São Paulo: Pioneira.

Argyris, C. (1992). *Enfrentado defesas empresariais: facilitando o aprendizado organizacional*. Rio de Janeiro: Campus.

Aubert, N. & Gaulejac, V. (1991). *Le coût de l'excellence*. Paris: Seuil.

Bekin, S. F.. (1995). *Conversando sobre endomarketing*. São Paulo: Makron.

Berger, P. L. (1983). Algumas observações sobre o problema do trabalho. *Revista de Administração de Empresas*.

Bettignies, H.-C. (s. d.). *The management of learning: lessons from Japan. Insead e Stanford University* (Mimeo).

Brandão, D. & Crema, R. (1991). *O novo paradigma holístico*. São Paulo: Sumus Editora.

Byham, W. C. (1995). *Zaap: o poder da energização*. Rio de Janeiro: Campus.

Campos Falconi, V. (1990) *Gerência de qualidade total: estratégia para aumentar a competitividade da empresa brasileira*. Belo Horizonte: Fundação Christiano Ottoni – UFMG, Bloch Editores.

Campos Falconi, V. (1992). *TQC: controle da qualidade total (no estilo japonês)*. Belo Horizonte: Fundação Christiano Ottoni, Escola de Engenharia da UFMG.

Coriat, B. (1994). *Pensar pelo avesso: o modelo japonês de trabalho e organização*. Rio de Janeiro: UFRJ/Revan.

Cortada, J. W. & Quintella, H. M. (1995). *TQM: gerência de qualidade total*. São Paulo: Makron Books.

Costa Neves, M. G. & Costa, R. M. *et all.* (s/d). *Projeto "TQC- Controle de Qualidade Total"- Gerenciamento do crescimento do ser humano na educação.* [mimeo]. Belo Horizonte: Fundação Christiano Ottoni.

Crema, R. (1985). *Análise Transacional centrada na Pessoa... e mais além.* São Paulo: Ágora.

Csillag, J. M. (1991). *Análise do valor: metodologia do valor, engenharia do valor.* São Paulo: Atlas.

Davenport, T. H. (1993). Need radical innovation and continuos improvement? Integrate process reengineering and TQM. *Planning Review,* .

Davenport, T. H. (1994). *Reengenharia de processos: como inovar na empresa através da tecnologia da informação.* Rio de Janeiro: Editora Campus.

Hammer, M. & James, C. (1994). *Reengenharia: revolucionando a empresa em função dos clientes, da concorrência e das grandes mudança da gerência.* Rio de Janeiro: Campus.

Harvey, D.. (1993). *A condição pós-moderna: uma pesquisa sobre as origens da mudança cultural.* São Paulo: Edições Loyola.

Hirata, H. et. all. (1993). *Sobre o "modelo" japonês.* São Paulo: EDUSP.

Hobsbawm, E. (1995). *A era dos extremos.* São Paulo: Cia das Letras.

Hodgetts, R. M., Luthans, F. & Lee, S. M. (s.d.). *New paradgma organizations: from total quality to learning to world-class.* [Mimeo].

Joiner, B. L. (1994). *As metas gerenciais: gerência da quarta geração.* São Paulo: Makron Books.

Juran, J. M. (1990). *Juran na liderança pela qualidade.* São Paulo: Pioneira.

Kennedy, P.. (1993). *Preparando para o século XXI.* Rio de Janeiro, Campus.

Leiria, J. S. (1991), *Terceirização: uma alternativa da flexibilidade empresarial.* Porto Alegre: Sagra.

Mandel, M. J. (1996). Economic anxiety. *Business Week Internacional.*

March, J. & Simon, H. (1981). *A Teoria das organizações.* Rio de Janeiro: Editora FGV.

Martins, P. E. M. (1994). O trabalho e as organizações pós-industriais: maldição de Sísifo ou divertimento dos Jocis? ADN – Administração de negócios, (VII), *40*(4-7), 474-9.

Maslow, A. H. (1970). *Motivation and personality.* New York: Harper e Row.

Mcgregor, D. (1979). O lado humano na empresa. Em Y. F. Balcão (org). *Comportamento humano na empresa.* Rio de Janeiro: FGV.

Mills, Q. (1993). *O renascimento da empresa.* Rio de Janeiro: Campus.

Morgan, G. (1996). *Imagens da organização*. São Paulo: Atlas.

Morin, E. (1987). *Ciência com consciência*. Rio de Janeiro: Editora Nova Fronteira.

Motta, F. C. P. (1986). *Teoria das organizações: evolução e crítica*. São Paulo: Pioneira.

Motta, P. R. (1988). Razão e intuição: recuperando o ilógico na teoria da decisão gerencial. *Revista de Administração Pública*, 22(3),.

Nadler, D. (1994). *Arquitetura organizacional: a chave para a mudança empresarial*. Rio de Janeiro: Campus.

Naisbitt, J. (1994). *Paradoxo global*. Rio de Janeiro: Campus.

Nash, L. (1993). *Ética nas empresas: boas intenções à parte*. São Paulo: Makroon Books.

Neto, B. R. M. (1986). *Teoria das organizações: evolução e crítica*. São Paulo: Livraria Pioneira Editora.

Offe, C.. (1985). *Disorganized Capitalism*. Cambridge: Polity Press.

Pegado, P. (1996). *Programa TQC: qualidade de vida Docegeo- Seminário de sensibilização* [mimeo]. Belo Horizonte.

Posner, R. & Wortman. A new ethic for work? The worth ethic. In *Human resource management*. Fall, 1975.

Rifkin, J. (1996). *O fim do emprego*. São Paulo: Makron Books.

Senge, P. M. (s. d.). *A quinta disciplina: arte, teoria e prática da organização de aprendizagem*. São Paulo: Editora Best Seller/Círculo do Livro.

Shaw, R. B. & Perkins, D. N. T. (1994). Ensinar às organizações a aprender: o poder dos fracassos produtivos. In: *Arquitetura organizacional: a chave para a mudança empresarial*. Rio de Janeiro: Campus.

Shumacher, E. F. (1983). *O negócio é ser pequeno: um estudo de economia que leva em conta as pessoas* (4a. ed.). Trad. Octávio Alves Velho. Rio de Janeiro: Zahar.

Simon, H. (1987). A Making management decisions: the role of intuition and emotion. In *Academy of management executive* [mimeo].

Simon, H. (1965). *Comportamento administrativo*. Rio de Janeiro: FGV.

Soares, R. M. S. M. (1990). *Gestão da empresa, automação e competitividade: novos padrões de organização e de relações do trabalho*. Brasília: IPEA/IPLAN.

Souza, M. A. A. *et al*. (1994). *Fim de século e globalização*. São Paulo: Hucitec.

Tauille, J. R. (1992). *Flexibilidade dinâmica, cooperação e eficiência econômica: anotações*. Rio de Janeiro: IEI/UFRJ.

Thurow, L. (1996). *The future of capitalism.* New York: Morrow.

Toffler, A. (1992). *A empresa flexível.* Rio de Janeiro: Record.

Toffler, A. (1980a). *A terceira onda.* Rio de Janeiro: Record.

Toffler, A. (1980b). *O choque do futuro.* Rio de Janeiro: Artenova.

Tomasko, R. M. (1992). *Downsizing: reformulando e redimensionando sua empresa para o futuro.* São Paulo: Makroon Books.

Tomasko, R. M. (1994).. *Rethinking: repensando as corporações. Reengenharia e Gestão de Mudanças.* São Paulo: Makron Books.

12

Significados otorgados al contexto de trabajo actual y a los cambios en las condiciones laborales por un grupo de trabajadores de Bogotá

Maria Claudia Peralta Gómez[1]

Significados otorgados al contexto de trabajo actual y a los cambios en las condiciones laborales por un grupo de trabajadores de Bogotá

Se presenta el estudio de los significados otorgados al contexto de trabajo actual y a los cambios en las condiciones laborales por un grupo de trabajadores de Bogotá. Para esto, se tienen en cuenta, el contexto del trabajo, y las condiciones laborales actuales.

Se asume una perspectiva socio-cultural, que facilita una mirada sobre la sociedad que, según González (2002), ha estado ausente en la psicología; a la vez que provee medios para apreciar y abarcar el tejido social distante. Precisamente, porque en los espacios relacionales, surgen conexiones interculturales complejas que van conformando los modos de actuar y de pensar en cada época.

Indagar por el significado que tiene el trabajo para las personas en un momento histórico específico y la manera como éstas significan los cambios, remite al contexto, a la historia y a los sistemas en los que se encuentran. Y es que como expresa Gorz (1995) refiriéndose a los motivos que subyacen al cambio cultural: *"no se trata simplemente de un cambio cultural, sino del reflejo de cambios objetivos en el entramado material de la sociedad"*.

---

[1] Universidad de La Sabana.

El contexto de trabajo actual

América Latina, como región inserta en los procesos de globalización, se halla atravesada por las ideologías dominantes en el contexto mundial, las cuales, bajo el predominio de la racionalidad económica, privilegian el mercado por encima de las instituciones sociales y del Estado Nación. La globalización es entendida por Castells (1997); Santos (1998); Roe y Van den Berg (2003), como fenómeno económico completamente ligado a mundialización de la tecnología y la información, a la vez que involucra las dimensiones políticas, económicas y sociales.

En la dimensión política, se ha debilitado el Estado (Blanch, 1996). En palabras de Castel (2010), esta debilidad del Estado social se ve en dos aspectos: en el "perímetro de intervención y en sus modalidades de reorganización" (p. 36). Esto se debe, según el autor, a la fuerte presión por la competencia internacional, a la falta de regulaciones transnacionales y al debilitamiento de las instituciones internacionales de apoyo (como la Organización Internacional del Trabajo, [OIT]), que no tienen el poder de imponer protección real a la competencia despiadada del capitalismo financiero internacional.

En la dimensión económica, la globalización es vista como la posibilidad para el desarrollo de mercados mundiales de productos, servicios, capital e información; facilitando el incremento de los negocios y de la competencia, la integración de mercados entre países y la expansión de los sectores de servicios, información y tecnología. Al mismo tiempo, tiende a dominar todos los ámbitos de vida de los ciudadanos y permite la explotación de algunos en beneficio de otros, a la vez que niega cualquier forma de reclamación que se considere contraria a las bondades del sistema económico (Santos, 1998).

En la dimensión social y a nivel mundial, se están modificando las estructuras sociales y las relaciones laborales actuales, en la medida en que se ha dado un incremento de grupos poblacionales en edades entre los 15 y 64 años, y una disminución de los porcentajes de menor edad (Naciones Unidas: Objetivos del Milenio, 2008).

Metamorfosis sociolaboral

Asociado al proceso de globalización, por la innovación tecnológica y de comunicación (TIC) se ha dado la reorganización flexible del trabajo, que ha generado, en las últimas décadas un profundo cambio socio laboral. El crecimiento económico ya no necesariamente genera empleo, por el contrario, la mano de obra se ve diluida frente a las innovaciones tecnológicas y ya

Significados otorgados al contexto de trabajo actual y a los cambios en las condiciones laborales por un grupo de trabajadores de Bogotá

no constituye un factor determinante para el valor de los bienes y servicios productivos, ni es un referente de primer orden para la dinámica laboral. Precisamente por esto, el trabajador ve disminuida su posibilidad de trabajo como eje fundamental de autorrealización (Blanch, 2003a). De esta manera el capitalismo puede progresar sin crear necesariamente trabajo, y por el contrario está produciendo desempleo (Santos, 1998).

A consecuencia de este orden económico mundial, se evidencian las siguientes transformaciones del mercado laboral:

- *Fragmentación y difusión del trabajo* (Santos, 1998; Benería, 2006). Situación que afecta el mundo simbólico de relaciones laborales
- *Cambios en las características organizacionales* (Blanch, 2001, 2003b)
- *Redefinición de relaciones* laborales y de contrato psicológico (Blanch, 2003b; Silla, Gracia & Peiró, 2005; Roe & Van den Berg, 2003)
- *Incremento de la diversidad en la fuerza laboral* (Roe & Van den Berg, 2003)
- *Desregulación de las condiciones de trabajo y disminución de los costos para las empresas* (Antunes, 2000b)
- *Realización de trabajos carentes de seguridades*: en una concepción de "falso trabajo independiente" (Antunes, 2000b; Benería, 2006)
- *Fluctuación laboral permanente:* constante fluidez entre las actividades dentro y fuera del mercado laboral (Antunes, 2000a; Benería, 2006)
- *Aislamiento y neutralización política de las clases trabajadoras* (Santos, 1998; Beck, 1998; Antunes, 2000b)
- *Mayores exigencias a los trabajadores* (Silla, Gracia & Peiró, 2005)
- *Vivencia de riesgo e inseguridad* (Antunes, 2000a; Blanch, 2003a)

Por tanto, el trabajador actual se enfrenta a la sensación de un futuro precario y saturado de riesgos, sensación y vivencia de inseguridad que de otra parte es también compartida por quienes han mantenido su empleo o por quienes encontraron trabajo permanente (Stiglitz, 2003).

El informe de Desarrollo de Objetivos del Milenio (ONU, 2010), señala que con la crisis económica de 2008, más gente se ha visto forzada a aceptar empleos vulnerables. Para Benería (2006), actualmente, se incrementa la vulnerabilidad que genera gran inseguridad en el presupuesto familiar. Se encuentra que incluso trabajadores de hogares no tan pobres, resultan muy vulnerables a la hora de pagar sus deudas y de mantener un consumo mínimo, en razón a la fluidez y a los bajos ingresos.

En síntesis, la globalización ha traído cambios en el pensamiento económico, en la tecnología, en los procesos de trabajo, en las organizaciones, en las modalidades de contratación, en los contratos psicológicos, en los tiempos y espacios laborales y en las relaciones con los otros y en lo que se valora.

Por lo anterior, estudiar el significado que tiene el trabajo para los grupos sociales en un momento específico, involucra múltiples niveles y convocan diversos actores/trabajadores, co-constructores de realidades móviles y cambiantes, quienes a su vez significan de diversas maneras sus experiencias laborales.

Significados del trabajo

La profunda preocupación que ha generado la crisis económica y social por la que atraviesa el mundo laboral en las sociedades actuales, ha promovido un gran interés por estudiar el fenómeno del trabajo desde diversas perspectivas. El carácter multidimensional de esta actividad humana lo convierte en un objeto de estudio complejo y desafiante (Marin, 2003).

El trabajo desde su dimensión cultural y en la modernidad ha sido definido como factor relevante para las personas, por ser una actividad en la que se ocupa gran parte del tiempo; es un factor de socialización, al igual que es considerado el principal vínculo de la persona con la realidad. El trabajo también es visto como núcleo central en la construcción de la identidad personal y social (Jahoda, 1987; Álvaro, 1992; Blanch, 1996; Harpaz, 2002, Klein, 2005; Álvaro & Garrido, 2006).

A la vez, el trabajo va adquiriendo valor como medio de acceder al consumo básico que permite sobrevivir o al consumismo que da existencia social a las personas en la sociedad capitalista (Marin, 2004).

El trabajo como construcción cultural, es también un espacio de relación en el que se conjugan, saberes, prácticas, creencias, y expectativas propias de una sociedad y de un momento histórico. Razón por la cual, en distintas épocas ha tenido diferentes significados, como observa Méda (1998).

El concepto de trabajo, es por lo tanto una construcción social (Salanova, Hontangas & Peiró, 1996), esto es, en la medida en que se ha convertido en una actividad desarrollada en contextos culturales y socioeconómicos, y por el sentido y el valor que las personas le atribuyen a su experiencia.

Desde esta dimensión simbólica, el significado del trabajo se asume en esta investigación, como una producción en la que se conjugan las condiciones económicas y materiales con la subjetividad, entendida desde este punto de vista, como producción de significados a partir de las propias experiencias y vivencias, en tramas relacionales y en función del contexto sociohistórico que la produce.

La pregunta

Justamente por los cambios laborales y las condiciones del trabajo actual, asociados a la globalización, se considera importante abordar el significado dado a estos cambios por parte de un grupo de trabajadores colombianos.

Es importante entender las mutaciones y metamorfosis que vienen dándose en el mundo contemporáneo y, así como los significados que estos tienen para las personas y sus más importantes consecuencias (Antunes, 2005).

Por esto, se estudia la subjetividad laboral, a partir de entender la forma cómo se significan las condiciones sociales actuales. Condiciones que devienen de una historia, de una cultura y de condiciones particulares de un país (Blanch & Stecher, 2009; Blanch & Cantera 2008).

Este tipo de estudios contribuye a la disciplina científica en razón a que da cuenta de una investigación de carácter cualitativo, que ilustra la manera cómo se están significando los cambios socio laborales contemporáneos y las nuevas realidades en la organización del trabajo con sus correspondientes implicaciones en la construcción de la subjetividad de los trabajadores.

En este escenario, surge la pregunta por los significados otorgados al contexto de trabajo actual y a los cambios en las condiciones laborales por un grupo de trabajadores de Bogotá.

Método

Para dar respuesta a la pregunta, se hace un abordaje hermenéutico de comprensión de los fenómenos, como método para entender la perspectiva de los sujetos. Perspectiva que se sustenta en el carácter estructural del lenguaje y se basa en el postulado de la construcción simbólica de la realidad social. Se postula que el mundo social y cultural sólo puede ser entendido desde el punto de vista de quienes están involucrados en él (Kashima, 2002).

El enfoque hermenéutico se ha centrado en la comprensión del mundo social y cultural del trabajador colombiano a partir de los relatos obtenidos de manera directa con los participantes; con una aproximación histórica y destacando lo particular y único del fenómeno (Gutiérrez, 2004). Igualmente se resalta el papel activo de la subjetividad y de los sujetos tanto en los procesos de construcción de conocimiento, como en la dinámica histórica de la misma construcción de la realidad social (Zemelman, 1997).

Mediante el enfoque hermenéutico, se trata de profundizar en el conocimiento de la experiencia laboral tal como se manifiesta en relatos obtenidos en entrevistas.

Participantes

Para el abordaje hermenéutico de las particularidades de la población en contexto específico, se ha entrevistado un grupo de 28 personas de la ciudad de Bogotá, 8 hombres y 20 mujeres, 13 de ellos casados y 15 solteros, en diferentes grupos de edad, desde los 18 hasta los 52 años. Se abarcaron diferentes niveles socioeconómicos así como educativos, desde niveles bajos de educación hasta niveles profesionales. Al igual que se entrevistaron personas de diferente condición laboral; empleo formal, subempleo y desempleo. Los participantes fueron reclutados por el método de bola de nieve, de manera que unos reverenciaban a otros quienes podrían participar en la entrevista. Esto con el fin de abarcar un espectro amplio de la población.

Para la recolección de la información se utilizaron entrevistas; las cuales forman parte de un proyecto más amplio sobre la subjetividad laboral y a los participantes se les preguntó específicamente por los cambios experimentados en las condiciones laborales actuales, y la forma como estas transformaciones los afectan. A cada participante se le invitó a su libre participación, se le indicó la confidencialidad de la información y el objetivo del estudio. Las 28 entrevistas fueron grabadas y posteriormente transcritas por cada uno de los auxiliares de esta investigación.

Para el análisis de información se utilizó la teoría fundamentada de Strauss y Corbin (2002), teniendo en cuenta que parte de la construcción social de conocimiento se basa en la forma como los investigadores seleccionan e interpretan las respuestas a las entrevistas. Desde la posición de investigador, se tiene en cuenta que lo que se narra acerca de una vida es una interpretación de procesos y relaciones sociales que se ponen en juego en las vidas concretas de las personas (Lindon, 1999; Bruner, 2000).

Por esto, las respuestas se organizaron en citas y posteriormente en códigos, dando cuenta de los significados otorgados al trabajo. La información se organizó en tablas que dieron cuenta de los cambios en la condición laboral, la manera como las significan los trabajadores y el impacto que estas tienen.

Resultados

El trabajo intelectual: El cambio laboral es señalado como el paso al trabajo intelectual; significado como un cambio en términos del cambio de un trabajo que requiere más que el esfuerzo físico, del saber y del dominio intelectual. En este repertorio del trabajo físico al trabajo intelectual destaca la alta valoración del trabajo intelectual dominante en la sociedad actual, con desprecio y desvalorización del trabajo manual y con predominio de la valoración hacia los hoy denominados trabajadores del conocimiento. En estos cambios, los participantes destacan cambios positivos, tanto en las condiciones ambientales y físicas del trabajo, como cambios en el sujeto, el cual es visto más intelectual, con un enfoque hacia el trabajo en equipo y a la productividad, como discursos fuertes de la modernidad. Así manifiesta una participante:

> Creo que ese ha sido el cambio sustancial, porque en el primero era el típico de estar en una misma actividad varias horas seguidas, casi sin tener que aportar mucho porque todo está definido, y el agotamiento físico al final del día es notorio, en cambio ahora es un desarrollo más intelectual. Es el estar desarrollando constantemente cosas, de estar implementando estrategias, de estar implementando formas de trabajo, y digamos que el cansancio se nota pero es más un cansancio intelectual, esos cansan más (risas) P 1: sandra.rtf – 1:54

La tecnología, resulta identificada con mejores condiciones laborales en la medida en que facilita el trabajo, apoya a los trabajadores y a las empresas en su labor, y es uno de los elementos que ha permitido ese tránsito de un trabajo físico a uno más intelectual.

La tecnología como factor importante, es visto por la mayoría de los participantes como un factor positivo en las nuevas relaciones laborales, en este proceso en el que se inserta el paso del trabajo físico al trabajo intelectual y en el que destaca para ellos el progreso, mejora en las comunicaciones y la posibilidad de que el trabajo se haga más fácil. Dice un entrevistado:

> Pues yo creo que ahorita con la tecnología se ha avanzado mucho, a veces yo creo que antes era más duro que ahora. O sea, partir digamos de unos veinte años atrás era como más duro el trabajo; o sea ahora depende de cualquier o sea… en la oficina, o en cualquier lado pues que uno tenga la oportunidad de trabajar es como más fácil. P22: nelson.doc – 22:8

Desde este otro ángulo, para los entrevistados, la tecnología ha desplazado la mano de obra, las personas son reemplazadas por máquinas, a la vez que se identifica al trabajador como problemático, que se sindicaliza, que tiene necesidades y exigencias. Por el contrario, la tecnología como recurso que no genera mayores exigencias, es bien aprovechado por los empresarios para reforzar la sumisión, impedir la asociación de los trabajadores y romper el tejido social de la clase trabajadora. Las personas son vistas como *desechables*, se descartan si no funcionan, se les paga menos, no se valora su trabajo: *La gente es como desechable actualmente*. Afirmaciones que conllevan cambios en la subjetividad laboral y que son hechas por los trabajadores:

> La maquinaria se crean máquinas y cosas que hacen las veces de nosotros, entonces esas máquinas no necesitan, no tienen necesidades como nosotros las tenemos entonces ellos pueden pasar toda una semana entera y nosotros no. P10: jaquie – 10:55

Otro cambio importante que se señala es el cambio en la *concepción del tiempo laboral*. De horarios fijos se pasa a trabajo por metas y objetivos. Cada uno asume la responsabilidad por su labor y trabaja por su lado, en unidades aisladas y en total soledad, bajo la consigna del trabajo independiente y de cada uno responde por lo suyo. Así expresa una trabajadora:

> Entonces sus resultados se miden en papel, en la cantidad de informes, en la calidad de informes, en cifras en estadísticas, en vez de un resultado tangible, manual como antes. Ahorita es el mejoramiento de las ventas, todo son cifras, todo son presentaciones, estadísticas, todo tiene que ver con el manejo de un computador cosa que antes no funcionaba así; unos quince años veinte años. O sea el cambio ha sido drástico hace muy corto tiempo. P 3: johana.rtf – 3:14

Así, la tecnología facilita el trabajo, hace la vida más fácil, agiliza las comunicaciones y genera nuevas formas de trabajo. A su vez, modifica las relaciones interpersonales y las interacciones, las despersonaliza e individualiza. La tecnología informática como medio de control en el trabajo, a través de la cual se supervisa, se exigen resultados, reportes e indicadores que entrega cada trabajador. Se reorganiza el trabajo, se rediseñan los cargos; aparecen mayores requerimientos de cumplimiento y de habilidades de los trabajadores. Se exige mayor responsabilidad, conocimientos tecnológicos y toma de decisiones.

Lo legal: repertorio asociado a los cambios en las normas legales instituidas para regular los espacios laborales.

Este aspecto, es visto en dos sentidos, tanto de manera positiva como de manera negativa. De manera positiva, cuando se asocian con las ventajas de la contratación a largo plazo y con la protección legal a los trabajadores en aspectos que tienen que ver con mayor estabilidad y mayor protección en lo referente a la seguridad social. Sin embargo, pocos perciben mejoras en los salarios y/o en los horarios de trabajo.

Para otros, por el contrario, se aprecian desmontes de las ventajas de protección en el trabajo, que conducen a la sensación de inseguridad, incertidumbre e indefensión. Así como se habla de mayores exigencias laborales y menores salarios y garantías para los trabajadores. Una trabajadora dice:

> Pero algo negativo podría ser un poco como eso: algo como que las garantías cada vez son menores y la angustia del trabajador durante su época productiva es cada vez más grande porque tiene menos posibilidades de asegurar un futuro. P18: mafe_14-08-08.

Aparece gran preocupación por las condiciones de salud y en general por el futuro que se vislumbra como incierto e inestable; se vivencia desesperanza en términos de alcanzar una pensión que les asegure su supervivencia en la vejez.

Las inseguridades se asocian a una percepción del Estado alejado de sus ciudadanos, enfocado al beneficio de los grandes empresarios y disminuyendo cada vez más las garantías de los trabajadores conseguidas a partir de las luchas y resistencias sindicales del siglo pasado. Dicen:

> No cierto, pero en lo que tiene que ver con el desarrollo industrial y con esas relaciones de trabajo capitalista, pues de alguna manera antes el trabajo era mejor visto, era mejor valorado. Porque los trabajadores se sindicalizaban, los trabajadores no tenían la competencia de las máquinas, eso por un lado; por otro lado, porque el neoliberalismo, ha llevado a la flexibilización de las normas del trabajo, que es lo que se ha vivido en este país con el cuento de la flexibilización laboral P29: antonio.doc – 29:30

> Los cambios en el trabajo, asociados a las ventajas sociales y legales que se han desmontado, replantean el compromiso del trabajador, que se siente vulnerado en ese ideal de trabajo para toda la vida y para obtener una pensión que asegure su vejez.

> Exacto digamos que los cambios donde el empleado tiene más posibilidades pienso que son al modificarse las leyes donde por ejemplo el empleado ya no tiene que dar un preaviso de tanto tiempo por eso hace que haya muchas movilidades en el trabajo, cuando hay muchas movilidades pues se habla de que cada vez la calidad es menor. P18: mafe_14-08-08.doc

La competitividad: por otra parte, en el contexto laboral actual, se hacen vigentes la competitividad y la crisis, como elementos que afectan las relaciones laborales. Se mencionan la competitividad del mercado y la crisis laboral, como elementos que tanto para las empresas como para los trabajadores cumplen la función de generar mayores exigencias en la medida en que hay que satisfacer a los clientes. Así, los trabajadores de este estudio, realizan mayores esfuerzos, se auto exigen y dan lo mas que pueden, a fin de beneficiar la productividad de las empresas, a pesar de que no se le reconozcan sus esfuerzos, pero ante todo por el temor de perder su empleo.

La categoría de la competitividad es asumida por los trabajadores y por las empresas de forma que estas últimas obtienen ventaja en razón a que pueden pagar menos salarios a los trabajadores y así logran mayores beneficios. Los trabajadores aceptan cualquier posibilidad de trabajo y asumen que les paguen lo que la empresa considere, precisamente amparada en los términos de competencia.

> Es que eso depende, más trabajo sí, pero es más fregado conseguirlo, porque de todas maneras la gente se está regalando por lo mínimo, menos del mínimo, por conseguir. P12: Erika – 12:30

Asociado a la competitividad, los trabajadores describen prácticas poco éticas, en las que se compite por encima de otros, aparecen comportamientos ilegales, y la corrupción, justificadas como formas de supervivencia. Dejando de lado al ser humano trabajador.

> De pronto yo he escuchado de gente cuando estuve en la empresa, o gente que hablaba mal de un compañero con el fin de que no lo fueran a subir o que lo echaran para él quedarse con el puesto de otro, si como la envidia P13: William – 13:53

El impacto: en esta investigación se resalta la gran cantidad de respuestas asociadas a problemas de salud, estrés y agotamiento; grandes niveles de presión de parte de los jefes y clientes; altas exigencias y amenazas permanentes de perder el empleo. Adicionalmente, aparecen situaciones en que el trabajador es sometido a críticas constantes, recriminaciones, amenazas, humillaciones, señalamientos acerca de su capacidad para el trabajo. En este sentido dice una entrevistada:

> Ah pasando a la parte del trabajo, ¿cómo afecta?, dependiendo mucho del estrés del día, o sea, del mes. En el trabajo porque hay veces que los jefes como que exigen informes, exigen cantidad, exigen muchas cosas, y uno a veces como que se sobrecarga de trabajo, bueno se sobrecarga de 1500 cosas, y uno llega hasta el momento en que dice ya no más, ya no aguanta más, físicamente no,

Significidos otorgados al contexto de trabajo actual y a los cambios en las condiciones laborales 213
por un grupo de trabajadores de Bogotá

voy a tratar de escribir un informe y no me sale, pues sale la parte en que el ego profesional, pues bueno ¿qué paso? ¿Usted por qué no está rindiendo?, ¿usted es mala o qué?, yo por lo menos empiezo a indagar muchas cosas sobre mí misma, me siento totalmente derrotada, entonces como que el estrés, sí puede afectar muchísimo al estado de ánimo, pues más en el trabajo, no, y también en la familia como que llega P12: Erika – 12:25

Actividades en las que se somete al trabajador a grandes presiones, trabajo que sobrepasa las capacidades de quien labora, exigencia de resultados, cumplimiento de metas, bajo el criterio de la propia responsabilidad.

A modo de discusión

Las personas entrevistadas acerca del contexto laboral actual y con respecto la situación global, portan un discurso restringido, que no por ello deja de afectar su cotidianidad laboral y su subjetividad.

Los cambios en el trabajo, por un lado son valorados como positivos: el trabajo intelectual, la innovación tecnológica y el desarrollo de aspectos legales relacionados con la protección social de sectores desfavorecidos. Por el otro, se ven desventajas en un cambio que ha favorecido a unos y afectado negativamente a otros: el reemplazo del trabajador por máquinas o nuevas tecnologías y el retroceso en las leyes laborales de protección de los trabajadores.

En un contexto en el que la competencia y la crisis como categorías con gran peso social resultan ser muy útiles a la hora de obtener ganancias para las empresas. El sujeto laboral se torna vulnerable, experimenta inseguridad y menores condiciones en su trabajo. Asume mayores presiones y exigencias, ante el temor de perder el empleo, y no vislumbra un futuro seguro para sí mismo ni para su familia. Se deteriora el autoconcepto y la autoestima personal y profesional, a la vez que se dificulta el logro de planes y aspiraciones laborales y sociales.

La experiencia laboral, entonces tiende a restringir las relaciones interpersonales y a volverlas conflictivas, y se convierte en circunstancia de riesgo de conductas delictivas, desviadas y marginales, próximas a la informalidad laboral y a la marginación social. En una experiencia de pérdida de la ética.

Aparece un trabajador que se esfuerza, se auto exige y da más de lo que puede. Un sujeto que se somete a las condiciones laborales del mercado en la medida en que el espacio laboral es el único lugar posible para garantizar la supervivencia.

Discusión

Se ha destacado que en el ámbito laboral los sujetos laborales están insertos en el mundo global y en relaciones de poder. Estas relaciones de poder atraviesan el sujeto laboral y lo constituyen a partir de modelos sociales, y de mecanismos jurídicos, políticos y estructurales que regulan los espacios laborales y la cotidianidad de las organizaciones y de las personas trabajadoras (Cabruja, 2003).

De tal forma se encuentra cómo los cambios en la tecnología traen cambios en la distribución de las redes sociales y los recursos, y en las identidades a las cuales la gente tiene acceso.

Así las personas expresan que son reemplazadas por la tecnología y por los trabajadores del conocimiento. Como menciona Bauman (2005), en todo el mundo y en las grandes corporaciones, el progreso es ante todo "reducción de personal", y el avance tecnológico equivale a reemplazar seres humanos por software electrónico.

Analizar el repertorio de la tecnología como el recurso más valorado en la organización conlleva una postura ética en la medida en que permite preguntarse por sus consecuencias a nivel social y por las posibilidades que abre para quienes detentan el poder económico sobre aquellos que no lo tienen.

La tecnología también cambia las relaciones interpersonales y los vínculos, los trabajadores ya no se relacionan como antes, se enfrentan a un computador, a las cifras y a los indicadores. Los lazos se rompen, los controles se extreman pero se despersonalizan, ya no se le rinden cuentas a un supervisor, sino a través de informes y de reportes. En este sentido los sujetos laborales aparecen aislados, pero controlados permanentemente por la tecnología, en una situación de la tecnología como panóptico.

Peiró, Prieto y Roe (1996), destacan los cambios acaecidos en el espacio laboral. Se han modificado las relaciones laborales, con el uso de tecnologías de información, se requiere de trabajadores que aporten sus ideas, se incrementa la actividad mental sobre la actividad física y cambian los tiempos y espacios, no hay que necesidad de permanecer en el mismo sitio; se reducen los niveles jerárquicos, se disminuye la supervisión y se traslada la responsabilidad a cada persona.

Se requiere cumplir con largas jornadas de trabajo, asumir más responsabilidades y competencias, y mostrar niveles superiores de tolerancia al cambio como exigencias para los trabajadores. Se pretenden altos niveles de confianza y se presiona por el desempeño, asociado a una disminución de los costos laborales y de la estabilidad. Al mismo tiempo, se reducen el compromiso organizacional y el involucramiento de las personas. Se disminuyen posibilidades de empleo y de desarrollo de carrera (Silla, Gracia & Peiró, 2005).

Como señala Bauman (2005), sumado a la pérdida del protagonismo como referente de identidad, el espacio laboral se ha debilitado como medio para construir un proyecto de vida. La elección de una carrera laboral, regular, durable y continua, coherente y estructurada, ya no está disponible para todos. Sólo en contados casos se puede definir y garantizar la identidad permanente en función del trabajo desempeñado.

Por otra parte se han perdido los logros alcanzados en materia de regulación laboral, que se traduce en la reducción de la estabilidad y la seguridad social. En el marco de las ideas neoliberales se transfieren los costos de la seguridad social a los trabajadores, a quienes se les exige llevar el registro de pago de estos rubros para que se les ofrezca un contrato. De esta manera los derechos de los trabajadores se ven vulnerados en una espiral de violencia sutil, en donde aspirar al derecho a una pensión se convierte en una utopía y se vuelve en un reto individual, ahorrar cada uno por su lado para lograr una vejez tranquila.

Los trabajadores se ven a sí mismos como desprotegidos y experimentan el sufrimiento de las condiciones que tienen que enfrentar día a día en la lucha por la supervivencia. El Estado es visto como negligente en la protección al trabajo, más interesado en los grandes empresarios, que en la fuerza laboral, y descuidando su función social. Al respecto, señala Bauman (2005): "la resistencia real o aparente a apoyar los servicios sociales destinados a que los pobres se incorporen al esfuerzo productivo no detiene en modo alguno el crecimiento de la productividad".

Por último, el repertorio de la competencia se halla asociado con el de disponibilidad. La acentuada competencia genera un tipo de trabajador disponible a realizar todo tipo de trabajos, a asumir mayores responsabilidades y a permanecer todo el tiempo que la empresa requiera a fin de permanecer en el trabajo y de mostrar su compromiso, a riesgo de perder el único medio de supervivencia con el que cuenta.

Como resaltan Blanch y Cantera (2009), acerca de las nuevas formas de gestión neoliberal, en el contexto de hospitales y universidades, ésta se orienta a la búsqueda de la *calidad*, de manera que se crean a decir de los autores, "sano ambiente de competitividad" entre profesionales, departamentos y centros. De tal forma que se busca que queden los excelentes, se recompensa por los resultados y por la evaluación que hagan los clientes de cada uno, en un repertorio de selección de los mejores son los que permanecen".

Bibliografía

Álvaro, J. L. (1992). *Desempleo y bienestar psicológico*. Madrid: Siglo XXI Editores.

Álvaro, J. L. & Garrido, A. (2006). Trabajo, ocupación y bienestar. En A. Garrido (Ed.), *Sociopsicología del trabajo*. Barcelona: UOC.

Antunes, R. (2000a). La centralidad del trabajo hoy. *Revista papeles de población*, 83-96.

Antunes, R. (2000b). Metamorfosis en el mundo del trabajo. *Revista Nómadas*, 1-10.

Antunes, R. (2005). *Los sentidos del trabajo: ensayo sobre la afirmación y la negación del trabajo*. Buenos Aires: Ediciones Herramienta-Taller de Estudios Laborales.

Bauman, Z. (2005). *Trabajo, consumismo y nuevos pobres*. Barcelona: Gedisa. (1998 1ª edición)..

Beck, U. (1998). *¿Qué es la globalización?: falacias del globalismo, respuestas a la globalización*. Buenos Aires: Paidós.

Beneria, L. (2006). Trabajo productivo/reproductivo, pobreza y políticas de conciliación. *Revista Nómadas. Género y políticas públicas: desafíos de la equidad.*, 24, 8-21.

Blanch, J. (1996). Psicología social del trabajo. En J. L. Álvaro, A. Garrido & J. R. Torregrosa (Eds.), *Psicología social aplicada*. Madrid: McGraw Hill.

Blanch, J.M. (2001). Empleo y desempleo: ¿viejos conceptos en nuevos contextos? En E. Agulló & A. Ovejero (Eds.), *Trabajo, individuo y sociedad: perspectivas psicosociológicas sobre el futuro del trabajo* (27-48). Madrid: Pirámide.

Blanch, J.M. (2003a). Trabajar en la modernidad industrial. En J. M. Blanch (Coord.); *Teoría de las relaciones laborales: fundamentos* (3-151). Barcelona: Editorial UOC.

Blanch, J.M. (2003b). Trabajar en la sociedad informacional. En J.M. Blanch (Coord.). *Teoría de las relaciones laborales: desafíos* (11-197). Barcelona: Editorial UOC.

Blanch, J.M. & Cantera, L. (2008). El Malaise in involuntary temporary employment. *Journal of Work and Organizational Psychology*, 25 (1), 59-70.

Blanch, J., & Cantera, L. (2009). La doble cara de la mercantilización de los servicios universitarios y hospitalarios. En J. Álvaro (Ed.), *Psicología social del trabajo y de las organizaciones*.

Blanch J.M. y Stecher, A. (2009). *La empresarización de servicios públicos y sus efectos colaterales. Implicaciones psicosociales de la colonización de universidades y hospitales por la cultura del nuevo capitalismo. Avance de resultados de una investigación iberoamericana.* En T. Wittke & P. Melogno (Comps.), *Psicología y organización del trabajo: producción de subjetividad en la organización del trabajo.* (191- 209). Montevideo: Psicolibros.

Bruner, J. (2000). *Actos de significado: más allá de la revolución cognitiva.* Madrid: Alianza.

Cabruja, T. (2003). Las Instituciones sociales: reproducción e innovación en el orden social. Resistencias y cambio social. En: F. Vásquez (Ed.),*Psicología del comportamiento colectivo.* Barcelona: UOC.

Castel, R. (2010). *El ascenso de las incertidumbres: trabajo, protecciones, estatuto del individuo.* Buenos Aires: Fondo de Cultura Económica.

Castells, M. (1997). *La era de la información: economía, sociedad y cultura*, Vol. 1 y 2. México: Siglo XXI.

Strauss, A. & Corbin, J. (2002). *Bases de la investigación cualitativa: técnicas y procedimientos para desarrollar la teoría fundamentada.* Medellín: Editorial Universidad de Antioquia.

González, F. (2002). *Sujeto y subjetividad: una aproximación histórico cultural.* México: Thomson Paraninfo, S.A.

Gorz, A. (1995). Salir de la sociedad salarial. *Debates,* 50, 75-83.

Gutiérrez, R. (2004). En busca del diálogo y la transformación: consecuencias de los supuestos detrás de la investigación social. *Revista de Estudios Sociales*, 17, 11-18.

Harpaz, I. (2002). Expressing a wish to continue or stop working as related to the meaning of work. *European Journal of work and organizational psychology*, 2, 177-198.

Jahoda, M. (1987). *Empleo y desempleo: un análisis socio-psicológico.* Madrid: Morata.

Kashima, Y. (2002). Culture and *self:* a cultural dinamical analysis. En Y. Kashima, M. Foddy & M. Platow (Eds.), *Self and identity: personal, social and simbolyc.* Londres: Lawrence Earlbaum Associates.

Klein, L. (2005). *The Meaning of work: papers on work organizations and design of jobs.* Londres: Karnac.

Lindon, A. (1999). Narrativas autobiográficas, memoria y mitos: una aproximación a la acción social. *Revista Economía, sociedad y territorio,* 2, 295-310.

Marín, L. (2003). La construcción socio-política del trabajo como hecho social. *Revista de Ciencias Sociales, 9,* 205-214.

Marín, L. (2004). El sentido del trabajo como eje estructurarte de la identidad personal y social: en el caso de jóvenes argentinos. *Fundamentos en Humanidades, 5,* 43-52.

Méda, D. (1998). *El trabajo. Un valor en peligro de extinción.* Barcelona: Gedisa.

Naciones Unidas. (2008). *Informe 2008: objetivos de desarrollo del milenio.* Obtenido el 11 de abril de 2009 de: http://www.un.org/spanish/millenniumgoals/pdf/MDG_Report_2008_SPANISH.pdf

Organización Internacional del Trabajo (OIT). (2009). Panorama sobre el mundo del trabajo. Programa de Seguridad Socioeconómica, p. 1-2. Obtenido el 06 de abril de 2009 de: http://www.ilo.org/wow/Articles/lang--es/WCMS_081418/index.htm

Peiró, J. M., Prieto, F. & Roe, R. (1996). El trabajo como fenómeno psicosocial. En J.M. Peiró & F. Prieto. (1996). *Tratado de psicología del trabajo.* Vol II. Madrid: Editorial Síntesis.

Programa de las Naciones Unidas para el Desarrollo (PNUD). (2006). *Informe Anual 2006: una alianza mundial para el desarrollo Programa de las Naciones Unidas para el Desarrollo..* Obtenido de: http://www.undp.org/spanish/publicaciones/informeanual2006/IAR06_SP.pdf

Roe, R., & Van den Berg, P. (2003). Selection in Europe: context, developments and research agenda. *European Journal of Work and Organizational Psychology.*

Salanova, M.; Hontangas, P. & Peiró, J.M. (1996). Motivación Laboral. En: J.M. Peiró, & F. Prieto (1996). *Tratado de psicología del trabajo.* Vol II. Madrid: Editorial Síntesis.

Santos, B. (1998). *De la mano de Alicia: lo social y lo público en la postmodernidad.* Ediciones Uniandes. Bogotá: Siglo del hombre editores.

Silla, I., Gracia, F. J., & Peiró, J. M. (2005). Diferencias en el contenido del contrato psicológico en función del tipo de contrato y de la gestión empresarial pública o privada. *Revista de Psicología Social, 20,* 61-72.

Stiglitz, J. E. (2003). *El malestar en la globalización.* Madrid: Santillana- Suma de letras.

Zemelman, H. (1997). Subjetividad: umbrales del pensamiento social. En H. Zemelman & E. León (Eds.), *Sujetos y subjetividad en la construcción metodológica* (p. 21). Barcelona: Anthropos.

13

LA TENSIÓN ENTRE PRESCRIPTO Y REAL Y SU IMPACTO EN LA CALIDAD DEL TRABAJO SUBJETIVAMENTE PERCIBIDA: UN ANÁLISIS CLÍNICO

Andrea Pujol [1]

Introducción

El presente trabajo presenta algunas contribuciones teórico-metodológicas surgidas en el marco de un estudio sobre la calidad del empleo en Córdoba, Argentina. En dicha investigación, a través de diversos estudios cualitativos y cuantitativos se analiza la calidad del empleo en tres sectores productivos: software y servicios informáticos (SSI), automotriz y alimentos y bebidas. Uno de los objetivos del proyecto propone integrar la perspectiva de la clínica del trabajo en el análisis de la calidad del empleo, recuperando la mirada de los propios trabajadores y complementando otras perspectivas sobre la cuestión. En la presente comunicación, proponemos una breve caracterización del contexto que incide en la adopción de la perspectiva clínica y se analizan algunas contribuciones para pensar la tensión entre trabajo prescripto y trabajo real como anclaje de las experiencias de movilización subjetiva en las que el placer puede asociarse al desarrollo profesional. Finalmente, se avanza en la descripción de los principales resguardos teóricometodológicos que implica la posición adoptada y las decisiones que se derivan para las prácticas de investigación.

Empleo y contexto regional

En el proceso de apertura económica de la década del 90[2], se sostenía de manera general que la apertura económica favorecería la dinámica productiva

---

[1] Núcleo de Investigación en Innovación Organizacional y del Trabajo, Facultad de Psicología, Universidad Nacional de Córdoba, Córdoba, Argentina

[2] Investigadora del Núcleo de Investigación en Innovación Organizacional y del Trabajo, Facultad de Psicología, Universidad Nacional de Córdoba, Córdoba, Argentina. E-mail: apujol@psyche.unc.edu.ar

local y la reducción de la brecha con los países desarrollados y que la desregulación del mercado laboral propiciaría una mejora en la cantidad y la calidad del empleo a partir de la reasignación de recursos y de la emergencia de una nueva especialización productiva (Novick, 2006; Bisang, Novick, Sztulwark & Yoguel, 2005). Sin embargo, aún cuando la apertura produjo mejoras en los indicadores de productividad y eficiencia a nivel global, también es cierto que acarreó graves problemas para el empleo, principalmente por la generación de altos niveles de desempleo y precarización laboral (Bisang, Novick, Sztulwark & Yoguel, 2005; Novick, 2006; Weller, 2009; De la Garza Toledo, Gayoso Ramirez & Moreno, 2010). En Argentina este proceso desembocaría en una crisis del plan de convertibilidad, y se caracterizó por un debilitamiento de la institucionalidad del mercado de trabajo y de la implementación de las políticas de flexibilidad laboral que vertebraron el proceso de apertura económica (Beccaria & López, 1996; Alaluf, 1997; Castillo Marín, 1997; Testa & Figari, 1997; Grassi, 2000; Novick, 2001). La post-crisis que inició en 2002 evidencia logros a partir de la implementación combinada de políticas económicas y sociales que resultaron efectivas por la generación de empleo y la mejora de los ingresos laborales: en el segundo semestre del 2006 la tasa de desocupación abierta descendió por debajo de los dos dígitos por primera vez en trece años, mientras que la proporción de personas por debajo de la línea de pobreza se redujo a 26,9% (Címoli, Novick & Palomino, 2007). Esta tendencia se vio acompañada por un fortalecimiento de las instituciones del mercado de trabajo y la implementación de políticas de ingresos más efectivas. Esto se concretó en la implementación de estrategias de intermediación laboral, el desarrollo y progresiva efectivización de servicios de empleo (seguros de empleo y capacitación, oficinas de empleo) y la aplicación de políticas salariales que revalorizan el salario mínimo y otras instituciones clave (Novick, 2006).

En este marco, la cuestión de la generación de empleo de calidad constituye un objetivo central de las políticas locales implementadas desde el 2005, a partir de la ley 25.877 que incentiva el "trabajo decente" y de la revitalización de las instituciones laborales. No obstante, la informalidad y la baja calidad de los empleos no pueden resolverse sin atender a la cuestión de la escasa complejidad de la estructura productiva, la baja circulación de conocimiento y aprendizaje, a la modernización del sector formal a partir de las innovaciones tecnológicas y el incremento de capacidades endógenas (Novick, 2006; Címoli, Novick & Palomino, 2007; Bisang, Novick, Sztulwark & Yoguel, 2005; Castillo, Novick, Rojo & Yoguel, 2007). Aún en el marco de una mejora significativa, es posible afirmar que la gran mayoría de los nuevos empleos son precarios y que "existe un fuerte y creciente sentimiento de inseguridad e inestabilidad entre los asalariados" (Neffa, 2010). La flexibilización junto con la tercerización favorecen la desestructuración de los colectivos de trabajo y se encuentran en el origen de la precarización y la inseguridad laboral, al reducir el porcentaje de trabajadores con empleo estable (Neffa, 2010) y también al intervenir en un cambio sustantivo en la organización de las actividades y los oficios generando un decrecimiento del trabajo típico. La sobrevalorización que frecuentemente se hace de las nuevas formas de organización del trabajo, impiden advertir que éstas también traen consigo componentes importantes de intensificación del ritmo de trabajo, la paradoja de la prescripción de la participación, la sobre-responsabilización de los trabajadores sin contrapartidas que lo justifiquen, la falta de reconocimiento de los logros y en muchos casos también el deterioro de las condiciones y medio ambiente de trabajo como consecuencia de la reducción de costos o de la complejidad de los procesos de tercerización (Slaughter, 1998; Neffa, 2010). Las consecuencias de estas prácticas se evidencian tanto a nivel de la salud física como en el plano de la subjetividad, en el sufrimiento psíquico asociado a las condiciones en las que se trabaja actualmente, particularmente en lo relativo a la sensación de que "cuidar" el empleo supone aceptar – y en muchos casos naturalizar – exigencias y condiciones insatisfactorias, la vivencia de que progresar u obtener mejoras en la propia carrera, desarrollarse en el trabajo, supone afrontar y resolver un conjunto importante de contradicciones individuales y colectivas. La búsqueda que orienta esta presentación se inscribe entonces en un doble debate: el que abre a la cuestión de qué aspectos definen actualmente la calidad del empleo en el contexto de las transformaciones derivadas de la flexibilidad, cuyo análisis a nivel de las relaciones laborales resulta insuficiente y por lo cual se hace preciso abordar la articulación de la calidad del empleo, la calidad del trabajo y la calidad del puesto (Barros & Mendoca, 1999; Farné, 2003; Infante & Vega Centeno, 1999; Mocelin, 2008), todo esto en el marco de la reconfiguración de las relaciones entre informalidad, precariedad e inseguridad laboral (Neffa, 2010). El otro debate, remite a que concepciones de empleo/trabajo/actividad y qué concepciones de sujeto permiten dar cuenta de la relación entre trabajo y subjetividad, posibilitando una mayor comprensión de las contradicciones y las tensiones que marcan las trayectorias singulares y colectivas de los trabajadores y cómo el placer o el sufrimiento que el trabajo implica, se encarna en sujetos y grupos, social e históricamente situados. En este sentido, la percepción de los actores acerca de la inseguridad y la precariedad es relativamente independiente de la evolución de los indicadores estadísticos objetivos, por lo que resulta esencial explorar la valoración que los asalariados hacen de la calidad del empleo, tanto en lo que respecta a las características de la relación laboral como a la naturaleza de la organización de las actividades y sus efectos en el desarrollo del trabajador. Es sobre esta perspectiva sobre la que pretendemos avanzar en esta comunicación.

La integración de la perspectiva clínica

La posición teórico epistemológica que asumimos en esta consideración del trabajador como actor social, supone como punto de partida una crítica del trabajo contemporáneo y el reconocimiento de la dimensión subjetiva de la actividad y del campo de contradicciones sociales en que se inscribe. El planteo que proponemos evoluciona en el sentido de una racionalidad ampliada cuando la cuestión de *la formación y el desarrollo del trabajador* se incorpora en el análisis de la calidad del empleo en tanto espacio – primer espacio evidente – de articulación o acople entre lo subjetivo y lo social, entre lo que corresponde al nivel de la singularidad del sujeto –aptitudes, capacidades, competencias – y el nivel socio-estructural, aquello que regula el curso de su vida. Se trata entonces de una toma de posición de la psicología del trabajo en una cuestión tradicionalmente abordada desde otras perspectivas, sin desconocer esas tradiciones sino más bien integrándolas en una visión más amplia (Pujol, 2010b, 2010). Retomamos así las ideas de Clot (2008) y Curie (2005), cuando proponen que el quehacer de la psicología del trabajo consiste en analizar el trabajo, en el sentido de analizar el proceso de acople de tres niveles de análisis: las condiciones de trabajo, la actividad de trabajo y los efectos del trabajo, sin reducir la actividad de trabajo ni a sus condiciones internas (aptitudes del trabajador) ni a sus condiciones externas (la tarea prescripta). En este sentido, esta posición pone en cuestión el postulado de la psicología industrial clásica que reduce el análisis del trabajo a las características individuales del trabajador, por lo que toda su potencia y su "falla" reside "del lado del sujeto". En el otro extremo, el sujeto queda invisibilizado y solo cuenta el diseño y gestión del proceso de trabajo, en donde el sujeto es solo un recurso del management. La construcción de una mirada clínica en la consideración de la calidad de empleo, supone articular puntos de convergencia entre la perspectiva de la PDT[3] (Dessors & Ghuio-Bailly, 1998; Molinier, 2008; Dejours, 1998; Dejours, 1993) y la clínica de la actividad (Clot, 2008b; Clot, 2008; Clot, 1999) para la construcción de referencias conceptuales que resulten consistentes en el abordaje del problema. Retomando ambas perspectivas de manera sintética, el primer punto de acuerdo es *el interés por la acción*, por el lugar de la acción en el trabajo, por crear condiciones psicosociales para que los sujetos se apropien de la actividad, sea bajo la forma de volver sobre ella a través de la reflexión, o bajo la forma de acciones conjuntas elaboradas por los colectivos de trabajo, para enfrentar cuestiones que surgen de la actividad en común. Otro aspecto convergente, remite a *la crítica sobre el trabajo*, bajo la idea de que éste no está restringido a la institucionalización económica, es decir, al empleo. Se lo concibe como

---

[3] Psicodinámica del trabajo.

una actividad que está sustentada por un proyecto de transformación de lo real y de construcción de significados personales y sociales (Clot & L'Huilier, 2006), en donde el concepto de lo "real", tomado de la ergonomía, toma un lugar clave. Es en el hiato entre lo prescripto y lo real en donde el sujeto surge como agente de su propio trabajo. El concepto de real aparece en la PDT de Dejours (1993) y en la clínica de la actividad de Clot (Clot, 1999). Otro aspecto de articulación o convergencia es *la defensa de una teoría del sujeto*, en la medida en que mas allá de sus diferencias –sujeto sujetado a la historia y la cultura; sujeto sujetado a las instituciones, al lenguaje-, puede afirmarse que ambas perspectivas están mucho más cerca de un paradigma comprensivo que de una concepción positivista; cuestión que tiene consecuencias clave en lo referido al posicionamiento ético del rol del investigador/profesional: se busca incrementar el poder de actuar de los sujetos, la co-producción del conocimiento vinculado a las situaciones reales y vivencias de los sujetos. En este sentido, a pesar de presuponer el sufrimiento, la clínica del trabajo enfatiza la dimensión emancipatoria y vincular del trabajo, los aspectos creativos y constructivos del sujeto por *la consideración del trabajo como actividad subjetivante*. La clínica de la actividad resitúa la cuestión del lenguaje en la actividad y el trabajo como ámbito de producción de sentidos, tanto a nivel de la producción de la subjetividad como de su articulación en una dimensión colectiva (Clot, 2008). Desde ambas perspectivas, se prioriza el impacto de la organización del trabajo en la subjetividad. En la PDT han sido especialmente desarrolladas sus implicancias en relación al sufrimiento (Pujol, 2007) por lo que nos interesa retomar y enriquecer esa mirada con otras contribuciones, orientadas a pensar en la tensión entre trabajo prescripto y trabajo real como anclaje de las experiencias de movilización subjetiva, en las que el placer puede asociarse al desarrollo profesional[4].

Identificación, discriminación y afrontamiento de las contradicciones en la organización del trabajo

Bajo el supuesto de la existencia de una brecha entre trabajo prescripto y trabajo real – compartido por ambas aproximaciones teóricas-, resulta esencial reconstruir las características que adquiere la organización del trabajo en los sectores estudiados desde la perspectiva de los trabajadores. A través de una

---

[4] Complementando la lectura que ofrece esta comunicación, en los estudios empíricos damos cuenta de los alcances y límites que presentan algunas proposiciones expuestas aquí en la realidad diversa de los trabajadores que integran los sectores productivos estudiados.

operación reconstructiva, el desafío consiste en contar con material narrativo que permita analizar qué sentidos asignan los actores sociales a la organización del trabajo y cuáles se expresan en significaciones compartidas, qué posibilidades les asisten de discriminar la brecha entre trabajo prescripto y trabajo real, qué atribuciones de sentido dan cuenta de las contradicciones de la organización del trabajo, de su denuncia, de su encubrimiento o invisibilización; y, del mismo modo, qué consciencia existe de las posibilidades o restricciones de afrontar tales contradicciones. Interesa entonces analizar qué posibilidades tienen los trabajadores de identificar, discriminar y afrontar las contradicciones en la organización del trabajo. Considerando la dimensión emocional de las prácticas de trabajo, Clot (2008b) destaca que la organización del trabajo actual produce una clara inhibición del potencial creativo de los trabajadores reduciendo su ámbito de actuación a la reproducción de un universo codificado de procedimientos sin que los sujetos hayan tenido injerencia en su creación. Al discurso que propone al modelo posfordista como paradigma de los desafíos cognitivos para los operadores, Clot (2008b) opone la idea de que el trabajo contemporáneo exige bien poco de la capacidad y potencialidades de los sujetos, sometiéndolos a la lógica de un management que empobrece sus condiciones de desarrollo. Dejours (1993) sostuvo que el sufrimiento está presente también en el momento creativo, cuando el trabajador se enfrenta a una situación inédita o no prevista que precisa ser resuelta. De ahí la brecha o discrepancia entre el trabajo prescripto y el trabajo real. En la misma perspectiva sitúa Vigotsky (1979) al sujeto cuando entiende su comportamiento orientado a metas, cuando para alcanzarlos se ve compelido a resolver problemas. De ahí la importancia de la identificación de *los eventos* que operan para hacer visibles las contradicciones, la brecha entre lo prescripto y lo real. Nuestra experiencia de investigación nos indica que es precisamente de esa brecha de lo que los trabajadores desean hablar –digamos mas bien "aquello de lo que los trabajadores no pueden parar de hablar" – y compartimos con Boutet (1995) la idea de que la producción de lenguaje en el trabajo remite esencialmente a la construcción de narrativas acerca de ciertos acontecimientos que visibilizan la distancia entre trabajo prescripto y trabajo real, que permiten la producción de nuevos sentidos y significaciones y que dan cuenta del lugar del sujeto en su sufrimiento y también en sus posibilidades de agencia. Es que es allí en donde el sujeto *trabaja*. En la tensión entre lo prescripto y lo real, la inteligencia práctica opera a modo de transgresión posible y garantiza un destino al sufrimiento más próximo a la salud, aún a riesgo de que el trabajador sea sancionado. De esta manera, la inteligencia práctica opera como mediadora entre la alienación – la servidumbre, precisará Dejours (2006) – y la emancipación, entre la salud y la enfermedad, constituyendo una dinámica propia de la realidad de trabajo que sólo cuando es enunciada y puesta en palabras, revela la subjetividad producida por la situación de trabajo y sus efectos.

La movilización subjetiva y los anclajes de las experiencias de placer en el trabajo

Sobre la base de las particularidades que adquiere la organización del trabajo en cada sector, la reconstrucción de los procesos de movilización subjetiva implica poner en foco las instancias en las que emerge la inteligencia práctica y de qué modo particular se articula en cada sistema de actividad. La PDT plantea que en esa instancia se plantea una inversión del cuerpo cognitivoafectivo y la acción sobre lo real, con el fin de obtener logro y placer en la realización del trabajo (Dejours, 1993). A su vez, del mismo modo en que cada ámbito de actividad da lugar a particulares defensas ante el sufrimiento, también son específicos los anclajes en los que se inscriben las vivencias de placer. En la reconstrucción de los procesos de subjetivación, entendemos significativo identificar las características que adquiere la inteligencia práctica en los procesos concretos de trabajo, a fin de comprender sobre la base de qué apuntalamientos o a partir de qué recursos personales es posible pensar en la acción transformadora del sujeto sobre el malestar en ese ámbito concreto de trabajo. Si bien se cuenta con un conjunto de contribuciones teóricas, no parece sencillo identificar las formas que adquiere la inteligencia práctica en un trabajo concreto, en el marco de un colectivo de trabajo dado. La inteligencia práctica tiene su raíz en el cuerpo, en la percepción y en la intuición de los trabajadores. Se fundamenta en la ruptura con las reglas y con las normas, es decir, es una inteligencia que transgrede el trabajo prescripto y opera para atender a los objetivos de la producción con procedimientos más eficaces que los impuestos por la organización del trabajo (Dejours, 1998). En su carácter de astucia, la *metis* se moviliza en las situaciones imprevistas de trabajo y su raíz es histórico cultural – integrada a los procesos de socialización-, aún cuando en la PDT se considera también articulada de algún modo a los recursos intelectuales del sujeto, quien busca desplazar el uso de la fuerza en la acción, privilegiando la habilidad y la búsqueda de innovación frente al trabajo prescripto por la organización del trabajo. La inteligencia práctica constituye entonces un recurso – ¿entre otros? – puesto en juego por los trabajadores para afrontar el sufrimiento en el trabajo y en el mejor de los casos transformarlo en placer. Asumimos el supuesto de que la movilización de la inteligencia práctica constituye una instancia generadora de placer porque su puesta en juego en una situación solo es posible actualizando la propia trayectoria de aprendizajes de manera creativa y porque ese ajuste creativo también responde a lo compartido con el colectivo, en el sentido del género profesional (Clot, 1999) o en el sentido de acción tradicional eficaz (Dejours, 1998). El trabajo puede ser analizado como secuencias de actividad ordenadas que son local e interactivamente producidas, por lo que el cumplimiento de un trabajo (solo o en colaboración con otros) pasa por la producción local de un orden observable, inteligible y descriptible, por el ordenamiento de una secuencia de actividad, que haga honor a las exigencias de sentido, de coherencia, de pertinencia y de inteligibilidad. Esta concepción es consistente con la importancia que en la PDT adquieren las reglas de oficio (éticas, técnicas y de lenguaje) que no son el resultado de una prescripción sino de una construcción cotidiana, de una actividad deóntica (Molinier, 2008) A su vez, las condiciones de una organización y coordinación del trabajo no están jamás completamente determinadas de antemano, que demandan siempre ser especificadas, in situ y localmente, por las operaciones de agentes comprometidos en el cumplimiento de una actividad (Beguin & Clot, 2004). Las conceptualizaciones más recientes de la PDT suponen al trabajador emocionalmente necesitado de operar en ruptura con relación al trabajo prescripto y la clínica de la actividad lo concibe además cognitivamente dotado de recursos para hacerlo.

La organización y coordinación de la acción en el trabajo toman apoyo sobre una visibilidad mutua de las situaciones, de los gestos y de las operaciones en el espacio de trabajo, visibilidad que permite hacer economía de verbalizaciones y de explicaciones (Quéré, 1997). En este marco, las cosas y las personas, los eventos y las situaciones, adquieren sus determinaciones singulares localmente y a los fines prácticos, en un proceso continuo de orientación de la actividad, de organización de las perspectivas, de estructuración del entorno y de ordenamiento de cursos de acción, un proceso que moviliza diferentes saberes, como así también un saber hacer o un "sabersituarse", en el que se muestra el conocimiento que tenemos de las situaciones y de las posibilidades que ellas ofrecen. En la misma línea, cuando se examina el comportamiento en las situaciones cotidianas de trabajo y en el contacto con entornos sociales y tecnológicos, las personas parecen pensar cooperativamente con otros, y con la ayuda y medios que la cultura les proporciona, lo que recupera la importancia del acervo cultural en el despliegue del sujeto en lo real, en donde los propios recursos son resignificados en torno a la obtención de ciertas metas, las prescripciones se contravienen en la búsqueda de evitar el sufrimiento y también de afrontar desafíos. En esta instancia es posible pensar la acción y emprender una reconstrucción dinámica de la propia trayectoria vital identificando esos acontecimientos que han posibilitado la emergencia del placer. Siguiendo a Molinier (2006) señalamos aquí la importancia de recuperar la dimensión lúdica del trabajo o analizar cómo el trabajo puede recrear el lugar que el juego ocupaba en la niñez. En general, el trabajo placentero conserva en alguna medida las cualidades del juego infantil. El juego es la primera forma de simbolización y la primera posibilidad de transformar una situación de impotencia en donde el niño es activo, modela lo que pasa, le da forma, sentido e inteligibilidad a aquello que le preocupa (Molinier, 2006). El despliegue de la inteligencia práctica en la acción deja de ser propiedad del sujeto al exigir de la legitimación social de pares, superiores y maestros, inscripta en los juicios de utilidad y de belleza que circulan en el colectivo y que dan cuenta de cómo la emergencia de la inteligencia práctica solo es legítima cuando está atravesada por la dinámica de reconocimiento. Las narrativas que vehiculizan juicios de utilidad y de belleza se articulan en un espacio público de discusión, instituido por los trabajadores, reglado y arbitrado en sus rutinas de funcionamiento y en la legitimación de un "saber decir" a través de reglas de lenguaje, que posibilita la expresión individual y la participación colectiva. En este sentido, la inteligencia práctica puede ser vista como un recurso individual que es colectivizado a partir del reconocimiento y por ello constituye una práctica derivada de la cooperación, transformándose en una construcción conjunta y coordinada, con base en la confianza y la solidaridad (Dessors & Ghuio-Bailly, 1998). La dimensión ética queda implicada necesariamente en la movilización subjetiva y en la producción de placer en el trabajo. No hay proceso de movilización subjetiva sin la posibilidad de reconocerse en interacción con otros, sin prácticas de cooperación y sin dinámica de reconocimiento, no hay proceso de movilización subjetiva cuando se invisibiliza el sufrimiento del otro y cuando se desconoce la posibilidad de ser uno quien produce sufrimiento a otros (Dejours, 2006). Estas instancias que operan como antesala del despliegue del sujeto, no necesariamente están aquí y ahora presentes pero sí son evocables en tanto constituyen el anclaje válido para que el proceso de movilización subjetiva sea posible. En el proceso de movilización subjetiva hay implicación en el trabajo y hay acción transformadora en el sujeto: ¿cómo identificar tales instancias en el ámbito concreto de cada actividad? La tensión entre implicación y reconocimiento constituye un resquicio para el análisis de los procesos de movilización subjetiva. La implicación en el trabajo es fortalecida por la dinámica de reconocimiento, de contribución/retribución (Dejours, 1998) o contrapartidas (Coriat, 1995). El sujeto contribuye en la medida que atiende requerimientos, obedece órdenes y resuelve problemas, y espera una retribución tanto material como simbólica por su dedicación. También la dimensión sublimatoria del trabajo queda implicada en el alcance de las expectativas de reconocimiento. Los sujetos reclaman de su obra cierta eficacia, pero – como sostiene Molinier (2008) – no por ser útil y eficaz admiramos una obra, sino también por su estética. En este marco, la autora sostiene que dejar fuera de la sublimación al trabajo ordinario – como propone el psicoanálisis clásico –, implica pensar que la acción de trabajar, investir libidinalmente dicha acción, aunque sea cotidiana, no se resume a la producción de una respuesta adaptada a los criterios de la eficacia y de su provecho, sino que implica también una dimensión pasional sostenida por el ideal del yo y el narcisismo. Molinier (2008) destaca que sublimación y reconocimiento no se articulan de manera mecánica, y la relación entre estas ideas es de naturaleza psicodinámica, marcada por el conflicto entre la historia personal y las determinaciones sociales. El reconocimiento no tiene valor sino a condición de su congruencia con el sentido que el trabajo y las modalidades de su reconocimiento revisten para el sujeto en resonancia con su historia singular. El reconocimiento es también valorización del estilo personal y del esfuerzo de cada trabajador en realizar el trabajo y en participar del colectivo fortaleciendo la identidad psicológica y social, reafirmando las diferencias internas y conviviendo con la diversidad, de forma de producir acciones conjuntas con más poder de transformación que las acciones individuales. En los estudios de lenguaje y trabajo se sostiene que la acción se construye y no es interpretable sino en el contexto de circunstancias particulares, en las que se despliega inteligencia acerca de las situaciones, iniciativa individual y compartida, negociación del sentido (Boutet, 1995). La acción tiene sentido, un sentido sin duda nunca cerrado ni definitivamente fijo, construido por el sujeto, en el momento o después, por sus pares en el seno de las interacciones, por un superior en las relaciones jerárquicas, por un colectivo en las reuniones. El sentido de la acción no se agota allí, se elabora entonces de manera privilegiada a través de aquello que los actores dicen y se dicen (Boutet, 1995).

El acceso a la perspectiva del actor en las estrategias de investigación

En el plano de la metodología propuesta por Dejours (1993, 1998) los espacios de discusión colectiva configuran la escena más apropiada para el análisis psicodinámico, en tanto constituyen instancias arbitradas que facilitan la intercomprensión entre los trabajadores. El dispositivo evidencia su efectividad primera en la posibilidad de hacer visibles las narrativas de los trabajadores acerca las tensiones y contradicciones entre trabajo prescripto y trabajo real, las estrategias individuales y colectivas que posibilitan su afrontamiento, los acontecimientos que propician procesos de movilización subjetiva portadores de placer. En la clínica de la actividad, en la búsqueda de un resquicio para una reflexión sobre la acción que resulte emancipatoria, se proponen distintas estrategias de confrontación y autoconfrontación (Clot, 2008, 1999) de narrativas sobre hechos y modos de hacer, que permitan a los trabajadores la reconstrucción y recreación del género profesional, entendido éste como el acervo compartido de saberes y reglas de oficio por un colectivo de trabajadores. La mirada también resulta convergente con la propuesta de una metodología de "confrontación de los eventos" con la que Zarifian (1996, 2000) responde a una visión instrumental del lenguaje y la comunicación en la organización del trabajo. En esta línea, bajo un enfoque de investigación cualitativa, el campo particular de la construcción de las estrategias de abordaje del problema reclama preservar la consistencia en algunos aspectos teóricos clave: a) la importancia de la voz del trabajador, que promueve la construcción de los datos a partir de información co-producida en terreno, en el marco de una "escucha arriesgada", en el sentido de situarse en disposición a captar el alcance emocional del relato e implicarse también en su producción y deriva; b) la provocación de un relato reflexivo, al que se accede cuando se interpela en torno a las rutinas y novedades que hilvanan la acción cotidiana; c) la inclusión de una mirada evolutiva del sujeto, que puede verse facilitada por la evocación reconstructiva que implica la entrevista de trayectoria (Pujol, 2010); d) la instancia colectiva, que implica indagar el lugar del otro – pares, superiores, maestros – en la narrativa de los trabajadores y la relevancia del espacio de discusión. Lo colectivo como dimensión del análisis clínico bajo la instrumentación de dispositivos grupales de intervención o el espacio de discusión como constructo psicodinámico, pueden en el mejor de los casos operar como dispositivo estratégico de producción de la información, bajo la forma en que lo propusieron Dejours (1993) o Mendel (1993, 2002), o como recurso técnico de relevamiento – entrevistas grupales, grupos foco – o de interpelación y/o validación de los procesos de análisis – talleres de discusión o de devolución de información. La búsqueda de consistencia en el plano metodológico, difícilmente pueda hacerse a través de la implementación de una técnica única y totalizadora. Su logro exige la formulación de una estrategia de investigación en la que convivan intervenciones instrumentales complementarias, y un trabajo de análisis también "clínico", en el sentido de hallarse sujeto a sucesivas aproximaciones parciales a distintos aspectos del fenómeno y a la exigencia de situar y contextualizar críticamente los hallazgos.

Conclusión

Sitiado por una tendencia de flexibilidad precarizadora, la urgencia del análisis de las características que adquiere el empleo en el contexto regional actual en términos de calidad, resulta evidente. No obstante, el análisis desde el punto de vista estructural reclama complementarse una mirada que busque captar la calidad subjetivamente percibida por los actores, y es allí donde la clínica del trabajo reclama su espacio para interpelar significaciones sociales desde la captura de los sentidos asignados a las prácticas por los trabajadores. La cuestión de la organización del trabajo constituye un referente clave en el análisis de la "calidad/no calidad". Desde el supuesto clínico de brecha o tensión entre trabajo prescripto y trabajo real, puede pensarse también como una dimensión implicada en la conquista de la salud por la vía del aprendizaje y el desarrollo en comunidad de prácticas. Algunas ideas fuerza asisten esta hipótesis: el lugar protagónico que ocupa el sujeto en el comando del sistema de actividad, su necesidad de intervenir en esa brecha –resistir al sufrimiento, provocar innovación, transformarse, reinventarse-; porque esa intervención exige situarse colectivamente y también de la construcción colectiva de un reservorio técnico y ético compartido. En el plano de las prácticas de investigación, la principal inferencia remite a la necesidad de asumir algunas decisiones que en coherencia con la teoría fundamentada contribuyen a preservar los núcleos epistémicos que definen la posición clínica.

Bibliografía

Alaluf, M. (1997). Modernización de las empresas y políticas de empleo. En E. Villanueva, & E. Villanueva (Ed.), *Empleo y globalización. La nueva cuestión social en la Argentina*. Buenos Aires: Universidad Nacional de Quilmes. Barros, R., & Mendoca, R. (1999). Una evaluación de la calidad del empleo en Brasil 1982-1996. En R. Infante, & R. Infante (Ed.), *La calidad del empleo. La experiencia de los países latinoamericanos y de los Estados Unidos*. Lima: OIT. Beccaria, L., & López, N. (1996). *Las características del desempleo y sus efectos en la sociedad argentina*. (L. Beccaria, & N. López, Edits.) Buenos Aires: UNICEF/LOSADA. Beguin, P., & Clot, Y. (2004). L'action située dans le développement de l'activité. *@ctivités*, 35-49. Bisang, R., Novick, M., Sztulwark, S., & Yoguel, G. (2005). Las redes de producción y el empleo. Elementos básicos para la formulación de políticas públicas. En M. Casalet, M. Cimoli, & G. Yoguel, *Redes, Jerarquías y dinámcas productivas* (págs. 153-201). Buenos Aires: Miño y Dávila – Flacso – OIT. Boutet, J. (1995). *Paroles au travail*. París: Collection Langage et travail. L'Harmattan. Castillo Marín, L. (1997). Las políticas de empleo frente a la crisis. Diagnóstico y perspectivas. En E. Villanueva, & E. Villanueva (Ed.), *Empleo y globalización. La nueva cuestión social en Argentina*. Buenos Aires: Universidad Nacional de Quilmes.

Castillo, V., Novick, M., Rojo, S., & Yoguel, G. (2007). Trayectorias laborales en Argentina desde mediados de la década del 90'. En E. y. Ministerio de Trabajo, *Estructura Productiva y Empleo. Un enfoque transversal*. Buenos Aires: Miño y Dávila Editores. Címoli, M., Novick, M., & Palomino, H. (2007). Introducción: estudiosestratégicos sobre el trabajo y el empleo para la formulación de políticas. En e.

y. Ministerio de trabajo, *Estructura productiva y empleo. Un enfoque transversal*. Buenos Aires: Miño y Dávila Editores. Clot, Y. (1999). *La fonction psicologique du travail*. París: PUF. Clot, Y. (2008b). *Le travail sans homme? Pour une psychologie des milleux de travail et de vie*. Paris: La Découverte. Clot, Y. (2008). *Travail et pouvoir d'agir*. Paris: PUF. Clot, Y., & L'Huilier, L. (2006). Perspectives en cllinique du travail. *Nouvelle Revue de Psychosociologie* (1), 179-193.Coriat, B. (1995). *Pensar al revés: trabajo y organización en la empresa japonesa*. México: Siglo XXI. Curie, J. (2005). Cinquante ans de Psychologie du Travail. *Institut des sciencesdu travail de l'Université Libre de Bruxelles* (págs. 1-10). Bruxelles: Institut desssciences du travail de l'Université Libre de Bruxelles. De la Garza Toledo, E., Gayoso Ramirez, J. L., & Moreno, S. H. (2010). La Querella de las Identidades ¿pasado sistemático, presente fragmentario? En E.De a Garza Toledo, & J. C.

Neffa, *Trabajo, Identidad y Acción colectiva* (págs. 9-42). Clacso – Plaza y Valdés.Dejours, C. (1998). *El factor humano*. Buenos Aires: Piette/Conicet. Dejours, C. (1993). Intelligence pratique et sagesse pratique: deux dimensions méconnues du travail réel. *Éducation permanente* (116), 131-196. Dejours, C. (2006). *La banalización de la injusticia social*. Buenos Aires: Topia. Dejours, C. (1993). *Travail: usure mentale. De la psychopatologie à la psychodinamique du travail*. Paris: Nouvelle édition augmentée. Bayard. Dessors, D., & Ghuio-Bailly, M.-P. (1998). *Organización del trabajo y salud. De la psicopatología a la psicodinámica del trabajo.* . (D. Dessors, & M.-P. Guiho-Bailly, Edits.) Buenos Aires: Asociación Trabajo y Sociedad – PIETTE (CONICET). Farné, S. (2003). *Estudio sobre la calidad del empleo en Colombia*. Oficina Regional para América Latina y el Caribe de la OIT. Lima: OIT. Grassi, E. (2000). Argentina: las políticas sociales y la cuestión del trabajo. En

O. Oszlack, & O. Oszlack (Ed.), *Estado y sociedad. Las nuevas reglas de juego.* (Vol. 2). Buenos Aires: EUDEBA. Infante, R., & Vega Centeno, M. (1999). La calidad del empleo: lecciones ytareas. En R. Infante, & R. Infante (Ed.), *La calidad del empleo. La experiencia de los países latinoamericanos y de los Estados Unidos* . Lima: OIT. Mendel, G. (1993). *La sociedad no es una familia*. Buenos Aires: Paidós.Mendel, G., & Prades, J. L. (2002). *Les méthodes de l'intervention psychosociologique*. París: La Découverte.

Mocelin, D. (2008). ¿Del trabajo precario al trabajo decente? La calidad de empleo como perspectiva analítica. *VI Congreso Internacional de las Américas*. Buenos Aires: Versión preliminar. . Molinier, P. (2006). *Les enjeux psychiques du travail*. Paris: Editions Payot & Rivages. Molinier, P. (2008). *Les enjeux psychiques du travail. Introduction à la psychodinamique du travail.* . París: Éditions Payot & Rivages. Neffa, J. (2010). La transición de los «verdaderos empleos» al trabajo precario. En E. De la Garza Toledo, J. C. Neffa, E. De la Garza Toledo, & J. C. Neffa (Edits.), *Trabajo, Identidad y Acción Colectiva* (págs. 43-80). México: CLACSO

-Plazay Valdés. Novick, M. (2006). ¿Emerge un nuevo modelo económico y social? El caso argentino 2003-2006. *Revista Latinoamericana de Estudios del Trabajo, 11* (18), 53-77. Novick, M. (2001). Nuevas reglas de juego en la Argentina, competitividad y actores sindicales. En E. De la Garza Toledo, *Los sindicatos frente a los procesos de transición política* (págs. 25-46). Buenos Aires: CLACSO. Pujol, A. (2010b). Contribuciones de la(s) clínica(s) del trabajo a los estudios de innovación y empleo en Argentina. *Congreso Universitario Latinoamericano de Investigaciones Interdisciplinarias en Salud Mental*. Rosario: Universidad Nacional de Rosario. Pujol, A. (2010). Les cliniques du travail au terrain: quelques expériences de recherche en psychologie du travail en Argentine. *VIème Colloque International de Psychodynamique et Psychopathologie du travail / 1er Congrès de l'Association Internationale de Psychodynamique et Psychopathologie du Travail.* Sao Paulo. Pujol, A. (2010). Ocupaciones y biografías: el uso de la noción de trayectoria en los estudios del trabajo. *Aristeo – Revista de investigaciones y aplicaciones en psicología del trabajo* (2), en prensa. Pujol, A. (2007). Salud mental y trabajo: nuevos escenarios, nuevos problemas y nuevas perspectivas. *Curso Anual de Actualización en Problemáticas de Salud Mental.* (págs. 69-80). Córdoba: Dirección de Salud Mental. Gobierno de la Provincia de Córdoba – Editorial Corintios. Quéré, L. (1997). La situation toujours négligée. *Réseaux* (85), 163-192. Slaughter, J. (1998). La producción depurada y los buenos empleos. En O. I. Trabajo, *Reestructuración, integración y mercado laboral. Crecimiento y calidad de empleos en economías abiertas.* OIT. Testa, J., & Figari, C. (1997). De la flexibilidad a la precarización. Una visión crítica de las vinculaciones entre el empleo y el sistema de relaciones laborales. En E. Villanueva, & E. Villanueva (Ed.), *Empleo y globalización. La nueva cuestión social en Argentina.* Buenos Aires: Universidad Nacional de Quilmes. Vigotsky, L. (1979). *El desarrollo de los procesos psicológicos superiores.* Barcelona: Crítica. Weller, J. (2009). *El nuevo escenario laboral latinoamericano.* Buenos Aires: Siglo XXI Editores.

Zarifian, P. (2000). La confrontation aux événements: entre sens etcommunication. *Revue Sciences de la Société* (50/51), 107-128.Zarifian, P. (1996). *Travail et comunication. Essai sociologique sur le travail dans la grande entreprise industrielle.* París: PUF.

14

SER OPERÁRIO DA CONSTRUÇÃO CIVIL É VIVER A DISCRIMINAÇÃO SOCIAL

Livia de Oliveira Borges[1]
Tamara Palmieri Peixoto[1]

Introdução

O presente texto relata a pesquisa realizada com objetivo estudar as discriminações sociais vivenciadas por operários da construção civil de edificações em Belo Horizonte, enquanto componentes das condições de trabalho.

Os trabalhadores da construção civil

A construção civil, no Brasil é, um setor econômico valorizado (Barros Neto, Fensterseifer & Formoso, 2003; Frej & Alencar, 2010; Mello & Amorim, 2009; Mello, Amorim & Bandeira, 2008; PAIC, 2008). Sua importância pode ser justificada com base em cinco especificidades, a saber: elevado efeito multiplicador; menor necessidade de investimento; utilização intensiva de mão de obra; significativa porção de investimento e reduzido coeficiente de importação, caracterizando-se por elevada nacionalização (Mello & Amorim, 2009; Sousa, 1983). A Pesquisa Anual da Indústria da Construção (PAIC, 2008), por exemplo, assinala que o setor abrange 56,6 mil empresas ativas. O Ministério do Trabalho e do Emprego mostra que o número de trabalhadores na construção civil aumentou 14,59%, no período de dezembro de 2009 a setembro de 2010, enquanto o total dos setores de atividade econômica aumentou 6,67% (CAGED 2010).

Segue, entretanto, apresentando problemas teconológicos e de gestão (Mello & Amorim, 2009; Mello, Amorim & Bandeira, 2008). "A produtividade europeia é 75% da americana e a brasileira é 15% da americana . . ." (Mello &

---

[1] UFMG.

Amorim, 2009, p. 393), embora a atual fase de crescimento tenha emergido com esforços para modernizar.

A imagem do setor também abrange o fato de que emprega mão de obra com baixa escolaridade e custo. Do ponto de vista do trabalhador, esse aspecto pode ser visto como oportunidade de trabalho, devido o largo contigente de excluídos no Brasil da educação formal (Oliveira & Iriart, 2008; Sousa, 1994). Ao mesmo tempo, pode ser uma fonte de sofrimento para o trabalhador que, considerando-se desqualificado, submete a si mesmo às formas predominantes e autoritárias de gestão, por falta de alternativas e por desenvolver condutas de resignação (Barros & Mendes, 2003; Borges & Tamayo, 2001; Oliveira & Iriart, 2008; Santos, 2010; Sousa, 1983, 1994).

Do ponto de vista do empregador, o perfil educacional do trabalhador e a existência de amplo exército de reserva têm favorecido e jusficado práticas de baixa remuneração, negação de direitos trabalhistas e gestão de pessoas com baixa profissionalização (Rebitzer, 1993; Sousa, 1983, 1994). A imagem do operário da construção civil, como mão de obra desqualificada, portanto, tem um componente ideológico útil para justificar a dominação. Em contrapartida, Sousa (1983) descreve a organização no segmento de edificações, seguindo uma lógica manufatureira, que abarca o caráter artesanal da produção, exigindo um longo aprendizado e dividido entre vários trabalhadores, encarregados de tarefas limitadas. O trabalhador coletivo assume, então, o lugar de artesão. Entre os operários existe a hierarquia entre oficiais (pedreiros, eletricistas, bombeiros, armadores etc.) e os não oficias (por exemplo, ajudantes e serventes) e o operário se torna oficial mediante sua experiência. Santos (2010) descreve o trabalho do servente mostrando os saberes tácitos que adquirem e constroem na experiência concreta de trabalho. Mostra também que, para alguns dos serventes entrevistados, é clara a identificação com as atividades de trabalho, o que corrobora a elevada centralidade (Borges & Tamayo, 2001; Oliveira & Iriart, 2008).

O crescimento do setor da construção civil não tem sido acompanhado proprocionalmente pelo aumento da atração de pessoal, tornando a mão de obra escassa (Mello & Amorim, 2009). Mello e Amorim (2009) elegem a desqualificação e desatualização da mão de obra como um dos fatores que determinam a baixa produtividade do setor. O uso dos rótulos de desqualificação e desatualização pelos autores não é isento do componente ideológico mencionado anteriormente, porém os autores dirigem tais rótulos a todo o quadro de pessoal do setor e visam à incorporação de inovações.

Segundo Sousa (1983), o setor gere seu pessoal, convivendo com elevadas taxas de rotatividade, refletindo o caráter cíclico dos investimentos (já referido) e do desenvolvimento da obra. Sousa descreve a atividade operária, no segmento de edificações, identificando quatro etapas: limpeza do terreno e implantação do canteiro, fundação, estrutura e acabamento. Cada etapa é realizada por equipes sucedendo-se no tempo. Como a gestão contava com amplo exército de reserva, as empresas não aprenderam combater efetivamente a rotatividade.

Preconceito e discriminação social

A partir da década de 1980, as teorias sobre o preconceito acompanharam o desenvolvimento de duas vertentes na Psicologia Social: a Psicologia Social Psicológica e a Psicologia Social Sociológica (Álvaro & Garrido, 2003). A primeira vertente enfatiza os aspectos individuais envolvidos na formação e vivência do preconceito; a segunda situa o preconceito nos processos sociais de exclusão/inclusão social, e busca compreender a discriminação a partir de conflitos sociais e embates ideológicos. Nessa vertente, portanto, o preconceito supõe a existência de um grupo excluído ou tratado como minoria. Simpson e Yinger (1965), citados por Tajfel (1982), conceituam as minorias, como:

(1) setores subordinados de complexas sociedades de estado; (2) possuem traços culturais e físicos específicos pelos quais os setores dominantes da sociedade mostram pouco apreço; (3) constituem unidades conscientes de si próprias, ligadas entre si pelos traços específicos comuns aos seus membros e pelas incapacidades específicas que esses traços provocam [...] (Simpson & Yinger, 1965, citado por Tajfel, 1982, p. 17).

Segundo Tajfel (1982), a noção de preconceito supõe a categorização social – processo no qual se reúnem objetos ou acontecimentos sociais em grupos. A categorização social, por um lado, é considerada um sistema de orientação que ajuda a criar e a definir o lugar do indivíduo na sociedade. Por outro, a categorização social sustenta o processo de comparação social, que inclui o contexto social. Tais processos, em seu caráter simultaneamente subjetivo e histórico, podem construir consensos sociais sobre a natureza de um fenômeno, sendo suficiente para dar um rótulo aparentemente objetivo às opiniões sobre ele. Tais opiniões refletem as diferenças de valor entre seu próprio grupo e outros grupos, incorporadas na inserção das pessoas e/ou dos grupos na cultura e/ou na sociedade. Essas opiniões valorativas, que contêm o desvalor do exogrupo, são o preconceito, que, por sua vez, implica discriminação social. Tajfel (1982) reelaborou a aplicação do conceito de categorização de Allport (1954), para compreender a formação do preconceito, mostrando que nem toda categorização produz um preconceito.

Atualmente, autores (Belo, Souza & Camino, 2010; Lacerda, Pereira & Camino, 2002) têm assinalado a transição entre duas formas de discriminação social: 1) *manifesta ou aberta*, que supõe uma inferioridade de um grupo em relação a outro, pautada em relações de poder; 2) *sutil ou encoberta*, que se desenvolveu a partir da Segunda Guerra Mundial, em decorrência das restrições institucionais e consiste em expressões disfarçadas que, aparentemente, validam práticas socialmente aprovadas e, concomitantemente, permanecem preservadas em ambientes mais restritos. Além disso, o preconceito adquire caráter natural na cultura, pois, por um lado, os preconceitos se aprendem na linguagem e, desse modo, parecem baseados na realidade; e, por outro, o preconceito é uma conduta condenável.

Em síntese, a presente pesquisa foi desenvolvida considerando as aportações teóricas da segunda vertente – Psicologia social sociológica – que trata o preconceito e a discrimianação social como oriundos dos processos relativos às lutas sociais pelo poder.

Confrontando estas aportações ao que foi descrito anteriormente sobre os trabalhadores da construção civil, entende-se que os operários se constituem como uma minoria social, porque realizam trabalhos braçais, pouco apreciados pelas elites e rotulados (como já se tratou anteriormente) como mão de obra desqualificada, tendo deprezados seus saberes, tácitos ou não, aprendidos na experiência operária.

Os significados atribuídos pelos trabalhadores, sendo construídos por meio de processos sócio-históricos e subjetivos, são sempre ambivalentes, no sentido de que encerram atributos de prazer e sofrimento interrrelacionados (Borges, 1996; Borges & Tamayo, 2001; Barros & Mendes, 2003). Assim, da mesma forma que, segundo Borges (1996; 1999) e Borges e Tamayo (2001), os significados atribuídos ao trabalho abrangem aspectos como respostas às exigências sociais, autorealização pessoal, no sentido de que vivenciam prazerosamente os desafios inerentes às suas tarefas, e atribuição de elevada centralidade ao trabalho; abrangem, também, conteúdos agrupados no fator designado por "esforço corporal" e "desumanização", que consistem em atribuições como: trabalhar é "pegar no pesado", é executar tarefas apressadamente, sentir-se tratado como animal ou máquina (desumanizado), fazer esforço físico, ser humilhado e sentir-se discriminado. Oliveira e Iriart (2008) mencionam, também, categorias semelhantes: trabalho arriscado, pesado, desvalorizado, discriminado e sem futuro. Conteúdos como esses revelam que as vivências operárias remetem a existência de preconceito. A consciência da discriminação aparece também na forma da conduta resignada (já comentada) e, em contrapartida, em expressões de operários, registradas por Sousa (1983) e Iriart *et al.* (2008), segundo quem os operários não gostariam que seus filhos seguissem a profissão que eles têm, mas que estudassem para "conseguir coisa melhor" (fala do operário em Iriart e col., 2008). Santos (2010) descreve a discriminação vivenciada pelos serventes, reportando-se à fala destes em que ser servente é estar correndo atrás de ser oficial, ou seja, de deixar a condição de servente.

O rótulo de não qualificados é incorporado pelos operários, fortalecendo a resignação e reproduzindo as discriminações nas próprias relações entre eles. Assim, os serventes entrevistados por Santos (2010) queixam-se do tratamento humilhante oferecido por alguns encarregado e mestres.

Por todas essas razões, faz sentido desenvolver pesquisa em que se hipotetiza o fenômeno da discriminação social do operário da construção civil seguir sendo um fenômeno real na contemporaneidade, embora seja paradoxal à tendência de que a mão de obra vem, pouco a pouco, escasseando.

Condições de trabalho

Ramos, Peiró e Ripoll (2002) apontaram que o termo "condições de trabalho" tem sido aplicado de forma pouco consensual, havendo autores (por exemplo, Muchinsky, 1994) que se prendem aos aspectos ambientais ou do entorno das atividades de tarefa, enquanto outros (Alvaro & Garrido, 2006; Blanch, 2003; Prieto, 1994) envolvem tanto aspectos ambientais quanto do conteúdo, da organização e da realização das atividades. A última tendência tem sido influenciada por iniciativas como o Observatório Europeu das Condições de Trabalho. De tal tendência, destaca-se aqui o seguinte conceito:

O conjunto de variáveis que definem a realização de uma tarefa concreta e o entorno em que esta se realiza, enquanto que as variáveis determinam a saúde a partir da triple de dimensão proposta pela OMS [física, psíquica e social]. (INSHT, 1987, p. 23)

A evolução conceitual das condições de trabalho ocorreu também em conjunto com a elaboração de taxionomias (Alvaro & Garrido, 2006; Blanch 2003; Ramos *et al.*, 2002). Estas abarcam aspectos que dizem respeito às interações interpessoais, às práticas sociais relativas à gerência ou à gestão, quando se trata do trabalho na forma de emprego, ao clima organizacional de trabalho e às práticas sociais decorrentes da inserção no mercado de trabalho. Embora cada tipologia revisada se refira, pontualmente, a um ou dois desses aspectos, eles estão reunidos, aqui, sob a designação de *ambiente sociogerencial*. Entende-se, portanto, que as práticas sociais vivenciadas no âmbito interpessoal e as ações de gestão incorporam e refletem a inserção sociocultural dos atores (operários e representantes patronais), o que significa, no setor da construção civil de edificações, os preconceitos e discriminação social se manifestarem nas ações e omissões gerenciais, bem como nas relações interpessoais em geral.

Método

A pesquisa desenvolvida, para atingir o objetivo anunciado introdutoriamente, consistiu na aplicação três estratégias metodológicas de pesquisa: 1) análise de conteúdo dos boletins sindicais; 2) aplicação de questionários estruturados nos operários e 3) entrevistas individuais com operários. Esperava-se que as duas primeiras estratégias explorassem o preconceito aberto, enquanto a terceira estratégia, o preconceito sutil ou encoberto.

Análise de conteúdo dos boletins sindicais

A análise de conteúdo dos Boletins Sindicais dos Operários da Construção Civil de Belo Horizonte e adjacências (intitulado Marreta) dividiu-se em cinco etapas, a saber: 1) seleção do material, 2) leitura flutuante, 3) criação das categorias, 4) categorização e 5) análise.

Selecionaram-se os boletins no site do Sindicato dos Trabalhadores, definindo o período de publicação (setembro de 2008 a março de 2009) e totalizando 22 boletins. Organizaram-se tais boletins com uso do programa de informática QDA Miner, facilitando a execução das etapas subsequentes.

Aplicação de questionários estruturados

Os questionários foram aplicados na sede do sindicato trabalhista e nos canteiros de duas empresas, atuantes na região metropolitana de Belo Horizonte. Totalizou-se a aplicação de 361 questionários válidos. A amostra tinha uma média de 36,79 anos de idade (desvio-padrão de 12,32), enquanto tinha um tempo médio de serviço de 17,25 anos (dp=11,68) e um tempo médio de serviço na empresa atual foi de 1,72 anos (dp=3,52). A diferença entre o tempo médio de trabalho e o tempo médio na empresa atual corrobora a existência de elevados índices de rotatividade da mão de obra.

Utilizou-se o questionário adaptado sobre Condições de Trabalho do *European Working Conditions Observatory* (EWCO). Foram foco das análises do presente artigo as respostas às questões referentes ao ambiente sociogerencial, abrangendo mais especificamente tópicos referentes à autoavaliação dos operários sobre sua qualificação, suas vivências no coletivo de trabalho e pelas práticas dialógicas em torno do trabalho e, por fim, diretamente sobre a vivência de discriminações sociais.

A aplicação do questionário desenvolveu-se nas seguintes etapas: 1) divulgação prévia da pesquisa no local de trabalho e apresentação da equipe;

2) convite aos trabalhadores a responderem os questionários; 3) aplicação individual dos questionários com ajuda de dispositivo informatizado de mão (tipo Pocket PC), dispensando o participante da necessidade de escrever.

Entrevistas

Duas entrevistas individuais e semi-estruturadas foram realizadas e analisadas com o objetivo de apreender a fala do trabalhador. Abrangiam questões abertas sobre as vivências de discriminação social no contexto de trabalho. Foram gravadas e transcritas, para depois serem analisadas com base nas aportações teóricas sobre preconceito e discriminação social.

Resultados dos boletins sindicais

Predominaram manifestações indiretas (ou implícitas), pois em nenhum boletim o assunto da discriminação social e dos preconceitos surge explicitamente. Dois conteúdos são os mais tratados nos boletins: 1) combatividade dos operários e/ou de seu sindicato e 2) os aspectos econômicos e/ou salariais. Os primeiros atravessam diversos conteúdos, inclusive as cinco categorias listadas na Tabela 1. Essas expressam as tentativas de demonstrar combatividade, mas também a condição de minoria social dos operários da construção civil. Assim, a primeira delas é constituída por expressões apelativas existentes nos boletins, que desvalorizam o exogrupo (no caso, o patronato, o governo etc.). Exemplos delas são: "esses carrascos", "esses patrões sanguessungas" e "esses políticos safados". Partindo do que se revisou de Tajfel (1982), tais expressões acentuam o desvalor do exogrupo e reafirmam as diferenças entre os grupos sociais.

Tabela 1 - Categorias de conteúdo dos boletins sindicais.

Categoria	Descrição	Ocorrências	Boletins	% dos boletins
Trechos apelativos	Trecho com forte tom de apelação e expressões depreciativas em relação ao grupo social opositor (como patrões e políticos).	57	15	68,2%
Denúncias de manipulação	Denúncia de concessões patronais para amortecer a luta dos trabalhadores e outras formas de manipulação.	15	8	36,4%

Categoria	Descrição	Ocorrências	Boletins	% dos boletins
Esclarecimento	Exposição sobre a situação de exploração vivida por eles, com vistas, em última análise, a argumentar em prol da mobilização.	26	11	50,0%
Violação de direitos	Violação dos direitos trabalhistas. Descumprimento da legislação trabalhista pelo patronato.	8	6	27,3%
Agressões	Denúncia de agressões físicas e verbais contra os trabalhadores.	23	7	31,8%

A segunda subcategoria – denúncias de manipulações – exprime que os autores dos textos dos boletins supõem o exogrupo subestimar os operários, tratando-os como incapacitados, como nos trechos:

Debatemos em nossa assembleia sobre as mobilizações nos locais de trabalho e a ardilosa jogada dos patrões, que para não oferecer um reajuste digno para a categoria, fazem ofertas indecorosas de "bônus" de R$ 100,00 para quem não fizesse greve, R$ 120,00 para quem construísse 3 lajes até o fim do mês, aumento no salário de quem não aderisse à convocação da greve. Para tentar intimidar a categoria, . . . enganando os trabalhadores, oferecendo churrasco e 4% de reajuste de salário. (Marreta, 12/12/2008)

Na terceira categoria – esclarecimentos –, há argumentos para caracterizar o processo de exploração dos operários pelo patronato, no sentido de que se apropriam indevidamente do trabalho do operário. É o que fica claro no trecho: "Quem constrói somos nós, a classe operária, enquanto os patrões parasitas só sabem explorar e se enriquecer às nossas custas" (Marreta, 29/10/2008). Ao realizar essas exposições, voltam a desvalorizar o exogrupo e, adicionalmente, descaracterizam o que os dirigentes realizam enquanto trabalho.

A quarta categoria – violação dos direitos –, consiste em expressões sobre ações patronais que tentavam impedir ou controlar as ações de mobilização dos trabalhadores fazendo uso da força de sua unidade para reivindicar, como no trecho:

Também usaram a repressão da polícia militar e seguranças particulares para ameaçarem os trabalhadores e obrigá-los a entrar nas obras. Os patrões

Ser operário da construção civil é viver a discriminação social   243

ameaçaram os trabalhadores de demissão, ofereceram prêmios de produção para impedir que o carro de som do sindicato chegasse até os operários (Marreta, 09/01/2009)

Observa-se que, nesse trecho, os conflitos sustentadores do preconceito e da discriminação estarem evidentes. Além do quê, o respaldo da classe patronal, pela força de polícia, demonstra como a discriminação está culturalmente naturalizada na sociedade, de forma que, quem deveria garantir os direitos de ambos os grupos, nega o direito de greve e apoia os interesses patronais.

A quinta categoria – agressões – consiste em denúncias de agressões físicas e verbais contra os trabalhadores. Essa categoria também está presente no último trecho dos boletins citados, pois o impedimento da mobilização, por meio da força policial, é uma forma de agressão. Mas, no trecho subsequente, a referência à agressão física é direta: "A ação truculenta e sanguinária de mais de seiscentos policiais fortemente armados que dispararam contra mulheres, crianças e adultos, assassinou dois trabalhadores, pais de família . . . que defendiam o seu direito à moradia" (Marreta, 10/09/2008).

Considerou-se que o preconceito, aqui, manifesta-se de maneira mais aberta, porque se manifestou em ação concreta de violência, de uma maioria contra uma minoria social.

O segundo conteúdo mais tratado nos boletins, referentes aos aspectos econômicos e/ou salariais se caracterizam por menções ao fenômeno do arrocho salarial, consistindo em diversas formas de apresentação das reivindicações salariais. Esses conteúdos não surgem, nos boletins, separados das expressões que exprimem a condição de minoria social dos operários da construção civil. Observou-se então que, quando essas menções são chamadas curtas, por exemplo, "Abaixo o arrocho salarial!" (Marreta, nov/2008), expõem apenas o caráter econômico. Quando estão ao meio de uma argumentação, expressam também que as vivências do trabalho são experiência da condição de minoria, como se pode ver nos seguintes trechos:

Companheiros, todos nós estamos vendo que nunca os empresários da construção lucraram tanto, e por outro lado nunca sofremos um arrocho tão grande em nossos salários. (Marreta, 03/09/2008)

O operário da construção que constrói prédios de apartamentos que são vendidos por até R$5 milhões cada unidade enfrentam o mais cruel arrocho e exploração. O salário de um trabalhador da construção não passa de R$ 700,00 (salário mais alto do oficial). Um servente tem que sustentar a sua família com apenas R$ 400,00. (Marreta, 02/12/2008)

Queremos aumento para ter salário digno e direito de comprar carne para comer todos os dias. (Marreta, 12/12/2008)

Esses trechos exprimem a consciência de uma situação de inferioridade e a contestação da diferença social, bem como o fato de que tal situação de inferioridade tem, por trás, o conflito capital-trabalho. Tais observações são coerentes com a perspectiva da Psicologia Social Sociológica, que situa o preconceito nos processos sociais de exclusão/inclusão social, e compreende a discriminação a partir dos conflitos. Os trechos citados demarcam as diferentes condições de vida do segmento socialmente minoritário (operários) e o majoritário (patronal).

Das questões estruturadas

Quando se indagou sobre sua própria qualificação, a maioria dos participantes (52,5%) avaliou que possuem as qualificações necessárias às suas funções e reconheceu, ao mesmo tempo, a necessidade de atualização permanente (Tabela 1). Esse resultado corrobora a pesquisa anterior (Borges, Ros & Tamayo, 2001) sobre socialização do operário da construção civil, em que este se percebia como competente. Portanto a autopercepção do operário da construção civil não coincide com a percepção de senso comum e da literatura, que o classifica como mão de obra desqualificada. É essa divergência de olhar que implica a vivência das relações interpessoais dos operários com as demais pessoas, carregadas de preconceitos.

Em contrapartida, as respostas dos operários indicam, também, que apresentam abertura para atualizar-se e que são bastante favoráveis às iniciativas de treinamento adotadas pelas empresas. Entretanto, ao perguntar-se aos participantes sobre a oportunidade de participar de algum tipo de formação para melhorar suas competências no último ano, apenas 19,4% responderam afirmativamente. Essas respostas evidenciam que os operários permanecem com pouco acesso a oportunidades de educação e qualificação continuada e formal.

Tabela 2 - Qualificações dos participantes para suas atividades.

036) Qual das seguintes alternativas melhor descreve as suas qualificações no seu próprio trabalho?	Frequência	Percentil
Necessito de formação suplementar para cumprir bem as minhas funções.	49	13,6%
As minhas funções correspondem bem às minhas atuais qualificações.	33	9,2%

As minhas funções correspondem bem às minhas atuais qualificações, embora eu precise de atualização permanente.	189	52,5%
Tenho qualificações para cumprir funções mais exigentes.	86	23,9%
Não respondeu.	3	0,8%
Total	360	100%

Para apreender parcialmente o clima que predomina no ambiente de trabalho dos participantes, indagou-se aos operários sobre as suas vivências no coletivo de trabalho (Tabela 3). A todas essas perguntas, os participantes respondiam optando pela afirmação ou negação ("sim" ou "não"). As respostas indicam que a exposição a pressões por decisões rápidas, a falta de material para executar as tarefas, as exigências desproporcionais às condições de trabalho, os conflitos com colegas e chefias, a ação contra seus princípios e valores, a sobrecarga de tarefas e a realização de tarefas contraditórias não predominam.

Tabela 3 - Vivências no coletivo de trabalho: proporções de respostas dos participantes.

040) Em seu trabalho, você está exposto a:	Sim	Não
040.1) Pressão por decisões rápidas.	37,8	62,2
040.2) Falta de material necessário para a realização de suas tarefas.	44,2	55,8
040.3) Exigências desproporcionais às condições de trabalho.	35,6	64,4
040.4) Conflitos com colegas e chefias.	16,7	83,3
040.5) Agir em conflito com seus princípios e valores.	20,6	79,4
040.6) Realizar tarefas diferentes das suas.	48,1	51,9
040.7) Sobrecarga de tarefas.	30,0	70,0
040.8) Realizar tarefas conflitivas ou contraditórias.	29,4	70,0

No entanto, apenas num aspecto desses – conflitos com colegas e chefes –, o predomínio da negação da exposição ultrapassa os 80,0%, aproximando-se de uma situação consensual. Os demais variam entre 51,9% a 79,4%. O que significa: a proporção de respostas afirmativas não é desprezível. Quando se trata de clima organizacional, poucas ocorrências desagradáveis podem ser suficientes para corroê-lo.

Seguindo a caracterização de como os operários percebem aqueles que exercem cargos diretivos lidarem com os dilemas gerenciais referidos, na Tabela

4, apresentam-se as respostas dos participantes sobre práticas de diálogo entre chefia e subordinado. As proporções das respostas são predominantemente negativas em relação a todas as perguntas. Fortalecem as respostas anteriores, sublihando um clima organziacional desfavorável.

Tabela 4 - Práticas de diálogos nas relações chefes e subordinados: proporções de respostas dos participantes.

039) No último ano, você...?	Sim	Não	Não respondeu
039.1) Teve uma conversa franca com o seu chefe acerca do desempenho da sua função?	43,9	56,1	—
039.2) Foi consultado sobre mudanças na organização do trabalho e/ou nas suas condições de trabalho?	34,4	65,3	0,3
039.3) Foi sujeito a uma avaliação formal do desempenho das suas funções?	41,4	58,3	0,3
039.4) Conversou com o seu chefe problemas relacionados ao trabalho?	49,7	50,0	0,3

Para explorar como valores de respeito à condição humana se expressam no clima organizacional, perguntou-se sobre a ocorrência de algumas formas de violência (Tabela 5). As proporções de participantes que responderam negativamente são muito extensas, aproximando-se da consensualidade, visto que são, em quase todos os itens, superiores a 90% da amostra. No entanto, chama a atenção o fato de que, no primeiro item – agressões verbais –, as respostas afirmativas são de 12,5%.

Das entrevistas

As respostas dos participantes mostram a naturalização do preconceito sofrido no contexto de trabalho, a partir do momento em que o operário reconhece a existência da discriminação, mas ao mesmo tempo afirma nunca ter sofrido com essas atitudes, como pode ser evidenciado no seguinte trecho:

Entrevistador: Aqui dentro tem discriminação?

Operário 1: Acho que tem viu.

Entrevistador: Que tipo?

Ser operário da construção civil é viver a discriminação social 247

Operário 1: Tem sempre gente que gosta de falar mal dos outros assim né. Perto da gente mesmo não fala, mas chega perto dos outros e fala.

Entrevistador: Você já se sentiu discriminado?

Operário 1: Não, nunca chegou perto de mim pra falar não. Sempre tem um preconceitozinho.

Entrevistador: Mas preconceito de que?

Operário 1: De discriminação, fala da gente aí. Não sei entrar em detalhes, às vezes fala "aquele puxa-saco ali".

Entrevistador: E que impactos essas discriminações têm?

Operário 1: Pra mim não interessa nada. Pra mim estar falando ou não falando . . .

Tabela 5 - Ocorrências de violência no trabalho: proporções de participantes por alternativas de respostas

No último ano, esteve sujeito no trabalho a...?	Sim	Não	Não respondeu
038.1) Agressões verbais?	12,5	87,5	—
038.2) Ameaças de violência física?	0,8	99,2	—
038.3) Violência física?	3,1	96,7	0,3
038.4) Intimidações / perseguição?	7,5	92,5	—
038.7) Discriminações ligadas à idade?	4,7	95,0	0,3
038.8) Discriminações ligadas à naturalidade?	1,1	98,6	0,3
038.9) Discriminações ligadas a questões raciais?	2,2	97,8	—
038.10) Discriminação ligada à classe social?	5,0	94,4	0,6
038.11) Discriminação ligada à religião?	9,4	90,0	0,6
038.12) Discriminação ligada a características pessoais (altura, surdez, cegueira, gagueira, etc.)?	7,5	91,9	0,6
038.14) Discriminação ligada à história pessoal (ex-presidiários, portadores de doenças contagiosas ou crônicas, etc.)?	3,6	95,6	0,8

À mesma pergunta sobre a existência de discriminação, o segundo entrevistado respondeu de forma muito semelhante: "falar eles falam né. Mas não ligo não." Estas falas apontam para a tendência em dissimular o preconceito e a se alienar dos impactos vividos, pois afirmam perceber a existência da discriminação no ambiente, e não o terem sido afetados por ela. A discriminação social é dirigida a um grupo ou a segmentos de pessoas, como um todo, e não a cada um individualmente.

Quando indagado sobre que tipo de melhoria queria para si mesmo, o primeiro operário respondeu:

> Pra mim é na parte de estudos. Estudar um pouco mais pra melhorar mais, pra ter um salário melhor . . . É o que eu falei pra você, tô lutando pra ser um encarregado. Posso até ser em outro lugar aí, posso fazer um curso, pra conhecer mais os produtos. Eu vou fazer o curso, vou fazer sim.

Estas falas têm a mesma direção da naturalização do preconceito e da discriminação social, bem como do desenvolvimento de atitudes de resignação. Revelam que o operário justifica ganhar pouco com o pouco estudo. Não há reivindicação de reconhecimento de seu conhecimento adquirido na experiência. Além disso, para melhorar de sua condição de vida, precisa deixar de ser o que é: operário e/ou servente. Precisa ocupar outro posto – uma aspiração a que poucos efetivamente terão acesso.

Considerações gerais

Os preconceitos e a discriminação social dirigidos àqueles que estão na condição de operário da construção civil são um problema cultural, têm uma formação complexa e estão inscritos nas estruturas da sociedade, de modo que estão naturalizado no endogrupo e no exogrupo. Manifestam-se, também, no nível individual ou pessoal. Vivenciar o preconceito e a discriminação social significa vivenciar a rejeição social, e afeta o psiquismo humano (May, Cochran & Barnes, 2007). O modo de autoproteção encontrado pelos operários, enquanto minoria social, é a resignação.

Esses fenômenos são também um problema de gestão, à medida que afetam às práticas dialógicas, a adoção de estratégias de educação e qualificação continuada, a capacidade de iniciativa do operário, no ambiente de trabalho, e suas possibilidades de ações autônomas. Um setor, que aspira se modernizar tecnologicamente e na gestão, necessita adotar práticas sociais questionadoras e críticas sobre suas práticas dialógicas além de enfrentar as atitudes preconceituosas, abrindo espaço para reconhecimento do saber operário.

Em contrapartida, as estratégias utilizadas na pesquisa foram predominantemente eficazes na elucidação das suas formas de manifestação. Suas limitações abrem espaço para o desenvolvimento de hipóteses sobre como se processam esses fenômenosn nos níveis individual, interpessoal, gerencial e societal.

Referências bibliográficas

Alvaro, J. L. & Garrido, A. (2006). Ocupación y bienestar. Em A. Garrido (ed.), *Sociopsicología del trabajo* (pp. 113-132). Barcelona: Editorial UOC.

Barros, P. C. R. & Mendes, A. M. B. (2003). Sofrimento psíquico no trabalho e estratégias defensivas dos operários terceirizados da construção civil. *PsicoUSF*, 8(1), 63-70. Recuperado em 28 de dezembro de 2010, de: http://pepsic.bvs-psi.org.br/pdf/psicousf/v8n1/v8n1a09.pdf.

Barros Neto, J. P., Fensterseifer, J. E. & Formoso, C. T. (2003). Os critérios competitivos da produção: um estudo exploratório na construção de edificações. *Revista de Administração Contemporânea* [online], 7(1), 67-85. Recuperado em 10 de janeiro de 2011, de: http://www.scielo.br/pdf/rac/v7n1/v7n1a04.pdf.

Belo, R. P., Souza, T. R. & Camino, L. (2010). Análise de repertórios discursivos sobre profissões e o sexo: um estudo empírico na cidade de João Pessoa. *Psicologia & Sociedade* [online], 22(1), 23-31. Recuperado em 09 de janeiro de 2011, de: http://www.scielo.br/pdf/psoc/v22n1/v22n1a04.pdf.

Blanch, J. M. (2003). Condiciones de trabajo y calidad de vida. Em M. Blanch, M. J. Espuny, C. Gala & A. Martín (orgs.), *Teorías de las relaciones laborales. Desafíos* (pp. 140-160). Barcelona: Editorial UOC.

Borges, L. O. (1996). A representação social do trabalho. *Estudos de Psicologia, 1*, 7-25.

Borges, L. O. (1999). A estrutura fatorial dos atributos valorativos e descritivos do trabalho: um estudo empírico de aperfeiçoamento e validação de um questionário. *Estudos de Psicologia, 4*, 107-139.

Borges, L. O., Ros-Garcia, M., Tamayo, A. (2001). Socialización organizacional: tácticas y autopercepción. *Psicología del Trabajo y Organizaciones, 17*, 173-196.

Borges, L. O., & Tamayo, A. (2001). A estrutura cognitiva do signficado do trabalho. *Revista Psicologia: Organizações e Trabalho, 1*(2), 11-44.

CAGED – Cadastro Geral de Empregados e Desempregados (2010). *Índice mensal do emprego formal segundo os setores de atividade econômica.* Brasil: MTE (Ministério do Trabalho e Emprego).

Frej, T. A., & Alencar, L. H. (2010). Fatores de sucesso no gerenciamento de múltiplos projetos na construção civil em Recife. *Produção [online], 20*(3), 322-334. Recuperado em 07 de janeiro de 2011, de: http://www.scielo.br/pdf/prod/2010nahead/aop_200812127.pdf.

IBGE. Instituto Brasileiro de Geografia e Estatística (2008). *Pesquisa Anual da Indústria da Construção 2008*. Rio de Janeiro: IBGE Recuperado em 07 de janeiro de 2011, de: http://www.ibge.gov.br/home/estatistica/economia/industria/paic/2008/default.shtm.

Iriart, J. A., Oliveira, R. P., Xavier, S. S., Costa, A. M. S., Araújo, G. R. & Santana, V. S. (2008). Representações do trabalho informal e dos riscos à saúde entre trabalhadoras domésticas e trabalhadores da construção civil. *Ciência & Saúde Coletiva* [online], *13*(1), 165-174. Recuperado em 06 de janeiro de 2011, de: http://www.scielo.br/pdf/csc/v13n1/20.pdf.

Lacerda, M., Pereira, C., & Camino, L. (2002). Um estudo sobre as formas de preconceito contra homossexuais na perspectiva das representações sociais. *Psicologia Reflexão e Crítica* [online], *15*(1), 165-178. Recuperado em 01 de dezembro de2010, de: http://www.scielo.br/pdf/prc/v15n1/a18v15n1.pdf.

Mays, V. M., Cochran, S. D., & Barnes, N. W. (2007). Race, Race-Based Discrimination, and Health Outcomes Among African Americans. *Annual Review of Psychology, 58*, 201-225.

Mello, L. C. B. B. & Amorim, S. R. L. de. (2009). O subsetor de edificações da construção civil no Brasil: uma análise comparativa em relação à União Europeia e aos Estados Unidos. *Produção* [online], *19*(2), 388-399. Recuperado em 10 de janeiro de 2011, de: http://www.scielo.br/pdf/prod/v19n2/v19n2a13.pdf.

Mello, L. C. B. B., Amorim, S. R. L. & Bandeira, R. A. M. (2008). Um sistema de indicadores para comparação entre organizações: o caso das pequenas e médias empresas de construção civil. *Gestão Produção* [online], *15*(2), 261-274. Recuperado em 10 de janeiro de 2011, de: http://www.scielo.br/pdf/gp/v15n2/a05v15n2.pdf.

Muchinsky, P. M. (1994). Condiciones de trabajo. Em P. M. Muchinsky (ed.). *Psicologia aplicada al trabajo: una introducción a la Psicología Industrial y Organizacional* (pp. 579-624). Bilbao: Editorial Desclée de Brouwer.

Oliveira, R. P. & Iriart, J. A. B. (2008). Representações do trabalho entre trabalhadores informais da construção civil. *Psicologia em estudo* [online], 13(3), 437-445. Recuperado em 09 de janeiro de 2011, de: http://www.scielo.br/pdf/pe/v13n3/v13n3a04.pdf.

Prieto, C. (1994). *Trabajadores y condiciones de trabajo*. Madrid: Hoac.

Ramos, J., Peiró, J. M. & Ripoll, P. (2002). Condiciones de trabajo y clima laboral. Em J. M. Peiró & F. Prieto (orgs.). *Tratado de Psicología del Trabajo* (vol. I, pp. 37-91). Madrid: Síntesis Psicología.

Rebitzer, J. B. (1993). Radical Polital Economy and the Economics of Labor Markets. *Journal of Economic Literature, XXXI*, 1394-1434.

Santos, P. H. F. (2010). *"Deus lhe pague!" [manuscrito]: a condição servente na construção civil.* Dissertação não publicada. Universidade Federal de Minas Gerais, Belo Horizonte.

Sousa, N. H. B., (1983). *Construtores de Brasília: Estudo de Operários e sua Participação Política.* Universidade de Brasília. Brasília. Petrópolis: Vozes.

Sousa, N. H. B. (1994). *Trabalhadores Pobres e Cidadania: A experiência da exclusão e da rebeldia na construção civil.* Tese de doutorado não publicada. Universidade de São Paulo, São Paulo.

Tajfel, H. (1982). *Grupos humanos e categorias sociais* (vol. 2). Lisboa: Livros Horizonte.

15

O MINIMIZAR DO SOFRIMENTO DE ARTISTAS DE TEATRO

Roseli Vieira Pires[1]

Kátia Barbosa Macêdo[2]

Introdução

As tendências econômicas indicam que o setor de serviços é o que mais crescerá no século XXI e que já movimenta mais de 20 bilhões de dólares em todo o mundo. A maior ênfase está exatamente nos serviços relacionados a entretenimento,lazer e arte, pois há um aumento significativo no tempo do não trabalho, que deve ser "empregado" em atividades de lazer e arte.

Apesar dos dados indicarem a necessidade de criação de políticas públicas que apoiem o desenvolvimento das atividades relacionadas à arte, no Brasil, o que temos é uma defasagem enorme entre a movimentação financeira ligada à realização de espetáculos artísticos e o acesso a financiamentos e leis de incentivo para a realização deles.

A discussão acerca do que é arte ocupa os homens desde a Antiguidade e as formas de suas manifestações, os pontos de vista sobre o assunto e seu conceito foram se modificando ao longo da história. "Restam às manifestações artísticas como o teatro, a música e a dança, que devem sua sobrevivência a uma cadeia de aprendizado, a uma corrente de tradições recolhidas por uma instituição muito justamente chama conservatório", assevera Coli (2000, p. 78).

O trabalho dos artistas pode ser um trabalho fluido, disperso, invisível, intensificado, desregulamentado, mas, afinal de contas, é trabalho, segundo Segabinazzi (2007). A imagem que o senso comum tem em relação ao artista se recobre de um caráter mítico, como se o artista fosse alguém diferente do homem comum. Apesar dos esforços de alguns movimentos artísticos de valorização da ação cotidiana, o comportamento do artista contemporâneo e

---

[1] Faculdades Aphonsiano; Faculdades União de Goyazes.

[2] Pontifícia Universidade Católica de Goiás.

suas relações sociais com o sistema das artes ainda deixam a desejar no que se refere ao apoio financeiro, acesso a financiamentos e reconhecimento em nível simbólico ou material, conforme Vargas (2005).

O trabalho artístico, no Brasil, estrutura-se em grande parte pela exploração dos trabalhadores artistas, que, por escolha, buscam no trabalho artístico a própria identidade e possibilidade de autonomia e emancipação. A remuneração da maioria dos artistas, muitas vezes, é insuficiente para a garantia de uma vida digna. Portanto, para manter um padrão sócio-econômico satisfatório, muitos artistas são obrigados a ter uma dupla jornada de trabalho: uma que possibilite sua subsistência e outra, sua realização como artista.

O teatro europeu surgiu em Atenas e era considerado como uma obra de arte social, intelectual e bem prestigiada. A multidão, reunida no *theatron,* participava ativamente do ritual teatral. O teatro apareceu como instituição pública organizada e custeada pelo Estado, abrindo, portanto, o cenário para o surgimento do profissional do teatro (Berthold, 2006, p. 95). Desde sua origem, na Grécia, o teatro necessitava de um custeio para sua existência. Durante muitos séculos, esse custeio for realizado pela figura dos mecenas, geralmente, nobres que financiavam companhias, para que pudessem manter as representações. Na Europa, no período do Romantismo, o teatro, em todo o mundo, ganhou características de profissão, criando profissionalismo e estabilidade, sendo notáveis as companhias como *Comedie française,* de Paris e *Burgtheatther,* de Viena. A partir daí, houve o estabelecimento de uma profissão de reconhecimento e destaque.

Hoje, o teatro mundial tem, graças aos meios de comunicação, uma plateia ilimitada. E, ao menos em países mais ricos, os profissionais passam por uma relativa valorização (financeira e simbólica) do seu trabalho como artista. No teatro, há inúmeras funções exercidas pelos trabalhadores, dentre elas, a de: diretor, figurinista, camareiro, câmara, assistente em geral; bilheteiro, maquiador, cabeleireiro e o próprio ator de teatro.

No Brasil, a profissão é regulamentada pela Classificação Brasileira de Ocupações, constituindo-se formalmente como tal. Apesar disso, as representações sociais ligadas aos artistas (incluindo os de teatro) têm nuances de preconceito, desvalorização e exclusão social do mercado de trabalho.

A abordagem psicodinâmica do trabalho

A psicodinâmica do trabalho é uma abordagem científica, desenvolvida por Christophe Dejours, médico francês, com formação em psicanálise, diretor do Laboratório de Psicologia do Trabalho da capital francesa. Pesquisa a vida psíquica no trabalho, tem como foco o sofrimento psíquico e as estratégias de enfrentamento utilizadas pelos trabalhadores para a superação do sofrimento e transformação dele mesmo em fonte de prazer (Dejours, 2004). Dessa forma, a psicodinâmica do trabalho tem, como foco de estudo, as relações entre organização do trabalho e as mobilizações subjetivas do trabalhador, que se manifestam nas vivências de prazer-sofrimento, nas estratégias de enfretamento para mediar o sofrimento, nas patologias sociais, na saúde e no adoecimento (Mendes, 1999)

A Psicodinâmica do trabalho, na busca de entendimento sobre o quê, no trabalho, é fonte de nocividade, propõe que se utilize, para sua análise, as seguintes categorias: organização do trabalho, condições de trabalho, relações de trabalho; vivências de prazer e sofrimento, mobilização subjetiva e estratégias de enfrentamento.

A *organização do trabalho* compreende "divisão de tarefas entre os trabalhadores, repartição, cadência e, enfim, o modo operatório prescrito e a divisão das pessoas: repartição das responsabilidades, hierarquia, comando, controle, etc." (Dejours, 1994, p. 125).

Dejours (1994), em suas pesquisas sobre o comportamento humano, principalmente em suas obras fundamentais, como *A loucura do trabalho* (1987), *Plaisir et souffrance dans le travail* (1998), *Travail usure mentale* (1993) e *Le corps d'abord* (2001), salienta que há dois tipos de organização do trabalho: aquela em que o trabalho é prescrito (normas e procedimentos) e aquela onde o trabalho é real – a função do trabalho real é, usando de adaptações, possibilitar a execução e realização do trabalho prescrito. Essas adaptações são fruto de uma mobilização subjetiva que o trabalhador realiza, utilizando sua inteligência astuciosa, para conseguir transformar o prescrito em exequível.

As *condições de trabalho* definem-se como o conjunto que envolve o ambiente físico (temperatura, pressão, barulho), as condições de higiene e segurança e as características ergométricas do local de trabalho, tendo como alvo o corpo do trabalhador e ocasionando desgaste, envelhecimento e doenças. De acordo com Dejours (1992, p. 25), condições de trabalho abrangem:

O ambiente físico (temperatura, pressão, barulho, vibração, irradiação, altitude, etc.), ambiente químico (produtos manipulados, vapores e gases tóxicos, poeiras, fumaças etc.), o ambiente biológico (vírus, bactérias, parasitas, fungos), as condições de higiene, de segurança, e as características antropométricas do posto de trabalho.

Segundo Dejours (2004), por meio dos desenvolvimentos teórico e empírico, a teoria psicodinâmica do trabalho concebe o modelo de homem como um ser que pensa em sua relação com o trabalho, interpreta sua situação e, em razão dela, reage e se organiza. Ele possui uma história singular que constrói sobre o sentido do trabalho. É sujeito, tendo em vista que não sucumbe às pressões do trabalho e luta pela manutenção de sua saúde mental. E, sobretudo, não é isolado: toda vivência subjetiva relativa ao trabalho é construída nas relações entre sujeitos ou entre grupos, privilegiando a intersubjetividade.

As *relações de trabalho* integram as interações com as chefias imediatas e superiores, com os membros da equipe de trabalho e membros de outros grupos de trabalho e, por fim, com as interações externas (clientes, fornecedores, fiscais). A relação com o trabalho ou com o lugar do trabalho tende a se tornar a principal referência das pessoas, o sentimento de identidade social é fortemente ancorado na relação profissional.

Macedo (2008) discute que, se de um lado, o profissional que pensa nas suas relações de trabalho atribui um sentido às situações mas depende das condições sócio-econômicas oferecidas, em contrapartida, as situações de trabalho modificam as percepções desse trabalhador de si mesmo, dos outros e do próprio trabalho. Surge um sistema de regras, no qual o profissional se percebe como agente participante e transformador; neste aspecto, emergem-se comportamentos controladores ou submissos e aspectos subjetivos inerentes a cada um.

Aprender e compreender as relações de trabalho exige mais do que uma simples observação, mas, sobretudo, exige uma escuta voltada a quem executa o trabalho, pois este implica relações subjetivas meio evidente que precisam ser desvendadas. (Lancman & Heloani, 2004, p. 12)

Para encontrar o equilíbrio no trabalho, é necessário que a pessoa execute tarefas que permitam encontrar prazer no trabalho, uma vez que as pressões encontradas neste podem significar desequilíbrio para a saúde mental do trabalhador.

Segundo Dejours (1994, 1999), a *mobilização subjetiva* é definida como um processo caracterizado pelo uso dos recursos psicológicos do trabalhador e pelo espaço público de discussões sobre o trabalho. A utilização desses recursos depende da dinâmica contribuição-retribuição simbólica, que pressupõe o reconhecimento da competência do trabalhador pelos seus colegas e pelos superiores hierárquicos.

Para ele, o processo de mobilização subjetiva não é prescrito; é vivenciado por cada trabalhador. Ressalta-se que esta mobilização é fundamental no processo de gestão da organização do trabalho, à medida que evita o uso de estratégias defensivas ou de descompensação psicopatológica.

Para Marras (2005, p. 180), as questões de satisfação no trabalho e de motivação são fatores cruciais para as organizações, são processos que funcionam de acordo com a cultura organizacional e, portanto, caminham juntas. "Dificilmente uma organização conseguirá instrumentalizar eficazmente as questões da satisfação no trabalho e da motivação, se previamente não reconhecer sua gestão de pessoas". Para isso, é preciso reconhecer que toda ação referente à satisfação do empregado depende do nível estratégico da organização.

As *vivências de prazer* surgem quando as exigências intelectuais, motoras ou psico-sensoriais da tarefa convergem para a satisfação das necessidades do trabalhador, de tal modo que a simples execução da atividade proporcione prazer.

Pagés (1987) discute, como fontes de prazer, o salário, a carreira, viagens, contatos e o prazer de identificar-se com o poder da organização. Se há prazer no trabalho, este prazer só pode advir do ganho obtido no trabalho, justamente no registro da construção da identidade e da realização de si mesmo. "O prazer do trabalhador resulta da descarga de energia psíquica que a tarefa autoriza o que corresponde a uma diminuição da carga psíquica do trabalho" (Dejours, 1994: 59). Tal fato significa que, quanto mais o trabalhador está sobrecarregado, menos prazer ele sentirá no trabalho.

As *vivências de sofrimento* aparecem associadas à divisão e à padronização de tarefas com subutilização do potencial técnico e da criatividade; rigidez hierárquica, com excesso de procedimentos burocráticos, ingerências políticas, centralização de informações, falta de participação nas decisões e não reconhecimento; pouca perspectiva de crescimento profissional. E ainda "sofrimento dos que temem não satisfazer, não estar à altura das imposições da organização do trabalho" (Dejours, 1999:28) e de adaptação à "cultura" ou à ideologia da empresa, às exigências do mercado, às relações com os clientes, os particulares ou o público. (Ferreira & Mendes, 2001).

Mendes (2008) cita os principais componentes de vivências de sofrimento como sendo aquelas vivências que podem provocar perturbações nas defesas do organismo, vivências que podem transformar-se em criatividade; que contribuem para a formação da identidade, beneficiam os sujeitos, manifestadas pela tensão, fadiga, ansiedade, de difícil adaptação ao ritmo de trabalho, dentre outros componentes.

Para a psicodinâmica do trabalho, o sofrimento pode ser de dois tipos: o sofrimento criativo, aquele que leva o trabalhador a mobilizar suas subjetividade e criatividade, no sentido de construir formas diferenciadas para transformar o trabalho prescrito em real; – esse sofrimento, geralmente, gera uma identificação com a tarefa e contribui para a constituição de uma identidade positiva para o trabalhador, contribuindo para a manutenção de saúde psíquica. O segundo tipo de sofrimento é o patológico, que ocorre quando o trabalhador entra em contato com os sentimentos de solidão e impotência, e sente que nada pode ser feito para mudar o trabalho, geralmente, gera adoecimento.

Para equilibrar o sofrimento advindo do trabalho, os trabalhadores utilizam *estratégias defensivas* que, conforme Rocha (2003), constitui as possibilidades de adaptação à organização; adaptação à cultura organizacional, ajustamento às normas e procedimentos da organização do trabalho ou sua transformação para colocá-la em concordância com o desejo deles. Quando fracassam, abre-se espaço para o adoecimento no trabalho.

As estratégias defensivas, ativadas para enfrentar o sofrimento, podem ser individuais e/ou coletivas. Conforme Dejours (1999), as estratégias coletivas de defesa, para a psicodinâmica do trabalho, contribuem de maneira decisiva para a coesão do coletivo de trabalho.

Lancman e Heloani (2004) destacam as estratégias desenvolvidas em situações de periculosidade, a saber: banalização do risco, exaltação e negação do perigo, exaltação da virilidade, dentre outras. Essas defesas explicam, em parte, condutas aparentemente irracionais, quando trabalhadores submetidos a condições de trabalho altamente perigosas, apesar de orientados, por vezes, não usam ou negligenciam medidas de proteção.

Para Macedo (2008), as estratégias defensivas cumprem um papel paradoxal: necessárias à proteção da saúde mental contra os efeitos deletérios do sofrimento, as estratégias podem funcionar como uma armadilha que insensibiliza quanto àquilo que faz sofrer.

Conforme dito anteriormente, a abordagem da psicodinâmica do trabalho embasou, teoricamente, o estudo que vamos relatar e foi escolhida pelo fato de possibilitar, com seu método específico, acessar a subjetividade dos trabalhadores em relação ao seu trabalho.

A pesquisa com os artistas de teatro

O objetivo que norteou nosso estudo foi o de levantar as vivências de prazer-sofrimento dos artistas de uma companhia de teatro profissional de Goiás. Para tal, utilizamos entrevistas individuais e grupais, tendo como roteiro as categorias da psicodinâmica do trabalho: organização do trabalho; condições de trabalho; relações de trabalho; vivências de prazer-sofrimento e estratégias de enfrentamento. As entrevistas foram transcritas e analisadas, a partir da análise discursiva.

Serão apresentados os resultados de uma pesquisa que envolveu um estudo com profissionais de um grupo de teatro, localizado no município de Goiânia.

O objetivo foi o de levantar as vivências de prazer e sofrimento relacionados ao trabalho nos trabalhadores que compõem um grupo de teatro.

Identidade com a profissão de artista – Dos integrantes do grupo, todos se autodenominam artistas, pois há uma identidade profissional e, para eles, fazer teatro é uma arte. O trabalho, no teatro, é fonte formadora de opinião, é criativo, tem a possibilidade de comunicação com o publico e é gratificante.

Repassadas de humor e sensibilidade psicológica, numa linguagem sempre acessível, recorrendo o menos possível à terminologia técnica e ao jargão do Sistema, estas conversas entre o Eu e a sua Criatura, isto é, entre o mestre-diretor e a discípula-comediante, revelam a mão de um fino escritor *doublé* de dramaturgo que reveste com sua arte os tópicos e os procedimentos fundamentais da atuação no palco e da construção consistente do papel na pele do intérprete. (Boleslavski, 2006, p. 10)

Os trabalhadores do teatro dizem sentir prazer em trabalhar lá, em poder realizar aquilo em que acreditam, em ter compromisso o que fazem, e compartilharem sentimentos de felicidade e orgulho. Enfim, todos sentem-se artistas, pois o trabalho pode ser criativo, formador de opinião e é gratificante. Há, no grupo, um sentimento de prazer, pois os atores veem a importância do teatro em suas vidas.

A expressão emocional do homem, que agrega os vários traços comportamentais no sentido de revelar a emoção (sorrisos, choros, mímicas, atitudes, posturas), tem, no cenário evocativo do teatro, várias e distintas ações padronizadas e codificadas, dentre as quais destacam-se comportamentos que se identificam e que, por sua vez, geram situações psicológicas e dramáticas a estabelecer a tessitura da representação. Só assim o teatro acontece em sua concepção mais pura, conforme destaca Pupo (2009).

No entanto o trabalho, no teatro, é difícil, pois exige constante aprimoramento técnico e é pouco remunerado. O sofrimento relatado pelos participantes está relacionado à instabilidade profissional, o que gera insegurança durante a realização das tarefas. O fato de ter outra atividade profissional paralela é outro fator que gera sofrimento. As disciplinas e normas também são fatores que geram sofrimento.

No grupo de teatro em questão, também funciona uma escola de teatro, pois os integrantes exercem atividades paralelas às da atuação: lecionam, pois acreditam ser possível ensinar a arte do teatro, já que exige técnicas, disciplinas, regras e estimula a criatividade. Esta atividade paralela é outro fator que gera sofrimento, pois, além de criar, dirigir, ensaiar, apresentar, ainda é preciso ensinar.

A proposta do grupo de teatro é fazer com que, realmente, o teatro seja uma arte, uma forma de expressão artística. Portanto, está sempre pesquisando novas linguagens: é um tipo de teatro de máscaras e seu público é diferenciado. A maioria dos integrantes do grupo foi convidada a fazer parte, ou dele já participam, porque tinham sido alunos da escola de teatro.

Segundo Mendes (2007), há novas formas de organização do trabalho, que revelam novas formas de dominação social e fazem com que, a organização do trabalho – horário de trabalho, calendário, cronograma de ensaios, apresentações, figurinos e as condições de trabalho, no caso do grupo, o local de trabalho seja adequado e seja um local próprio. Estas novas formas fazem com que os trabalhadores do grupo sintam-se bem, pois quando comparados a outros grupos de teatro que não possuem estrutura física própria, que não podem ter horários e atividades flexíveis de trabalho, sentem prazer em poder trabalho no grupo.

No tocante à *organização do trabalho*, o grupo declarou que há um consenso nas tomadas de decisões, uma vez que, as decisões são tomadas baseadas nas experiências, habilidades, conhecimentos e que há um rodízio de trabalho do qual todos participam. Ora exercem concomitantemente o cargo de diretor e ator, ora,o papel de câmara ou até mesmo de atendente na bilheteria. Além do mais, todos são professores na escola de teatro.

Quando referem-se às normas e aos procedimentos da organização, há normas, porém, informais, em que prevalece a autogestão e, apesar de haver uma disciplina rígida, imposta pelo próprio grupo, quanto à pontualidade, à carga horária exaustiva, muitas vezes sem folgas, há também flexibilidade no trabalho, consenso nas decisões.

Para Antunes (1995), o trabalho em si constitui a ferramenta central do ser humano, dentro da dinâmica social, para formação de uma identidade distinta. Nessa perspectiva, o trabalho não se limita somente na criação de valores de troca, mas supõe um estilo de vida, uma posição na sociedade através do exercício de uma profissão.

A *organização do trabalho* compreende a divisão deste, a descrição de cargos bem como a "divisão de tarefas entre os trabalhadores, repartição, cadência e, enfim, o modo operatório prescrito e a divisão das pessoas: repartição das responsabilidades, hierarquia, comando, controle, etc." (Dejours, 1994, p. 125).

No que diz respeito às *condições do trabalho*, são adequadas, pois o lugar é limpo, arejado, acolhedor, gostoso, iluminado, contando com temperatura, ventilação e higiene suficientes. Os riscos de acidentes de trabalho existentes, no grupo, são os inerentes a profissão, como: perder a voz, ter uma distensão muscular ou até mesmo cair de uma escada.

Como condição de trabalho, define-se o conjunto que envolve o ambiente físico (temperatura, pressão, barulho) as condições de higiene e de segurança e as características ergométricas do local de trabalho, tendo como alvo o corpo do trabalhador e ocasionando desgaste, envelhecimento e doenças.

Quando se discute a caracterização do fator humano, em termos de recursos humanos, e que é pertinente para as análises do trabalho no teatro; o conceito de técnica remete, essencialmente, às habilidades e destrezas; portanto, implica essencialmente os usos do corpo no trabalho; estejam esses usos relacionados diretamente a uma intencionalidade do corpo ou a uma atividade de pensamento que passa para o corpo o papel de executor (Dejours, 2005).

Como o trabalho é árduo, devido à falta de pessoas para melhor divisão de tarefas, o que faz com que falte pausa para descanso, tempo livre, recesso no horário de trabalho. Para os integrantes do grupo há duas grandes vantagens em participar do grupo: uma, o grupo é, consolidado e sério; outra, o grupo faz aquilo de que gosta.

Como qualquer outro trabalho, há desvantagens, e as desvantagens do trabalho no teatro são a falta de respeito, a falta de reconhecimento, o fato de não haver estabilidade, a falta de tempo para descanso e lazer, uma vez que estar em cartaz significa abrir mão de vários finais de semana seguidos. Mas a principal desvantagem de que trataremos neste capítulo é a falta de financiamento, falta de políticas públicas para patrocínio ao teatro.

Quanto às *relações de trabalho*, Freitas (2000) afirma que um bom ambiente de trabalho é condição fundamental para o desenvolvimento profissional, porém a identidade social também é uma condição predominante para este desenvolvimento.

Para os participantes da pesquisa, o apoio da família é muito importante para a continuação do exercício da sua profissão. Muitos familiares se identificaram com o trabalho a ponto de optarem por seguir a mesma carreira. Evidentemente, como em todas as profissões, há resistência ou preconceito: alguns familiares não idealizaram o trabalho no teatro como uma profissão para seus entes.

Macedo (2008) comenta que o profissional que pensa nas suas relações de trabalho atribui um sentido às situações. Ele depende das condições sócio--econômicas oferecidas, em contrapartida, as situações de trabalho modificam as vivências desse trabalhador de si mesmo, dos outros e do próprio trabalho.

A satisfação em exercer uma função social importante faz com o trabalho seja significativo para o grupo. Há o relato de que o trabalho é "gratificante, emocionante e da ânimo de viver". Além do mais, o trabalho no teatro é movimentado e dinâmico, sempre é um grande desafio poder fazer mais uma apresentação e esperar a reação do público.

As *vivências de prazer* caracterizam-se por tratarem de um trabalho em que há relacionamento entre os pares, coesão e integração da equipe. O relacionamento com os colegas e com os superiores é feito com igualdade. Há reconhecimento por parte da equipe, do público, da sociedade e estes fatores fazem com que o trabalho seja prazeroso.

Podem ser considerados, como principais componentes mais evidentes para o trabalho, como vivências de prazer, para Santos (2008), as satisfações concretas e simbólicas, as vivências coletivas e individuais, o conteúdo do trabalho, o reconhecimento, a cultura, a liberdade e a autonomia, que, juntos, formam um conjunto de fatores extremamente positivos.

No entanto as *vivências de sofrimento* ficaram evidentes na pesquisa, pois há uma sobrecarga de trabalho, como montar espetáculos, apresentar técnicas, ensaiar, além do quê todos são também professores, ou seja, exercem uma atividade paralela a de ator. Isso tudo gera cansaços físico e mental, com medo de fracassar na realização da tarefa e insatisfação geral.

Existem, também, a falta de incentivo financeiro e a falta de políticas públicas, para que os espetáculos aconteçam; por isso, o grupo tem sempre que estar fazer projetos, para participar de concursos, buscar patrocínios e, com isso, garantir mais uma temporada de determinado espetáculo.

Com isso, o grupo utiliza, como *estratégias de enfrentamento*, manter a calma; alguns choram, outros utilizam o riso, outros veem, na discussão com o grupo, uma forma de buscar novas alternativas de trabalho. O grupo está sempre usando a criatividade, elaborando projetos para que possam participar de todos os concursos.

Considerações finais

A pesquisa realizada permitiu compreender o trabalho do artista de um grupo de teatro, visando responder ao problema de pesquisa e aos objetivos propostos de investigar a percepção dos artistas de teatro em relação ao seu trabalho. As análises feitas evidenciam o teatro como uma empresa que, em seu contexto, é caracterizada por organização, relações e condições de trabalho semelhantes a organizações de outras áreas. Entretanto existem aspectos das organizações ligadas aos trabalhadores do circo e de companhia de dança contemporânea, que são específicas da área de entretenimento e lazer. E, ainda, algumas características específicas da arte, no caso, o teatro. O quadro a seguir ilustra as especificidades:

Quadro 1 - Especificidades da área de entretenimento/lazer e do teatro.

Aspectos específicos do Circo (Brasileiro, 2008)	Aspectos específicos da Cia. de dança (Santos, 2008)	Aspectos específicos do Grupo de Teatro
• Tradição; • Sentido de Família; • Continuar a • tradição é um orgulho de família; • Convívio (morar • e trabalhar); • Adaptação (itinerância, convívio, mudanças no mundo do trabalho)	• Ritmo de trabalho acelerado; • Falta de autonomia; • Reconhecimento do público; • Realização de um sonho; • Trabalho individualizado; • Idade limitada.	• Liberdade e autonomia; • Falta de remuneração; • Reconhecimento do público; • Trabalho em equipe; • Acreditar na arte; • Falta de patrocínio;

Fonte: Adaptação das autoras.

No teatro, a organização do trabalho é relativamente livre, pois existe certa autonomia, porém há, mesmo que informalmente, regras e normas da empresa, tais como horários de ensaio e apresentações. As relações de trabalho são mantidas de forma amigável, entre os componentes do grupo, que são respeitados pelo fato de uns terem mais experiência que outros. As condições de trabalho mostram-se satisfatórias, proporcionando aos trabalhadores do teatro segurança e estabilidade.

O teatro e as organizações de entretenimento/lazer possuem características específicas da área. Estes resultados podem ser observados em trabalhos que seguiram a mesma linha de pesquisa, Santos (2008) e Brasileiro (2008).

Referências bibliográficas

Antunes, R. (1995). *Adeus ao trabalho? Ensaio sobre as metamorfoses e a centralidade do mundo do trabalho* (3a ed.). São Paulo: Cortez.

Boleslavski, R. (2006). *A arte do ator*. São Paulo: Perspectiva.

Brasileiro, J. E. (2008). *A vida no circo: Psicodinâmica e sentidos do trabalho.* Dissertação de Mestrado. Universidade Católica de Goiás – UCG. Goiânia.

Coli, J. (2006). *O que é arte*. São Paulo: Brasiliense e Florianópolis: NUP UFSC.

Dejours, C. (1992). A *loucura do trabalho: Estudo de psicopatologia do trabalho* (5a ed.). São Paulo: Cortez.

Dejours, C. & outros (1994). *Psicodinâmica do trabalho: contribuições da Escola Dejouriana à análise de relação prazer, sofrimento e trabalho.* São Paulo: Atlas.

Dejours, C. (2005). *O fator humano* (5. ed.). Tradução de Maria Irene S. Betiol e Maria José Tonelli. Rio de Janeiro: Fundação Getúlio Vargas.

Freitas, M. E. (2000). *Contexto social e imaginário organizacional moderno. RAE – Revista de Administração de Empresas*, 40(2), 6-15.

Heliodora, B. (2008). *O teatro explicado aos meus filhos*. Rio de Janeiro: Ed. Agir.

Lancman, S.& outros (2008). *Políticas públicas e processos de trabalho em saúde mental.* Brasília: Paralelo 15.

Macêdo, K. B. (2008). *Trabalho dos trabalhadores de arte, entretenimento e lazer: uma abordagem psicodinâmica*. Projeto de pesquisa. Goiânia: UCG.

Mendes, A. M. *et al.* (2007).. *Psicodinâmica do trabalho: teoria, método e pesquisa.* São Paulo: Casa do Psicólogo.

Mendes, A. M. (2010). & outros. *Psicodinâmica e Clinica do Trabalho.* Curitiba: Juruá.

Pupo, M. L. B. (2009). *Por uma pedagogia do teatro.* [Prefácio] (pp. 9-18). São Paulo: Cosac Naify.

Ribeiro, C. V. S. & Leda, D. B. (2004). *O significado do trabalho em tempos de reestruturação produtiva.* Estud. pesqui. psicol. 4(2), 0-0.

Santos, E. A. (2008). *O trabalho dos bailarinos profissionais de uma companhia de dança contemporânea: uma perspectiva psicodinâmica.* 129F. Dissertação (Mestrado em Psicologia) – Universidade Católica de Goiás (UCG), Goiânia.

Segabinzaai, C. (2007). *Identidade e trabalho na sociedade capitalista.* Rio Virtual Textos e Contextos. Porto Alegre, 7.

Vargas, A. (2005). O discurso heróico da imagem do artista. In: S. Z. Ros, K. Maheirie, F. C. Vasconcelos & C. Kirschbaum. *A arte da inovação*. Rio de Janeiro: GV Executivo.

16

CARACTERÍSTICAS DEL EMPLEO DE MANDOS MEDIOS DEL SECTOR AUTOMOTRIZ EN CÓRDOBA: UNA CONTRIBUCIÓN PARA PENSAR LA CALIDAD DEL EMPLEO EN LA ACTUALIDAD

Javier Navarra [1]
Andrea Pujol [1]

Introducción

El siguiente artículo, se inscribe en un proyecto que busca explorar la calidad del empleo en la Ciudad de Córdoba en los sectores automotriz, software y servicios informáticos y alimentos y bebidas, que se desarrolló en el núcleo de investigaciones en Innovación organizacional y del trabajo (NIIOT) de la Facultad de Psicología, de la UNC. El artículo pretende socializar las visiones del personal técnico, de apoyo y supervisión respecto del trabajo que realizan, a partir de lo cual se pretende contribuir al estudio de la problemática de la calidad de empleo y socializar hallazgos significativos en el marco de dicha problemática. La calidad del empleo se caracteriza a partir de un conjunto de factores asociados al sistema de relaciones laborales (remuneración, beneficios sociales, estabilidad en el empleo), que se consideran aspectos referidos a las condiciones que ofrece la organización en materia de posibilidades de formación y aprendizaje, oportunidades de desarrollo laboral y movilidad de carrera (Amorín & Erbes, 2007; Bisang, Novick, Sztulwark & Yoguel, 2005; Pujol, 2007). Este trabajo intenta profundizar en las valoraciónes que el personal intermedio hace del trabajo en el sector en relación a la satisfacción de sus expectativas laborales y a las de su colectivo de trabajo. La estrategia metodológica, consistió en una revisión bibliográfica (estudios nacionales y locales), así como el análisis de información secundaria. En un segundo momento se

---

[1] Facultad de Psicología, Universidad Nacional de Córdoba.

realizaron un conjunto de entrevistas en profundidad tendientes a analizar la perspectiva de los actores sociales, empleados de las firmas. Se entrevisto a 6 trabajadores del sector automotriz, cuatro de estos Investigadores del Núcleo de Investigaciones en Innovación Organizacional y del Trabajo, Facultad de Psicología, Universidad Nacional de Córdoba, Córdoba, Argentina trabajan en terminales del sector realizando actividades como jefe de recursos humanos, analista de control de gestión, responsable de gestión de ingeniería y responsable de planificación y control de compras. Las dos entrevistas restantes se realizaron en empresas autopartistas de capital local en donde se entrevistó a un responsable de calidad y a un supervisor de producción. La estrategia de acceso a los potenciales entrevistados consistió en la selección de casos que puedan aportar especificidades a la problemática de estudio y con el objetivo de identificarlos se apeló a las redes del equipo, seleccionando trabajadores de entre aquellos con los cuales los investigadores hubieran realizado actividades con anterioridad, a fin de contar con cierta confianza inicial para encuadrar la entrevista y lograr cierta profundidad en el tratamiento de la cuestión.

El sector automotriz. Principales características

La trama automotriz es una trama tradicional en la Argentina, que se ha desarrollado durante todo el siglo XX (Barbero & Motta, 2007). El sector está constituido por tres agentes básicos: a) terminales automotrices; b) autopartistas de productores de partes, piezas, subconjuntos y conjuntos destinadas a las terminales y c) concesionarias dedicadas comercializar vehículos (Motta, Roitter, Yoguel, Milesi & Delfini, 2007). Las terminales imponen los estándares de producción, y definen las principales vinculaciones entre auto partes y concesionarios. En el mercado Argentino operan 8 terminales, tres operan en Córdoba. La apertura de la economía, incentivó la realización de cambios en la organización de la producción, lo que implicó la tendencia a la subcontratación, el aumento de componentes importados, el predominio de actividades de ensamblaje (menor valor agregado, inversiones para ahorro de mano de obra) por sobre la fabricación, lo cual se refleja en mayores niveles de productividad (Motta, Roitter, Yoguel, Milesi & Delfini, 2007). Las autopartes, son concebidas en "anillos" en función del grado de acercamiento y vinculación con la terminal. Existen alrededor de unas 300 empresas, localizadas en Buenos Aires, Córdoba y Santa Fe. Emplean alrededor de 40.000 puestos de trabajo, entre autopartistas de origen local e internacional. Las empresas del primer anillo evidencian un alto grado de concentración y extranjerización de las mismas. En el segundo anillo, existen empresas que trabajan mayoritariamente con empresas del primer anillo, y solamente una parte menor de sus ventas se dirige a las terminales. En el tercer anillo, las empresas de origen nacional, son las empresas que mas sienten los ajustes, debido al ajuste de la demanda del mercado (Motta, Roitter, Yoguel, Milesi & Delfini, 2007). En cuanto a la organización del trabajo, se realizaron cambios que ponen énfasis en la calidad, la reducción permanente de costos y la introducción de nuevas tecnologías. Esta lógica llevó a la modificación del régimen de producción fordista y a la incorporación de una mayor flexibilidad, aplicando criterios de polifuncionalidad y enriquecimiento de los puestos de trabajo, combinado con estrategias de reducción de costos de mano de obra. El sector autopartista también ha sufrido importantes modificaciones. Las empresas del primer anillo también se han flexibilizado internamente –al menos parcialmente– mediante el trabajo en células, las entregas de JIT y la adopción de sistemas de aseguramiento de la calidad, e incorporando esfuerzos en capacitación y de participación de los trabajadores. Actualmente, las empresas del segundo anillo tienen escasa participación en las determinaciones de producción y diseño. Estas empresas han desarrollado procesos parciales de incorporación de formas de producción flexible. Los procesos de calidad y mejora continua son procesos que existen más en el discurso del management que en la realidad de las plantas. Los procesos de vinculación son de gran informalidad a partir de la ausencia contratos entre las firmas componentes de la trama (Priess, Delfíni & Borello, 2007). Las empresas del tercer anillo, son las más lejos del núcleo, aparecen formas productivas típicas del fordismo (Motta, Roitter, Yoguel, Milesi & Delfini, 2007) El desarrollo de la productividad, refiere a un proceso de intensificación más que al trabajo en equipos y también a una polivalencia improvisada. Dentro de esta industria, la actividad metalmecánica se aboca a la producción de piezas metálicas específicas (herramientas, autopartes, repuestos, etc.) mediante diversos procesos, entre los cuales se pueden citar el torneado, fresado y rectificación.

Las contribuciones teóricas para la definición del problema

Diversos estudios definen que la calidad de empleo (Slaughter, 1993; Van Vastelaer & Hussmann, 2000; Infante *et al.*, 1999; Reinecke & Valenzuela, 2000) implica salarios crecientes, estabilidad laboral, horarios de tiempo completo, seguridad social, posibilidades de formación, etc.; pero también ciertas características que determinan su capacidad de satisfacer ciertas necesidades asociadas al bienestar económico, social, psíquico y de salud de los trabajadores. En la literatura que estudió los modelos de producción se insiste en la existencia de un conjunto de aspectos organizativos relativos a nuevas formas de organización del trabajo. Este proceso de modernización, remite a nuevas configuraciones productivas relativas a concepciones teóricas dentro de lo que puede llamarse los sistemas de producción flexible. Más allá del modelo "teórico", en la realidad local es posible encontrar algunas hibridaciones, resultado de aislar algunas de sus características e inscribirlas en tradiciones y posibilidades locales de organización del trabajo. Es decir, en la realidad local conviven pautas y modos de producción posfordistas junto a anteriores modelos de producción (tayloristas y fordistas). A los fines del presente trabajo, interesan un conjunto de tendencias de reorganización productiva: a) la implantación de una producción integrada con escasa división de tareas y mayor participación del personal en concepción y programación, b) modificación de la arquitectura social de la organización, pocos niveles jerárquicos y reducción de tamaño de la empresa mediante la descentralización y la desconcentración de actividades, c) búsqueda de nuevos perfiles de supervisión orientados a la escucha, la animación y el diálogo y en la reorientación de los perfiles técnicos y expertos; d) la implantación de tecnologías de gestión y de dispositivos sociales que impulsan el trabajo en equipo, en células o en redes (Pujol *et al.*, 2007).

Identificación y afrontamiento de las contradicciones de la organización del trabajo

En la perspectiva que nos interesa estudiar, la problemática del trabajo es crucial para comprender como el trabajo es un componente estructurante del bienestar o en contrapartida, un generador de malestar. La manera en que se organiza el trabajo (la relación tarea, pares y superiores), es el marco en el cual se ponen en juego las instancias de satisfacción o insatisfacción en el trabajo. En el estudio que realizamos, se adoptan las tradiciones de las escuelas francesas de ergonomía y psicología (Beguin & Clot, 2004; Dejours, 1998; Dejours, 1993; Clot, 2009), que centran sus estudios bajo la noción de "actividad", y en las condiciones de salud en la que ejercen las mismas. La actividad es todo lo que tiene de humano el trabajo. La actividad es siempre singular, tiene una finalidad, un objetivo, esta construcción, es decir su orientación hacia un fin, es definida por el trabajador y su colectivo de pares. En estas tradiciones se hace necesario distinguir entre tarea teórica, como aquella imaginada por los organizadores del trabajo, como "fotografía congelada" de lo que sucede en la situación de trabajo, de la actividad real que los trabajadores emprenden. Este modelo teórico es una "prescripción", un modelo normativo, que no es lo mismo, que la actividad en sí. Expresamos entonces, que la distancia entre prescripción y lo que efectivamente realizan los trabajadores, se concibe como "actividad". Entre actividad y prescripción (o entre trabajo real y trabajo prescripto) existe siempre una brecha significativa que se ofrece como resquicio para que el sujeto opere como protagonista de su propio desarrollo. La organización del trabajo, es la división de las tareas y de los hombres (Dejours, 2006). Establece prescripciones que expresan las representaciones sobre la división del trabajo, las normas, el tiempo y el control exigido para el desempeño de la tarea. El trabajo real es aquello que organiza el sujeto por medio de las vivencias de placer y sufrimiento, y que ayuda o compromete su movilización subjetiva, su implicación afectiva emocional con el trabajo. En cada situación de trabajo la prescripción puede fallar. Lo real, la actividad real, se concibe como una instancia diferente al trabajo prescripto. La actividad real siempre se ve invadida por incidentes, novedades o eventos. Esto exige que el trabajador ponga en juego su inteligencia práctica, su astucia y su "saber hacer". El personal intermedio también está sujeto a prescripciones. ¿Qué es lo que la organización del trabajo prescribe al personal intermedio? En principio prescribe "modos de ser y de vincularse". Para supervisar, controlar o monitorear la producción, se les requiere que desplieguen un conjunto de actitudes, como no vacilar frente a los problemas del trabajo, la autodisciplina, estar dispuesto a emprender procesos de cambio, etc. Ejercer funciones de supervisión implica un lento proceso de aprendizaje en el que se adquieren capacidades para rotar por posiciones de mando distintas, fogonearse en las incumbencias del liderazgo, aprender a tomar distancia de los subordinados, no demostrar ambigüedad e inseguridad personal, etc. (Sennet, 1982). A su vez, este proceso requiere la incorporación de una ideología centrada en la "jefatura" la cual debe ayudar enfrentar los obstáculos propios del rol, para no sentirse comprometido con los colaboradores y de esta manera mantener la autonomía (Sennet, 1982).

Los procesos de movilización subjetiva y los anclajes en las vivencias de placer

La movilización subjetiva en el trabajo se despliega en la actividad, se inscribe en las acciones que realizan los trabajadores. La acción en la actividad no es la mera ejecución de una operación y siempre implica su superación. En tanto el trabajador necesita inventar un fin para esa acción, se deshace así de las imposiciones que la tarea ejerce sobre la actividad. Para el que trabaja, este movimiento —inventar un fin a una acción- significa una creación psicológica nueva, este movimiento es el principio de la subjetivación en el trabajo (Clot, 2009). La misma es una representación de lo vivido pero también un representante de lo que se esta viviendo en el presente, en relación a sus interlocutores. Dicho de otra manera, la subjetivación en el trabajo supone las transformaciones de la actividad, y esta se concreta cuando el trabajador puede cambiar el sentido de las mismas, cuando logra desligarse de las antiguas significaciones en las cuales el pensamiento estaba "atrapado". Librarse de las imposiciones de la actividad, de los presupuestos de la operación es una oportunidad que se da el sujeto para su subjetivación. En el trabajo, los operadores expresan en la acción su "flujo vital", se expresa en las experiencias en las cuales se hace frente a las dificultades del trabajo, llevar adelante las actividades "a pesar de todo", es sin duda la manera de movilizar la subjetividad. En síntesis, apropiarse de la acción en la actividad, definir un rumbo sentido como propio, desligarse de las imposiciones a la cual es sometido el trabajador, son instancias en las que se anclan las vivencias de placer.

Procesos de defensa ante el sufrimiento y consecuencias en las relaciones sociales

Así como la realización de la actividad implica el anclaje de vivencias de placer, también puede ser una instancia de movilización de situaciones de displacer, sufrimiento o fracaso. El trabajador siempre esta expuesto a situaciones de fracaso y por ello cabe interrogarse acerca de qué hacen los trabajadores con las vivencias de fracaso: por una parte, estas sensaciones de displacer necesitan ser elaboradas, y para eso se realizan actividades de despliegue del pensamiento hacia la búsqueda de nuevos sentidos que permitan enfrentarlas,

o frente a situaciones que ponen en riesgo al propio sujeto, se despliegan estrategias de defensa -ignorancia, inconciencia, defensa contra el riesgo, etc-. Las vivencias de displacer, se hacen evidentes cuando aparece lo real en el trabajo: los imprevistos, las anomalías, lo que no pudo ser previsto ni planificado, son las experiencias de lo real en el trabajo. Estos mecanismos de defensa pueden ser individuales pero también colectivos. Las defensas elaboradas colectivamente (postura viril, negación del peligro y del miedo, etc.) permiten protegerse colectivamente de los efectos desestabilizadores del trabajo. Los trabajadores en su accionar disponen de un conjunto de pre-ocupaciones relativas a como llevar adelante la acción. Estas pre-ocupaciones no siempre pueden actuarse, estas dificultades generan disminución en el accionar. Para el que trabaja, el sufrimiento no es solo dolor físico o mental, sino que también implica una disminución del accionar, algo que se traduce en impotencia en el hacer. ¿Cuáles son las pre-ocupaciones del personal intermedio? ¿qué es aquello que aparece como lo real en la gestión del personal intermedio?. Lo real para mandos medios y personal técnico son las situaciones en donde el fracaso de la gestión se expresa en la resistencia de los colaboradores a los cambios previstos por el management, la actitud reacia a colaborar, la falta de disciplina, las huelgas. En síntesis, se trata de aquello que responde a un real social (Dejours, 2006).

La visibilización del otro y la percepción del sufrimiento infligido

La escuela de la psicodinámica del trabajo (Dejours, 1998; Dejours, 1993) se propone una lectura crítica de las situaciones de placer y sufrimiento que implica la organización del trabajo post-fordista. Su mirada registra la "generalización del miedo" en los ámbitos organizacionales y se permite afirmar que el miedo a la precarización constituye un verdadero sistema de management (Dejours, 2006). El personal intermedio es el instrumentador de las políticas relativas a la organización del trabajo. Son responsables de ejercer las funciones de control, para ello tienen que desplegar acciones comunicativas tendientes a influenciar (Simon, 1988) a los trabajadores. En el marco de la organización social y técnica del trabajo, mandos medios y personal técnico tienen el poder para decidir guiando las acciones de sus colaboradores. Los superiores dan forma y transmiten las decisiones con la expectativa de que serán adoptadas por los colaboradores. Este trabajo de influencia es asimilable a la dimensión técnica del trabajo del personal de staff. Desde la perspectiva de la calidad del empleo, ¿por qué la influencia es un aspecto a analizar? Porque precisamente aspectos tales como la manipulación, el engaño o la autoprotección no aparecen como procesos visibilizados en los procesos de influencia. Tampoco aparecen como visibilizados los procesos de negación del sufrimiento ajeno y el silencio propio frente a tales situaciones. En este sentido, Dejours (2006), señala que gran parte de la información destinada a los asalariados es "falsa", pero gracias a ella se mantiene la movilización subjetiva de los trabajadores. Esta comunicación integrada por información falsa responde a una estrategia específica *"estrategia de distorsión comunicativa"*. Esta estrategia surge de la falta de un espacio público para socializar decisiones y ponerlas a consideración. Esta distorsión comunicativa surge de la negación que existe en las organizaciones sobre lo real del trabajo, en donde se sobrevalora las actividades de diseño de las tareas y se "culpabiliza" de los fracasos de la gestión a los hombres, bajo distintos argumentos (falta de capacitación, falta de voluntad, despreocupación, etc.). Estos juicios desvalorizantes sobre las acciones de los trabajadores, la falta de reconocimiento, es sobrevalorado por los especialistas (ingenieros, administradores, etc.). En síntesis la estrategia de distorsión comunicativa se funda en la negación de lo real del trabajo. Estos fenómenos integran la precariedad en el trabajo, la que se observa en la intensificación del trabajo y en el sufrimiento subjetivo derivado. La precariedad no facilita la movilización frente al sufrimiento. En este sentido los aspectos que generan sufrimiento en mandos medios y el personal técnico, son las degradaciones en las relaciones (Dejours, 2006), derivadas de la desconfianza de los superiores. La manera en que resuelven el rol, es decir, el modo que adoptan para ubicarse como intermediarios de los deseos y expectativas de los superiores, los colaboradores, y los objetivos de la empresa, sin olvidar de los deseos y expectativas propias, es parte del problema. La función de liderazgo supone enfrentarse a algunas patologías como la sobreactividad, el asedio moral y la alienación. Los mandos medios y el personal técnico poseen un saber en relación al funcionamiento de la organización del trabajo, que está en relación a las dificultades reales con que se enfrentan los trabajadores para intentar llevar adelante los objetivos de producción. Sin embargo, estas dificultades que encuentran en su trabajo no pueden ser objetivo de deliberación colectiva entre ellos (Dejours, 2006), ya que hacer visible las propias dificultades siempre es un riesgo; riesgo que puede ser interpretado como una prueba de incompetencia y riesgo a que esta información sea utilizada en su contra.

La identidad desde la mirada del otro y su inscripción en la experiencia profesional

Hacer frente de las realidades del trabajo supone trabar compromisos, coordinar acciones, cooperar; acciones que requieren de las perspectivas de los diferentes actores en la organización del trabajo. Estos compromisos se construyen cuando los actores confrontan argumentos. Debatir sobre la organización del trabajo, no es solo la construcción de argumentos técnicas, sino también la expresión de aspectos relacionados al "vivir juntos" (sociabilidad, protección, afiliación, salud, etc.). Estos argumentos en los cuales se mezclan aspectos técnicos y de sociabilidad son las opiniones que los trabajadores emiten en las jornadas de trabajo. Opinar sobre el trabajo del otro, reconocer su "obra" funciona como una retribución simbólica que obtiene el trabajador a cambio de su contribución a la empresa y a la sociedad. Es un juicio cualitativo de utilidad (que le confiere a la actividad el estatus de trabajo) que emite un superior hacia un colaborador, y un juicio de belleza (el "buen trabajo", que sólo pueden reconocer los pares que conocen la actividad "desde adentro"). El reconocimiento del trabajo tiene un impacto mayor sobre la identidad del trabajador. La identidad es una configuración subjetiva pero a la vez colectiva. Este estudio trata de indagar en mandos medios y personal técnico, sus ideologías, proyectos, el impulso al desarrollo profesional. La identidad de un colectivo, facilita en las actividades laborales, analizar prácticas, rutinas, y las recetas que utilizan personal intermedio para resolver los problemas que enfrentan cotidianamente. La identidad es una forma dar significados a relaciones sociales, a hechos, a sujetos o a otros significados, por lo que en este punto nos interesa conocer cómo funciona la idea de un "nosotros" en el personal intermedio. En estas posiciones, la formación de identidades se origina en el marco de los problemas del ejercicio del poder. Los trabajadores realizan negociaciones ínter subjetivas en situaciones de asimetría e implican presiones e imposiciones en el ámbito de la subjetividad. La organización del trabajo (configuración actual, tradiciones laborales de los diferentes actores, tecnologías empleadas, los materiales, los objetos de producción, normas y valores, etc.) es un espacio de reproducción de género (Duque, 2010). En este sentido el sector automotriz ha sido predominantemente masculino, pero los nuevos modelos productivos expresan la necesidad de la búsqueda de nuevos perfiles de supervisión orientados a la escucha, la animación y el diálogo y en la reorientación de los perfiles técnicos y expertos. De éstos se espera que sepan comprender los problemas de los operadores, que compartan sus saberes y que se orienten a la formación y desarrollo de clientes internos y externos prestando servicios con eficacia (Pujol, 2007).

Principales hallazgos

El sector automotriz viene incrementando los volúmenes de producción en los últimos años, lo cual ha incrementado la incorporación de personal. El panel de entrevistados está constituido por un conjunto de jóvenes profesionales que han ingresado al sector automotriz en los últimos tres años, al revitalizarse la producción. Ingresaron a las terminales provenientes en general del sector servicios (hipermercados, tarjetas de crédito, etc.), y para cumplir actividades similares a las que venían desarrollando. Los entrevistados tienen entre 30 y 40 años, poseen títulos universitarios (contadores públicos, administradores de empresas, psicología, etc.) y desarrollan actividades de servicio u apoyo interno: otorgan cobertura de información y herramientas a las áreas productivas, etc. Estas actividades en general poseen un alto componente interaccional con quienes son sus usuarios internos. En síntesis, se trata de un conjunto de jóvenes profesionales que han logrado acceder a puestos de cierta envergadura en las empresas en un lapso corto de tiempo. Esta movilidad les hace naturalizar la idea de un ciclo de profesionalidad en el cual deben ascender puestos de envergadura en pocos años: imaginan un ciclo de vida como profesionales en donde uno ingresa a un puesto de trabajo, lo conoce, lo aprende hasta que llega a un punto en que el mismo se convierte en rutinario. Después de un ciclo de estas características, al que estiman una duración de entre tres y cinco años, esperan ascender o rotar a otros puestos que impliquen otro tipo de aprendizajes. Uno de los entrevistados menciona, "mi puesto se fue enriqueciendo muchísimo, hace 3 años que estoy. He ido progresivamente tomando responsabilidades". Este persona tiene un puesto de alta responsabilidad en una área de alrededor de 150 personas en la cual trabajan ingenieros de producto y procesos. Las incumbencias del rol están en relación al manejo de todos los aspectos administrativas del área (presupuesto, recursos humanos, despliegue de objetivos, proximidad con las personas, etc.). Sin embargo uno de los entrevistados que ha pasado por otras industrias y por empresas de servicios menciona que

En este tipo de industria hay gente con muchos años en la empresa. Le cuesta generar cambios. El mismo formato desde hace 15 años. Siempre haciendo lo mismo, el director dice no hagas cambios. En el hipermercado es muy cambiante, todo es mas dinámico, acá esta todo mas estandarizado.

El entrevistado percibe que se trata de una industria que tiene una complejidad mayor a otras industrias y al sector servicios. Esta complejidad requiere de un nivel de burocratización alto para poder funcionar. Estas características hacen que los ritmos de cambio en los puestos de trabajo son menos intensos que en otros sectores. Un entrevistado argumenta que ". . . acá hay gente grande; acá los tiempos son más lentos para rotar, la empresa es más compleja. Los directores tienen muchos años en la empresa. La evolución para arriba es larga". La organización del trabajo se ordena entonces alrededor de los aportes que puedan hacer los individuos al desarrollo de su carrera. Aprender, desarrollarse, resolver problemas, son las retribuciones que estos sujetos buscan para ordenar su identidad y para obtener beneficios para sí. Es por eso que los aspectos relativos a la burocratización de las empresas son sentidos como "perdida de tiempo" y desacreditan todos los aspectos asociados a la repetición, la monotonía, etc. Las rutinas no contienen sus expectativas, es por eso que el alto nivel de codificación de estas empresas es algo que prefieren evitar. Uno de los valores priorizado por el personal de staff es el éxito y lograrlo exige un ritmo de vida exigido. Al respecto, uno de los entrevistados refiere a que percibe como contradictorio el discurso de la empresa en relación al tiempo dedicado al trabajo y a la familia, la empresa espera que estas –famlia y trabajo- esten compensados. Sin embargo, el mismo dice que observa a personas "trabajan 20 hs y dicen que tienen vida fuera del trabajo. Quedar despues de hora atenta contra la calidad de vida". Este entrevistado dice que esta situación le disgusta y le parece malo por que se siente parte de la empresa. Mientras perciben que esta carrera por el desarrollo profesional implica atentar contra la calidad de vida, "sacarle horas a la familia para dárselos al trabajo", evalúan negativamente y prejuzgan a aquellos que se ajustan al horario de trabajo, o a aquellos que prefieren quedarse en su puesto de trabajo renunciando a acceder a mayores responsabilidades.

Uno de los entrevistados tiene dentro de sus responsabilidades la diagramación de las presentaciones del área a las autoridades internacionales, y menciona que el ritmo es vertiginoso: "por ahí pienso que a los 40 años me

Características del empleo de mandos medios del sector automotriz en Córdoba

voy a morir" y además refiere a que en algunos momentos de fuerte exposición personal ha sentido que el corazón le estalla. La situación que experimenta el personal de empresas familiares, más pequeñas, es muy distinta: se trata de personas que tienen una antigüedad mayor en la industria y en la empresa y que se han ido desarrollando a medida que la propia empresa ha ido creciendo y ha ido superando las crisis.

Disfrute y placer en las tareas de supervisión y apoyo

Efectuar un trabajo no es la mera repetición de una operación, siempre implica algún objetivo personal, una intención para el que trabaja. Darle eficacia a la acción, adjudicarle sentido a la misma, produce un efecto de personalización de la actividad que se emprende. Los entrevistados mencionan que las actividades que mas placer les producen son aquellas en las que aparecen palabras como programar, analizar, resolver, planificar, etc. Se trata de actividades en las que sienten que puede desplegar acciones, en las que ponen en práctica sus habilidades, se alejan de las prescripciones y pueden generar innovaciones. Un entrevistado refiere "soy analítica, me gusta la investigación, investigar por qué sale mal la pieza". Cuando la entrevistada recuerda esta situación hace referencia a que ella anota todo en un cuaderno desde el primer momento que ingreso a la empresa. Estos cuadernos los guarda en su oficina y a uno de ellos recurrieron para indagar, para recomponer el problema y encontrar una solución en un menor tiempo. Parece que el placer radicara en reducir la "impotencia" de no saber cómo resolverlo o en dar una mejor solución que la antes dada a un problema. El cuaderno funciona como una memoria, como un soporte cognitivo y le otorga sentido a desafío para que se convierta en "manejable". Otro trabajador sostiene: ". . . me gusta el comité de carreras de directores y gerentes de recursos humanos, y en este tipo de actividades, por que son mas estratégicas, puedo poner en práctica mucho". Esta entrevistada arguye que experimenta placer no solo en participar de un espacio alejado de las rutinas sino sobre todo al participar de un espacio que le permite actualizar su trayectoria de aprendizajes. También hay placer cuando el acto creativo remite a un colectivo de trabajo que produce una innovación, genera una nueva metdología, o propone un nuevo sistema:

. . . me gusta todo lo que sea los números, controlar, analizar, resolver problemas. Menciona como un ejemplo el desarrollo de una metodología de cálculo para el desarrollo de compras. Ahora vienen de Brasil y Venezuela a ver la metodología, vienen a copiarnos y fue ideada por nosotros.

Estas actividades se anclan en vivencias de satisfacción. En todas ellas, los sujetos sienten que se apropian de las mismas en el transcurso de su desenvolvimiento y les otorgan algún tipo de "status" para sí y para el colectivo del que se sienten parte. Esta vitalización del objeto al cual están dirigidas las "energías", se inscribe en las vivencias que se relacionan a lo ya realizado, a lo bien hecho. Las actividades que generan vivencias de placer en el personal intermedio, son actividades que son reconocidas por el resto y adquieren legitimación en el colectivo en el que están insertos.

Sufrimiento, malestar y defensas en juego

Los entrevistados trabajan en empresas productivas, prestando servicios técnicos, humanos u organizacionales al resto de las áreas. En este sentido, los entrevistados consideran que uno de los puntos que genera malestar son las interacciones que tienen que llevar adelante en función de sus actividades. Estas actividades de servicio suponen un alto componente interactivo, en las que se hace preciso vincularse con espacios y tiempos regulados, en situaciones en las que cliente y proveedor interno, se comunican (brindan información, razonan, calculan, reformulan, opinan, etc.), coordinan acciones y tratan de lograr acuerdos y compromisos. En estas interacciones no solo se movilizan competencias técnicas sino también de otra índole, tales como competencias contractuales (frecuencia, duración de los encuentros, etc.), tipo de relación (asesoramiento, control, etc.), de educación (convenciones sociales, normas, etc.) y a su vez se utilizan ciertos dispositivos materiales e informacionales que son puestos a disposición de las interacciones (Cerf, Vallery y Boucheix, 2004).

Esta dimensión de la actividad no es necesariamente reconocida por los propios entrevistados, su actividad no solo consiste en diseñar herramientas que contengan información, proveer de sistemas o procesos de calidad, brindar servicios de recursos humanos, si no que el puesto incluye hacerlo a través de interacciones significativas con pares y colaboradores. Aquí trabajar es conversar, o −invirtiendo la fórmula- el lenguaje puede ser analizado como trabajo (Boutet, 1995). Sin embargo, esta perspectiva no es conceptualizada por los operadores como parte de la actividad sino que es percibida como un conjunto de atributos prescriptos por la organización que han sido interiorizados por el trabajador. En la narrativa de los entrevistados puede observarse que éstos aluden a atributos personales: ser transparentes, solidarios, cooperativos, sociables o ser buenas personas o simplemente que les guste el trato con las personas. También se incluyen términos como "proximidad" cuando se designa un puesto centrado en las vinculaciones, como por ejemplo "Jefe de Recursos Humanos y Proximidad". En síntesis estos puestos requieren de mantener

Características del empleo de mandos medios del sector automotriz en Córdoba

contactos periódicos con el resto de las personas de la empresa, aunque dicho requerimiento esté naturalizado e incluso invisibilizado, en verdad remite claramente al universo de las reglas de oficio (Molinier, 2008). Estos atributos interaccionales parecieran ser necesarios para funcionar en una organización plana, que se organiza en red:

> . . . uno es un técnico que está para dar una respuesta operativa, un ser humano que convive 10 hs y hace que la organización fluya. Las relaciones informales hacen que las cosas fluyan, para que se generen respuestas desde mis compañeros hacia mí. Soy buena persona, respetuoso, amable, compañero, compañero frente a mi jefe. Soy una cadena, un eslabón en la cadena, la parte humana y personal de estos procesos. He cosechado buenas respuestas en este aspecto. Esta cadena se traduce en operatividad y menos errores

Lo real, es un real social en donde los actuantes se sienten desconcertados frente a la imprevisibilidad que les ofrecen los otros con quienes deben relacionarse para prestar sus servicios. Este malestar aparece expresado por el jefe de recursos humanos de una empresa terminal

> . . . lo que genera sufrimiento no es el puesto si no lo que tiene que ver con la gente, con las personas. Ocurren maltratos, el volumen de presión no es excusa para tratarlos mal, pero ocurre que tenés que dar un servicio de reclutamiento y vienen con prepotencia a tratar mal a alguien. No podemos -como consecuencia- tratar mal a otro que intenta dar lo mejor de sí.

También aparece sufrimiento y malestar cuando desde control de gestión se hace preciso remitir información al director general. El fracaso en la interacción se expresa como una falla personal: ". . . por ahí, por hacer algo, le proponés algo al director y no le da ni bola. A veces uno sobredimensiona ciertos problemas".

El lugar del otro en la dinámica de placer y sufrimiento

Resulta relevante identificar los procesos de invisibilización del otro que perjudican los procesos de reconocimiento y cooperación, analizar cómo se ocultan o se niegan las posibilidades que tienen los mandos intermedios de producir sufrimiento y de reconocerlo en otros. El proceso más evidente de desconocimiento se puede rastrear en la relación entre las empresas terminales y proveedores, en la que se expresa una tensión creciente que no logra reconocerse como tal. Esto tiene su origen en las condiciones de la producción. El ascenso en los volúmenes de producción requiere que las terminales revitalicen a los proveedores locales para incrementar los componentes nacionales en la producción de los vehículos. Esto es conocido hacia adentro del sector industrial como "Plan de nacionalización de piezas". En este marco, la carrera por incrementar los componentes nacionales lleva a una serie de tensiones entre los funcionarios de las terminales y los representantes de las firmas proveedoras locales con el fin de abastecer a las terminales. Cada terminal tiene una política diferente de cómo encarar el desafío de lograr sustituir importaciones. Algunos entrevistados lo perciben con claridad: "Hay un clima de tensión que escapa a nosotros que es entre el proveedor y la terminal". En el discurso se expresa el fastidio y la bronca:

> . . . me da bronca, les piden desde la terminal 1000 piezas y nos habían dado las vacaciones. Ahora bajan la producción. Primero un gran problema y después nada. Se prepara para producir 1000 piezas y después se decide parar por que no tienen materia prima.

Este entrevistado menciona que la terminal no respeta los programas de producción y sostiene que cumplir un programa de producción es una regla ética que permite organizarse, faltarlo, darlo de baja. Sin mayores explicaciones se convierte en una decisión que no reconoce los esfuerzos y las capacidades puestas por la empresa proveedora, lo cual generar malestar. Otro tipo de proceso en el que el sufrimiento es invisibilizado, se organiza alrededor de la degradación de las relaciones profesionales que se establecen, las que repercuten en las relaciones de confianza y atentan contra el establecimiento de relaciones filiativas y de protección entre las personas. Un entrevistado -en tono crítico- se refiere a que no le gusta trabajar en función del temor, menciona "He tenido jefes que por una personalidad temerosa, trabajan para no perder el laburo. Hacen todo lo que les dicen para no tener una visión distinta y te echan lo mismo". El entrevistado menciona que el trabaja partiendo de otro supuesto, "yo soy contador y espero aportar algo, espero participar activamente". El mismo se visualiza a si mismo siendo el brazo ejecutor de las política que hay que instrumentar, y dice "el hecho de tener líderes con estas características me revienta". El ingreso a la empresa para hacer aportes, concluye. Pero claro como se puede sentir compasión por un jefe que deja entrever sus inseguridades cuando el mismo entrevistado percibe que con la llegada de un nuevo director en el área comercial, se comienzan a tomar una serie de desiciones que afectan a los responsables zonales que son los encargados de visitar las concesionarios donde se venden los autos. Estos responsables de zonas se ven afectados por un conjunto de desiciones que en principio son leidas como arbitrarias por el entrevistado. Estas medidas fueron tomadas con la intención de menguar privilegios y status, el entrevistado enumera que les retiraron autos proporcionados por la fabrica y les otorgaron otros de menor calidad, les retiraron beneficios de la obra social, les incluyeron actividades que antiguamente no las tenían entre sus atribuciones, etc. El entrevistado se interroga "esto con que motivo, con el motivo de marcar la cancha". Estas sensaciones de malestar con el otro cobran fuerza cuando las decisiones influyen sobre la vida cotidiana de las personas y no hay un espacio de deliberación y socialización de las decisiones. Un ejemplo surgido de las entrevistas, remite a la decisión de modificar el horario de un curso que era dado a la salida del horario de trabajo, porque –según quien decidió cancelarlolas personas que asistían al mismo, veinte minutos antes del inicio del curso, se relajaban y cerraban sus oficinas para asistir al mismo. En función del supuesto de una falta del sentido de la responsabilidad, el horario se modifica para una hora y media después del horario de salida, arguyendo que no consiguen otras salas de capacitación. En relación a la estrategia de distorsión de la información, uno de los entrevistados parece haber aprendido "que a veces un comunicado, un discurso puede dar un mensaje equivocado", esto tiene que ver con que los que trabajan interpretan la información que se les brinda y han vivido experiencias de manipulación u engaño. Otro de los entrevistados menciona:

> . . . el año pasado participé del Great place to work. Esta herramienta busca generar un clima de trabajo saludable. Aplaudo la iniciativa, pero esto se hace para hacer la empresa más rentable. Es una herramienta superior, para la producción mundial, para acceder al Work class manufacturing. En definitiva te das cuenta de que se quiere certificar para acceder a nuevos mercados.

El entrevistado parece haber descubierto que esta acción no fue realizada por una racionalidad ligada a acciones de cooperación y entendimiento conjunto, si no por una racionalidad estratégica, de tipo instrumental, que se guía por parámetros en principio diferentes a los comunicados.

Conclusiones

El trabajo aquí presentado es parte de un conjunto de actividades dentro del proyecto de investigación de calidad de empleo que se desarrolla en Córdoba y busca captar las perspectivas de los trabajadores incluidos en la clasificación de personal intermedio (supervisores, técnicos y administrativos) del sector automotriz, sobre su realidad laboral. Parte de la tarea que posibilita profundizar en el conocimiento de la realidad de este grupo, radica en enriquecer la información obtenida con la incorporación de nuevos relatos surgidos de otras entrevistas, sobre todo en las empresas proveedoras de capital internacional y local. Sin dudas, esto deberá acompañarse de un mejor análisis de los fenómenos emergentes a partir del trabajo sobre las categorías teóricas utilizadas. Entre tanto, es posible precisar algunos hallazgos. La información analizada muestra que el personal intermedio se encuentra sujeto a una ideología centrada en el desarrollo de su carrera profesional. Esta disciplina del éxito (Soboll, 2007) los somete a fuertes niveles de exigencia y sobreactividad. No obstante, cabe interrogarse acerca del alcance de este fenómeno: ¿hasta qué punto se trata de una problemática del sector y no de un fenómeno que lo excede?. Nos preguntamos también acerca del horizonte que implica esta lógica de funcionamiento en la concepción de las carreras de los trabajadores: ¿cómo afrontar tales niveles de exigencia?¿Cómo compatibilizarlos con los distintos momentos de la vida personal? En cuanto a la organización del trabajo, resta profundizar en cómo resuelven las contradicciones enunciadas, es decir, ¿cómo resuelven el desarrollo técnico de la prestación de sus servicios en armonía con la dimensión cooperativa que este necesita para su eficacia?¿cómo se resuelven las prescripciones sobre actitudes y comportamientos "éticos" en organizaciones que ocultan o distorsionan información? ¿cuáles son las defensas frente a los conflictos? ¿qué condiciones facilitan su construcción? Por último, mientras que estas organizaciones prescriben conductas de sociabilidad – transparencia, solidaridad, cooperación, etc. – en funcionarios que desempeñan roles de servicio a la producción, junto a estas prescripciones aparecen situaciones de producir sufrimiento en los otros que no son visibilizadas ni pensadas por los mandos medios como instancias generadoras de ambientes no saludables. Si bien pareciera que estas organizaciones flexibles y organizadas en función de redes se orientaran a la escucha, la animación y el diálogo, puede observarse que, por el contrario, definen situaciones de ejercicio del poder que desacreditan esas intenciones. Las relaciones profesionales se degradan y los vínculos que supuestamente deben estar basadas en el respeto mutuo y la confianza se empobrecen.

Bibliografía

Amorín, D., & Erbes, A. (2007). Los aspectos microeconómicos de la calidad del empleo y su importancia para la estabilidad del empleo frente al ciclo económico. *8º Congreso Nacional de Estudios del Trabajo. Asociación Argentina de Especialistas en Estudios* .

Barbero, M., & Motta, J. (2007). Trayectoria de la industria automotriz en la Argentina desde sus inicios hasta finales de la década del 90'. En M. Delfini, D. Dubbini, M. Lugones, & I. Rivero, *Innovación y empleo en tramas productivas de Argentina*. Buenos Aires: Prometeo. Beguin, P., & Clot, Y. (2004). L'action située dans le développement de l'activité. *@ctivités*, 35-49. Bisang, R., Novick, M., Sztulwark, S., & Yoguel, G. (2005). Las redes de producción y el empleo. Elementos básicos para la formulación de políticas públicas. En M. Casalet, M. Címoli, & G. Yoguel, *Redes, jerarquías y dinámicas productivas* (págs. 153-201). Buenos Aires: Miño y Dávila. Boutet, J. (1995). *Paroles au travail*. París: Collection Langage et travail. L'Harmattan. Cantarella, J y Katz, l (2008) "La industria automotriz Argentina: limitantes a la integracion local de autocomponentes". Littec. Universidad Nacional de General Sarmiento.. Cerf, M; Vallery, G y Boucheix, J (2004) "Las actividades de servicio: objetivos y desarrollo" Manual de Ergonomía. Compilador Pierre Falzon. Edit. Modus Laborando. Clot, Y. (2009). *¿El trabajo sin seres humanos? Psicología de los entornos de trabajo y vida.* Modus Laborandi. Dejours, C. (1998). *El factor humano.* Buenos Aires: Piette/ Conicet. Dejours, C. (1993). Intelligence pratique et sagesse pratique: deux dimensions méconnues du travail réel. *Éducation permanente* (116), 131-196. Dejours, C. (2006). *La banalización de la injusticia social.* Buenos Aires: Topia. Dejours, C. (1993). *Travail: usure mentale. De la psychopatologie à la psychodinamique du travail.* Paris: Nouvelle édition augmentée. Bayard. Duque; J (2010) El trabajador propietario: identidad y acción colectiva en el sector metalmecánica. En el libro "Trabajo, identidad y acción colectiva" Coord. De la Garza Toledo, E Y Neffa, J. Ed. Plaza y Valdés Editores Infante, R., & Vega Centeno, M. (1999). La calidad del empleo: lecciones y tareas. En R. Infante, & R. Infante (Ed.), *La calidad del empleo. La experiencia de los países latinoamericanos y de los Estados Unidos* . Lima: OIT. Mendel, G. (1993). *La sociedad no es una familia.* Buenos Aires: Paidós.

Molinier, P. (2008). *Les enjeux psychiques du travail. Introduction à la psychodinamique du travail.* . París: Éditions Payot & Rivages. Motta, J, Roitter, S, Yoguel, G, Milesi, D y Delfini, M. "Articulación y desarrollo de competencias en la trama automotriz Argentina: Morfología, innovación y empleo" en Innovación y empleo en tramas productivas de Argentina. Delfíni,

M Dubbini, D, Lugones, M, Rivero, I (Compiladores) Ed. Prometeo. Bs. As 2007 Motta, J, Morero, H; Llinás, I "Procesos de aprendizaje y de acumulación de conocimiento en las empresas autopartistas argentinas" 12ª Reunión Anual de la Red PyMEs en conjunto con la 5ª CIELA Campinas 2007 (Sao Pablo – Brasil) Priess, O, Delfíni, M y Borello, J "Tramas Productivas en Argentina: unidad y diversidad en sus trayectorias" en Delfíni, Marcelo, Dubbini, Daniela, Lugones, Manuel, Rivero, Ivana, Nancy (Compiladores). Innovación y empleo en tramas productivas de Argentina. Ed. Prometeo. Bs. As 2007 Pujol, A. (2007). Salud mental y trabajo: nuevos escenarios, nuevos problemas y nuevas perspectivas. *Curso Anual de Actualización en Problemáticas de Salud Mental*. (págs. 69-80). Córdoba: Dirección de Salud Mental. Gobierno de la Provincia de Córdoba – Editorial Corintios. Pujol, Andrea; Roitter, Sonia y Delfini, Marcelo (2007) ¿La organización del trabajo como espacio formativo? El caso de la trama productiva automotriz argentina. Ponencia presentad en V Congreso Latinoamericano de Sociología del Trabajo, Montevideo. Roitter, S; Erbes, A; Yoguel, G; Delfini, M. & Pujol, A. (2007b). Competencias endógenas y vinculaciones en agentes pertenecientes a las tramas productivas automotriz y siderúrgica. Revista Economía: Teoría y Práctica. Nueva Época. Sennet, R (1988) " La Autoridad". Ed Alianza. Simon, H " El comportamiento administrativo. Estudio de los procesos decisorios". Ed. Aguilar. Silva da Fonseca, P; Dutra de Moraes, R (2010) "Vivências de Prazer-Sofrimento de Sujeitos que Ocupam Cargo de Liderança Intermediária do Pólo Industrial de Manaus: Estudo de Caso" VI Colóquio Internacional de Psicodinâmica e Psicopatologia do Trabalho/ I Congresso da Associação Internacional de Psicodinâmica e Psicopatologia do Trabalho – PDT 2010

Slaughter, J. (1998). La producción depurada y los buenos empleos. En O. I. Trabajo, *Reestructuración, integración y mercado laboral. Crecimiento y calidad de empleos en economías abiertas*. OIT. Soboll, L (2007) " A disciplina como coacoa de conformidade". En Dialogos emPsicodinamica Do Trabalho. Orgs Magnolia Mendes, M; Cruz de lima, S;: PeresFacas, E. Edit Paralelo.

17

LA CALIDAD DEL EMPLEO EN LAS TRAYECTORIAS DE TRABAJADORES DE EMPRESAS DEL SECTOR DE SOFTWARE Y SERVICIOS INFORMÁTICOS DE LA CIUDAD DE CÓRDOBA, ARGENTINA

Federico Barnes[1]
Viviana Jara Roldán[1]
Andrea Pujol[1]

Introducción

El objetivo del presente trabajo es difundir algunos hallazgos significativos obtenidos en el marco de un proyecto de investigación enfocado en el sector de software y servicios informáticos (SSI) de la ciudad de Córdoba.

En el marco de las actividades del proyecto, se estudiaron las trayectorias laborales de los trabajadores informáticos, con la pretensión de valorar la calidad del empleo y las posibilidades de desarrollo ocupacional del sector desde la perspectiva de los actores[2]. En esta comunicación, damos cuenta de la visión que los trabajadores de diferentes empresas del sector SSI manifiestan en relación a la calidad del empleo, las características de la gestión y las oportunidades de

---

[1] Núcleo de Investigaciones en Innovación Organizacional y del Trabajo, Facultad de Psicología, Universidad Nacional de Córdoba.

[2] Investigadores del Núcleo de Investigaciones en Innovación Organizacional y del Trabajo, Facultad dePsicología, Universidad Nacional de Córdoba. Córdoba, Argentina.2 El trabajo se integra en un proyecto más amplio, "Calidad de empleo en Córdoba y gran Córdoba",desarrollado en el Núcleo de Investigaciones en Innovación Organizacional y del Trabajo, de la Facultadde Psicología de la Universidad Nacional de Córdoba. El proyecto contempla los sectores de Software, Alimentos y Bebidas; y Automotriz. Es subsidiado por SECyT-UNC y dirigido por Andrea Pujol – apujol@psyche.unc.edu.ar

desarrollo profesional que vivenciaron en las diferentes empresas por las cuales transitaron durante su trayectoria laboral.

En cuanto a la estrategia metodológica, se trata de un estudio descriptivo realizado en dos etapas. En principio se profundizó sobre el estudio de las particularidades del sector SSI en la ciudad de Córdoba. Para ello se triangularon una serie de técnicas de recolección de datos: se exploraron otras investigaciones recientes sobre el sector, se analizó información secundaria sobre la realidad del mercado laboral por último se realizaron entrevistas en profundidad a referentes de las principales organizaciones que conforman el sector en la provincia. La segunda etapa, apuntó a analizar calidad del empleo en el sector y sus características a partir de las reconstrucciones realizadas por trabajadores del sector sobres sus trayectorias laborales y académicas. Se realizaron entrevistas en profundidad a 15 trabajadores del sector de diferentes empresas que se desempeñan en el área de desarrollo de software: analistas funcionales, programadores y operarios de testing, con el objetivo de reconstruir sus trayectorias laborales y conocer sus valoraciones de los distintos aspectos que los constituyen.

El sector SSI en la provincia de Córdoba

En los últimos años, a partir del crecimiento que el sector SSI experimentó en nuestro país, comenzó a ser considerado como una alternativa para contratar servicios o instalar centros de desarrollo por inversores o empresas internacionales. Los autores del Libro Blanco de prospectiva TIC (Recalde, Marí, Carri, Baum, Artopoulos, & Alejandro, 2009) afirman que la industria del software y servicios informáticos en la Argentina ha experimentado en los últimos años un crecimiento en un promedio anual superior al 20%. Algo similar ocurre en el resto de los países de la región (Melogno, Leopold & Vasquez, 2009; Miranda & Figueiredo, 2010).

En relación a la morfología de las empresas del sector SSI a nivel nacional, López y Ramos (2008) afirman que puede dividirse en tres grupos. El primero está compuesto por firmas multinacionales, usualmente grandes empresas. Éstas se dedican en gran medida a brindar servicios de comercialización de productos que se desarrollan en las casas matrices y en algunos casos a la provisión de servicios informáticos mediante outsourcing. El segundo grupo se constituye por un conjunto de empresas nacionales de tamaño mediano, que se dedican en gran medida a la provisión de servicios informáticos. Por último, el tercer grupo se compone de empresas pequeñas, las cuales no presentan un elevado grado de especialización: se dedican a una amplia gama de actividades que abarcan desde la provisión de servicios informáticos de diversa índole hasta el desarrollo de videojuegos para celulares.

Si bien el sector TIC históricamente se concentró en la Ciudad de Buenos Aires y en el primer cordón del conurbano, en los últimos años surgieron importantes concentraciones de empresas en Rosario, Córdoba y Mendoza (Recalde, Marí, Carri, Baum, Artopoulos & Alejandro, 2009). En relación a Córdoba, López y Ramos (2008) tomando datos provistos por investigaciones realizadas por diferentes autores, sintetizan el desarrollo del sector de SSI en la provincia en tres etapas que se ajustan aproximadamente con las últimas décadas: durante los años ochenta, surgen las primeras empresas a partir de la formalización de emprendimientos ya iniciados (Pujol, 2006); en los noventa, se inicia un proceso de crecimiento del sector ligado al desarrollo de negocios por parte de las firmas clientes (empresas de telecomunicaciones, sistema financiero, retail, etc.) y a la difusión de tecnologías en las empresas, lo cual a su vez generó un fuerte proceso de innovación en las empresas de TI (Pujol, 2006).

La última etapa, que comienza en el año 2000, se caracteriza por la consolidación del sector con la llegada de empresas transnacionales como Motorola, Intel, EDS (adquirida recientemente por HP), Gameloft, Datasul, entre otras.

Además es importante destacar la creación del Cluster Córdoba Technology en el año 2001 (López & Ramos, 2008), que está integrado en la actualidad por aproximadamente 131 empresas locales, la mayoría del sector TIC. Las empresas asociadas emplean unos 3.500 profesionales, el volumen promedio de facturación de las firmas de 400 millones de pesos anuales y, la mayoría de las empresas tiene una antigüedad menor a los 10 años (el 37% de 5 a 10 años y el 28% de 1 a 5).

La ciudad de Córdoba además cuenta con numerosos centros académicos de calidad, entre ellos seis universidades, que forman recursos humanos para el sector. Además, articulan el desarrollo del sector otras importantes instituciones intermedias locales.

Contribuciones teóricas para pensar la calidad del empleo en el sector

Uno de los conceptos centrales de la presente investigación es el de calidad del empleo. La calidad del empleo se caracteriza a partir de un conjunto de factores asociados al sistema de relaciones laborales, tales como la remuneración adecuada, la existencia de beneficios sociales y la estabilidad en el empleo. A su vez, se consideran aspectos referidos a las condiciones que ofrece la organización en materia de posibilidades de formación y aprendizaje, oportunidades de desarrollo laboral y movilidad en la estructura (Bisang *et al.*, 2005; Pujol 2007; Amorin & Erbes, 2007).

En este sentido, se asume una definición amplia de la calidad de empleo que integra dimensiones objetivas y subjetivas, algunas más ligadas a las condiciones de contratación y a la estructura del puesto, y otras ligadas a la valoración que los trabajadores realizan, al grado de satisfacción de sus expectativas personales y del colectivo de trabajo en relación a las condiciones físicas a las que están expuestos al trabajar, como así también a las posibilidades de desarrollo profesional que perciben.

Cobra importancia en la presente propuesta la relación que el trabajo posee con la salud del trabajador. Dejours (1998) y Falzon (2009), consideran a la salud en una visión positiva y dinámica como el resultado de un proceso de construcción (Doppler, 2009). Las personas enfrentan los constantes desafíos que el trabajo les presenta, movilizando sus capacidades, su inteligencia práctica. El trabajo permite que las personas puedan enriquecer su expertise, fortalecer sus competencias y sentir plenitud personal, es por ello que se considera que la calidad del empleo posee un rol fundamental en el proceso de construcción de la salud de las personas.

Para el caso del sector SSI, desde el punto de vista subjetivo, cabe interrogarse: ¿Por qué la pérdida en la calidad del empleo impacta sensiblemente en la salud? En los sectores no tradicionales, de reciente desarrollo, sin prácticas técnicas o un género profesional consolidado (Clot, 2008) y con escasa o nula instrumentación de defensa de derechos a través de mecanismos de representación sindical, la fragilidad de las condiciones de trabajo y los efectos de la organización prescripta, no tienen otros límites que las posibilidades psicológicas y fisiológicas del sujeto. Hay pues una relación altamente significativa entre las exigencias –objetivas, subjetivas- del empleo y las consecuencias sobre la salud, a partir de la vulnerabilidad que puede derivarse de dichas exigencias.

Entre las perspectivas que más se han abocado a la cuestión de la relación existente entre nuevas realidades del trabajo y subjetividad, recuperamos como significativos los aportes de la psicodinámica del trabajo (Dejours, 1998; Dessors & Guiho-Bailly, 1998). La psicodinámica del trabajo se interesa por la problemática del placer y el sufrimiento en el trabajo, considerando que el trabajo puede ser un componente estructurante de la salud o bien un elemento patógeno o desestructurante, en función de las relaciones que establezca el sujeto con la tarea y con pares y superiores en el ámbito laboral.

En esta línea, para captar estas expresiones del trabajo, a nivel metodológico se prioriza el abordaje cualitativo a través de entrevistas en profundidad, que permiten captar el "trabajo real" tal como es vivido por el sujeto. Nos proponemos a continuación explicitar las dimensiones e indicadores que guiaron el abordaje de la problemática en estudio.

Identificación, discriminación y afrontamiento de las contradicciones en la organización del trabajo

Se sostiene que en la medida en que la salud responde a una dinámica intersubjetiva, el trabajo tiene más de estructurante que de alienante; sin que por ello sea posible negar que las situaciones de trabajo están atravesadas por una diversidad de restricciones y condicionantes que representan la internalización de la dominación social: la sujeción al salario, las prescripciones de la actividad, las relaciones sociales que impone y prohíbe.

Si bien la modalidad de organización del trabajo que prima en el sector de Software y Servicios Informáticos se relaciona con el sistema de producción flexible organizada por equipos de proyectos, pueden identificarse diferencias en relación a las formas desarrolladas por las diferentes organizaciones.

Al respecto, Batt (1999) afirma que hay tres formas de organización del trabajo en las operaciones de servicio. La primera se relaciona con la organización del trabajo taylorista que surge en la industria manufacturera. La segunda forma se ajusta al enfoque de calidad total que busca maximizar las ventas al aumentar la participación de los trabajadores en los círculos de calidad. El tercer y último enfoque se relaciona con él equipo que maximiza las ventas y la calidad a través de grupos de auto-regulación.

Cobra importancia para el presente estudio este tipo de modalidad de organización del trabajo ya que muchas firmas de la provincia se aproximan con tales características. Los equipos en tales organizaciones son integrados por trabajadores con elevadas calificaciones y competencias, poseen autonomía en la resolución de problemas que se presentan y en la definición de los tiempos de trabajo, con jornadas no tradicionales (días y horarios inusuales) y rotación entre puestos de distinto nivel de complejidad (Roitter & Erbes, 2010). Los equipos tienen capacidad para evaluar su proceso de trabajo y mejorarlo en la acción a partir de decisiones operativas, por lo tanto hay un avance en relación al modelo anterior sobre las posibilidades de participación de los trabajadores.

Los procesos de movilización subjetiva y los anclajes de las vivencias del placer

Las firmas incorporan a sus ambientes de producción nuevas tecnologías sociales y técnicas buscando mayor competitividad. Tales novedades, buscan enriquecer las competencias de los equipos de trabajo, favorecer el aprendizaje y la innovación. Cabe señalar que los modelos enunciados no se manifiestan de forma pura, cada organización configura una forma única de organización del trabajo que se aproxima a tales modalidades y no dejan de encerrar contradicciones que impactan de forma particular a las personas que las integran.

La intensificación de los procesos de trabajo a partir de las misiones encargadas por la organización, no hacen más que incrementar la actividad que los trabajadores realizan. El trabajo para la psicodinámica, es aquello que los trabajadores deben agregar a los procedimientos y a la organización del trabajo fijada de antemano. Dejours (2005) resalta que los procesos de trabajo se sostienen gracias a la movilización individual y colectiva de la inteligencia de los trabajadores, si se realizara estrictamente lo que está prescripto en una organización, dicho funcionamiento estaría amenazado.

En este sentido puede afirmarse que las nuevas formas de organizar el trabajo buscan mecanismos que garanticen la emergencia de dicha movilización subjetiva, que enriquezca así su desempeño y su competitividad. Además de las formas de organizar el trabajo, la nueva localización geográfica de la división internacional de trabajo, demanda a los trabajadores grandes esfuerzos para mantener un adecuado stock de competencias y calificaciones que le garanticen su vigencia en el sistema laboral.

Inteligencia práctica y capacidad autopercibida

En la dinámica cotidiana de trabajo, los trabajadores ponen en juego su inteligencia práctica, para mediar entre la organización formal del trabajo y la realidad de la práctica. Lo real, la actividad real, se concibe como una instancia diferente al trabajo prescripto, en la medida en que se reconoce un desfasaje entre organización formal del trabajo (normas, procedimientos) y actividad real.

Al respecto, la clínica de la actividad nos aporta una serie de conceptos que enriquecen nuestras argumentaciones. Beguin y Clot (2004) afirman que la actividad no debe reducirse el análisis de lo invariante, de lo estable y preorganizado. La actividad real no responde solo a lo dado o lo decidido, la actividad tiene que ver además con lo desarrollado por el sujeto en el hacer. Las personas se apropian de los conocimientos de forma activa, los transforman y crean sus propios conocimientos, se apropia de los saberes y productos culturales al mismo tiempo que contribuyen a su desarrollo.

Hay un doble juego en la emergencia de la acción, donde lo dado por las circunstancias se entrelaza con aquello que las personas crean al accionar. La organización de la acción, tiene entonces que ver más con la percepción y la efectuación de la acción y no tanto con el procesamiento de representaciones simbólicas como sostienen las posturas cognitivas computacionales (Beguin & Clot, 2004).

La calidad del empleo en las trayectorias de trabajadores de empresas del sector de software y servicios informáticos de la ciudad de Córdoba, Argentina

Tales consideraciones ponen a la planificación en un segundo plano. El plan realizado antes de la efectuación de la acción es para los autores de tales corrientes, solo un recurso que orienta el curso de la acción, pero que bajo ningún punto de vista pueda dar cuenta de la acción efectiva, ya que esta emerge de las circunstancias. Lo resultados en los espacios de trabajo son procesos de acción colectiva en los que una parte de lo que se genera surge de ciertos acuerdos que se concretan en planes racionales; pero otra parte de aquello que se genera surge de los modos diversos en que los actores se comunican o interaccionan en una circunstancia dada, del modo en que enfrentan los eventos o acontecimientos inesperados, del modo en que asumen la emergencia de fallos y reajustan su comportamiento.

A partir de tales posturas, ya no puede pensarse a la organización como un reducto donde los sujetos deben repetir y respetar reglas y procesos sino más bien como un espacio de generación constante de acciones y reflexiones sobre lo hecho. Lo interesante es poder estudiar como la personas ante tales circunstancias sociales y materiales, generan novedades, construyen sentidos colectivos, susceptibles de ser materializados en innovaciones y qué factores organizacionales favorecen u obstaculizan la emergencia de tales procesos.

Procesos de defensa ante el sufrimiento y consecuencias en la salud y en las relaciones psicosociales en el trabajo.

Las situaciones de trabajo se caracterizan por ser situaciones de "normalidad sufriente" y por ello, para mantener la normalidad y para evitar el sufrimiento es necesario desplegar una serie de mecanismos de defensa individuales y colectivos que posibiliten elaborar el impacto subjetivo que conllevan las restricciones de toda situación de trabajo.

Las defensas contra el sufrimiento, la lucha contra éste, está vinculada a la conquista de la identidad en el campo social y por ello el trabajo tiene un lugar en los procesos implicados en la construcción de la identidad y en la defensa de la salud. La construcción de la identidad profesional se juega fundamentalmente en el trabajo, como actividad que posibilita la construcción de la identidad en el espacio social (Dejours, 1998; Dubar, 2002). Así, la construcción de la identidad en el trabajo es inviable sin actividad de interpretación y transformación de las prescripciones por parte del sujeto, sin ejercicio de la técnica y sin un despliegue más o menos consciente de las competencias personales.

Dejours (2005) señala las dificultades que tienen los trabajadores para reaccionar de forma colectiva ante tales situaciones. A partir de diferentes estudios, el autor observa que a pesar de que las exigencias son mayores, los trabajadores "resisten" a la organización del trabajo imperiosa, destaca efectos subjetivos como la vergüenza espontanea ante la situación de otros que vivencian peores situaciones como la desocupación o que enfrentan una mayor precariedad en sus empleos.

Identidad desde la mirada del otro y su inscripción en la experiencia profesional

La construcción de la subjetividad en el campo del trabajo está ligada al reconocimiento y es por ello que la naturaleza, la calidad y la dinámica de las relaciones en los colectivos de trabajo tienen una responsabilidad considerable con respecto a los efectos del trabajo/empleo sobre la subjetividad.

Los "juicios de utilidad" en tanto reconocimiento de la utilidad e importancia de la tarea para los objetivos de la producción y los "juicios de belleza" en tanto reconocimiento de la ingeniosidad y de la calidad del logro, provienen del colectivo de trabajo y especialmente del grupo de pares y son la mediación necesaria para la construcción de la identidad en el trabajador (Dejours, 1998). El trabajador no busca "reconocer su ser" en la actividad de manera directa, sino que busca el "reconocimiento de su hacer" a través del juicio de los otros. La actividad en sí misma, resulta insuficiente.

Por el contrario, si la situación de trabajo no ofrece este espacio de reconocimiento o la dinámica de reconocimiento se ve obstaculizada (como sucede con frecuencia) el proceso de construcción de la identidad entra en crisis. En ese sentido, la psicodinámica del trabajo propone una lectura crítica de la "generalización del miedo" en los ámbitos organizacionales y se permite afirmar que el miedo a la pérdida del trabajo y a la precarización constituye un verdadero sistema de management.

Hallazgos de la investigación realizada

Nuevas configuraciones en el sector SSI

En la última década el sector experimentó importantes cambios que generaron nuevas configuraciones. Pujol (2005) sostiene que, con la llegada de las primeras empresas multinacionales y la creación del cluster, la provincia comenzó a ser identificada como un polo tecnológico relevante a nivel regional. Las empresas locales asumieron desafíos importantes en materia de optimización de la calidad, generaron acuerdos entre pares y desarrollaron estrategias para participar en nuevos mercados. A partir del crecimiento del sector y la llegada de nuevos actores, el mercado laboral se tornó más exigente, se aumentó la movilidad de trabajadores y generó una fuerte competencia por captar recursos calificados entre las firmas.

Según los trabajadores entrevistados, a partir de la llegada de las empresas multinacionales las ofertas laborales que les ofrecían superaban ampliamente a las contrataciones que mantenían en ese momento, tanto en lo económico como así también en relación al desarrollo profesional. Las trayectorias laborales de los entrevistados, con sucesivos cambios de empresas en pocos años, demuestran la movilidad señalada. La mayoría han emigrado de empresas locales a las empresas extranjeras sobre todo a partir del año 2006.

En la actualidad, los trabajadores señalan que la movilidad es constante gracias a la demanda creciente por la llegada de nuevas empresas y por la falta de recursos suficientes para cubrir las plazas demandadas. Ante dicha situación, las empresas negocian la relación laboral de forma individual con los recursos tanto para captarlos como para retenerlos ante las sucesivas ofertas de las otras empresas.

A su vez, las empresas implementaron nuevas formas de organizar el trabajo, relacionadas principalmente con el modelo de la auto-regulación del trabajo y demandaron a los trabajadores nuevas exigencias en función de los servicios y productos que comercializan. Esto requiere un mix de habilidades de carácter "tradicional" con nuevos conocimientos y nuevas prácticas. Se requiere simultáneamente la capacidad para interpretar los requerimientos del negocio e identificar las soluciones técnicas que se adapten a las mismas, dado que en algunos de los negocios no se prioriza la herramienta técnica más avanzada sino aquella adecuada al problema a resolver. Por el contrario, en otros procesos como en la factoría de software, por ejemplo-, el dominio de las tecnologías más avanzadas resulta crucial para la resolución del negocio (Pujol, 2005).

Tales políticas generó en ciertas organizaciones fuertes contradicciones entre la negociación individual con un sistema de remuneraciones desigual y poco trasparente, con la conformación grupos de trabajo auto-regulados, que orienten su desempeño a la cooperación colectiva, el aprendizaje y la innovación. Un entrevistado cuenta como los trabajadores afrontan dicha situación, en enfrentamientos entre los empleados "nuevos" y los "viejos":

Los primeros momentos fueron pésimos por el resentimiento y la bronca de algunos compañeros hacia mí porque era el nuevo y tenía el sueldo actualizado … Cómo no se pueden desquitar con la empresa se desquitan con el que viene.

Los procesos de aprendizaje

La negociación individual, ligada principalmente al grado de dominio de tecnologías que los trabajadores informáticos poseen hace que las exigencias en cuanto a la actualización tecnológica sean muy altas y en algunos casos invasiva en cuanto a la vida personal de los trabajadores, ya que es frecuente que los trabajadores deban aplicar un importante número de horas de autoformación fuera de la jornada laboral, a fin de no quedar desactualizados en sus saberes. .

Los entrevistados manifiestan que las actividades de programación demandan un persistente aprendizaje, si bien la oferta de cursos en las mismas empresas es una constante en casi todas las firmas, la movilización personal es altamente significativa, siendo al mismo tiempo elemento de placer de la actividad, y factor clave de auto exigencia. Un programador señaló como ejemplo:

. . . tenía que desarrollar un proyecto nuevo, nunca había trabajado en eso y contaba con dos semanas, las tareas fueron leer y ver cómo sacarlo, no tenía referentes, aprendí pero ajustado . . . Necesitas estar actualizado para ser competitivo, porque si tu producto no está actualizado, quedo atrás porque viene uno nuevo que reemplaza a tu producto.

Al momento de identificar qué aspectos de su actividad laboral les genera mayor satisfacción, la mayoría señala que la posibilidad de crear y superar los problemas que enfrentan cotidianamente es uno de los aspectos más gratificantes de su labor. Ante esta pregunta, un desarrollador expresó: "te sentís orgulloso cuando terminás en tiempo, y más cuando no tenías ni idea de cómo hacerlo". Se percibe en este ejemplo, siguiendo a Clot (2009), la importancia que pueden adquirir los criterios de resultado como fuente de placer para los propios trabajadores, cuando están ligados de algún modo al sentido que el sujeto otorga a la actividad.

Es notoria la puesta en valor que los trabajadores entrevistados hacen de la falta de control en cuanto a la realización de las tareas, la capacitación y el cumplimiento de horarios, propio del modelo flexible que caracteriza al sector. No obstante, a pesar de que el seguimiento en algunas de las firmas es laxo, el grado de compromiso y responsabilidad estuvo presente en el discurso de la mayoría de los entrevistados:

. . . no sentimos la presión de tener al dueño atrás diciéndote por ejemplo, "hagan horas extras" . . . la presión viene de nosotros, los que nos vemos las caras todos los días nos decimos "bueno, pongámonos las pilas, esto es lo que nos gusta" porque aparte si haces algo bien para el beneficio de la empresa, te beneficias vos, porque la empresa crece y vos también.

La calidad del empleo en las trayectorias de trabajadores de empresas del sector de software y servicios informáticos de la ciudad de Córdoba, Argentina

Como lo expresa Falzon y Sauvagnac (2009) en industrias como la SSI donde el trabajo se define en términos de misiones a lograr, la ausencia de prescripción explícita conduce al trabajador a la "auto" prescripción: "La tarea es sacar el proyecto, no importa cómo, si hay que hacer más horas, lo hago, cuando te responsabilizas con una fecha . . . si no llegan levantan la bandera y los jefes hablan con el cliente".

Otro aspecto que los trabajadores destacan es la autonomía que el trabajador posee en las empresas grandes para realizar sus tareas y para autogestionar su formación. Los estilos de supervisión, en ciertas firmas no se orientan al control excesivo pero tampoco a la enseñanza, sino más bien a garantizar la disponibilidad de las herramientas, alentar el involucramiento, la autogestión del cumplimiento de las responsabilidades asignadas y la resolución grupal de los problemas que surgen:

> Ante los problemas, tenemos que ver cuándo están solucionados y estimar el impacto, tiene que ser grupal la resolución, por lo menos una discusión en el grupo tiene que haber. A veces los tiempos no dan. Están todos en su tarea y entonces se resuelve individualmente.

Cabe destacar que estas características no son comunes a todas las empresas, muchas de ellas mantienen el estilo de supervisión basado en la fuerte prescripción de las tareas y el control de su realización.

Desarrollo de defensas

La mayoría de los trabajadores entrevistados remarcan que la exigencia cognitiva de las tareas es muy alta lo que les exige mucho esfuerzo: "no podes ir con la idea de que no vas a pensar en el trabajo", otro afirma: "no creo que se pueda seguir a este ritmo más de 10 ó 15 años", "a veces a la noche sigo pensando y me cuesta dormirme". Ante dicha situación puede identificarse en el relato de los entrevistados, cómo los grupos de trabajo de algunas empresas, desarrollan acciones tendientes a cooperar con sus compañeros de equipo de trabajo convirtiéndose en uno de los principales códigos del oficio, "ves la carga de trabajo de todos, si alguien está más relajado, se suma a las tareas del otro para aliviarlo". En otras organizaciones, las estrategias no son tan positivas. Las injusticias sentidas ante las desigualdades ya expresadas en párrafos previos, impiden que los trabajadores enfrenten de forma colectiva las exigencias del trabajo y atentan con el compromiso ante la tarea, un entrevistado lo expresa de la siguiente manera:

Así como hay personas que se la agarran con sus compañeros hay otros que no se preocupan que dicen "si quieren que me echen sino me aumentan el sueldo no me importa" y se la pasan durmiendo en el trabajo, sobretodo a la noche.

De esta manera puede observarse que del mismo modo que se valora el aprendizaje constante, la movilización subjetiva cristalizada en la puesta en consideración de aportes significativos a la tarea, es alentada por las organizaciones y valorizada por diferentes medios (Barnes, 2010). Siguiendo la dimensión de análisis referida a la identidad desde la mirada del otro, el reconocimiento de pares y superiores es señalado por autores como Dejours (1998) como un recurso imprescindible en la preservación de la salud y la construcción de la identidad profesional. Algunas organizaciones tienden a alentar tales acciones a partir de herramientas institucionales:

Cuando alguien se destaca le pones estrellas entre compañeros. Al que tiene más estrellas le dan premios. Las estrellas se dan por ética, compromiso, innovación, ambiente divertido y excelencia. Son estrellas que se dan entre compañeros . . .

sostiene un programador que cuenta cómo se realiza en la empresa donde trabaja. Sin embargo, la dinámica de reconocimiento se inscribe más naturalmente en los intercambios que no se formalizan con tales herramientas, pero que los grupos desarrollan cotidianamente y de manera espontánea. Esto da cuenta de un ambiente de naturaleza cooperativa, en el que a pesar de las inequidades en el sistema de remuneraciones y beneficios, los trabajadores tienden a colaborar con sus pares y esperan que sean retribuidos al momento de enfrentar imprevistos y dificultades en el trabajo.

Reflexiones finales

En función de las diferentes aproximaciones realizadas, se puede señalar la importancia que adquiere conocer la opinión y percepción de los trabajadores al momento de abordar la problemática de la calidad del empleo desde una perspectiva comprensiva. Desde el punto de vista metodológico, el análisis de las trayectorias laborales puede ser instrumentado para reconstruir el proceso de construcción del oficio o quehacer, a la vez que nos proporcionan información sobre la capacidad de los trabajadores para interpretar el marco de sus prácticas y tomar decisiones respecto de su desarrollo (Pujol & Jara Roldán, 2009).

En esta perspectiva y en el marco de un sector intensivo en conocimiento, el presente estudió puso en foco de manera primordial las dimensiones de la calidad del empleo que pueden favorecer el desarrollo ocupacional, como las posibilidades de formación y aprendizaje, las oportunidades de desarrollo laboral, la movilidad ocupacional, la identificación con la actividad y la pertenencia a un colectivo de trabajo.

Los principales hallazgos se relacionan con las valoraciones que los trabajadores expresan de las características que el trabajo autónomo, el enriquecimiento cognitivo del trabajo, la cooperación en el trabajo y la participación e implicación adquieren en las firmas locales.

Se evidencia que si bien hay ciertas características que permiten realizar buenas valoraciones en cuanto a los factores señalados, éstas se ajustan a ciertos aspectos de la calidad del empleo –principalmente de la dimensión objetiva- y se circunscriben sólo a un grupo de empresas de la ciudad. En contrapartida, como se señaló antes ciertas características del sector no permiten que el colectivo profesional pueda conseguir avances en materia de salud ocupacional. La representación sindical es nula, las negociaciones contractuales se desarrollan en forma individual y las actividades en muchos casos apuntan más a la fragmentación que a la conformación de grupos profesionales. A su vez, tales características limitan la elaboración de defensas colectivas, y desde el punto de vista de la acción política a nivel sectorial la negociación de mejores condiciones laborales para el conjunto profesional y el enriquecimiento de los saberes y prácticas propias de su oficio.

Este punto resulta de sumo interés en la medida en que estas características de pronunciada flexibilidad alejan a los trabajadores del sector de la posibilidad de actuar colectivamente a favor de mejores condiciones en la organización del trabajo, ambientes más favorables para la construcción de identidad de oficio y para evitar riesgos a nivel de la salud ocupacional.

¿Pueden las contradicciones de la organización del trabajo resultar elementos que interjuegan entre el desarrollo de competencias, la movilización de defensas y el surgimiento de elementos que afectan la salud? En el análisis de la dinámica de placer y sufrimiento en el trabajo, puede observarse cómo los trabajadores – en su mayoría jóvenes y sin trayectoria laboral en sectores tradicionales-, naturalizan ciertas características como la jornada de tiempo ilimitado, la auto prescripción, la falta de contrapartidas para la formación y el desarrollo por parte de las empresas, etc. Se mueven "naturalmente" en la flexibilidad porque es el único sistema que conocen y a la vez el único que aparece – al menos en los discursos- como posible. Al respecto, mientras el universo de las empresas que ofrecen buena calidad de empleo es muy pequeño y la gran mayoría apuesta a una estrategia de management de disciplinamiento individual por la vía de la supervivencia, cabe interrogarse cuál será el curso que encontrarán los trabajadores de SSI para afrontar las contradicciones entre las exigencias del desarrollo profesional que plantean las empresas y las necesidades que despliega la evolución del género profesional y la singularidad de los deseos que marca el curso de la vida personal de cada sujeto.

Bibliografía

Amorín, D., & Erbes, A. (2007). Los aspectos microeconómicos de la calidad del empleo y su importancia para la estabilidad del empleo frente al ciclo económico. *8º Congreso Nacional de Estudios del Trabajo. Asociación Argentina de Especialistas en Estudios* .

Barnes, F. (2010). El ambiente organizacional calificante en empresas del sector de Software y Servicios Informáticos de la ciudad de Córdoba. *XV REUNIÓN ANUAL DE LA RED PYMES MERCOSUR.* Mendoza, Argentina.

Barros, R. P., & Mendoça, R. S. (1999). *Una evaluación de la calidad del empleo en Brasil.1982-1996. en Infante (Ed.). La calidad del empleo. La experiencia de los países latinoamericanos y de los Estados Unidos.* Lima: OIT.

Batt, R. (1999). Work Organization, Technology, and Performance in Customer Service and Sales. *Industrial and Labor R£lations Review, Vol. 52, No.4* . Cornell University.

Beguin, P., & Clot, Y. (2004). *La acción situada en el desarrollo de la actividad.* París: Revista electrónica Activités.

Bisang, R., Novick, M., Sztulwark, S., & Yoguel, G. (2005). Las redes de producción y el empleo. En M. Casalet, M. Cimoli, & G. Yoguel, *Redes, jerarquías y dinámicas productivas.Experiencias en Europa y América Latina.* Buenos Aires: Flacso. OIT-Miño y Dávila.

Clot, Y. (2009). *¿El trabajo sin seres humanos? Psicología de los entornos de trabajo y vida.* Modus Laborandi. Dejours, C. (1998). *El factor humano.* Lumen Humanitas. Dejours, C. (2005). *La banalización de la injusticia social.* Topia Editorial. Dessors, D., & Guiho-Bailly, M. (1998). *Organización del Trabajo y Salud. De la*

psicopatología a la psicodinámica del trabajo. Buenos Aires: PIETTE CONICET.Doppler, F. (2009). Trabajo y salud. En P. Falzon, *Manual de Ergonomía* (págs. 55-70). Madrid: Modus Laborandi.

Dubar, C. (2002). *La crisis de las identidades. La interpretación de una*

mutación. . Barcelona: Bella Terra. Engestrom, Y. (1987). *Learning by expanding: An activity-theorical approach to developmental research.* Helsinki: Orienta-Konsultit.

Falzon, P., & Sauvagnac, C. (2009). Carga de trabajo y estrés. En P. Falzon, *Manual de Ergonomía* (págs. 165-181). Madrid: Modus Laborandi. Foray, D., & David, P. (2002). *Una introducción a la economía y a la sociedad del saber.* Revista Internacional de Ciencias Sociales.

Hatchuel, A., Le Masson, P., & Weil, B. (2006). *De la gestión de los conocimientos a las organizaciones orientadas a la concepción.* Revista Internacional de Ciencias Sociales.

Infante, R., & Vega Centeno, M. (1999). *La calidad del empleo: lecciones y tareas. En Infante,R. (1999) (Ed.). La calidad del empleo. La experiencia de los países latinoamericanos y de los Estados Unidos.* Lima: OIT.

Lam, A. (2004). *Los modelos societales alternativos de aprendizaje e innovación en la economía del conocimiento.* Revista Internacional de Ciencias Sociales.

López, A., & Ramos, D. (2008). *La industria de software y servicios informáticos argentina. Tendencias, factores de competitividad y clusters.*

Melogno, P., Leopold, L., & Vasquez, A. (2009). Modelos mentales de innovación y gestión del conocimiento en trabajadores del sector TI de Uruguay. En T. Wittke, P. Melogno, T. Wiike, & P. Melogno (Edits.), *Psicología y Organización del trabajo X. Producción de subjetividad en la organización del trabajo* (págs. 177-187). Montevideo: Psicolibros Universitario.

Miranda, E., & Figueiredo, P. (2010). *Dinâmica da acumulação de capacidades inovadoras: evidências de empresas de software no Rio de Janeiro e em São Paulo.* São Paulo.

Nonaka, I., & Takeuchi, H. (1995). *La organización creadora de conocimiento.* New York: Oxford University Press.

Novick, M. (2002). *La dinámica de oferta y demanda de competencias en un sector basado en el conocimiento en la Argentina.* Santiago de Chile: Serie Desarrollo Productivo CEPAL.

Pujol, A. (2005). Empleo, calificaciones y competencias de los trabajadores informáticos: algunas consideraciones críticas frente a los nuevos escenarios del sector. *IV Coloquio Internacional "Las transformaciones de la modernidad excluyente y las políticas sociales". IIIIFAP-UNC.* Córdoba.

Pujol, A. (2006). *Evolución reciente del sector software y servicios informáticos. La experiencia en Córdoba. En La informática en la Argentina. Desafíos a la especialización y la competitividad.* Buenos Aires: Prometeo Libros.

Pujol, A. (2007). Salud mental y trabajo: nuevos escenarios. Nuevos problemas y nuevas perspectivas. . *Curso Anual de Actualización en Problemáticas de Salud Mental. Dirección de Salud Mental. Gobierno de la Provincia de Córdoba.*

Córdoba: Curso Anual de Actualización en Problemáticas de Salud Mental. Dirección de Salud Mental. Gobierno de la Provincia de Córdoba. Ed. Corintios. Córdoba.

Pujol, A., & Jara Roldán, V. (2009). Trayectorias ocupacionales de diseñadores de indumentaria del circuito urbano de diseño de Córdoba, Argentina. En T. Wittke, P. Melogno, T. Wittke, & P. Melogno (Edits.), *Psicología y Organización del Trabajo X. Producción de subjetividad en la organización del trabajo.* (págs. 301-314). Montevideo: Psicolibros Universitario.

Recalde, A., Marí, M., Carri, R., Baum, G., Artopoulos, & Alejandro. (2009). *Libro blanco de la prospectiva TIC. Proyecto 2020.* Buenos Aires: Ministerio de Ciencia, Tecnología e Innovación Productiva.

Roitter, S., & Erbes, A. (2010). La organización del trabajo en empresas de servicios: un análisis desde la perspectiva de los trabajadores. *15º Reunión Anual de la Red PyMEs MERCOSUR* . Mendoza, Argentina.

Villavicencio, D. (1999). *Sociología del trabajo y sociología económica en "Los retos teóricos de los estudios del trabajo hacia el siglo XXI".* Buenos Aires: CLACSO.

Virkkunen, J. (2009). Two theories of Organizational knowledge creation. En A. Sannino, H. Daniels, & K. Gutiérrez, *Learning and Expanding with Activity Theory.* Cambridge University Press.

Zarifian, P. (1996). *Travail et communication: essai sociologique sur le travail dans la grande entreprise industrielle.* París: PUF.

CARREIRA E PÓS-CARREIRA NAS ORGANIZAÇÕES

18

AS FORMAS DA ESTRUTURAÇÃO DA CARREIRA NA CONTEMPORANEIDADE: INTERFACES E ARTICULAÇÕES TEÓRICO-TÉCNICAS ENTRE A PSICOLOGIA ORGANIZACIONAL E DO TRABALHO E A ORIENTAÇÃO PROFISSIONAL

Marcelo Afonso Ribeiro [1]

Introdução

A carreira se constituiu, ao longo do século XX, como temática de pesquisa, fenômeno psicossocial e ferramenta administrativa, sendo estudada e utilizada como estratégia de intervenção pela Administração, pela Psicologia do Trabalho e das Organizações e Psicologia Vocacional/Orientação Profissional[2]. No início, os três campos do saber, embasados no positivismo e no mecanicismo hegemônicos na época, partilhavam objetos e práticas, mas, rapidamente, foram se separando; as duas primeiras se consolidaram nas empresas e vincularam-se ao trabalho (base na concepção da carreira objetiva ou externa), enquanto a terceira se firmou nas escolas e vinculou-se à educação (base na concepção da carreira subjetiva ou interna).

A concepção de carreira externa foi construída pela Administração e Psicologia Organizacional e, como o próprio nome indica, enfocada na gestão dos processos organizativos como um todo, visando ao bom funcionamento organizacional e ao aumento da produtividade e da competitividade. Enquanto a concepção de carreira interna foi construída pela Psicologia Vocacional/Orientação Profissional, com enfoque na pessoa, no trabalho e nas possibilidades de relação pessoa-organização do trabalho.

---

[1] Instituto de Psicologia da Universidade de São Paulo.

[2] A Psicologia Vocacional e a Orientação Profissional são indicadas aqui de forma conjunta, pois são um campo só, no qual a primeira seria a base teórica e a segunda seria sua aplicação prática.

Dentro do campo da Psicologia do Trabalho e das Organizações, a temática da carreira profissional nunca teve um grande destaque, tornando--se objeto de estudo e intervenção, com mais profundidade e intensidade, a partir da década de 1970, através das transformações ocorridas no mundo do trabalho, que modificaram sua forma homogênea e determinada pelo contexto organizacional, tanto que, quando se falava em carreira, a associação imediata era às organizações: espaço no qual se planejava e se desenvolvia a carreira ou, como se costumou chamar, a carreira organizacional (Blanch, 2003; Hall, 1976; Van Maanen, 1977; Schein, 1978; Super, 1972).

Com as flexibilização, heterogeneização e complexificação do mundo do trabalho contemporâneo das últimas décadas, a carreira sofreu mudanças em sua estrutura, concepção e desenvolvimento, gerando a fragmentação da carreira organizacional e sua ampliação para além dos limites das empresas, alcançando o mundo do trabalho como um todo, ocasionando uma reaproximação teórica e prática dos três campos do saber indicados e das concepções de carreira externa e carreira interna (Arthur, Lawrence & Hall, 1989; Gunz & Peiperl, 2007; Young & Borgen, 1990; Young & Collin, 2000).

Diante deste panorama, a presente pesquisa teve como objetivo levantar e analisar, na literatura especializada, o que tem sido definido como carreira e as novas formas contemporâneas de sua estruturação, visando apontar desafios e demandas para os planejamento, desenvolvimento, orientação e gestão das carreiras neste início de século.

Gênese e consolidação da carreira

A noção de carreira surge concomitante à noção de organização de trabalho, corporificada nas fábricas, que, depois, seriam nomeadas indústrias e, então, empresas, ou simplesmente "organizações", como costumou-se chamá-las na área da Administração e da Psicologia Organizacional.

Por que surgiu a carreira? A carreira surge como a forma de estruturar a trajetória dos funcionários, no interior das empresas, através da sistematização prévia de um caminho a ser percorrido composto de cargos e funções a serem desempenhadas. A carreira só existia nas empresas e instituições (públicas e privadas), e quem não trabalhasse nestes espaços não tinha o reconhecimento de sua trajetória de trabalho como carreira, apesar de ter sido, a muitos profissionais liberais e autônomos, atribuída uma carreira, não pelo vínculo à empresa, mas por sua identidade profissional (por exemplo, carreira médica).

Neste sentido, a carreira se constituía como um artefato administrativo ou uma ferramenta para gerir a trajetória de cargos e funções a ser trilhada pelos

As formas da estruturação da carreira na contemporaneidade 307

funcionários de determinada empresa. Era previamente elaborada pela gerência, ganhava o nome de plano de carreira ou, simplesmente, carreira e todo aquele que ingressasse numa empresa deveria ser inserido neste plano. Esta era a definição hegemônica de carreira, também nomeada de carreira objetiva (Hughes, 1937), externa (Schein, 1993), burocrática (Chanlat, 1995), corporocrática (Kanter, 1997) ou organizacional (Van Maanen, 1977).

Hughes (1937), considerado um dos primeiros estudiosos da carreira, dizia, entretanto, que a carreira trazia uma dupla revelação: (1) a das constituição e organização social das trajetórias de cargos e funções pelas empresas (carreira objetiva), mas também (2) a da passagem da pessoa pela vida no trabalho (carreira subjetiva); sendo, simultaneamente, um artefato administrativo, com fins pragmáticos de gestão organizacional das pessoas (dimensão administrativa), estudada pela Administração e pela Psicologia Organizacional e um processo social, que representava a resultante da trajetória da cada indivíduo na relação com o mundo do trabalho (dimensão psicossocial), estudada pela Psicologia Vocacional/Orientação Profissional.

A concepção da carreira subjetiva (Hughes, 1937), também nomeada de carreira interna (Schein, 1993) ou desenvolvimento vocacional (Super, 1957), tinha como função primordial entender como cada pessoa construía sua trajetória de vida no trabalho através das funções, cargos, empregos e trabalhos desenvolvidos, tendo como foco a própria pessoa e a análise de suas escolhas, de suas adaptações no mundo do trabalho, de seus interesses, motivações e aptidões. Neste sentido, a carreira se constituía como um processo psicossocial marcado pelas escolhas previamente realizadas pelas pessoas e pela significação *pos factum* de suas trajetórias de trabalho (Ribeiro, 2009a).

Apresentação e discussão da concepção de carreira

Muito já foi produzido acerca da concepção de carreira, Arthur, Hall e Lawrence (1989), numa síntese proposta por Ribeiro (2009b), introduziram um panorama esquemático destas concepções divididas pelas diferentes formas de produção do conhecimento.

a) Em termos etimológicos, carreira, do latim *via carraria*, significa padrão de percurso, curso da ação, caminho, mas, a partir do século XIX, se consolida como a trajetória da vida profissional (Chanlat, 1995; Martins, 2001).

b) O senso comum, que indica as principais representações sociais construídas e legitimadas de carreira, coloca-a como: "progresso de um

308   Processos psicossociais nas organizações e no trabalho

indivíduo através da vida profissional; vida no trabalho determinada por uma profissão; sequência de empregos de um indivíduo ao longo de sua vida" (Ribeiro, 2009b, p. 120).

c) A Administração, que exerceu as principais influências para a construção das representações sociais sobre a carreira, já que ela foi "o emblema moderno da trajetória de vida no trabalho por quase todo século XX" (Ribeiro, 2009a, p. 204), definia carreira como a sequência de empregos, cargos ou funções que marcava o progresso dos indivíduos ao longo da vida, sendo uma estrutura sequencial previamente determinada pelas organizações do trabalho, conforme indicam Hall (1976, 1996a, 2002), London e Stumph (1982), Schein (1978, 1993) e Van Maanen (1977).

d) Na Psicologia, cujo eixo central é o indivíduo, Dawis e Lofquist (1984), Holland (1973, 1997), Levinson (1984), Parsons (1909/2005) e Super (1957) postulam que a carreira seria "vocação; veículo de autorrealização; componente da estrutura individual de vida." (Ribeiro, 2009b, p. 120).

e) A Sociologia define carreira como: "desempenho de papéis sociais no trabalho (Berger & Luckmann, 1980); mobilidade social (Boudon & Bourricaud, 1994); estruturas de trabalho inseridas em organizações (Blau & Duncan, 1967)" (Ribeiro, 2009b, p. 121).

f) A Psicologia Social, que busca a dimensão psicossocial e tem como base tanto a Psicologia quanto a Sociologia, entende carreira como: resposta individual mediada às requisições externas dos papéis sociais (Savickas, 1997); sequência evolutiva das experiências de trabalho de uma pessoa em dado contexto ao longo do tempo (Super & Bohn Jr., 1972); relação dialética de construção contínua entre indivíduo e sociedade (Arthur, Hall & Lawrence, 1989; Ribeiro, 2009b, p. 121).

Pode-se constatar que as concepções propostas pelo senso comum, pela Administração e pela Sociologia corresponderiam à ideia da carreira externa, enquanto que as concepções propostas pela Psicologia e Psicologia Social, estariam diretamente relacionadas à ideia da carreira interna, o que se confirma na tradição de estudos acerca da carreira apresentados a seguir.

Sistematização dos estudos da carreira

Ao longo do século XX, principalmente nas suas três últimas décadas, e neste início de século XXI, os estudos da carreira indicam uma tipologia (níveis de análise da carreira) e uma taxonomia (subcampos de estudos da carreira), conforme a sistematização proposta por Gunz e Peiperl (2007), no Quadro 1.

Em geral, os estudos sobre carreira reproduzem as principais áreas que se dedicam a esta temática, cada qual com um nível distinto de enfoque e de objetivos, ou seja, a Administração, em nível institucional (e organizacional), a Psicologia, em nível individual e a Psicologia Social, em nível contextual.

Quadro 1 - Topologia e taxonomia dos estudos de carreira.

Topologia	Taxonomia
Individual	Personalidade, interesses, valores, sucesso, escolha profissional, perfil, carreira interna, ajustamento vocacional
Institucional	Sistemas de carreira, padrões de carreira, contrato psicológico, planejamento e gestão da carreira
Contextual	Identidade, desenvolvimento de carreira, ciclo de vida

Em síntese, tem-se que, historicamente, a concepção de carreira surgiu no interior das fábricas para estruturar o movimento dos trabalhadores pelos vários postos de trabalho e níveis hierárquicos (Administração e Psicologia Organizacional) e fazer uma análise das mobilidades ocupacional e funcional nas empresas (Sociologia) e da definição de relações de ajustamento e/ou adaptação entre indivíduos e ocupações/profissões, para auxiliar jovens na escolha de cursos superiores e na inserção no mercado de trabalho (Psicologia Vocacional/Orientação Profissional) (Ribeiro, 2009b).

A Administração e a Psicologia Organizacional centraram seus esforços e objetivos nas empresas e seguiram construindo os planos de carreira organizacionais, enquanto a Psicologia Vocacional enfocou, principalmente, os jovens e elaborou ações e estratégias de orientação profissional, desenvolvidas, em geral, em instituições educacionais.

Com base na visão de que o senso comum produziria as representações sociais relativas a dado fenômeno psicossocial, representações, estas, entendidas "como uma síntese de saberes (cognitivo, social e afetivo) que se constrói no processo de relação sujeito-mundo e que é representada ao mundo e aos sujeitos que produzem e são produzidos no mundo" (Ribeiro, 2009b, p. 17-18), pode-se afirmar: o que se compreende por carreira é a ideia de carreira externa ou carreira organizacional, sendo associada às organizações.

Como conclusão, tem-se que, tradicionalmente, a carreira é um processo psicossocial construído apenas por aqueles que trabalham numa empresa, entretanto todo este processo de elaboração da concepção e da ferramenta carreira, só pode ser compreendido, se localizado sócio-historicamente no processo de constituição do mundo do trabalho que vem sofrendo transformações acentuadas nas últimas décadas e que alterou significativamente a estruturação da carreira, gerando novas formas e modelos de carreira.

Transformações do mundo do trabalho e flexibilização da carreira

Os primeiros setenta anos do século XX presenciaram a dominação do modelo taylorista-fordista de organização do trabalho, na chamada sociedade salarial, ou seja, a forma prioritária de inserção no mundo do trabalho se dava via emprego, que era caracterizado pela venda da força de trabalho em troca de um salário, definida por um contrato de trabalho com vínculo formal entre empregado e empregador (regulação do Estado).

O emprego era constituído de tarefas e funções que estavam associadas ao cargo a ser ocupado e deviam ser desenvolvidas em instituições de ensino formais, sendo que o conjunto dos empregos organizava o mercado de trabalho. O mundo do trabalho moderno tinha como principais marcas a estabilidade, a previsibilidade, o controle, a rigidez organizacional, a homogeneidade dos modelos de inserção e progresso no trabalho (empregos e planos de carreira), modelos, aos quais, o indivíduo se adaptava.

Ao longo dos anos 1970, o mundo do trabalho foi sendo transformado pela reestruturação produtiva e pela flexibilização dos postos de trabalho e das formas de contratação, remuneração, desenvolvimento e avaliação dos trabalhadores, o que o tornou mais heterogêneo e sem um padrão único a ser seguido, deixando os indivíduos sem referências seguras às quais se guiar para sua vida no trabalho, configurando uma nova forma de inserção, relação e progresso no mundo do trabalho.

A sociedade salarial deixou de ser o modelo vigente para dar espaço a formas mais flexíveis e instáveis de trabalho, de inserção laboral e de construção da trajetória sociolaboral, desconstruindo paradigmas e fazendo com que as instituições sociais (família, trabalho, gênero, educação), que tinham uma forma mais uniforme de configuração e traçavam padrões homogêneos para a vida das pessoas, sofrerem, gradativamente, uma fragilização, tornando-se mais complexas e heterogêneas. No caso da carreira, antes determinada pela estrutura organizacional, começaram a ter a responsabilidade sobre ela,total ou parcialmente, os próprios trabalhadores, alterando o que até então se postulava sobre ela.

Duas questões se colocam: (1) Como os trabalhadores têm construído suas carreiras nas últimas décadas? (2) Quais são as novas formas da estruturação da carreira na contemporaneidade? A tentativa de resposta destas questões

As formas da estruturação da carreira na contemporaneidade

fornecerá subsídios para a apresentação e a análise das formas contemporâneas da estruturação da carreira – objetivo da presente pesquisa.

Configuração do campo e metodologia da pesquisa

Com as mudanças ocorridas no mundo do trabalho ao longo dos anos 1970, principalmente pela necessidade de flexibilização da produção, das formas de inserção, do desempenho da função e da remuneração dos trabalhadores, a possibilidade de estabelecimento de padrões genéricos, uniformes e mais estáveis, já não atendia a todas as formas como as carreiras estavam se consolidando neste mundo do trabalho contemporâneo, pois a carreira sofreu mudanças em sua estrutura, concepção e desenvolvimento, gerando a fragmentação da carreira organizacional e sua ampliação para além dos limites das empresas e instituições, alcançando o mundo do trabalho como um todo (Arthur, Hall & Lawrence, 1989; Bendassoli, 2009; Collin, 1998; Ribeiro, 2009b; Storey, 2000; Tolfo, 2002; Wood, 2000; Young & Collin, 2000).

Alguns estudiosos de carreira, numa visão apocalíptica, chegaram a anunciar o fim das carreiras, assim como foi anunciado o fim dos empregos e o final da história, pensamentos típicos de momentos de transição de modelos como vive o mundo do trabalho há algumas décadas. Mudança e transformação não significam, necessariamente uma destruição definitiva, mas desconstrução e reestruturação, mesmo porque as carreiras possibilitam o vínculo entre indivíduo e mundo do trabalho e a sua compreensão, em termos de identidade e representação social, sendo extremamente necessárias para o desenvolvimento humano e social, como apontaram Young e Collin (2000).

Hall (1996a) tenta capturar o espírito desta mudança, de uma forma mais realista, no título do seu livro *"The career is dead – Long live the career"*, pois indica que "A carreira está morta", ou seja, a carreira organizacional não seria mais o modelo hegemônico, mas, em seguida, também fala "Vida longa à carreira", pois novos modelos surgiram, ampliando suas formas no mundo do trabalho, gerando novas oportunidades e restrições.

É importante salientar que a carreira organizacional tradicional ainda existe nas empresas, entretanto outras formas de sua configuração coexistem já há algumas décadas. Diante deste contexto, a análise da carreira tem exigido novos estudos, que serão sistematizados a partir da:

- Consulta aos principais periódicos científicos da área da Psicologia e da Administração nas últimas duas décadas (1990-2010);

312   Processos psicossociais nas organizações e no trabalho

- Localização de artigos teóricos e relatos de pesquisa que apontassem como os trabalhadores têm construído suas carreiras nas últimas décadas;
- Estruturação e apresentação do estado da arte das novas formas da estruturação da carreira na contemporaneidade.

Foram localizados artigos sobre carreira nos seguintes periódicos científicos: *Academy of Management Executive, Academy of Management Review, Administrative Science Quarterly, British Journal of Management, Career Development International, Career Development Quarterly, Employment & Society, European Journal of Work and Organizational Psychology, Human Relations, Human Resource Management Review, International Journal of Educational and Vocational Guidance, Journal of Applied Behavioral Science, Journal of Career Assessment, Journal of Career Development, Journal of Counseling and Development, Journal of Management, Journal of Management Development, Journal Of Occupational Behavior, Journal of Organizational Behavior, Journal of Organizational Change Management, Journal of Vocational Behavior, L'Orientation Scolaire et Professionnelle, Organization Studies, Organizational Dynamics, Pensamiento y Gestión, Personnel Management, Personnel Review,* Psicologia e Sociedade, *Revista Internacional del Trabajo,* Revista de Administração de Empresas, Revista Brasileira de Orientação Profissional, Revista Psicologia: Organização e Trabalho, *Revista Venezolana de Gerencia, Trends in Organizational Behavior e Universitas Psychologica.*

Com base na consulta realizada, foram identificadas as formas contemporâneas da carreira, tendo como critérios de inclusão nesta lista: (a) aparecerem em mais de um artigo, com mais de um autor pesquisando, e versarem sobre a forma da carreira descrita, não se configurando como um estudo isolado; e (b) existirem estudos variados sobre a forma da carreira descrita, trazendo comprovações empíricas e multiculturais, ou seja, apresentarem, pelo menos, estudos em dois continentes distintos.

No próximo tópico, serão apresentadas as estruturas contemporâneas da carreira descritas na literatura consultada e serão apontados os principais autores e pesquisadores de cada uma delas.

Resultados: apresentação das estruturas contemporâneas da carreira

A partir da consulta realizada, foram identificadas sete formas atuais da carreira (organizacional[3], proteana, sem fronteiras, portfólio, multidirecional, caleidoscópio, arco-íris), que serão apresentadas e analisadas a seguir.

Carreira de Proteu[4] ou proteana (*Protean career*)

Originariamente apontada por Hall (1976) como tendência para o futuro das carreiras, consolidou-se, ao longo das últimas décadas, como novo modelo predominante de estruturação da carreira, posteriormente associado à ideia da carreira sem fronteiras (Arthur & Rosseau, 1996).

Para Hall (2002), a base da ideia da carreira proteana é a de que, ao contrário da carreira organizacional tradicional, ela seria gerenciada pela pessoa, não pela organização, ou seja, a carreira teria sofrido uma mudança de um contrato psicológico organizacional (enfocado na organização) para um contrato proteano (enfocado no indivíduo) e do comprometimento organizacional relacional (longo prazo) para o transacional (curto prazo).

Individualizada e submetida às demandas do mundo do trabalho, sendo responsabilidade do indivíduo seu planejamento e realização, mas sempre com a necessidade de validação pelas organizações do trabalho. Enfocada no movimento constante e num contrato psicológico baseado num compromisso mais breve entre indivíduo e organizações do trabalho, que implique em flexibilidade e versatilidade. É a mudança da carreira na organização para uma carreira baseada na autodireção em busca de sucesso psicológico no trabalho.

Assim, a carreira está mais relacionada à sequência de experiências, habilidades, aprendizagens, transições e mudanças de identidade, que se acumulam ao longo da vida, do que à adaptação a um plano previamente estabelecido, constituindo papel da empresa, na carreira de Proteu, disponibilizar recursos e oportunidades de desenvolvimento de carreira a seus empregados através de um contexto e um processo de trabalho focalizados na aprendizagem constante (Hall, 1996a, 1996b, 2002; Hall & Mirvis, 1995; Hall & Moss, 1998).

Os estudos de Balassiano, Ventura e Fontes Filho (2004) e Martins (2006), no Brasil; Hall (2004) e Hall e Briscoe (2006), nos Estados Unidos; Sargent

---

[3] A carreira organizacional já foi suficientemente descrita, mas é importante marcar sua presença significativa nos estudos contemporâneos da carreira.

[4] Proteu era o deus que se modificava para se adaptar às exigências da situação vivida.

e Domberger (2007), na Austrália; De Grip, Van Loo e Sanders (2004), na Holanda; e Varas e Aravena (2005), no Chile apontam para a existência desta estruturação de carreira no mundo contemporâneo do trabalho, principalmente relacionada às carreiras gerenciais, alvo dos principais estudos realizados, entretanto indicam, também, que, em muitos contextos, o modelo tradicional da carreira organizacional ainda é predominante, principalmente em média gerência e nível operacional.

Carreira sem fronteiras (*Boundaryless career*)

Hall (2002), ao descrever a carreira proteana, chamava a atenção para o fato de que a carreira seria uma construção menos organizacional e mais individual, e Arthur (1994) e Arthur e Rosseau (1996), complementando esta ideia, postulavam que a carreira organizacional, antes configurada apenas no interior de dada organização, agora pode ser construída dentro e fora das empresas, tendo foco na relação entre indivíduo e as inúmeras organizações como um todo em que ele se insere e se vincula de forma temporária e transitória, não somente vinculada às empresas, sendo também nomeada de carreira pós-empresarial ou carreira flexível (Baruch, 2004; Kanter, 1997; Tolfo, 2002).

É marcada pela movimentação para além dos limites organizacionais, pela validação da carreira fora das empresas, por sua sustentação através do *networking* (rede de relacionamentos), por ser baseada em projetos e pela integração entre vida no trabalho (carreira) e vida fora do trabalho. "Essas carreiras se opõem às de tipos tradicionais precisamente pelo fato de não serem confinadas às fronteiras de uma única organização, emprego, ocupação, região ou domínio de *expertise*" (Bendassoli, 2009, p. 391).

É sustentada por um contrato psicológico instável e transversal e movida pelas oportunidades que a organização oferece, sendo necessários o desenvolvimento contínuo de competências e um planejamento mais individual da carreira, com uma significativa importância das redes sociais para sua manutenção e desenvolvimento. O papel social do consultor representa bem esta modalidade de carreira.

É a modalidade de carreira que conta com a maior quantidade de estudos teóricos e empíricos, sendo alguns exemplos: Arthur (1994), Cheramie, Sturman e Walsh (2007), Parasurallan, Greenhaus e Linnehan (2000), Littleton, Arthur e Rosseau (2000) e Sullivan e Arthur (2006), nos Estados Unidos; Gunz, Evans e Jalland (2000), no Canadá; Coelho (2006), no Brasil; Jáuregui Machuca e Bejarano Heredia (2009), no Peru; Louffat (2005), no México; e Ituma e Simpson (2009), na Nigéria.

Pringle e Mallon (2003), na Europa, criticam esta ideia, apontando que a pluralidade sem estabilidade impediria a construção de uma trajetória de carreira com sentido e continuidade para os indivíduos. Da mesma maneira que na carreira de Proteu, os estudos acabam se concentrando em carreiras gerenciais, em consultorias ou em carreiras acadêmicas, faltando analisar tal constructo como organizador da vida do restante dos trabalhadores.

Carreira portfólio (*Portfolio career*)

Neste modelo, indicado por Duberley, Mallon e Cohen (2006), Fenwick (2006) e Templer e Cawsey (1999), a carreira é definida como possibilidades de *scripts*, dinâmicos, não-previsíveis e construídos em relação, estruturados espaçotemporalmente, mediadores das diversas organizações do trabalho, oferecendo esquemas de interpretação e recursos que permitam consolidar uma trajetória no mundo social, sempre marcada por transições entendidas como incidentes críticos no elo entre o *self* e a estrutura social.

Segundo Fenwick (2006), em estudo desenvolvido no Canadá, a carreira portfólio seria um modelo emergente de autoempreendimento flexível, no qual as pessoas oferecem suas competências às organizações numa diversidade de atividades profissionais, que pressupõe uma identidade profissional múltipla, e uma identidade pessoal flexível, bem como uma organização espaçotemporal com as mesmas características. Entretanto pontua que, embora a pessoa tenha maior controle sobre sua agenda de trabalho, ela necessita ter um forte vínculo com as organizações para conseguir se inserir, realizar seu trabalho e consolidar *scripts* de carreira na estrutura organizacional.

Mallon (1999) aponta as mesmas vantagens que Fenwick (2006) na carreira portfólio, entretanto, de forma mais prudente, também aponta que a falta de um plano de carreira externamente consolidado a ser seguido, constitui, para muitas pessoas, uma falta de referências que é desestruturante, conforme estudo desenvolvido na Inglaterra.

Gold e Fraser (2002), Henninger e Gottschall (2007), Mallon (1998) e Platman (2004) apontam, em seus estudos nos EUA e na Europa, que a autogestão como característica central da carreira portfólio, é gerada por um contexto flexível de trabalho, mas que esta modalidade de carreira seria restrita àqueles que tivessem autonomia e uma boa rede social para consolidar uma trajetória.

Carreira multidirecional (*Multidirectional career paths*)

Focalizada nas possibilidades de relação pessoa-trabalho, num sistema dinâmico gerador de caminhos diferenciados dentro e fora das empresas, no qual a carreira é da pessoa, mas é planejada e gerida pelas organizações do trabalho. O sistema multidirecional de carreiras é marcado pela flexibilidade, pelo dinamismo e pela abertura a experiências múltiplas numa variedade de opções e direções de desenvolvimento, sendo o valor atribuído a cada uma delas de responsabilidade do empregado: a pessoa define seus padrões de carreira e sucesso, o que exige um autoconhecimento e um conhecimento da organização de trabalho grande (Baruch, 2004, 2006; Corley & Gioia, 2000).

O contrato psicológico é transacional (de curto prazo) e os comprometimentos organizacionais são múltiplos e simultâneos, o que exige ação e desenvolvimento mais individualizados, preconizando uma autonomia significativa por parte da pessoa (Bendassoli, 2009). Baruch (2004) sugere que a carreira atual deveria associar o modelo da carreira de Proteu (enfoque no individual) aos modelos das carreiras pós-empresariais (enfoque nos processos organizativos), unindo o indivíduo aos processos organizativos de trabalho.

Baruch (2004, 2006) e Kyriakidou e Ozbilgin (2004) analisaram o modelo no contexto europeu, sendo que Baruch (2004) indica este ser o modelo predominante na vida acadêmica, pois que permitiria múltiplos movimentos e múltiplos vínculos, sem uma sequência normativa definida *a priori*.

Higgins e Thomas (2001) e Corley e Gioia (2000) realizaram suas pesquisas nos Estados Unidos demonstrando os impactos de múltiplos comprometimentos e ações para o desenvolvimento do trabalhador, chegando à conclusão de que a autonomia é característica básica para a construção desta modalidade de carreira, o que implica em dizer que, em geral, ela ficaria associada a pesquisadores e gestores.

Caleidoscópio de carreira (*KCM – Kaleidoscope Career Management*)

Com base na metáfora do caleidoscópio, esta forma de carreira proposta por Mainiero e Sullivan (2006) e Sullivan *et al.*, (2007), postula que as pessoas reorganizam os diferentes aspectos de suas vidas para formar padrões diferentes da carreira, com base na sua situação particular do momento.

Descreve como os indivíduos mudam os padrões de suas carreiras através da rotação dos mais variados aspectos de suas vidas, a fim de organizar seus relacionamentos e papéis em novas formas. As pessoas avaliam as escolhas e opções disponíveis através da lente do caleidoscópio para determinar o melhor

As formas da estruturação da carreira na contemporaneidade

317

ajuste entre as exigências do trabalho, suas restrições e oportunidades, bem como as relações e os valores e interesses pessoais. Quando uma decisão é tomada, ela afeta a carreira como um todo e o processo se reinicia. (Sullivan, Forret, Carraher & Mainiero, 2009, p. 290)

O modelo KCM marca o contingencialismo da carreira na atualidade e define padrões múltiplos para sua construção, calcados em três princípios centrais: autenticidade (sustentação da carreira por valores internos), balanço entre atividades de trabalho e não trabalho e a necessidade de que todo trabalho seja desafiador. Embora seja recente, a investigação tem apoiado seus princípios básicos (Cabrera, 2007; Mainiero & Sullivan, 2005; Smith-Ruig, 2009) e apontado que este seria o modelo da carreira do empreendedor.

Modelo do arco-íris de carreira (*Life career rainbow*)

Neste modelo, a carreira se define pelo desenvolvimento da articulação espaçotemporal contínua de seis principais papeis sociais (membro da família, criança, estudante, tempo livre, cidadão, trabalhador) desempenhados por uma pessoa, ao longo da vida, num processo de adaptação recíproca entre pessoa e sociedade, via papeis sociais (Savickas, 2002; Super & Savickas, 1996).

Para Guichard e Huteau (2001), a teoria de Super, com contribuições de seu sucessor Savickas, tenta responder às demandas instáveis e flexíveis do mundo do trabalho atual ao propor: (a) a maturidade de carreira (possibilidade de mobilização e desenvolvimento de estratégias para enfrentar as constantes transições sofridas na carreira); (b) uma teoria focalizada na articulação entre os diversos papéis sociais da pessoa; (c) concepção de processo, transições e descontinuidade de carreira; (d) análise psicossocial e relacional da carreira; e (e) carreira como processo a ser colocado em ação continuamente.

Super (1980, 1985, 1990) amplia a ideia da carreira para a concepção de projeto de vida, indicando que a carreira não poderia mais se constituir apenas na relação com o trabalho, mas na articulação dos papeis sociais centrais na vida de cada um. Na área da Orientação Profissional, esta teoria foi aprofundada pelo modelo do *Life Design* (Construção da Vida) que, para tal, adota uma visão socioconstrucionista, na qual a carreira não seria uma estrutura social objetiva, mas marcada pelo discurso, pois a realidade não é um dado natural e apriorístico, porém, antes, construção, através das práticas e discursos engendrados nas relações psicossociais (Duarte, 2009; Guichard, 2005, 2009; Savickas *et al.,* 2009).

Considerações finais e implicações para a prática e a pesquisa da temática no campo da gestão de pessoas

Com base nas análises dos modelos de carreira apresentados, uma síntese das concepções apontaria para: (a) uma ampliação da concepção de carreira, que passou de uma estrutura organizacional para uma construção no mundo do trabalho; (b) uma ruptura com a normatividade, que cedeu lugar à construção relacional; (c) uma mudança de foco dos processos organizativos para as relações possíveis entre pessoa-trabalho (dentro e fora das empresas); e (d) uma mudança de responsabilidade sobre a carreira da estrutura organizacional somente para a atribuição recíproca entre pessoa e trabalho.

A tendência para o futuro das carreiras é que elas sejam menos genéricas e mais singulares, dependendo do local de trabalho, da forma de inserção e do tipo de trabalho desenvolvido, mas com uma mudança definitiva, ou seja, as trajetórias de trabalho fora das empresas serão, também, entendidas como carreiras. Esta forma de configurar a carreira requisita novas formas de sistematização dos planos de carreira, não mais baseados somente em cargos e funções, mas antes nas competências desenvolvidas, com foco menor na empresa e maior na relação pessoa-empresa.

Schein (1978) já indicava que a carreira seria uma construção mais dinâmica e gerada na relação e adaptação mútua das necessidades individuais e organizacionais, constituindo estruturas mais particulares, sendo que os planos de carreira não seriam mais genéricos, mas sim acordados em interação, constiuindo o desafio contemporâneo: elaborar planos de carreira, gerados na relação e com a necessidade de adaptações constantes, como requisita o imperativo vigente da flexibilização.

Importante salientar que estas novas estruturações da carreira não correspondem à totalidade do mundo do trabalho e, pode-se dizer, nem à totalidade das carreiras no interior das organizações, que permanecem determinadas pelo modelo tradicional da carreira organizacional.

Os novos modelos da carreira, segundo apontaram as pesquisas consultadas, implicam uma individualização da trajetória profissional, numa autogestão e autonomia, tanto na condução quanto no desenvolvimento da carreira, que parecem ser possíveis, na maioria das vezes, apenas a grupos específicos de trabalhadores, como gestores, acadêmicos e prestadores de serviço em algumas áreas específicas, como administração, biotecnologia, tecnologia da informação e recursos humanos.

Diante disso, é importante marcar a necessidade de que mais estudos sejam realizados, com outros grupos profissionais, para verificar a pertinência destas novas estruturações da carreira para o mundo do trabalho como um todo, pois algumas generalizações que são realizadas na grande parte dos artigos consultados podem não representar a realidade total, mas parte dela composta por gestores e consultores vinculados às organizações.

Além disso, o campo da Administração deve se aproximar mais do campo da Psicologia Vocacional/Orientação Profissional para o estudos das carreiras, principalmente pelo fato delas deixarem de ser desenvolvidas somente nas organizações, o que requer: (a) estudo extensivo das pessoas, dos processos organizativos de trabalho e da relação entre ambos; (b) análise dos contextos e das dinâmicas das carreiras; (c) redefinição do trabalho, das carreiras e dos processos de gestão de pessoas; e (d) análise do mundo do trabalho como dimensão psicossocial heterogênea, constituída de uma diversidade de carreiras externas (projeto social de vida no trabalho) e de carreiras internas (projeto individual de vida no trabalho) em relação com as outras dimensões do projeto social (família, educação, lazer, Estado).

Como conclusão, tem-se que há uma agenda de pesquisa e intervenção em aberto no campo das carreiras, que se, por décadas ao longo do século XX, não constituíram campo extenso de pesquisa, agora se apresenta como campo a ser recriado, na interdisciplinaridade teórica e no trabalho multiprofissional.

Referências bibliográficas

Arthur, M. B. (1994). The boundaryless career: a new perspective for organizational inquiry. *Journal of Organizational Behavior, 15*(4), 295-306.

Arthur, M. B., Hall, D. T. & Lawrence, B. S. (orgs.) (1989). *Handbook of careertheory.* Cambridge: Cambridge University Press.

Arthur, M. B. & Rosseau, D. M. (1996). *The boundaryless career: a newemployment principle for a new organizational era.* Nova York, NY: Oxford University Press.

Balassiano, M., Ventura, E. C. F. & Fontes Filho, J. R. (2004). Carreiras ecidades: existiria um melhor lugar para se fazer carreira? *RAC, 8*(3), 99-116.

Baruch, Y. (2004). Transforming careers: from linear to multidirectional careerpaths-organizational and individual perspectives. *Career Development International, 9*(1), 58-73.

Baruch, Y. (2006). Career development in organizations and beyond: balancingtraditional and contemporary viewpoints. *Human Resource Management Review, 16*(2), 125-138.

Bendassoli, P. F. (2009). Recomposição da relação sujeito-trabalho nosmodelos emergentes de carreira. *Revista de Administração de Empresas, 4*(49), 387-400.

Berger, P. L. & Luckmann, T. (1980). *The social construction of reality: atreatise in the sociology of knowledge.* New York, NY: Irvington Publishers.

Blanch, J. M. (org.) (2003). *Teoría de las relaciones laborales: desafíos.* Barcelona: UOC.

Blau, P. M. & Duncan, O. D. (1967). *The American occupational structure.* NewYork: Wiley.

Boudon, R. & Bourricaud, F. (1994). *Dictionnaire critique de la sociologie.* Paris: Presses Universitaires de France.

Cabrera, E. F. (2007). Opting out and opting in: understanding the complexitiesof women's career transitions. *Career Development International, 12*(3), 218-237.

Chanlat, J. F. (1995). Quais carreiras e para qual sociedade? *Revista de Administração de Empresas, 35*(6), 68-75.

Cheramie, R. A., Sturman, M. C. & Walsh, K. (2007). Executive careermanagement: switching organizations and the boundaryless career. *Journal of Vocational Behavior, 71*(3), 359-374.

As formas da estruturação da carreira na contemporaneidade   321

Coelho, J. A. (2006). Organizações e carreiras sem fronteiras. In: I. S. A. Costa & M. Balassiano (orgs.). *Gestão de carreiras: dilemas e perspectivas* (pp. 94108). São Paulo: Atlas.

Collin, A. (1998). New challenges in the study of career. *Personnel Review,* 27(5), 412-425.

Corley, K. C. & Gioia, D. A. (2000). Organizational identity in transition overtime. *Trends in Organizational Behavior,* 7, 95-110.

Dawis, R. V. & Lofquist, L. H. (1984). *A psychological theory of work adjustment.* Minneapolis, MI: University of Minnesota Press.

De Grip, A., Van Loo, J. & Sanders, J. (2004). El índice de empleabilidad sectorial, la oferta y la demanda de trabajo. *Revista Internacional del Trabajo,* 123(3), 243-267.

Duarte, M. E. (2009). Um século depois de Frank Parsons: escolher uma profissão ou apostar na psicologia da construção da vida? *Revista Brasileira de Orientação Profissional,* 10(2), 5-14.

Duberley, J., Mallon, M. & Cohen, L. (2006). Exploring career transitions: accounting for structure and agency. *Personnel Review, 35*(3), 281-296.

Fenwick, T. J. (2006). Contradictions in portfolio careers: work design and clientrelations. *Career Development International, 11*(1), 66-79.

Gold, M. & Fraser, J. (2002). Managing self-management: successful transitionsto portfolio careers. *Work, Employment & Society, 16*(4), 579-597.

Guichard, J. (2005). Life-long self-construction. *International Journal for Educational and Vocational Guidance,* 5, 111–124.

Guichard, J. (2009). Self-constructing. *Journal of Vocational Behavior, 75,* 251-258.

Guichard, J. & Huteau, M. (2001). *Psicologia da orientação.* Lisboa: Instituto Piaget.

Gunz, H., Evans, M. & Jalland, M. (2000). Career boundaries in a "boundaryless" world. In: M. B. Arthur, M. Peiperl, R. Goffee & T. Morris (2000). *Career frontiers: new conceptions of working live* (pp. 24-53). London: Oxford University Press.

Gunz, H. P. & Peiperl, M. A. (2007). *Handbook of career studies.* Thousand Oaks: Sage.

Hall, D. T. (1976). *Careers in organizations.* Glenview, IL: Scott Foresman.

Hall, D. T. (1996a). *The career is dead: long live the career.* San Francisco, CA: Jossey-Bass.

Hall, D. T. (1996b). Protean careers of the 21st Century. *The Academy of Management Executive, 10*(4), 8-16.

Hall, D. T. (2002). *Careers in and out of organizations*. Thousand Oaks, CA: Sage.

Hall, D. T. (2004) The protean career: a quarter-century journey. *Journal of Vocational Behavior, 65*(1), 1-13.

Hall, D. T. & Briscoe, J. P. (2006). The interplay of boundaryless and proteancareers: combinations and implications. *Journal of Vocational Behavior, 69*(1), 4-18.

Hall, D. T. & Mirvis, P. H. (1995). The new career contract: developing the whole person at midlife and beyond. *Journal of Vocational Behavior, 47*, 269-289.

Hall, D. T. & Moss, J. E. (1998). The new protean career contract: helping organizations and employers adapt. *Organizational Dynamics, 26*, 22-37.

Henninger, F. & Gottschall, K. (2007). Freelancers in Germany's old and newmedia industry: beyond standard patterns of work and life? *Critical Sociology, 33*(1-2), 43-71.

Higgins, M. C. & Thomas, D. A. (2001). Constellations and careers: toward undestanding the effects of multiple developmental relationships. *Journal of Organizational Behavior, 22*, 223-247.

Holland, J. L. (1973). *Making vocational choices: a theory of personality and work environments*. Englewood Cliffs, NJ: Prentice-Hall.

Holland, J. L. (1997). *Making vocational choices* (3a ed.). Englewood Cliffs: Prentice-Hall.

Hughes, E. C. (1937). Institutional office and the person. *American Journal of Sociology, 43*, 404-413.

Ituma, A. & Simpson, R. (2009). The 'boundaryless' career and career boundaries: applying an institutionalist perspective to ICT workers in the contextof Nigeria. *Human Relations, 62*(5), 727-761.

Jáuregui Machuca, K. & Bejarano Heredia, A. (2009). Apoyo para desarrollo de carrera de miembros de "familias de doble carrera". *Revista Venezolana de Gerencia, 14*(48).

Kanter, R. M. (1997). *Quando os gigantes aprendem a dançar: dominando os desafios de estratégia, gestão e planejamento de carreiras nos anos 90*. Rio de Janeiro: Campos.

Kyriakidou, O. & Ozbilgin, M. (2004). Individuals, organizations and careers: a relational perspective. *Career Development International, 9*(1), 7-11.

As formas da estruturação da carreira na contemporaneidade 323

Levinson, D. J. (1984). The career is in the life structure, the life structure is in the career. In: M. B. Arthur, L. Bailyn, D. J. Levinson & H. A. Shepard (orgs.). *Working with careers* (pp. 49-74). New York, NY: Graduate School of Business of Columbia University.

Littleton, S. M., Arthur, M. A. & Rosseau, D. M. (2000). The future of boundaryless career. In: R. A. Young & A. Collin (orgs.). *The future of career* (pp. 101-114). Cambridge: Cambridge.

London, M. & Stumpf, S. (1982). *Managing careers*. Reading, MA: Addison-Wesley.

Louffat, E. (2005). Administrando nuestras propias competencias en un contexto de carreras sin fronteras ni límites. *Revista EAN*, *54*, 85-97.

Mainiero, L. A. & Sullivan, S. E. (2005). Kaleidoscope careers: an alternative explanation for the opt-out generation. *Academy of Management Executive*, *19*(1), 106-23.

Mainiero, L. A. & Sullivan, S. E. (2006). *The opt-out revolt: how people are creating kaleidoscope careers outside of companies*. Davies-Black: New York.

Mallon, M. (1998). The portfolio career: pushed or pulled to it? *Personnel Review*, *27*(5), 361-377.

Mallon, M. (1999) Going "portfolio": making sense of changing careers. *Career Development International*, *4*(7), 358-369.

Martins, H. T. (2001). *Gestão de carreiras na era do conhecimento: uma abordagem conceitual e resultados de pesquisa*. Rio de Janeiro: Qualitymark.

Martins, H. T. (2006). Gerenciamento da carreira proteana. In: I. S. A. Costa & M. Balassiano (orgs.), *Gestão de carreiras: dilemas e perspectivas* (pp. 81-93). São Paulo: Atlas.

Parasurallan, S., Greenhaus, J. & Linnehan, F. (2000). Time, person-career fit, and the boundaryless career. *Trends in Organizational Behavior*, *7*, 63-78.

Parsons, F. (2005). *Choosing a vocation*. Boston: Houghton Mifflin (Original publicado em 1909).

Platman, K. (2004). 'Portfolio careers' and the search for flexibility in later life. *Work, Employment & Society*, *18*(3), 573-599.

Pringle, J. & Mallon, M. (2003). Challenges for the boundaryless career odyssey. *The International Journal of Human Resource Management*, *14*(5), 839-853.

Ribeiro, M. A. (2009a). A trajetória da carreira como construção teórico-prática e a proposta dialética da carreira psicossocial. *Cadernos de Psicologia Social do Trabalho*, *12*(2), 203-216.

Ribeiro, M. A. (2009b). Carreira: transformações de uma concepção na teoria ena prática. In: *Psicologia e gestão de pessoas: reflexões críticas e temas afins (ética, competência e carreira)* (pp. 119-159). São Paulo: Vetor.

Sargent, L. D. & Domberger, S. R. (2007). Exploring the development of aprotean career orientation: values and image violations. *Career DevelopmentInternational, 12*(6), 545-564.

Savickas, M. L. (1997). Career adaptability: an integrative construct for lifespan, life-space theory. *The Career Development Quarterly, 45*(3), 247-259.

Savickas, M. L. (2002). Career construction. In: D. Brown et all. *Career choice and development* (4a ed.) (pp. 149-205). San Francisco: Jossey-Bass.

Savickas, M. L., Nota, L., Rossier, J., Dauwalder, J. P., Duarte, M. E., Guichard, J., Soresi, S., Van Esbroeck, R. & Van Vianen, A. E. M. (2009). Lifedesigning: a paradigm for career construction in the 21st century. *Journal of Vocational Behavior, 75*, 239-250.

Schein, E. H. (1978). *Career dynamics: matching individual and organizationalneeds*. Reading, MA: Addison-Wesley.

Schein, E. H. (1993). *Career anchors: discovering your real values*. Amsterdam: Pfeiffer.

Smith-Ruig, T. (2009). Mapping the career journey of accountants in Australia. In: S. G. Baugh & S. E. Sullivan (orgs.). *Research in careers* (pp. 163-96). Charlotte, NC: Information Age Publishing.

Storey, J. A. (2000). 'Fracture lines' in the career environment. In: R. A. Young & A. Collin (orgs.), *The future of career* (pp. 21-36). Cambridge, UK: Cambridge University Press.

Sullivan, S. E. & Arthur, M. B. (2006). The evolution of the boundaryless careerconcept: examining physical and psychological mobility. *Journal of Vocational Behavior, 69*(1), 19-29.

Sullivan, S. E., Forret, M. L., Carraher, S. M. & Mainiero, L. A. (2009). Using the kaleidoscope career model to examine generational differences in work attitudes. *Career Development International, 14*(3), 284-302.

Sullivan, S. E., Forret, M. L., Mainiero, L. A. & Terjesen, S. (2007). What motivates entrepreneurs? An exploratory study of the kaleidoscope careermodel and entrepreneurship. *Journal of Applied Management and Entrepreneurship, 12*(4), 4-19.

Super, D. E. (1957). *The psychology of careers*. New York, NY: Harper & Row.

Super, D. E. (1980). A life-span, life-space approach to career development. *Journal of Vocational Behavior, 16*, 282-298.

Super, D. E. (1985). New dimensions in adult vocational and career counseling. *Occasional paper n. 106*. Ohio: The National Center for Research in Vocational Education.

Super, D. E. (1990). A life-span, life-space approach to career development. In: D. Brown & L. Brooks (orgs.). *Career choice and development: applying contemporary theories to practice* (pp. 28-42). San Francisco, LA: Jossey-Bass.

Super, D. E. & Bohn Jr, M. J. (1972). *Psicologia ocupacional*. São Paulo: Atlas.

Super, D. E. & Savickas, M. L. (1996). The life-span, life-space approach tocareers. In: D. Brown & L. Brooks (orgs.). *Career choice and development: applying contemporary theories to practice* (3a ed.) (pp. 121-178). SanFrancisco, LA: Jossey-Bass.

Templer, A. J. & Cawsey, T. F. (1999). Rethinking career development in an eraof portfolio careers. *Career Development International, 4*(2), 70-76.

Tolfo, S. R. (2002). A carreira profissional e seus movimentos: revendo conceitos e formas de gestão em tempos de mudança. *Psicologia: Organização e Trabalho, 2*(2), 39-63.

Van Maanen, J. (org.) (1977). *Organizational careers: some new perspectives*. New York, NY: Wiley.

Varas, R. A. & Aravena, M. B. (2005). La difícil integración entre empleabilidad y competencias: reflexiones sobre el desarrollo de la identidad como eje integrador. *Revista Pensamiento, 36*, 257-275.

Wood, M. (2000). The psychology of career theory: a new perspective? *The Career Development International, 5*(6), 273-278.

Young, R. A. & Borgen, W. A. (1990). *Methodological approaches to the study of career*. New York, NY: Praeger Publishers.

Young, R. A. & Collin, A. (eds.) (2000). *The future of career*. Cambridge: Cambridge University Press.

APORTES EPISTEMOLÓGICOS E METODOLÓGICOS PARA O DESENVOLVIMENTO DA PSICOLOGIA DAS ORGANIZAÇÕES E DO TRABALHO

19

Investigación en Psicología Organizacional: Una aproximación positiva

Thelma Cetina Canto[1]
Cecilia Aguilar Ortega[1]
Adda Mendoza Alcocer[1]

Introducción

A pesar de que la Psicología organizacional se concibe como la aplicación de los principios psicológicos para fomentar el desarrollo y la adaptación del individuo en beneficio de él mismo y su organización, su campo de acción ha estado dirigido principalmente a la resolución de problemas. De acuerdo con Vázquez y Hervás (2008) esto quizás se deba a una serie de razones que tienen que ver con la sociología de la ciencia y con el propio desarrollo profesional de las disciplinas científicas, ya que históricamente el foco de las intervenciones en áreas como la salud, se ha centrado más en la reducción del dolor, el sufrimiento y las carencias, que en el desarrollo de capacidades individuales y colectivas.

Se puede apreciar un mayor interés en los aspectos negativos de la conducta humana, en comparación con los aspectos positivos o de desarrollo no solo en el ejercicio de la psicología dentro de las organizaciones, sino también en la investigación y en la formación académica de los profesionales; áreas en las cuales ha predominado el interés por temas como el estrés, los accidentes y la violencia en comparación con la mostrada por temas como el bienestar, la conducta segura y la creación de ambientes de desarrollo.

De acuerdo con Salanova y Schaufeli (2004) la psicología ha tratado tradicionalmente con las 4 D´s, enfermedades, desórdenes, daños y discapacidades, de tal manera que el trabajo del psicólogo se ha concentrado por una parte, en medir y explicar los agentes que afectan el desarrollo del recurso humano y el alcance de los objetivos organizacionales, y por otra en diseñar intervenciones

---

[1] Universidad Autónoma de Yucatán. México.

para reducir el daño que causan éstos, concentrando sus recursos hacia estas dos tareas, dejando poco o nulo esfuerzo para el trabajo con los aspectos positivos de los individuos y de las propias organizaciones.

La psicología positiva supone un giro en la perspectiva con que la psicología mira la realidad (Seligman & Csikszentmihalyi, 2000), ofrece un panorama que insiste en la construcción de competencias y en la prevención (Vera Poseck, 2006), se hace cargo de todas aquellas cuestiones que posibilitan al ser humano y a sus comunidades a redescubrir sus fortalezas y vivir con plenitud, en un ambiente de bienestar, promoviendo a su vez, un menor uso de un lenguaje de déficit que se focaliza en lo patológico, en corregir defectos o reparar daños.

De acuerdo con sus objetivos, la psicología positiva se propone comprender ese funcionamiento óptimo de las personas en múltiples niveles, incluyendo el de las experiencias personales, el de las relaciones con los demás, el de las instituciones, el de la sociedad y el global que supone la relación con el mundo. Para ello, considera necesario estudiar la dinámica de las relaciones entre estos procesos en los niveles antes mencionados y la capacidad humana de dar orden y significado al enfrentar la inevitable adversidad, considerando que el significado de la "buena vida", en todas sus posibles manifestaciones, puede emerger de estos procesos (Aspinwall, y Staudinger, 2003/2007). La Psicología Positiva "se propone ayudar a las personas a vivir en plenitud más bien que a solamente existir" (Keyes & Haidt, 2003, p. 3). Además, es una ciencia que tiene aplicación positiva tanto para la persona que practica la psicología como también para las personas para quienes nosotros como psicólogos la ejercemos (Linley & Joseph, 2004).

No obstante, la psicología positiva no pretende trasladar el interés de la investigación de lo negativo a lo positivo, sino abordar el estudio del ser humano desde una perspectiva integradora bajo la cual el individuo se concibe como un agente activo que construye su propia realidad (Linley & Joseph, 2004).

A pesar de que el trabajo del psicólogo organizacional ha estado dirigido principalmente hacia los aspectos negativos, cada vez cobra mayor reconocimiento el enfoque de la psicología positiva, de tal manera que se hace cada vez más consciente la necesidad no solo de intervenir para remediar y prevenir sino para desarrollar al recurso humano, no solo en sus conocimientos, sino en su salud y por lo tanto en su potencial.

Elementos de la Psicología Positiva han estado presentes tanto en concepciones teóricas como prácticas, sin embargo el interés por organizar este conocimiento conformando una nueva disciplina es relativamente reciente, incluso algunos la han visualizado como un área emergente de la Psicología más que como un enfoque o paradigma diferente para entender y guiar el quehacer del psicólogo en sus diferentes ámbitos de acción.

Pero, ¿qué ha hecho que este enfoque esté cobrando mayor interés? Algunas explicaciones se pueden encontrar en el hecho de que cada vez se reconoce más la necesidad de ser más flexibles para adaptarse a los cambios, el que el recurso humano se le conceptualiza como capital de las organizaciones, así como el que gobierno y sociedad demandan con mayor fuerza y persistencia que las organizaciones cumplan con su responsabilidad social, siendo una de ellas el elevar los niveles de calidad de vida de sus trabajadores (Castaño, 2002).

Este cambio en la visión del recurso humano, de las organizaciones y de la forma de enseñar y hacer psicología es compartido por el Cuerpo Académico Psicología del Trabajo y las Organizaciones (CA POT) de la Universidad Autónoma de Yucatán. A continuación se describe la forma en que se conceptualizan elementos teóricos centrales de algunos de nuestros proyectos, que a nuestro juicio le dan en cierta forma esa visión positiva a nuestro ejercicio profesional. Posteriormente se presentan algunas conclusiones que han surgido como producto de revisar los diferentes trabajos realizados tanto por algunos de los miembros de este cuerpo académico, como por estudiantes de nuestra licenciatura y programa de posgrado.

Experiencias de investigación con visión positiva

Las áreas de investigación que actualmente aborda el CA POT de la Facultad de Psicología de la Universidad Autónoma de Yucatán son diversas, tales como: la seguridad e higiene en el trabajo, clima y satisfacción laboral, conductas tóxicas y ambientes de desarrollo, necesidades y valores, significado del trabajo, desarrollo de competencias gerenciales, cambio y cultura política, poder y legitimidad, entre otros; sin embargo, algo que tienen en común es que los temas se abordan desde un enfoque que los considera como elementos importantes para experimentar mayores niveles de calidad de vida dentro del contexto laboral. Al respecto, dentro del CA POT se han realizado diversos estudios que plantean la importancia de involucrar al propio trabajador en la identificación de acciones que procuren su bienestar psicológico y su desarrollo.

La psicología como ciencia que busca la salud y desarrollo del recurso humano puede contribuir con las organizaciones para que éstas cumplan con su responsabilidad social, la cual hace referencia no sólo a sus clientes y medio ambiente sino también incluye un compromiso con sus trabajadores, los cuales invierten su tiempo, conocimiento, experiencias, esfuerzo físico y psicológico para el alcance de los objetivos organizacionales. Las experiencias que viven los trabajadores, sean éstas positivas o negativas contribuyen al aumento o decremento de su valor como recursos humanos; influyendo así en su nivel de calidad de vida no solo en el trabajo, sino a su calidad de vida en general y por tanto en sus relaciones en otros ámbitos como lo son la casa y los amigos, entre otros (Cetina, Aguilar & Yam, 2009).

Entendemos que la calidad de vida en el trabajo (CVT) hace referencia a la medida en la cual nuestras necesidades, pero sobre todo las que consideramos como más importantes se satisfacen a través del trabajo; el deseo de hacer bien las cosas, el experimentar ganas de permanecer en el trabajo y el contar con la oportunidad de desarrollarnos en otras áreas de nuestra vida (Cetina, 2004). De esta forma, tanto la organización como el trabajador deben de asumir el compromiso de buscar el desarrollo y bienestar de sus colaboradores, contribuyendo al mismo tiempo en el desarrollo de la propia organización.

En este sentido, los estudios realizados en el CA POT en cuanto a la calidad de vida laboral, han estado enfocados no solo a la construcción de instrumentos confiables que permitan su medición, sino a identificar los elementos de la CVT descritos; de tal forma que los programas planteados estén dirigidos a cubrir necesidades importantes para los trabajadores, que los motive a realizar con eficacia y eficiencia su trabajo y sobre todo de asumir la responsabilidad de que experimentar la CVT no solo depende de los directivos sino de ellos mismos. French, Bell y Zawacki (2007) señalaron que los individuos se encuentran ante múltiples retos como el encontrar la satisfacción en y por medio del trabajo, implicando así encontrar la compatibilidad y sentido entre las metas personales y las de la organización a la que pertenecen. Este reto debe ser compartido por los gerentes, quienes deben de contribuir simultáneamente a aumentar la CVT de los trabajadores de las organizaciones productivas y de servicios (Gibson, Ivancevich, Donelly & Konopaske, 2006).

Es importante destacar que la calidad la hacen las personas y no las máquinas, el pensar, el sentir y el actuar con valores en la vida es uno de los retos más difíciles de alcanzar, pero este reto puede dar sentido a nuestra existencia. La calidad de vida es un concepto que va más allá de lo físico pues implica valores y actitudes mentales, la actitud de aprendizaje permite lograr una conciencia clara de lo que es importante. Un individuo maduro tiene la capacidad de alcanzar 4 aspectos básicos: El equilibrio con uno mismo, con la familia, con el trabajo y con el mundo. Su crecimiento debe ser integral tratando de unir los aspectos; físicos, espirituales, psicológicos y la influencia que tiene el individuo con el intercambio de ideas, conocimientos, habilidades y aprendizajes en su ambiente de trabajo que modifican su conducta y facilitan la recuperación de los valores y principios que puede ser la clave de la búsqueda hacia una nueva filosofía personal, que facilite el logro de las metas individuales y profesionales. El desconocimiento de las necesidades de los trabajadores y sus grados de satisfacción, así como de sus valores, por parte del directivo lleva a éste a aplicar políticas y a utilizar estilos de dirección que no son necesariamente congruentes con los valores y las necesidades que percibe el trabajador y podría dar como resultado un bajo desempeño en la tarea y una insatisfacción en el trabajador (Mendoza, 2008).

Es importante considerar que el trabajador no es una persona única dentro de la organización sino que existe y se desenvuelve dentro de un entorno que implica relacionarse con otros individuos que la conforman, esta relación se da no solo con sus compañeros de trabajo y jefe, sino con los miembros de la organización en general, donde se dan intercambios de información y toma de decisiones, lo cual la hace más compleja. Los comportamientos de los diferentes miembros pueden obstaculizar o contribuir no sólo en el desarrollo de la persona sino en el cumplimiento de los procedimientos de trabajo, en el logro de la misión, visión y objetivos estratégicos, de ahí que sea necesario promover conductas positivas en los diferentes miembros, de tal manera que permitan el logro de los objetivos personales y organizacionales. Los estudios realizados por el CA POT en esta área han estado dirigidos en conocer, por un lado, las conductas tóxicas que dañan la salud física y psicológica del trabajador y por el otro, las conductas que promueven ambientes de desarrollo y bienestar (Cetina, Aguilar & Ortega, 2009), los resultados encontrados permiten a la organización plantearse líneas de acción que den cumplimiento con la responsabilidad social que tienen de mejorar la CVT de sus trabajadores.

Por otro lado, cabe señalar que la persona realiza su trabajo dentro de un contexto físico, donde espera que las condiciones sean seguras, sin correr el riesgo de sufrir un accidente al desempeñar sus funciones en su puesto de trabajo. Está seguridad en el trabajo es una responsabilidad compartida que demanda acciones de las partes involucradas: de los directivos y supervisores desarrollar y apoyar programas de capacitación, proporcionar el equipo adecuado de trabajo y mantener las condiciones físicas y psicológicas necesarias para el desempeño seguro del trabajador; y de los trabajadores capacitarse y cumplir con las normas y políticas que tiene su organización en materia de seguridad, pero sobre todo de asumir el compromiso que tiene de cuidar su integridad física y psicológica y la de sus compañeros, en beneficio de ellos mismo, de sus familias y de la propia organización (Robbins & Judgens, 2009).

La investigación tradicional al respecto se ha centrado más en determinar índices cuantitativos de accidentes y su relación con otras variables, más que en conocer cuáles son las condiciones seguras para que el trabajador pueda desempeñarse adecuadamente. Al respecto el CA POT ha seguido un enfoque más positivo, ya que se ha concentrado en conocer las condiciones seguras en el área de trabajo y en la organización, así como los actos seguros por parte del propio trabajador que propician ambientes seguros que no pongan en riesgo su salud e integridad. Estos estudios se han realizado siguiendo la metodología de investigación acción participativa, la cual involucra a los beneficiarios de la misma en la producción colectiva de los conocimientos necesarios para transformar una realidad social; en este sentido han sido considerados en los diferentes estudios a los actores implicados en el fenómeno de interés, los cuales han aportado no solo su percepción de las condiciones inseguras y actos inseguros que se presentan en la organización y área de trabajo, sino lo que estarían dispuestos a hacer para mejorar el clima de seguridad y lo que esperan que la organización realice en este sentido. Los resultados obtenidos han permitido establecer líneas de acción en materia de seguridad pertinentes para la organización; lo cual le da un giro diferente a la forma de abordar el fenómeno más desde la perspectiva de la prevención y no desde la corrección.

La CVT produce un ambiente laboral más humano, trata de cubrir las necesidades prioritarias de los trabajadores como la de otros niveles más elevados. Pero también, busca emplear las habilidades más desarrolladas de éstos y ofrecer un ambiente que los estimule a mejorar sus capacidades al máximo, basándose en el principio de que los trabajadores constituyen el recurso humano que debe de ser desarrollado y no solo utilizado (Guizar, 2008). En este sentido, la eficacia gerencial es determinante en la administración de una empresa para el logro de resultados, el alcance de los objetivos y las metas de la organización. En cada organización, las personas que ocupan los puestos gerenciales y de supervisión son quienes disponen de los recursos y establecen las actividades de trabajo para el buen funcionamiento de la misma. De acuerdo con Mosley, Megginson y Pietri (2005) la gerencia es ". . . el proceso de trabajar con el personal para lograr los objetivos de la empresa a través de la toma de decisiones efectivas y la coordinación de los recursos disponibles". Es por ello que las capacidades de las personas son la única ventaja competitiva que puede diferenciar a una organización de otra, para alcanzar el éxito empresarial por medio del trabajo de su personal. De acuerdo con Hooghiemstra (2004), si las personas son los elementos creadores de las organizaciones, éstas serán formadas en torno a lo que las personas aportan: sus competencias. Por su parte, Hamel (s.f., en Jackson, 2007) sugiere que las competencias son específicas y que proporcionan una ventaja competitiva a una organización.

Es así, como las competencias representan un elemento diferenciador que contribuye a hacer competitiva a una organización al estar estrechamente vinculadas con el desempeño exitoso del personal. Si bien, tradicionalmente los gerentes han puesto atención a la administración del personal desde una perspectiva de control y productividad; Gibson, Ivancevich, Donnelly y Konopaske (2006) opinan que la eficacia en la administración del personal es esencial en las organizaciones y no se ha practicado cómo debería ser, porque la calidad de vida está vinculada con la calidad del trabajo. Por consiguiente, las prácticas del manejo del personal trascienden las fronteras de la organización y afectan la calidad de vida de los miembros de la sociedad y el desarrollo de ésta. Un modo de mejorar la administración del personal es integrando a la organización un modelo de gestión del recurso humano basado en competencias, pertinente a la organización, de tal forma que le permita alcanzar por un lado sus objetivos estratégicos y por otro cumpliendo su responsabilidad social de facilitar el desarrollo de su recurso humano.

Al respecto el CA POT ha realizado estudios sobre las competencias laborales que hacen que el directivo de una organización tenga una mayor y mejor capacidad de resolución de problemas, toma de decisiones, creatividad, innovación y gestión. Se ha diseñado un modelo de competencias gerenciales dentro de una organización utilizando la metodología de investigación-acción- -participativa (IAP), la cual permite que las personas implicadas en el fenómeno participen a lo largo de todo el proceso en la toma de decisiones con respecto a las competencias que consideran esenciales para desempeñar sus funciones y que a su vez estén alineadas a la cultura, tecnología y objetivos estratégicos, aumentando con ello su responsabilidad y compromiso de procurar su propio desarrollo y el de la organización. Este modelo pertinente para la organización, sirve de punto de referencia para tomar decisiones en los diferentes sistemas organizacionales, como son el reclutamiento, selección, capacitación, evaluación del desempeño, desarrollo, políticas de remuneración y planes de sucesión. El énfasis está dirigido en las fortalezas que debe de poseer la persona para desempeñar su puesto de trabajo con excelencia. Este enfoque positivo permite al directivo poder crear y experimentar una mayor satisfacción con su vida laboral y personal y disfrutar de un mayor grado de felicidad auténtica en el desempeño de su misión.

Esta forma de concebir la CVT lleva a plantear investigaciones donde el diagnóstico, la intervención y la elaboración de nuevos planes de acción surge de la participación activa de todos los miembros de la organización, lo cual genera no solo diagnósticos y acciones de mayor pertinencia, sino también un mayor significado del trabajo y por tanto un mayor involucramiento y compromiso por parte del trabajador. El trabajo de los miembros del CA POT en las diferentes áreas de investigación y consultoría se enfoca no solo a aspectos y fines remediales, sino que busca la prevención y el desarrollo, a través de estrategias que toman en consideración los propios recursos y objetivos del sistema cliente, considerando como necesaria la devolución y confrontación de los resultados al cliente para poder pasar a la etapa de elaboración de propuestas y planes de acción.

¿Estamos trabajando desde la psicología positiva? Algunas reflexiones

En los trabajos presentados se ha hecho evidente la visión que se tiene sobre el trabajador como el único recurso humano que puede administrarse a sí mismo y a los otros, decidiendo cuándo y cuánto de sus conocimientos, esfuerzo, salud y motivación invierte en la realización de su trabajo; bajo esta perspectiva el grupo de expertos reconoce el papel que tiene el trabajador como su propio motivador. Sin embargo para que esto suceda se requiere contar con ambientes de desarrollo producto no solo de la preocupación por disminuir los riesgos psicosociales, sino del interés por contribuir a la construcción de cualidades positivas, contribuyendo así con el mejoramiento de la calidad de vida de los trabajadores, así como de los servicios prestados.

De la revisión de los trabajos presentados se infiere que el modelo médico es insuficiente, sin embargo no se trata de hacerlo a un lado, sino ampliar nuestro marco de referencia y comenzar con abrir un espacio para reflexionar sobre cuál es la visión que tenemos sobre el recurso humano, las organizaciones y nuestro trabajo como psicólogos; ya que la concepción que tengamos sobre éstos guiará la forma en que intervendremos en ellas.

Como se ha mencionado con anterioridad no es nada nuevo encontrar elementos de la Psicología Positiva tanto en concepciones teóricas como prácticas aplicadas en el contexto laboral, en los trabajos reseñados se pueden encontrar varios de estos elementos.

Un ejemplo de ello es la inclusión del desarrollo organizacional, tanto como marco filosófico como conjunto de herramientas para el cambio planeado que promueve el desarrollo de los recursos humanos. El trabajar bajo este marco de participación, reconocimiento y desarrollo de las potencialidades de los colaboradores trae retos y grandes ventajas; implica el crear y compartir con todos los miembros de la organización la visión del recurso humano como capital valioso no solo por su fuerza y sus conocimientos, sino por su salud y potencial.

Otro elemento puede encontrarse en el re encuadre que propone el CA POT tanto para plantear la investigación como la consultoría, de tal manera que el énfasis primario en aspectos negativos como por ejemplo los accidentes o los ambientes tóxicos ha cedido espacio a la conducta segura y a los ambientes de desarrollo, solo por nombrar algunos.

De igual manera se pueden encontrar elementos de la psicología positiva en la inclusión del tema de administración por competencias, lo cual implica identificar aquello que hace exitoso a un individuo en su trabajo, buscando así una mayor correspondencia entre persona y puesto y por tanto un mayor desarrollo del individuo.

Muestra de otro elemento es la visión de la capacitación como educación organizacional, es decir como un proceso integral que contempla no solo la adquisición y desarrollo de conocimientos y habilidades para el trabajo, sino para la vida personal, incluyendo también el desarrollo de actitudes positivas hacia uno mismo y su trabajo; la inclusión de los trabajadores en su propio diagnóstico y en la formulación de sus propias alternativas de crecimiento es también evidencia de elementos de la psicología positiva.

Por otra parte, la inclusión de esta visión positiva en la formación de los profesionales en Psicología está cada vez más presente tanto de manera consciente como inconsciente, sin embargo su inclusión en este campo, así como en los otros debe hacerse de manera ordenada y sistemática.

Falta todavía mucho por hacer como el identificar las características de las personas positivas, el estudio de las emociones positivas, de los estados afectivos positivos como el optimismo, la resistencia y la elevación; el estudio de la motivación positiva como el engagement y el flow; los cuales son temas que incluyen Salanova, Martínez y Llorens (2005) como parte del estudio de la Psicología Positiva.

Es importante entender que la sola inclusión de los elementos descritos no basta para considerar que se está "haciendo" o poniendo en práctica la psicología positiva; tampoco se debe de considerar que el trabajar en la prevención y no solo en lo remedial es sinónimo de ésta, ya que los esfuerzos de la psicología deben de estar orientados a la promoción del desarrollo, a identificar las características de la buena vida organizacional o mejor dicho la vida organizacional positiva (Salanova & Schaufeli, 2004).

Esta aproximación positiva de intervenir dentro de las organizaciones ha permitido mayor apertura por parte de sus directivos y colaboradores para estudiar estos fenómenos, ya que no solo se busca el tratamiento correctivo donde ya se han generado grandes costos económicos y humanos, sino la construcción de ambientes saludables que generen mayores beneficios para los individuos que la conforman en lo particular, y para la organización en lo general.

Bibliografía

Aspinwall, L. G. y Staudinger, U. M. (Eds.). (2003/2007). *Psicología del Potencial Humano. Cuestiones fundamentales y normas para una psicología positiva.* Barcelona: Gedisa.

Castaño, A. D. (2002). *Crisis y Desarrollo de las Organizaciones. Una aproximación al trabajo organizado.* México: UNAM.

Cetina, T. (2004). Calidad de Vida en el Trabajo en un Grupo de Operadores de Autotransporte. Tesis de Maestría no publicada, Universidad Autónoma de Yucatán., Mérida, México

Cetina,T., Aguilar, C. y Yam, M. (2009). *Habilidades de supervisión: una propuesta para su estudio basada en el concepto de legitimidad del poder.* Psicología y Organización del Trabajo X. Producción de Subjetividad en la Organización del Trabajo. Uruguay: Psicolibros Universitario.

Cetina, T., Aguilar, C. y Ortega, I. (2009).*Conductas tóxicas: variantes de acoso psicológico en el trabajo en un grupo de trabajadores del sector salud.* Psicología y Organización del Trabajo X. Producción de Subjetividad en la Organización del Trabajo. Uruguay: Psicolibros Universitario.

Aguilar, C., Cetina, T. y Pérez, J. (2009). *Modelo de competencias: una experiencia con trabajadores directivos utilizando la metodología de investigación acción participativa.* Psicología y Organización del Trabajo X. Producción de Subjetividad en la Organización del Trabajo. Uruguay: Psicolibros Universitario.

French, W., Wendell, B y Zawacki, R. (2007). *Desarrollo Organizacional: transformación y administración efectiva del cambio.* México: Mc Graw-Hill Interamericana.

Gibson, J. L, Ivancevich, J.M., Donnelly, J.H y Konopaske, R. (2006) *Organizations: Behavior, Structure and Processes.* New York: Mc Graw-Hill.

Guízar, R. (2008). *Desarrollo Organizacional: Principios y Aplicaciones.* México: Mc. Graw Hill.

Hooghiemstra, T. (2004). *Gestión Integrada de Recursos Humanos. En G. Fernández, Las competencias: clave para una gestión integrada de los recursos humanos.* Barcelona: Ediciones Deusto.

Jackson, D. (2008). Measuring.up.New.Zeland. *Management. 54* (70). Recuperado el 25 de junio de 2007 de http://search.ebscohost.com

Keyes, L. M. & Haidt, J. (2003). Introduction: Human Flourishing. The Study of that which makes life worthwhile. En: C. L. M. Keyes, & J. Haidt (Eds.). *Flourishing. Positive Psychology and the life well-lived* (pp. 3-12). E. U.: APA.

Investigación en Psicología Organizacional

Linley, P. A., & Joseph, S. (2004). Positive Psychology: Historical, Philosophical, and Epistemological Perspectives. En: P. A Linley, & S. Joseph (Eds.). *Positive Psychology in Practice* (pp. 15- 34). E. U.: Wiley & Sons.

Mendoza Alcocer, A. R. (2004). Necesidades y Valores: Comparaciòn de dos grupos de trabajadores de una Universidad Pública . Tesis de Maestrìa no publicada, Universidad Autónoma de Yucatán., Mérida, México

Mosley, D.; Meggison, L; Prieto y García, R. (2005). *Supervisión: la práctica del empowerment, desarrollo de equipos de trabajo y su motivación.* México: Thompson.

Robbins, S. y Judge, T. (2009). *Comportamiento Organizacional.* (13a Ed.). México: Pearson-Prentice Hall.

Salanova, M., Martínez, I.M y Llorens, S. (2005). Psicología Organizacional Positiva. En F. Palací (Coord.), *Psicología de la Organización.* Madrid: Pearson Prentice Hall, pp. 349-376.

Salanova, M. y Schaufeli, W.B. (2004). El engagement de los empleados: un reto emergente para la dirección de los recursos humanos. *Estudios Financieros, 261,* 109-138.

Seligman, M.E.P. and Csikszentmihalyi, M. (2000). "Positive Pshychology. An Introduction". *American Pshychologist, 55,* 1, 5-14.

Vázquez, C., Hervás, G.(2008). Salud positiva: del síntoma al bienestar. En C. Vázquez y G. Hervás (Coord.), *Psicología positiva aplicada.* España: Desclée de Brouwer.

Vera Posseck, B. (2006). Psicología positiva: una nueva forma de entender la psicología. *Papeles del Psicólogo 27,* 1, 3-8. Recuperado de: http://www.cop. es/papeles el 27 de octubre de 2008.

ESTRATÉGIAS E TÉCNICAS DE INTERVENÇÃO

20

A PERSPECTIVA DA PSICODINÂMICA DO TRABALHO SOBRE A PRÁTICA DA CLÍNICA DO TRABALHO EM INSTITUIÇÕES BRASILEIRAS

Ana Magnólia Mendes[1]
Luciane Kozicz Reis Araújo[2]

Introdução

Nesse trabalho são analisadas questões conceituais, metodológicas e efeitos da prática da Clínica do Trabalho em instituições situadas na cidade de Brasília (Brasil), na perspectiva teórica da psicodinâmica do trabalho. Esta análise é construída com base em alguns estudos considerados relevantes para fundamentar as ideias desenvolvidas no texto. Entre eles destacam-se Bendassolli e Soboll (2010), Dejours (1998, 2008, 2010), Lancman e Sznelman (2004), Mendes *et al.* (2010), Mendes (2007, 2008, 2010), Mendes *et al.* (2008), Vital--Júnior *et al.* (2009). Nesta direção, o texto, apropriando-se destes referenciais, articula conceitos, desenvolve pressupostos e busca atender aos seus objetivos.

Questões conceituais

O objeto da clínica é o trabalho como eixo central de estruturação psíquica do sujeito. O foco de análise é a organização do trabalho, e é partir de seu entendimento que se pode depreender como ocorrem os processos de subjetivação, o adoecimento, as patologias sociais e a saúde. Observar como os sujeitos constroem as estratégias de confrontamento com o real da organização do trabalho é fundamental para a análise clínica, dado que é esta organização que promove e configura a construção dessas estratégias.

---

[1] Universidade de Brasília.

[2] GEPSAT- Grupo de Estudos e Pesquisas em Saúde e Trabalho.

É central para o clínico a análise de como se constroem as subjetividades no contexto de trabalho e, para isso, é criado um contexto diferenciado que propicie uma relação entre a expressão do trabalhador, por meio da fala, e a escuta clínica, fundamentada em uma filiação teórica que pressupõe conhecimento teórico-conceitual e habilidades intra e interpessoais.

A clínica do trabalho não só proporciona um espaço de escuta, mas também promove o ensino do falar e do escutar, buscando colocar a palavra em ação, em uma oportunidade de repensar o trabalho em suas dimensões visíveis e invisíveis – de questionar e de *se* questionar. Não só promete o espaço para a fala, mas também o espaço para pensar – o sujeito não só precisa falar, mas também querer dizer aquilo que falou, integrando-se assim ao sistema simbólico. Além disso, em dimensões coletivas, a clínica do trabalho promete para o sujeito a oportunidade do exercício de estar no lugar do outro, fazendo a fala fluir em meio a um grupo de trabalhadores, que muitas vezes não refletem nas dimensões invisíveis do trabalho, nos investimentos pessoais de cada um, na subjetividade do outro. Outra contribuição rica dessa intervenção clínica é o espaço para o sujeito refletir a sua relação com o contexto organizacional, repensar fatores como a estrutura do trabalho, a organização do trabalho, as relações socioprofissionais – processos de subjetivação, as vivências prazer- -sofrimento e as mediações processo saúde-adoecimento, em alguns casos. A clínica dá o espaço para que se revele uma nova consciência e dá os recursos para que, após a intervenção, o sujeito continue alimentando esse novo modo de conceber o mundo.

O trabalho para a Psicodinâmica do Trabalho não é constituído somente da atividade, mas de várias dimensões como a cultural e a social: trabalhar é viver junto. Este viver junto deve ser vivido de fato, não como uma experiência de habitar o mesmo espaço, mas de compartilhar ideias e defesas. São essenciais, para esse processo, a comunicação e, acima de tudo, o espaço para que o uso da palavra ocorra de maneira saudável e proveitosa para todos. O trabalho é visto, sobretudo, como atividade social, onde o outro é necessário.

O coletivo mostra-se como uma importante ferramenta para a manutenção do bem-estar individual e, logo, para o bom desempenho geral; as boas relações socioprofissionais podem promover um lugar de autonomia, criação e negociação: maneiras saudáveis de mediar o sofrimento e transformá-lo em uma vivência de prazer, uma forma de viabilizar a máxima: "o trabalho edifica o homem".

O sofrimento que é mencionado no cenário de atuação da Clínica do Trabalho é um sofrimento não-mensurável, invisível, que só é acessado pelas palavras; sendo o momento em que o sujeito nomeia aquilo que sente o ponto de partida para a tomada de alguma ação direcionada a isso. O sofrimento não

A perspectiva da psicodinâmica do trabalho sobre a prática da clínica do trabalho em instituições brasileiras 345

deve ser tomado como patologia, mas como um alerta para que ações sejam tomadas.

O sujeito é visto na Clínica do Trabalho como ativo, dinâmico, e não uma vítima das circunstâncias, que está à mercê de tudo: ele quer fazer e se colocar no que faz, o trabalho é sua oportunidade de se completar como sujeito. Além de um viver junto, o trabalho, para a psicodinâmica do trabalho, aparece como uma forma de inclusão social e de sobrevivência – mas não somente disso, o trabalho também é vivência. O sujeito quer ser reconhecido não só de forma concreta,mas também de maneira simbólica, quer ter boas relações sociopro-fissionais. Ter seu trabalho reconhecido traz satisfação a todos os trabalhadores, especialmente quando esse reconhecimento é simbólico, dos seus esforços tanto visíveis quanto invisíveis.

O sujeito não é só aquele que fala, mas o que escuta, o que se envolve. Não é só a vítima, mas também pode ser o agressor, escondendo-se por trás de projeções que não se reconhece no outro.

Esse sujeito ativo que aparece na clínica do trabalho sofre quando não encontra oportunidades de se engajar, quando vê que não se faz necessário ou que não o fazem necessário, muitas vezes se entregando à inércia do sistema vigente. Tudo isso porque o sujeito quer fazer e lhe tiram esse espaço de ser, de se constituir como pessoa – momento crítico que pode levar ao adoecimento, com sintomas físicos, sociais e/ou psicológicos.

O sujeito aparece nas defesas individuais, as quais utiliza para se proteger do sofrimento: são a expressão de sua subjetividade. Em alguns casos, o sujeito se retira simbolicamente do trabalho ao não reconhecer o sofrimento causado pelo fracasso perante o real, assujeitando-se. Ao fechar os olhos perante o sofri-mento, o trabalhador perde a chance de realizar seu potencial de ser ativo. A negação, a resistência e a projeção dão exemplo da retirada de si mesmo: uma negação do eu. Para a Clínica do Trabalho, é sujeito aquele que trabalha, que faz.

Assumindo o papel ativo do sujeito, quebra-se a visão maniqueísta de organização perversa e de trabalhador passivo e submisso, que não pode se engajar. Ele deve se engajar, pensar, fazer. O excesso de padrões exigidos nas organizações hoje, porém, lima o potencial do sujeito; ele não tem liberdade para o exercício do ser, para se moldar e moldar o trabalho, para imprimir de volta, no que faz, o que sua atividade imprime nele – é cortada a relação dialética entre trabalhador e trabalho.

O sujeito não está isolado, faz parte de um sistema, de um coletivo. Como já mencionado, trabalhar é viver junto, o trabalho é social por si só e as marcas de individualização que aparecem no sistema de trabalho hoje podem condu-zir a um isolamento, ao invés de promover a troca, edificante para o sujeito.

O trabalho torna-se um viver numa ilha e o trabalhador, um náufrago, que muitas vezes não tem recursos para providenciar o próprio resgate. E é nesse contexto que a Clínica do Trabalho pode trazer sua contribuição, no sentido de recriar uma nova organização de trabalho, com recursos para a prevenção e manutenção de um clima organizacional salutar.

Questões metodológicas

Os cenários são diversos: instituições públicas e privadas, além de sindicatos e um Centro de Referência de Saúde do Trabalhador – CEREST. As pesquisas na maioria das vezes são requeridas pela própria instituição, o que demonstra poder estar havendo uma busca de melhores condições de trabalho, além do caráter preventivo, ao invés de um tratamento ou uma intervenção tardia. No caso do CEREST, trata-se de um atendimento que é procurado pelo trabalhador, sem necessariamente haver conhecimento da instituição a que pertence.

Entre os participantes, estão diferentes tipos de trabalhadores: do contexto público ou privado, com muito ou pouco tempo de serviço, gestores ou não, de diversas áreas e com distintas demandas de trabalho da cidade de Brasília.

Os procedimentos utilizados recorrem a espaços coletivos e individuais. Como objetivo de pesquisa, não se busca uma fala para criar uma identidade grupal em nenhum dos casos, mas a ressignificação da relação do sujeito com o trabalho, um caminho para reconstruir o que já foi vivido, um momento para reconhecer a relação com o trabalho, reavaliar a própria inserção nesse meio e as estruturas de gestão de que participa. A intervenção aparece em todos os casos, mesmo em pesquisas de diagnóstico, no momento da fala.

No quadro a seguir, descrevem-se os grupos pesquisados, identificando-se a instituição onde foi realizada a intervenção, os participantes, etapas e análise.

A perspectiva da psicodinâmica do trabalho sobre a prática da clínica do trabalho em instituições brasileiras 347

Local	Participantes	Etapas	Análise
Empresa Privada	Vinte participantes, divididos em grupos de acordo com a organização do trabalho: consultoria interna, folha de pagamento, benefícios, captação e desenvolvimento, escritório de projetos, entrevistas individuais com funcionários e gestores da área compartilhada de Recursos Humanos.	1. Palestra aberta a todos da empresa sobre Clínica do Trabalho e da Ação. 2. Encontros Coletivos com unidades de uma área para construir um plano de ação visando gerenciar e prevenir o clima e a saúde no trabalho. 3. Encontros individuais com alguns funcionários e gestores da área para discutir os planos pensados nos encontros coletivos.	Categorização das falas coletivas de acordo com as principais categorias conceituais da psicodinâmica do trabalho: organização do trabalho real, prazer-sofrimento, defesas e mobilização subjetiva.
Instituição Pública A	Dez participantes do Centro de Estudos Judiciários, seis da Turma Nacional de Uniformização, dois da Secretaria de Administração, seis dos Serviços Gráficos e gestores.	Realização de dez encontros com a primeira unidade, seis com a segunda, quatro com a administração e serviços gráficos, além de dois encontros em formato de oficina com os gestores.	Categorização das falas coletivas de acordo com as principais categorias conceituais da psicodinâmica do trabalho: organização do trabalho real, prazer-sofrimento, defesas e mobilização subjetiva.
Instituição Pública B	Quatro grupo focais com 46 servidores de setores distintos, sorteados aleatoriamente.	Realização de grupos focais em dois dias, com três momentos: 1. Definição dos fatores estressores no ambiente de trabalho. 2. Os efeitos desses fatores no trabalho e na saúde. 3. A construção coletiva de um plano para a prevenção e o gerenciamento do estresse nas unidades de trabalho.	Categorização das falas coletivas de acordo com as principais categorias conceituais da psicodinâmica do trabalho: organização do trabalho real, prazer-sofrimento, defesas e mobilização subjetiva.

Local	Participantes	Etapas	Análise
CEREST	Cinco trabalhadoras, tanto de instituições públicas como privadas, vítimas de assédio moral.	1. Exposição de demandas. 2. Planejamento das sessões de intervenção. 3. dez sessões.	Categorização das falas coletivas de acordo com as principais categorias conceituais da psicodinâmica do trabalho: organização do trabalho real, prazer-sofrimento, defesas e mobilização subjetiva.

Resultados

A análise das falas permite fazer algumas considerações gerais sobre a situação de trabalho destes participantes e seus efeitos sobre o prazer-sofrimento e as estratégias de mediação utilizadas para protejer sua saúde mental. Para tal, elaboram-se categorias correspondentes aos principais conceitos da psicodinâmica, nas quais estão agrupados os conteúdos verbalizados pelos pesquisados dos diferentes contextos institucionais.

Categorias	Instituição Privada	Instituição Pública A	Instituição Pública B	CEREST
Organização do Trabalho	- Discrepâncias entre prescrito e real. - Prescrito exige excelência, mas há deficiência de suporte.	- Mudanças políticas externas marcam o contexto de trabalho e causam ansiedade. - Discrepância entre prescrito e real. - Espaço físico não é adequado e faltam recursos materiais.	- Monotonia no trabalho. - Pressão e rigidez no cumprimento de metas. - Não existe forma adequada de avaliação de desempenho. - Espaço físico não é adequado e faltam recursos materiais.	- Ritmo de trabalho intensos. - Pressão e cobranças por parte da chefia. - Fiscalização constante. - Carga excessiva de trabalho. - Metas inalcançáveis. - Normas rígidas para alguns funcionários. - Assédios eram caracterizados por questões de gênero, idade, raciais e discriminação por terem adoecido, ou por mostrarem postura política ativa.

A perspectiva da psicodinâmica do trabalho sobre a prática da clínica do trabalho em instituições brasileiras 349

Categorias	Instituição Privada	Instituição Pública A	Instituição Pública B	CEREST
Comunicação e relações socioprofissionais	- A comunicação é falha, o discurso não é claro e as demandas não são entendidas. - Existe espaço de escuta, mas o contato com o real proporciona desamparo. - Há confiança entre os pares.	- O discurso é diferente da realidade. - A fala é percebida como negativa em decorrência do mau uso da palavra. - Faltam objetividade e transparência. - Falta um pensamento comum na equipe. - Individualismo. - Tomada de decisões isoladas.	- Excesso de hierarquia e falta de autonomia. - Clima tenso em função da gestão centrada no controle. - Falta de escuta das sugestões dos servidores. - Falta transparência. - Falta de cooperação.	- Não é abordado com mais detalhes.
Reconhecimento	- Reconhecimento centrado no concreto. - Minimização das contribuições singulares, por falta de retribuição simbólica.	- As tarefas carecem de *feedback*. - Não há valorização do saber-fazer. - Em alguns casos, tem reconhecimento simbólico, mas não material.	- Não há valorização do saber-fazer. - Falta de reconhecimento, dado o individualismo exacerbado.	- Não foi abordado.
Prazer e Sofrimento	- Sofrimento criativo, gerado pelas discrepâncias entre real e prescrito.	- Sentem-se valorizados pela sociedade. - Patologias corporais e mentais. - Sobrecarga de alguns trabalhadores.	- Sentem orgulho por trabalharem nessa instituição.	- Vivência de assédio moral.
Estratégias de Mediação do Sofrimento	- Defesas individuais e coletivas. - Mobilização subjetiva frágil. - Coletivo de trabalho sem espaço de discussão, mas com ajustes singulares.	- Estratégias defensivas: denegação, formação reativa e resistência. - Coletivo fraco, quase inexistente - A mobilização subjetiva ainda carece de espaço.	- Presença de defesas individuais; a defesas coletivas estão deficientes. - Negação e compensação.	- Não aceitar o tratamento dos chefes. - Fazer denúncias em espaços próprios.

O cenário que se observa nestes contextos da prática da clínica do trabalho é de uma organização preocupada com a produção, uma organização enfocada no indivíduo, onde cada vez mais o coletivo é dissolvido em práticas de gestão que desfavorecem as relações socioprofissionais saudáveis. Há a cobrança de um engajamento, que muitas vezes não é retribuído ou não encontra recursos e condições para acontecer, porém, sob outra perspectiva, a requisição de uma pesquisa e o reconhecimento de que algo pode estar errado demonstram que se começam a valorizar os recursos humanos.

Entre os resultados encontrados, percebe-se o distanciamento entre real e prescrito, modos de gestão que minam a criatividade, onde não há o espaço para criar, negociar, constituir e consolidar um coletivo de trabalho para pensar em defesas. Secciona-se o coletivo em pequenas ilhas de produção, a individualização aparece como marca da maioria dos contextos pesquisados.

A falta de reconhecimento simbólico, as relações socioprofissionais precárias e a comunicação sem transparência marcam os contextos de trabalho revelando trabalhadores à beira do ou já totalmente imersos em esgotamento profissional, com sintomas físicos, psicológicos e sociais. Além disso, a desvalorização do saber-fazer é presente e o sentimento de injustiça é comum entre trabalhadores de diferentes instituições que realizam diferentes trabalhos, com diferentes missões e valores. No caso do CEREST, os dados são alarmantes, apontando trabalhadores desgastados, insatisfeitos, esmagados pelas condições de trabalho precárias e pelos ideais inalcançáveis, metas que não foram planejadas pelo coletivo: por quem está em contato com o real.

Há, muitas vezes, a falta de recurso dentro da organização e, com isso, fica ainda mais evidente que o trabalho é de extrema importância para o sujeito, que sofre por estar em más condições,que o impedem de desempenhar sua função como deveria. Os desafios dentro do trabalho aparecem como oportunidades também, porém o sofrimento causado pelo confronto com o real ainda é colocado embaixo dos panos, ninguém quer trazê-lo à tona, sendo que, em alguns contextos, nota-se até mesmo que quem não demonstra sofrimento é visto como forte, é valorizado; enquanto o que se mostra sofrendo é rebaixado pelos colegas.

Nas situações de assédio, tratadas no CEREST, a realidade percebida é a de preconceito e de pressão desnecessária, que sufoca o sujeito ativo, deixa-o sem espaço e, em algumas ocasiões, só se vê amparado pela opção da demissão – isso quando não é demitido. No serviço público, percebe-se a influência das mudanças politicas no trabalho, fazendo parte de sua condição de trabalho, como um fator ansiogênico.

Apresentar o que os servidores e gestores pensam é uma opção de método utilizada com a Instituição Pública B, utilizando o discurso de ambos para

A perspectiva da psicodinâmica do trabalho sobre a prática clínica do trabalho em instituições brasileiras

construir uma gestão. A fala apareceu muitas vezes como algo negativo. Em todos os casos os resultados são alarmantes: a fala e a escuta parecem ter perdido a conexão, os discursos são vazios, com palavras que não se conectam ao real, causando descompromisso. A falta de reconhecimento aparece, mas, dentro da empresa, sentem-se reconhecidos por um contexto maior. O modo de produção agora é cruel, a competitividade e a individualização, também.

Impactos ou efeitos sujeito

A clínica do trabalho promove o espaço de fala para o sujeito e, ao mesmo tempo, busca intervir no discurso, dando condições de ressignificar vivências, dar novos sentidos e refletir em um nível de consciência diferente. O ato de ceder esse espaço traz grandes mudanças, seja pela oportunidade de repensar seja pela sensação de estar sendo escutado por um outro, que se posiciona de maneira aberta para realizar essa escuta, para interagir e discutir o que foi vivido pelo sujeito quando em contato com o trabalho, como as outras dimensões de sua atividade estão interferindo e contribuindo para seu desempenho e também para seu processo de saúde-adoecimento.

No caso do CEREST, o que se observa é uma total modificação na concepção do assédio vivido, as vítimas não se culpabilizam mais pela violência vivida, podem repensar sua relação com o trabalho de maneira a se posicionar ativamente outra vez. Uma das participantes se mostrava totalmente debilitada socialmente, sem desejos de sair de casa ou de buscar um novo emprego, porém o contato com outras vítimas e a oportunidade de falar sobre sua vivência e ser escutada se mostrou bastante positiva. O grupo de intervenção pode aparecer nesses casos como uma oportunidade de socialização, uma chance de retornar ao mundo do trabalho aos poucos e também ao mundo social, de conhecer outras pessoas e de se disponibilizar para a escuta e também para se posicionar perante a experiência do outro.

Nos casos das pesquisas realizadas para planejamento de novos modos de gestão ou prevenção, o espaço aparece com a mesma função do espaço cedido pelo CEREST: um momento para repensar, articular as vivências e conferir novos significados aos elementos do contexto organizacional, além de poder compartilhar e entrar em contato com o outro para se estruturar coletivamente perante todos esses elementos, levando a um engajamento que vai modificando os elementos e os trabalhadores aos poucos.

Grupo

Na dimensão de grupo, os efeitos da clínica do trabalho podem ser o fortalecimento do coletivo, possibilitando um novo recurso para mediar o sofrimento. Nas pesquisas vistas, percebe-se uma conexão entre os participantes, um momento de perceber o componente invisível do trabalho do outro, um momento de *feedback*.

Na instituição Pública A, fala-se do excesso de intrigas e das relações de coleguismo, questiona-se a participação dos servidores na construção das normas implícitas e explícitas, menciona-se a falta de cooperação. A partir desse momento, os trabalhadores podem se unir por meio da fala compartilhada, conhecem a opinião dos colegas e por vezes sentem que estão em uma zona de confiança para falar sobre o trabalho com alguém que também está ali.

O fortalecimento do coletivo pode criar o espaço necessário para que as defesas coletivas surjam e os trabalhadores possam se engajar mais, sentirem-se reconhecidos pelos pares e criarem uma rede de cooperação, criando um ambiente organizacional agradável.

Organização

Os impactos nas organizações, além dos que já ocorrem em nível individual e grupal, são os de uma melhora no desempenho. Um ambiente saudável proporciona melhores condições de desenvolver o trabalho.

A intervenção nas Instituições públicas A e B, na instituição privada e no Sindicato foi utilizada como base para programar mudanças de gestão, a partir do diagnóstico dado.

A implantação de espaços para a fala e discussão aliada às novas habilidades de escuta se tornou potencialmente positiva para criar um novo modo de gestão efetivo, com a participação de todos e um senso de pertencimento que permite ao trabalhador continuar engajando-se. Esses novos modos criados a partir das sugestões dos trabalhadores mostram a importância e o reconhecimento que a organização dá aos que ali trabalham, permitindo que todos se vejam um pouco na própria estrutura da organização.

Os resultados dos novos modelos de gestão ainda não puderam ser avaliados, porém essas são as possíveis direções que a intervenção pode tomar.

Sob uma perspectiva geral, a partir das pequenas modificações realizadas em cada intervenção, começa a se criar um mundo do trabalho com mais espaços para as contribuições singulares, um coletivo coeso e um ambiente saudável, proporcionando trabalhadores mais satisfeitos e produtivos, que vivem de vencer os desafios que o real impõe, para transformar o sofrimento em prazer, reduzindo os gastos públicos com o tratamento das doenças ocupacionais que tomam conta dos trabalhadores contemporâneos.

Com estes dados, o texto alcança seu objetivo de tratar questões teóricas, metodológicas e efeitos da prática da clínica do trabalho em uma capital brasileira. Evidentemente que não se pretente exautivo, sendo um ponto de partida para fomentar a discussão, ao ser apresentado à comunidade acadêmica, mas, com bases nestas contribuições, pretende avançar para uma publicação mais conclusiva. O Laboratório de Psicodinâmica e Clínica do Trabalho da Universidade de Brasília (www.lpct.com.br) vem \ocupando-se destas questões e encaminhando outros estudos que fortalecerão estes achados e a construção de uma prática clínica como intervenção no campo da Psicologia do Trabalho e das Organizações.

Referências bibliográficas

Bendassolli, F. P. & Soboll, L. A. (orgs) (2010). *Clínicas do trabalho.* São Paulo: Atlas.

Dejours, C. (1998). *A banalização da injustiça social.* Rio de Janeiro: Editora FGV.

Dejours, C. (2008). A avaliação do trabalho submetida a prova do real – críticas aos fundamentos da avaliação. Em L. Sznelwar & F. Mascia (orgs). *Trabalho, tecnologia e organização.* São Paulo: Blucher.

Dejours, C. (2010). *Suicídio no trabalho: o que fazer?* Brasília; Paralelo 15.

Lancman, S. & Sznelman, L. (orgs) (2004). *Christopher Dejours: da psicopatologia a psicodinâmica do trabalho.* Rio de Janeiro: Editora Fio cruz/ Brasília: Paralelo 15.

Mendes, A. M., Merlo, A. R. C., Morrone, C. F. & Facas, E. P. (2010). *Psicodinâmica e clínica do trabalho: temas, interfaces e casos brasileiros.* Curitiba: Juruá.

Mendes, A. M. (org) (2010). *Violência no trabalho: perspectivas da psicodinâmica, ergonomia e sociologia clínica.* São Paulo: Mackenzie.

Mendes, A. M. (2008). *Trabalho e Saúde: o sujeito entre emancipação e servidão.* Curitiba, PR: Juruá.

Mendes, A. M., Canez, S. C. L. & Facas, E. P (orgs) (2007). *Diálogos em psicodinâmica do trabalho.* Brasília: Paralelo 15.

Mendes, A. M. (org) (2007). *Psicodinâmica do trabalho: teoria, método e pesquisas.* São Paulo: Casa do Psicólogo.

Vital-Júnior, A., Mendes, A. M. & Araújo, L. K. R. (2009). Experiência em clínica do trabalho com bancários adoecidos por LER/DORT. *Psicologia Ciência e Profissão, 29*(3), 614-625.

21

ALINEACIÓN DE LA MISIÓN, VISIÓN Y VALORES: UNA PROPUESTA DE INTERVENCIÓN

Thelma Cetina Canto[1]
Mónica Valeria Yam Aké[1]
Gloria Stella Arango Giraldo[2]
Cecilia Beatriz Aguilar Ortega[1]

Introducción

Una de las características fundamentales de las organizaciones exitosas y equipos de alto rendimiento es que tienen una imagen clara de lo que tratan de crean juntos, se sienten emocionados y les está claro su propósito básico, comparten un conjunto común de valores, estilos de dirección, lazos aglutinadores y estrategias (Scott, Jaffe & Tobe, 1993). Estos elementos influyen en la forma como se toman decisiones, en definir lo que es y no es importante para la organización, así como en la identidad de sus miembros, y se conoce como la Cultura Organizacional.

De acuerdo con Rousseau (1990), los investigadores organizacionales coinciden en definir la cultura como el conjuntos de cogniciones compartidas por los miembros de una determinada unidad social, las cuales se adquieren a través del aprendizaje social y de procesos de socialización que exponen a los individuos a diversos elementos culturales, como actividades e interacciones, informaciones comunicadas y artefactos materiales, que conforman la experiencia social al tiempo que dotan a sus miembros de valores compartidos, marcos de comprensión comunes y sistemas de creencias y de expectativas.

En este sentido, Trice y Beyer (1993) consideran que la cultura humana emerge a partir de los esfuerzos desplegados por sus miembros para afrontar incertidumbres y ambigüedades de todo tipo, proporcionándoles individual

---

[1] Universidad Autónoma de Yucatán.
[2] Universidad de Manizales.

y colectivamente conjuntos articulados de ideas que les permitan responder a sus experiencias. En este punto no podemos dejar de referirnos a los modelos mentales, los cuales son básicamente creencias profundamente arraigadas, imágenes y supuestos, que poseemos acerca de nosotros mismos, de nuestro mundo (Senge, 1995); en el caso específico del contexto organizacional, las creencias, imágenes y supuestos de nuestra organización y de cómo encajamos en ella, que se van configurando en la vida laboral.

Debido a que en muchas ocasiones, existe una diferencia importante entre los modelos mentales de los miembros de una organización, así como entre la cultura formal, en términos de la misión, visión y valores, y lo realmente observado en el quehacer cotidiano de la organización, y dado el impacto organizacional que estas discrepancias tienen en términos organizacionales, actualmente los gerentes y directivos reconocen la importancia de prestar atención a los elementos como creencias, valores, normas y aspectos simbólicos de su organización, situación que ha llevado a considerar a la Cultura como uno de los factores determinantes del éxito o fracaso de las organizaciones actuales (French, Bell & Zawacki, 2007).

Para que los miembros de la organización actúen de acuerdo a los valores y principios formales de la filosofía organizacional, las personas tienen que haber interiorizado dichas pautas organizacionales, lo cual puede constatarse en conductas concretas y formas de dirigirse que indican que la persona vive dicha filosofía. Cuando lo anterior sucede, se habla de la fortaleza en la cultura, la cual se mide en términos de tres consideraciones: 1) El número de supuestos significativos presentes en la organización; 2) La medida en la cual los miembros de la organización comparten dichos supuestos y 3) El grado en que los miembros de la organización ordenan (colocan en orden jerárquico por prioridad) esos supuestos (Sathe, 1985).

En este sentido, las culturas fuertes existen cuando se comparten múltiples supuestos y son ordenados de forma similar por los miembros de la organización. Algunos investigadores asocian la fortaleza de la cultura con un desempeño superior en la organización, señalando en general que es importante alinear los valores y creencias de los empleados con los de la organización, lo cual promueve consistencia en la toma de decisiones y continuidad, claridad para la consecución de la misión de la firma.

Respecto a esto, la alineación entre los valores, la misión y la visión de los individuos en una organización crea el poder de un grupo comprometido a una visión común. Si estos valores no están alineados, tarde o temprano la gente experimenta tensión y frustración.

En el sentido de las intervenciones enfocadas a alinear los elementos de la cultura organizacional, llegamos a hablar de la Visualización, el cual se

Alineación de la misión, visión y valores

357

entiende como el proceso de definir la filosofía de una empresa o de esclarecer los valores por medio de su definición, enfocarse en la misión y proyectar la visión de la organización.

Al respecto, los autores Scott, Jaffe y Tobe (1998) señalan que al comprometerse en el proceso de visualización, es importante incluir en el proceso los siguientes elementos:

1. Los valores son lo principios, estándares y acciones entendidos por la gente en una organización, que consideran inherentemente meritorios y de la mayor importancia. Incluyen cómo la gente se trata entre sí, cómo la gente, grupos y organizaciones hacen sus negocios y qué es lo más importante para la organización.

2. Para examinar el estado actual se quiere ver más allá de la organización a sus clientes, proveedores y tendencias industriales, buscando información sobre lo que es importante. Pero siendo de trascendencia en el proceso involucrar a los clientes internos, los empleados.

3. La misión es el propósito central para el que se crea un equipo u organización. Se resume en una declaración clara, breve e inspiradora que centra la atención en una dirección clara, expresando el propósito de la individualidad del grupo u organización.

4. Visualizar es hacer una imagen de la excelencia, es decir, crear el equipo o la organización en su mejor futuro posible. Es una descripción evocadora de lo que se puede. Una visión, no es "algo que está por ahí" impráctico, sino una manera de establecer un escenario apremiante. Crear esta imagen del futuro requiere la habilidad de ampliar el sentido propio de las posibilidades y luego concentrarse en las nuevas iniciativas que pueden conducir al éxito.

5. La implementación, incluye las estrategias, planes, procedimientos y acciones clave que pondrán todo lo anterior en acción.

Visualizar pone el cimiento para mejoras importantes al permitir que la mente se libere de sus suposiciones sobre cómo se hacen las cosas y se vea de modo distinto lo que puede hacerse y cómo. En este sentido, en este sentido, la visualización se sostiene en los siguientes principios: a) Si la gente crea la visualización, será su duela y su implementación se hará más rápidamente, b) El proceso de desarrollar la visualización es tan importante como su resultado, c) Las visualizaciones se expresan mejor en el lenguaje de los principales interesados y d) La visualización ayuda a centrarse en el proceso de planeación estratégica y por lo tanto, necesita desarrollarse antes de que ocurra la planeación (Scott, Jaffe & Tobe, 1998).

El presente trabajo representa una propuesta de intervención en la Cultura Organizacional, a través de técnicas de visualización, que permitan explorar, y aclarar, las creencias de los miembros de la organización respecto a la misión, así como proyectar su visión, identificando obstáculos y definiendo valores. Los productos obtenidos a través de la propuesta presentada en este trabajo, se consideran insumos para el diseño e implementación de intervenciones organizacionales.

Propuesta de Intervención

Misión: Identificando creencias

Muchas veces damos por hecho que los miembros de una organización comparten los mismos significados en cuanto a la razón de ser y existir, lo que la hace diferente de otras organizaciones que se encuentran en el mismo giro o actividad productiva, de la organización a la cual pertenecen; sin embargo, en la práctica podemos darnos cuenta de que muchas veces no es así, y que el desconocimiento de dichas creencias puede ocasionar grandes resistencias y obstáculos en la realización del trabajo diario y obviamente en la implementación de programas de cambio y mejora. A continuación dos ejemplos:

- Ejemplo 1. Durante una consultoría a una cooperativa conformada por un grupo de pescadores que se asociaron para conseguir fondos y poder sembrar y cosechar palmeras y plantas de ornato, al preguntarles de manera individual a ellos y sus familias a qué se dedicaba el grupo "X" (para conservar el anonimato) del cual formaban parte, se encontró una variedad de respuestas, como: "es un grupo que se dedica a sembrar palmeras mientras no hay que pescar", "es un grupo de la iglesia que apoya consiguiendo fondos para sembrar las palmeras y mientras crecen nos pagan", "es una organización en la que pueden entrar todos los miembros de la comunidad siempre y cuando quieran trabajar y les gusten las plantas", "es una organización formada por un grupo de pescadores que se unen para poder conseguir fondos de un programa del gobierno que les permite apoyar a sus familias y a su comunidad a través de la siembra y cosecha de palmas y palmeras en sus terrenos contribuyendo así a la reforestación".

Alineación de la misión, visión y valores   359

- Ejemplo 2. En otra ocasión, al preguntar a tres socios de un restaurante como se veían en un plazo de 5 años, nos encontramos que uno de ellos se veía ejerciendo la carrera de abogado (la cual estudiaba en ese momento) y con una participación mucho menos activa en el negocio, el segundo visualizaba un restaurante más y el tercero se veía vendiendo franquicias del restaurante.

Como se puede apreciar en los ejemplos, las concepciones son muy variadas y cada una de ellas implica grados y formas diferentes de participación, lo cual puede llevar a experimentar frustraciones en los miembros de la organización y también en sus usuarios o clientes, pues generan expectativas diversas.

Como consultores no sabemos, ni tenemos la responsabilidad de determinar, cuáles de éstas creencias son correctas, sin embargo nuestro trabajo implica el hacer conscientes estas creencias, clarificarlas, confrontarlas y promover la alineación de los esfuerzos hacia una meta compartida. El conocer las creencias que tienen los miembros de la organización antes de cualquier intervención en materia de cultura organizacional, puede clarificarnos el por qué del actuar de los miembros de la organización, identificar las barreras y puntos de apalancamiento para lograr los cambios necesarios. Al respecto, proponemos las siguientes preguntas:

Tabla 1 - Ejercicio sugerido para identificar creencias respecto a la misión de la organización.

Pregunta 1.	¿Qué es el Grupo X?
Pregunta 2.	¿Quiénes forman parte de Grupo X?
Pregunta 3.	¿A quiénes beneficia?
Pregunta 4.	¿Qué productos y/o servicios generamos?
Pregunta 5.	¿Qué nos distingue de otras organizaciones que se dedican a lo mismo?

Cada pregunta aporta información valiosa, por ejemplo, en relación al Ejemplo 1, la organización que colaboró en la gestión del apoyo para el programa de la cooperativa se dio cuenta de que los miembros no visualizaban que su razón de ser y existir, era el contribuir a la reforestación de la duna costera a través del cultivo de las plantas en sus patios, teniendo en consecuencia beneficios económicos, lo cual que era la filosofía de la organización, así mismo, también les fue relevante conocer que solo visualizaban a los jefes de familia como parte de la organización, cuando en realidad la organización esperaba que se considera a toda la familia como parte del Grupo X.

Clarificando creencias

Una vez que se tiene la información requerida, se propone que se elabore un listado con todas las creencias encontradas, posteriormente, se pide a los directivos o cima estratégica que colabore en la clasificación de las creencias en correctas e incorrectas; este ejercicio en sí puede traer mucha riqueza pues permite que los mismos altos mandos hagan conciencia de sus propias creencias.

El listado obtenido se convierte en un insumo para esta actividad, en la cual se busca socializar las diferentes creencias y clarificar cuáles son las correctas, es decir, las que deben de guiar su qué hacer en la organización. Para ello se propone utilizar una especie de "tendedero de ropa", el cual es una cuerda donde se cuelgan con pinzas cada una de las creencias encontradas (una por hoja y con letra clara y visible), se pide al grupo de trabajo que se aproxime y lea cada una de las creencias "colgadas" y que discuta en grupo cuáles son correctas e incorrectas, discutiendo el por qué de su decisión, en caso de ser incorrectas bajarlas y dejarlas sobre su mesa de trabajo, en caso de ser correcta dejarla en el tendedero y en caso de tener duda dejarla, pero colocarla en el extremo derecho. Se hacen tantos tendederos como subgrupos se requieran hacer, lo que se busca es una discusión productiva, que permita alinear los esfuerzos de los miembros de la organización.

Una vez que el equipo o equipos concluyan, el consultor y los miembros del equipo directivo piden a los equipos que compartan sus respuestas y van clarificando de acuerdo con el listado elaborado con anterioridad. Es importante ir haciendo consciente al grupo sobre las implicaciones que tienen las diferentes creencias. Una vez terminada la revisión se propone redactar y leer al grupo las creencias que los definen.

Visión: ¿Cómo nos queremos ver?

Ya que se ha favorecido la construcción de significados compartidos, consideramos que se requiere trabajar en un proceso de construir la visión y valores, este proceso se favorece utilizando metáforas en dibujos o esquemas significativos para la organización. En dichos dibujos se incluyen las siguientes preguntas:

Alineación de la misión, visión y valores   361

Tabla 2 - Ejercicio sugerido para guiar la construcción de la visión y los valores organizacionales.

Pregunta 1.	¿Qué queremos que se diga de nuestra organización? Para contestar esta pregunta se pide que piensen en su familia, amigos, compañeros de trabajo, clientes, proveedores, comunidad, etc.
Pregunta 2.	¿Qué nos puede impedir que eso que queremos que se diga de nosotros sea realidad?
Pregunta 3.	¿Qué valores tendríamos que poner en práctica para vencer estos obstáculos?

El dibujo es plasmado en una hoja de papel por cada miembro participante, habilitando los lugares en los cuales se puedan responder las preguntas presentadas. Se debe usar la creatividad para hacer más significativa la actividad, por ejemplo, cuando se trabajó con la cooperativa descrita anteriormente se utilizó el dibujo que aparece en la figura 1; así mismo podemos ver en la figura 2 el dibujo empleado en una organización dedicada a la informática, y así el ejercicio permite adaptarse a la realidad contextual de la organización en la cual se trabaje.

Figura 1 - Ejemplo de la representación empleada en una cooperativa para la reforestación de la costa

Figura 1 - Ejemplo de la representación empleada en una empresa de informática

Los números colocados en los dibujos hacen referencia a la pregunta correspondiente y al espacio en el dibujo donde es respondida, de tal manera que los cocos y la pantalla representan que queremos que se diga de la organización, el virus del amarillamiento letal o las plagas y los virus cibernéticos, son utilizados en cada caso para simbolizar los obstáculos y los cocos y los programas de protección informática, los valores de la organización que contribuyen a vencer los obstáculos.

Se propone que se haga el ejercicio de manera individual y una vez que hayan concluido se deberá pasar a la discusión grupal y/o plenaria (de acuerdo con el tamaño del grupo). Respecto a la pregunta 1, por consenso y con la dirección del facilitador y/o el equipo directivo, previa reflexión de lo escrito deberán de construir una respuesta grupal, la cual deberá estar alineada con las creencias clarificadas en el ejercicio anterior (misión).

Operacionalizando valores

Se trata ahora de trabajar con las preguntas dos y tres. Primero se socializa de manera grupal y/o en plenaria (de acuerdo con el tamaño del grupo) lo que nos puede impedir lograr lo que queremos que se diga de nuestra organización (pregunta 2). En este momento, no se busca dar soluciones concretas, sino entender las preocupaciones de los colaboradores, identificar y clarificar áreas de oportunidad, pero sobre todo puntos de apalancamiento.

Con base a la pregunta 2, se formula la pregunta 3 que hace referencia a lo que tendríamos que hacer para vencer los obstáculos y lograr que se diga lo que nosotros queremos de nuestra organización. Se pide que se formulen las respuestas en forma de valores. Una vez que se ha hecho el trabajo de manera individual, se debe proceder a la socialización, se pide a los miembros del grupo que compartan sus propuestas y se van escribiendo en tarjetas (no más de un valor por tarjeta), para ello se debe pedir al grupo que definan el valor enunciado, al hacer esto puede pasar que aparezcan otros valores definidos de la misma manera o que el valor enunciado sea definido por otros miembros del grupo de manera diferente. Se deberá acordar el nombre y la definición que compartirán como grupo para ese valor; este ejercicio se hará con los valores que el grupo quiera verbalizar.

Es importante que los miembros del equipo directivo enuncien, definan y/o redefinan los valores que no son mencionados o no son definidos de acuerdo con la visualización que debe guiar el trabajo de la organización. Si los valores de la organización ya se han declarado y se considera que en ese momento esos son los que deben de permanecer, es importante que en el proceso de definición se vayan alineando las propuestas de los colaboradores con la propuesta organizacional, promoviendo el uso de los nombres ya formalizados en la declaración de valores. En caso de no haber la declaración formal de los valores se propone que en la reunión de trabajo se escojan cuando mucho siete valores.

Una vez que se tienen los valores de la organización, se propone pasar a su operacionalización a través de identificar las conductas que lo caracterizan. Este ejercicio pretende recalcar que un valor define el actuar en todas las situaciones, por ejemplo, no se pude definir puntualidad solo como el llegar a tiempo, sino también implica el pagar a tiempo, comenzar y terminar las juntas de manera puntual, dar la retroalimentación en el momento acordado, etc. Para poder hacer consciente y confrontar las diferentes creencias con respecto a cómo se entienden los valores se propone utilizar un ejercicio que incluye preguntar sobre cómo se viven los valores en diferentes escenarios y con diferentes actores. En la tabla 3 se muestra un ejemplo de la hoja de trabajo que se propone utilizar.

Tabla 3 - Ejercicio sugerido para guiar la operacionalización de valores.

Nombre del Valor:
¿Cómo lo vivo en casa?
¿Cómo lo vivo en mi trabajo?
¿Cómo lo vivo con mis amigos?
¿Cómo lo vivo en mi comunidad?

Una vez terminado el trabajo individual se socializa el resultado de manera grupal y/o en plenaria, los facilitadores señalan las congruencias e incongruencias encontradas y se construye una nueva definición del valor a partir de las aportaciones obtenidas.

Cabe señalar que se considera relevante que antes de cada actividad se vaya compartiendo con el grupo algunos elementos teóricos que sustenten y clarifiquen el trabajo a realizar, como por ejemplo qué son las creencias, la sinergia que produce la alineación de esfuerzos por una misma meta, qué es la misión organizacional, qué son los valores, qué es un proceso de visualización, solo por mencionar algunas.

Los productos obtenidos a través de la propuesta presentada en este trabajo se consideran insumos para el diseño e implementación de intervenciones organizacionales.

Conclusiones

La cultura se ha convertido en un concepto cada vez más importante dentro de la Psicología de las organizaciones y el trabajo, ya que sin este concepto no podemos realmente entender el cambio o la resistencia al cambio, así como otros muchos procesos organizacionales. De acuerdo a lo anterior, entre más participemos con las organizaciones como ayuda en el diseño de sus estrategias fundamentales, en particular en el área de recursos humanos, más importante será poder ayudar a las organizaciones a descifrar sus propias culturas (French, Bell & Zawacki, 2007).

Es importante considerar que la Cultura Organizacional es reconocida principalmente como la misión, visión y valores que comparte una organización y este significado cobra cada vez más fuerza, ya que se reconoce su importancia en la contribución del logro de los objetivos organizacionales, pero de igual forma esta va más allá definiendo fronteras, creando distinciones entre las organizaciones, transmitiendo sentido de identidad a los miembros de la organización, facilitando el compromiso con algo más grande que el interés personal de un individuo, incrementando la estabilidad del sistema social, proporcionando estándares apropiados a los empleados de lo que deben hacer y decir, sirviendo como mecanismo de control y sensatez que guía y moldeando las actitudes y el comportamiento de los empleados (Robbins, 2009).

En este sentido, realizar una investigación sobre la identificación de las creencias en las organizaciones es sumamente útil para entender múltiples aspectos, desde el porqué del actuar de los individuos, qué es lo que lo alienta o limita a la toma de decisiones, hasta entender un poco porque tanto dinero invertido en capacitación no produce los resultados esperados, muchas veces atribuidos a mala voluntad de las personas y no a la forma como se va configurando las creencias en la vida laboral.

Cuando hablamos que la cultura de una empresa está definida por el conjunto de creencias y valores compartidos por el grupo de trabajo cabe recordar que estas creencias hacen que la organización se catapulte en algunos casos o en otros simplemente se adormezca por pensar que ya hay poco que hacer o realizar en tiempos difíciles. Hoy en día hay otras creencias que se pueden ir imponiendo: en algunos casos "la autoridad moral es más poderosa que el poder formal", tales como: "el capital humano constituye un valiosísimo activo de la empresa", "los jefes y sus colaboradores se han de servir mutuamente, en beneficio de los resultados", "hay que compartir los conocimientos", "los trabajadores pueden tener ideas muy valiosas", "subestimar la inteligencia de los trabajadores constituye un grave error", "el aprendizaje permanente resulta inexcusable", "la inteligencia emocional es tan valiosa (o más) como la académica", "el cliente constituye la principal referencia", "la innovación y la mejora continua son una necesidad", "los trabajadores críticos pueden resultar más valiosos que los sumisos", "lo que no comprendemos o vemos puede, no obstante, ser o existir", "no se debe culpar a un individuo por problemas que son propios del sistema", "los directivos necesitan feedback, tanto o más que los trabajadores", "expresar serenamente los sentimientos es positivo", "la imaginación es tan importante como el conocimiento", "nadie puede ser considerado inteligente si no se conoce bien a sí mismo", todo lo anterior nos muestra la importancia de estudiar las creencias en la vida laboral ya que permite ahondar en las que se están imponiendo para erradicar si es necesario.

Se espera que el presente trabajo contribuya con sus técnicas al campo de las intervenciones en la visualización de los elementos de cultura organizacional, bajo la convicción de que una forma de hacer posible la intervención y la consultoría organizacional es estudiando las creencias en forma individual y no colectiva, puesto que permite llegar al fondo y no hacer inferencias colectivas.

Bibliografía

Denison, D. (1990). *Cultura corporativa y productividad organizacional.* Colombia: Legis Editores.

French, W., Bell, C., y Zawacki, R. (2007). *Desarrollo Organizacional: Transformación y administración efectiva del cambio.* México: McGraw-Hill.

Robbins, S. y Judge, T. (2009). *Comportamiento Organizacional.* México: Pearson Education.

Rousseau, D. (1990). Assesing organizational culture: The case for multiple methods. En B. Schneider (Ed.), *Organizational climate and culture.* Pp. 153-192. San Francisco: Jossey-Bass.

Sathe, V. (1985). *Culture and Related Corporate Realities.* Homewood, IL: Irwins.

Senge, R., *et al.* (1995) *La quinta disciplina en la práctica. Estrategias y herramientas para construir la organización abierta al aprendizaje.* Barcelona: Granica.

Scott, C., Jaffe, D. y Tobe, G. (1998) *Visión, valores y Misión Organizacionales.* México: Grupo Iberoamérica S.A. de C.V.

Trice, H. y Beyer, J. (1993). *The cultures of work organizations.* Englewood Cliffs, NJ: Prentice Hall.

22

VULNERABILIDAD PSICO-SOCIO-LABORAL, ESTRÉS POR ATENCIÓN AL PÚBLICO Y SALUD MENTAL

Melisa Mandolesi [1]
Carlos Bonantini [1]
Victor Quiroga [1]
María Romina Cattaneo [1]

Las crisis capitalistas en países emergentes y sus correlaciones con la salud mental

En Argentina, en 2001 asistimos a una profunda crisis que puso de manifiesto la fragilidad del modo de acumulación capitalista en los países denominados emergentes. Sobre esta temática se ha escrito mucho, por lo que aquí no consideramos que se pueda aportar más.

Traemos a colación este dato, porque durante dicha crisis, la principal línea de confrontación la constituyeron las entidades bancarias. Con el llamado *corralito*, que literalmente incautó los depósitos bancarios de miles de ahorristas, la clase media se movilizó en reclamo de sus depósitos, con una original protesta que se denominó *cacerolazo*. En esta protesta, los sectores medios confluyeron con la franja más pauperizada de la sociedad que, representada en el movimiento *piquetero*, reclamaba por comida y asistencia de parte de un Estado que estaba ausente en materia de asistencia social[2].

Mientras el movimiento *piquetero* se concentraba en plazas y avenidas reclamando trabajo y asistencia, las clases media y media alta se concentraban frente a los bancos reclamando por sus depósitos.

---

[1] Facultad de Psicología, Universidad Nacional de Rosario (UNR), Rosario, Argentina.

[2] Es interesante que hoy se habla del Estado ausente en materia de seguridad y que en aquellos días, como ahora, los sectores medios que reclaman seguridad poco dicen del Estado ausente en materia de seguridad social a los sectores en estado de vulnerabilidad psicosociolaboral.

En este punto, los empleados bancarios, de las organizaciones financieras, asediadas por este segmento social, fueron los mayores perjudicados, como lo indican diversos estudios realizados sobre el tema (Plut, 2006).

En las representaciones sociales de los ahorristas, las entidades financieras asumieron el rol más destacado a la hora de otorgar responsabilidades por el desmadre económico. Ahora bien, un banco no constituye una persona física como lo puede ser un presidente, un sindicalista, etc. Los bancos tenían caras visibles, los cajeros y empleados de atención al público, que eran los que debían asumir frente al ahorrista, el rol de dar explicaciones y por lo tanto, se convertían en depositarios de la violencia generalizada de este sector desesperado, de la pequeña burguesía y burguesía media (los grandes ahorrista fueron avisados con anticipación y retiraron sus acreencias con antelación al *corralito*).

Durante el año 2002 y posteriores, los bancos tuvieron que contratar psicólogos que atendieran la salud laboral de sus empleados de atención al público, por los fuertes desequilibrios padecidos por estos a nivel de su salud mental.

A partir del análisis de esta temática, incluimos dentro de los sectores en posible estado de vulnerabilidad psico-socio-laboral (Bonantini *et al.*, 2009) a aquellas personas que se desempeñan en diferentes sectores de la economía, en atención al público.

En esta presentación queremos reflexionar sobre este sector laboral, sus condiciones de trabajo y los efectos que sobre la salud mental poseen las actividades de atención al público.

El problema de la salud mental y la vulnerabilidad psico-socio-laboral

Nos interesa principalmente trabajar la salud mental porque el trabajo tiene un fuerte efecto sobre ella. En diferentes artículos, hemos transcripto la que, a nuestro entender, constituye la definición más completa de la salud mental, la misma fue desarrollada por Galli V. cuando dirigía la Dirección Nacional de Salud Mental y la expuso en el Plan Nacional de Salud Mental de 1986.

Galli, V. (1986) plantea, entonces, que salud mental es un:

. . . estado de relativo equilibrio e integración de los elementos conflictivos constitutivos del sujeto, de la cultura y de los grupos – equilibrio e integración progredientes; con crisis previsibles e imprevisibles, registrables objetiva o subjetivamente – en el que las personas o los grupos participan activamente de sus propios cambios y en los de su entorno social

En esta definición, se puede destacar la noción de salud mental vinculado a la cuestión del equilibrio. Es importante señalar que ésta no es una noción de equilibrio en sentido absoluto, sino que se lo considera como relativo; en términos de Jean Piaget se podría decir que el desarrollo de la personalidad es una búsqueda y ruptura permanente del equilibrio en pos de otro equilibrio superador del anterior.

Además de los conflictos propios, el individuo se ve sometido a la acción ambivalente de lo social. La sociedad le envía mensajes contradictorios, que afectan sus condiciones de equilibrio. Lo que por un lado le ofrece (a través de la publicidad), por otro se lo quita (por las condiciones de carencia a que lo somete).

Se observa que el equilibrio al que se hace referencia es progresivo, en términos de Pichón Rivière un equilibrio espiralado, ya que cuando se rompe se reestablece una vuelta más arriba, superando el estadio anterior.

El sujeto sería una totalidad que se retotaliza a cada momento, permitiéndonos reflexionar sobre un sujeto que no es una suma de partes, sino un permanente proceso de integración.

Al hablar de proceso de integración, necesariamente hacemos referencia a la cultura, tal como lo puntualizan Galli V. y Malfé R. (1996), quienes sostienen que la salud mental es una función de las características de la sociedad y de la ubicación de distintos grupos sociales dentro de ella, dado que la calidad de vida mental está referida a la posibilidad de: a) participar en forma activa de los cambios propios y de los de su entorno, b) tener una percepción del sufrimiento como parte de las vicisitudes de la vida, integrándolo como una experiencia posibilitante del desarrollo personal, y c) el sostenimiento de la capacidad de imaginar.

Cuando hacemos referencia al bienestar mental, hablamos de un sujeto culturalmente dado, integrado como persona, pero a la vez, en proceso de integración con el todo social y cultural, del que participa activamente a través de grupos, organizaciones, instituciones y otras formas culturales (las acepte o las rechace).

Esta definición considera a las personas dentro de su ciclo vital, expuestas a situaciones de vulnerabilidad o crisis en las que se juega la salud o la enfermedad.

Según Jaime Breilh (2003), los condicionamientos sociales de cada espacio y tiempo, es decir los procesos en los que se desenvuelve la sociedad y los modos de vida grupales, adquieren propiedades protectoras o benéficas (saludables) o destructivas y deteriorantes (insalubres) que se desencadenan simultáneamente. Cuando un proceso se torna beneficioso se convierte en favorecedor de las defensas y soportes y estimula una direccionalidad favorable para la vida humana, individual o colectiva, mientras que cuando ese proceso se torna destructivo provoca privación o deterioro de la misma.

Estos conceptos, desde el marco teórico, deben inscribirse en el desarrollo social, ya que los mismos son el producto de la particular coyuntura económico--social en la que se inscriben.

En el caso de la sociedad capitalista del tercer milenio se observa, como afirmó Asa Cristina Laurell (1992), los rasgos más sobresalientes de los programas económicos de ajustes que se inspiran en las teorías neoliberales en boga en Latinoamérica, están constituidos entre otros aspectos por la reducción drástica y estricta del gasto público, el incremento de los bienes y servicios, una nueva definición del tipo de cambio, la apertura de las economías (comercial y de inversión) regionales al mercado global, privatización de las empresas públicas, la desregulación de la actividad financiera, la precarización del mercado de trabajo.

Los neoliberales rechazan al estado de bienestar porque propugnan los valores tales como el individualismo, la competencia y el mercado como punto de partida de todo programa económico. Las estrategias encaminadas a reducir la acción del Estado son el recorte del gasto social, con la consecuente eliminación de programas y reducción de beneficios a los sectores más débiles de la sociedad, la focalización del gasto, la privatización de la producción de servicios y la descentralización de los servicios públicos al nivel local. La autora, sin embargo, advierte que los planteamientos neoliberales han impulsado el debate sobre problemas reales de muchas instituciones públicas como son el centralismo, el burocratismo, el autoritarismo y otras prácticas antidemocráticas.

Al definir la vulnerabilidad como una situación de riesgo en la que el sujeto no dispone o no puede implementar herramientas conceptuales o prácticas para enfrentar ese riesgo, se pudo trabajar la VPSL como un riesgo que afecta tanto a trabajadores ocupados como desocupados y se constituyó como un concepto transversal, por cuanto pueden estar sujetos a situaciones de VPSL tanto sectores en situación de emergencia económica (indigentes) como sectores con trabajos inclusivos que se encuentran dentro del sistema legítimo de relaciones laborales (lo que la OIT define como empleo decente o que otros autores lo refieren como mercados primarios de trabajo).

Uno de estos sectores lo constituyen trabajadores de diferentes tipos de actividades empresariales pero que tienen un denominador común, la atención directa al público. Entre estos trabajadores encontramos empleados bancarios, de comercio, de *call center*, de maxi kioscos, empleados bancarios, comerciantes, etc.

Registros de campo

- "Uno negativo que podría ser el delito, me he comido el garrón de hurtos y esas cosas." (Gastón, 20 años, empleado maxi kiosco)

- "La inseguridad que te da. Las malas administraciones del gobierno hacen que vos no puedas estar seguro de si mañana te va a ir bien también." (Matias, 26 años, empleado maxi kiosco)

- "La gente anda mal y entonces se la agarra toda con vos por cualquier cosa." (Oscar, 59 años, empleado maxi kiosco)

- "Lo malo es que la atención al cliente cansa, los métodos de control de calidad cambian continuamente y nunca se está seguro de cómo proceder, la gente que ocupa cargos de supervisión no está calificada para hacerlo." (Evelin, 29 años, empleada *call center*)

- "El maltrato de los clientes a veces no es fácil de tolerar." (Evelin, 29 años, empleada *call center*)

- "La mayoría (de los clientes) no entiende bien que es lo que hacemos en la empresa y no entiende por qué atendemos a clientes de otros países. Los que lo entienden notan la precarización o lo ven como un trabajo temporal." (Evelin, 29 años, empleada *call ce*nter)

- "Tengo miedo de desbordarme emocionalmente y que me quite tiempo y energías para hacer lo que es importante para mí." (Ana, 26 años, empleada *call center*)

- "Mientras estoy en el trabajo estoy desganada y miro el reloj para ver cuando llega la hora de irme. Y cuando vuelvo me siento cansada, con dolor de cabeza, pero feliz de haber terminado la jornada. Me cambia el humor." (Ana, 26 años, empleada *call center*)

- "Si, la impotencia, no hay una espalda que esté, la excesiva responsabilidad mía me angustia, porque quiero otros resultados y no me siento apoyada. La cantidad de gente también, me angustia por que el exceso de trabajo me sobrepasa y eso me provoca estrés y cuando cobro el sueldo también, me provoca angustia." (Susana, 39 años, empleada bancaria)

- "El trato de la gente hacia mí, me angustia y la falta de apoyo de los jerárquicos. Las dos primeras semanas del mes, hay mucha gente, el trato de la gente para que te atiendan más rápido, te agreden. Una abogada, se sobreexcitó por que no lo atendíamos al padre y eran las 4 de la tarde y seguía la línea de la numeración por la cual yo atiendo, y en ningún momento dejé de atender para irme a comer, ni al baño, ni nada; y me agredió verbalmente diciendo que iba a elevar un acta y demás, por que no había sido atendida. Las razones eran más que suficientes y yo más de lo que hacía no podía hacer. Me enoja el no reconocimiento de mis superiores y trato que tiene la gente. De vez en cuando un premio que bien merecido lo tengo. Todo lo que dijimos antes, el no reconocimiento, el exceso de trabajo, haces más y más te dan pero sin ningún tipo de reconocimiento ni remunerativo, ni personal." (Susana, 39 años, empleada bancaria)

- "Y la inseguridad, estás expuesta a gente desconocida. La inseguridad, además que ahora se está trabajando muy mal, por la situación general del país, y no sabes a veces si vas a poder seguir un mes más o no." (Sandra, 49 años, comerciante)

Análisis de los registros presentados

Si analizamos estos testimonios recogidos en nuestro trabajo de campo podemos extraer algunas conclusiones interesantes.

Empezaremos por lo más visible, los trabajadores que tienen tareas de atención al público, se ven sometidos a situaciones permanentes que les producen estrés laboral.

Cuando hablamos de atención al público, hacemos referencia al contacto directo con el usuario del servicio, no es necesario que ese contacto sea cara a cara, un usuario que se contacta con un empleado de un *call center* impresiona en forma aguda la subjetividad de éste.

El empleado de atención al público constituye una especie de *front office* de la empresa, sobre él recaen todas las demandas del usuario, que no ve, ni tiene porque ver, que ese empelado es sólo un engranaje de la organización.

En la representación social del cliente, quien lo atiende es parte de la organización a la que dirige la queja, o de la que demanda un servicio. Por lo tanto, este actor está sometido a diversas tensiones que le producen estrés.

En primer lugar, está sometido a las exigencias de eficiencia, cumplimiento de las disposiciones reglamentarias de la organización y tensiones de la estructura de la organización. Esto se expresa con claridad en los registros 4, 9 y 10 en los que los/las entrevistados/as nos indican cómo operan la sobre exigencia de las organizaciones, los problemas de gestión, la relación con los superiores jerárquicos, etc.

En segundo lugar, reconocemos como factor estresante las exigencias de la clientela, la cual al ver como representantes de la organización a los empleados, tiene actitudes equívocas con éstos, actitudes que pueden llegar a la agresión verbal o física. Esto es referido por los entrevistados en los registros 3, 5 y 6.

En tercer lugar, encontramos como factor de estrés laboral las propias exigencias del sujeto, que necesita tanto para su estabilidad laboral como para su representación personal realizar bien la tarea. En los registros 7, 9 y 10 encontramos testimonio de esta situación.

En cuarto lugar, la atención al público, desde la perspectiva que podríamos denominar directa, suma a las exigencias anteriores el factor de la inseguridad, es decir el miedo a los hurtos, a la inseguridad general, etc. Esto es claramente expresado en los registros 1, 2 y 11.

Todas estas situaciones tienen como resultado la afectación de los parámetros de salud mental de los sujetos en atención al público, lo que trae como resultado una fuerte carga de sufrimiento psíquico, que afecta tanto la salud mental como física de estos trabajadores. Esto lo encontramos en los registros 7,8, 9 y 10.

Cuando definimos la VPSL, hicimos referencia a dos cuestiones de suma importancia en la especificación conceptual de la misma, la presunción de riesgo y la dificultad de contar con las herramientas necesarias para afrontar ese riesgo.

Estos dos factores se encuentran presentes en los registros que hemos analizado, los trabajadores que se encuentran en atención al público cada día de trabajo llegan a sus tareas con lo que podríamos definir como ansiedad, la que, tomada en el sentido que le da Freud, constituye una señal de alarma para el sujeto, que siente la posibilidad de que, durante sus tareas sea sometido a las cargas que hemos descripto más arriba, y por el otro lado, lo que empezamos a ver es que las organizaciones que los emplean no los proveen de los dispositivos y herramientas para afrontar esas situaciones. Estos dispositivos y herramientas serían contar con la formación continua para trabajar los problemas que afrontan los trabajadores en situación de atención al público, analizando situaciones reales que ocurren para ver las distorsiones del sistema organizacional, el desarrollo de estrategias correctivas a las perturbaciones que implican los problemas de atención al público, el soporte de los niveles jerárquicos con sus subordinados, asumiendo responsabilidades frente al cliente que reclama e informando las perturbaciones que existen en el sistema a sus superiores, con el fin de que estos tengan una lectura real de la organización y su funcionamiento y se aboquen al mejoramiento de la prestación del servicio y finalmente, la existencia de medios de contención psicológica que le permitan al trabajador poner en discurso su angustia y ansiedad para poder elaborarlas y evitar el excesivo sufrimiento psíquico al que esta sometido.

Breves conclusiones

Creemos que este material pone en evidencia la situación de vulnerabilidad psico-socio-laboral en la que se encuentran los trabajadores de atención al público.

En segundo lugar, nos da una pista para analizar las relaciones de esta variable con el deterioro de la salud mental y el sufrimiento psíquico al que se hallan expuestos.

También nos permite valorar la producción de estrés laboral en la situación de trabajo y las causas que tiene esa producción de estrés laboral.

Poder contar con las herramientas que permitan valorar el riesgo al que se encuentran sometidas poblaciones extensas de trabajadores en situación de VPSL permite generar la información necesaria para mejorar la calidad de trabajo y de vida de las personas y poder generar políticas de Estado que se centren en el adecuado mapeo de los riesgos en el trabajo y permitan desarrollar acciones de control y prevención que mejoren las condiciones de trabajo, evitando el sufrimiento psíquico innecesario de la población trabajadora. Es, por lo tanto, muy necesaria la inclusión de esta variable (atención al público) en el desarrollo de un instrumento destinado a medir el grado de VPSL que padecen los trabajadores tanto ocupados como desocupados.

Bibliografía

Álamo, S. (2006). *Aspectos de la salud mental en emergencias y desastres.* Consultada abril de 2009, de: http://www.disaster-info.net/lideres/spanish/peru2006/.pdf

Asa Cristina Laurell. (1992). La política social en el proyecto neoliberal. *Cuadernos Médicos Sociales,* vol (40??. Rosario: CESS.

Bonantini C.& Simonetti G. (2009). Aspectos conceptuales, metodológicos y prácticos del estudio de la vulnerabilidad psicosociolaboral (VPSL). *Revista Aristeo,* 1(1), 15-27.

Bonantini, C., Simonetti, G. & Quiroga, V. (2005). Trabajo y salud mental: autogestión del trabajo para la ocupabilidad y la prevención. *Anales de Discapacidad y Salud Mental,* 4, (1), 116-128.

Bonantini, C., Simonetti, G., *et al.* (2004). Vulnerabilidad y salud mental: un análisis de los efectos del desempleo sobre la salud mental. *Cuadernos Sociales,* 5, 11-75.

Bonantini, C.; Simonetti, G.; Michelín, M. y Col. (2002). Análisis del desempleo y sus efectos sobre la salud. *Revista Iberoamericana: Educación, Salud y Trabajo,* 2-3, 75-92.

Bonantini, C.; Simonetti, G.; Michelín, M. & Napione Bergé, M.E. (1999). *El Mito de Saturno: desocupación y vida cotidiana.* Rosario, Argentina: U.N.R. Editora.

Breilh, J. (2003). *Epidemiología crítica: ciencia emancipadora e interculturalidad.* Buenos Aires: Lugar Editorial.

Bueno-Sánchez, E. & Cervantes-Barragán, D. (2006). Una exploración de la vulnerabilidad sociolaboral en el estado de Zacates. *Revista Ele Zacatecana sobre Población y Sociedad,* año 6, (29),1-14. Recuperado el (por ejemplo) 13 de septiembre de 2010, de: http://sociales.reduaz.mx/art_ant/vulnerabilidad.pdf

Castel, R. (1995). De la exclusión como estado a la vulnerabilidad como proceso. *Revista Archipiélago,* 21, 27-36.

Castoriadis, C. (2005). *Los dominios del hombre.* (4ta reimp.). España: Gedisa editorial.

Diccionario Everest Cúspide de la Lengua Castellana. (11a ed.). León, España: Editorial Everest S.A.

Fahrer, R. y Col. (2003). *Manual de Psiquiatría.* (2º ed.). Buenos Aires, Argentina: La Prensa Médica.

Frankenhaeuser, M.& Gardell, B. (1976). Underload and overload in working life: outline of a multidisciplinary approach, *Journal of Human Stress*, 2 (3), 35-46.

Galli V. (1986). *Salud mental: definiciones y problemas*. Argentina: Dirección Nacional de Salud Mental, Secretaría de Salud.

Galli V. & Malfé R. (1996). Desocupación, identidad y salud. En *Sin trabajo* (si es un libro, edición del libro entre paréntesis, y página en la que se encuentra el texto de Galli). Buenos Aires: Losada/UNICEF.

Gómez-Jarabo, G., Simonetti, G., Bonantini, C. & Quiroga, V. (2007) Vulnerabilidad psicosociolaboral, trabajo y salud mental. *Psicopatología*, 27, (1 y 2), 45-70.

Herrera, J. & Hidalgo, N. (2003). Vulnerabilidad del empleo en Lima: un enfoque a partir de encuestas a hogares. *CEPAL SERIE Financiamiento del desarrollo*, (130), 1-117. mayo 2003, pp. 1-117. ISSN versión electrónica 1680-8819, Tomado de: http://www.undp.org/povertycentre/publications/ employment/VulnerabilidaddeEmpleoenLima-CEPAL-May03.pdf

Johnson, B. (2000). *Enfermería de salud mental y psiquiátrica*. (4ta ed.). España: McGraw-Hill, Interamericana de España.

Perona, N. & Rocchi, G. (2001). Vulnerabilidad y exclusión social: una propuesta metodológica para el estudio de las condiciones de vida de los hogares. *KAIROS, revista de temas sociales*, año 5, (8), 1-9. Tomado de http://www.fices.unsl.edu.ar/~kairos/k08-08.htm

Pizarro, R. (2001). La vulnerabilidad social y sus desafíos: una mirada desde América Latina. *CEPAL SERIE estudios estadísticos y prospectivos*, (6), 1-71. Santiago de Chile, 2001, pp. 1-71. ISBN: 92-1-321790-0. Tomado de: http://www.eclac.org/publicaciones/xml/3/6553/lcl1490e.pdf

Plut, S. (2006). *Estudio exploratorio del estrés laboral y trauma social de los empleados bancarios durante el corralito*. Buenos Aires: Universidad de Ciencias Empresariales y Sociales.

Quiroga, A. (1998). *Crisis, Procesos Sociales, Sujeto y Grupo*. Buenos Aires: Ediciones Cinco.

Sagone, M.A. (Coord.) (2003). *Vulnerabilidad social: hacia un enfoque pro activo de la seguridad social en Guatemala*. Guatemala: Red Nacional de Seguridad Social RENASES. Consultada abril de 2009, http://www.iepades. org/Manualfinal.pdf

Segurado Torres, A. y Agulló Tomás, E. (2002) "Calidad de vida laboral: hacia un enfoque integrador desde la Psicología Social". Psicothema, vol. 14, núm 4, España, pp. 828-836. ISSN 0214 – 9915. Tomado de: http://www.psicothema.com/pdf/806.pdf

Sennett, R. (2000) *La corrosión del carácter. Las consecuencias personales del trabajo en el nuevo capitalismo*. Barcelona: Anagrama.

Thorsrud E. (1975) La democratización del trabajo y los procesos de transformación de la organización. *Sociología del trabajo*, 3.

Wilches Chaux, G. (1989). *Desastres, Ecologismo y Formación Profesional*. Colombia: Servicio Nacional de Aprendizaje.

23

PERCEPCIÓN DE LA CALIDAD Y SATISFACCIÓN DE LOS SERVICIOS BIBLIOTECARIOS EN UNA UNIVERSIDAD PÚBLICA

Guadalupe Centeno Ley [1]
Magdalena Escamilla Quintal [1]
Thelma Cetina Canto [1]
Isabel Reyes-Lagunes [2]

Introducción

En el proceso educativo las bibliotecas universitarias juegan un papel determinante, ya que tienen la función de seleccionar, adquirir materiales documentales, organizarlos de la mejor manera y ponerlos al servicio.

El estudio de la percepción de la calidad y la satisfacción por los servicios bibliotecarios, resulta sumamente importante ya que tal percepción contribuye a un mejor conocimiento de la situación actual y permite desarrollar metodologías de estrategias para el mejoramiento de la calidad y satisfacción del servicio a partir de los resultados obtenidos.

Con base en lo anterior, el presente trabajo tiene como objetivos: establecer si existen diferencias en la percepción de la calidad con relación al tipo de estantería y medir el nivel de satisfacción de los usuarios por los servicios prestados.

Papel de la biblioteca universitaria

La calidad de la Educación Superior está suscrita a la función de la Universidad y la eficiencia de ésta radica entre otros factores, en la calidad de su sistema

---

[1] Universidad Autónoma de Yucatán.
[2] Universidad Nacional Autónoma de México.

bibliotecario; razón por la cual el papel que le corresponde a las bibliotecas universitarias dentro de un sistema educativo es de gran importancia para el desarrollo integral de la comunidad universitaria (Verdugo, Vega & Palacios 1994); ya que es una organización que selecciona, adquiere, conserva y transmite información, apoyando a la vez e influyendo en los programas académicos, y de una manera decisiva a través de instrucción al usuario (Sametz, 1994).

Los servicios bibliotecarios son los principales ejes en torno a los cuales la vida de una institución se desarrolla y gira, ya que a través de ellos se obtiene la información requerida y necesaria para una formación integral de los miembros que la conforman. Los servicios bibliotecarios son la columna vertebral de la universidad y sirve para conservar el conocimiento, difundirlo entre los integrantes y transmitirlo a las siguientes generaciones. A través de ellos, se seleccionan, adquieren, organizan y controlan los materiales bibliográficos. Las bibliotecas, como unidades de información, empiezan a sentir la necesad de rendir cuentas de su actividad y demostrar que los recursos asignados se están utilizando adecuadamente y con ello, proporcionando servicios con calidad.

Tipos de estantería

Existen tres estilos de organización de las estanterías de las bibliotecas: dependiendo del tamaño de la comunidad a la que pertenece y a la cantidad de usuarios que atiende. Las organizaciones en las bibliotecas están establecidas según el tipo de estantería y servicios que ofrecen; los cuales pueden ser: abiertas, cerradas o mixtas.

Clasificación de los servicios bibliotecarios y tipos de usuarios

En cuanto a los servicios que ofrecen las bibliotecas, Verdugo, Vega y Palacios (1994) mencionan que la biblioteca puede desarrollar para sus usuarios una amplia gama de servicios que pueden ser por:

a) su naturaleza: servicios internos y externos

b) el tipo de necesidades de información: servicios generales o especializados

c) la forma de presentación: servicios manuales y automatizados.

En cualquiera de estas categorías los servicios pueden combinarse con base a la intención del mismo, las necesidades de los usuarios, el nivel académico, e infraestructura con la que cuente la biblioteca.

En el Código de Ética Profesional del Colegio Nacional de Bibliotecarios de México (1991) establece en cuanto al acceso a la información, que los profesionales de la bibliotecología deberán estar conscientes del significado y valor de la información para el desarrollo nacional en todos sus aspectos, por lo que facilitarán y permitirán el acceso a la información.

Mendoza (1999) describe los tipos de usuarios que existen: usuarios reales, son los que asisten a la biblioteca y hacen uso de sus servicios en forma esporádica o sistemática y son, por lo tanto, tangibles, concretos y verdaderos y los usuarios potenciales: o sea es toda la comunidad de la institución a la que la biblioteca debe satisfacer todas sus necesidades de información y que por lo mismo son posibles usuarios de los servicios bibliotecarios.

Percepción de la calidad y satisfacción de usuarios

El concepto de calidad ha evolucionado vertiginosamente desde las iniciales especificaciones hasta desembocar en la satisfacción del usuario como principio básico de la calidad total, pues implica calidad en todos los niveles: desde la concepción de los productos, calidad de producción y de procedimientos y calidad de servicio.

El concepto de satisfacción con el uso de los servicios ha sido definido por varios autores y no concuerdan en una definición, pues abarcan diferentes aspectos al respecto. Según Martínez-Tur, Peiró y Ramos (2001) "desde los primeros estudios sobre la satisfacción hasta la actualidad ha ido variando su concepción, enriqueciéndose según han ido pasado los años" (pág. 30).

Gerson (1994) menciona que los beneficios de medir la calidad y la satisfacción de sus clientes pueden ser resumidos en cinco declaraciones:

1. Las medidas le dan a la gente un sentido de logro y resultados que serán trasladados como un mejor servicio al cliente.

2. Las medidas le darán a la gente un estándar básico de desempeño y un posible estándar de excelencia que ellos deben tratar de alcanzar. Esto lo llevará a mejorar la calidad e incrementar la satisfacción de los clientes.

3. Las medidas ofrecen una retroalimentación inmediata, especialmente cuando el cliente está midiendo la actuación de la compañía.

4. Las medidas le dicen lo que debe de hacer para mejorar la calidad y satisfacción de sus clientes y cómo debe de hacerlo. Esta información también puede venir directamente de sus clientes.

5. Las medidas motivan a la gente a desempeñar y alcanzar niveles mayores de productividad (pág. 31).

Para Heskett *et al.* (1993), la calidad de un servicio no puede determinarse de un modo objetivo del mismo modo que la de un producto manufacturado, que puede ser inspeccionado con el fin de garantizar que cumple estándares precisos y predeterminados. Al diseñar la manera en como se prestan los servicios es importante tomar como alternativas sucesivas el punto de vista del cliente, el del realizador del servicio y el de la empresa que presta el servicio.

Método y objetivos

1. Establecer qué tipo de estantería cuenta con mayor número de usuarios.
2. Medir la percepción de la calidad de los servicios en los diferentes tipos de estantería que hay dentro de Universidad Autónoma de Yucatán (UADY).
3. Establecer si existen diferencias en la percepción de la calidad con relación al tipo de estantería.
4. Medir el nivel de satisfacción de los usuarios por los servicios solicitados en los diferentes tipos de estantería.
5. Establecer las diferencias en la satisfacción de los usuarios por los servicios solicitados en los diferentes tipos de estantería.
6. Establecer la relación entre la percepción de la calidad de los servicios y la satisfacción de los usuarios.
7. Proponer qué tipo de estantería es ideal en las bibliotecas de la UADY.

Se utilizó un diseño ex post facto (Kerlinger, 2002), es decir, solamente se trató de explicar las relaciones existentes con el objetivo de identificar cuál es el mejor tipo de estantería con el cual deberían de contar las bibliotecas de la UADY.

Variables

En la presente investigación se manejaron como variables independientes el tipo de estantería de las bibliotecas: abierta, cerrada y mixta y como variables dependientes la calidad y satisfacción.

Participantes

Participaron 500 usuarios de los cuales el 51.4%(257) fueron mujeres y el 48.8%(243) hombres, la edad promedio fue de 19.91 años, y un rango que comprendió de 39 a 15 años. También se observó que el 22.6% (113) tenían una escolaridad de tercero de preparatoria, el 22.2% (111) de tercero de licenciatura y el 5.8% (79) primero de preparatoria.

Instrumentos

Para medir la percepción de la calidad se utilizó una escala, compuesta por 59 reactivos con cinco opciones de respuesta, la cual está formada por siete dimensiones: percepción de los servicios prestados por el personal, distribución de las instalaciones, satisfacción de las necesidades de información, satisfacción con los préstamos, accesibilidad a la información, satisfacción de los requerimientos de información y percepción de la atención del personal.

Escala de satisfacción del 1 al 10

En el instrumento final se les cuestionó que indicarán en una escala compuesta con un solo reactivo, con opción de respuesta, que va del 1 al 10 en la cual se le solicita al usuario indique qué tan satisfecho está con los servicios que se ofrecen en las bibliotecas de la Universidad.

Resultados

En relación con el sexo se observó que el 51.4% (257) fueron mujeres y el 48.6 (243) hombres. Asimismo la edad promedio fue de 19.91 años y la desviación estándar de 3.29 y un rango que comprendió de 39 a 15 años. También se observó que el 22.6% (113) de la muestra tenía una escolaridad de tercero de preparatoria, el 22.2% (111) tercero de licenciatura y el 15.8% (79) primero de preparatoria. Con respecto a la frecuencia de asistencia a la biblioteca, se encontró que el 41.0% (205) asisten una vez por semana, el 22.2% (111) sólo por tarea y el 13.2% (66) diario. De acuerdo al tipo de estantería el 33.2% (166) fueron de estantería abierta, el 33.2% (166) cerrada y el 33.6% (168) mixta.

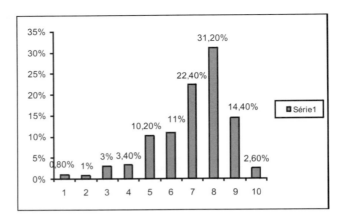

Figura 1 - Distribución de frecuencias de la escalada de satisfacción

Respecto a la satisfacción que tienen los usuarios por las bibliotecas de la Universidad Autónoma de Yucatán, en una escala del 1 al 10, donde 1 es nada y 10 mucho, se observó que el 31.2% (156) se situó en 8, el 22.4% (112) se situó en un 7 y el 14.4% (72) se situó en 9.

Percepción de la calidad

Se realizó un análisis descriptivo de la escala de percepción y se encontró que los estudiantes que participaron en este estudio, obtuvieron una puntuación por arriba de la media teórica (M=2.5). Para el análisis psicométrico, en primer lugar se realizó un análisis de discriminación de reactivos a través del cruce de tablas y por medio de la prueba t de Student, los resultados indicaron que de las 59 afirmaciones que constituía la escala, todas discriminaron más allá del nivel .01.

Posteriormente se realizó un análisis factorial exploratorio con rotación ortogonal con el objetivo de conocer cuáles eran los factores que conformaban la escala de percepción.

Se encontró que se formaron 10 factores con un valor propio mayor a uno y que explicaron el 60.74% de la varianza total acumulada después de la rotación. Los resultados obtenidos en la tabla de la matriz factorial revelaron que de los 10 factores formados originalmente sólo los siete primeros tenían una estructura conceptual clara, con más de dos reactivos. De tal manera que a los primeros factores se les denominó de la siguiente manera: F1) Percepción de los servicios prestados por el personal, F2) Distribución de las instalaciones.

Factor 3: Satisfacción de las necesidades de información. Conformaron este factor 9 afirmaciones, F4: Satisfacción con los préstamos, F5) Accesibilidad de la información, F6) Satisfacción de los requerimientos de información (4 ítems), F7) Percepción de la atención del personal (3 ítems).

La consistencia interna obtenida por el alpha de Cronbach para cada factor fue >.70 con excepción del factor 7 que tuvo un alpha de 0.58 (ver Tabla1).

Tabla 1 - Consistencia interna, medias y desviaciones estándar obtenidas para cada uno de los factores de la escala de percepción de la calidad.

Factor	Nº de reactivo	Media teórica 2.5	M	DE	α	Rango teórico
1. Percepción de los servicios prestados por el personal	18		3.36	.778	.95	1-5
2. Distribución de las instalaciones	9		3.45	.743	.80	1-5
3. Satisfacción de las necesidades de información	9		3.36	.740	.89	1-5
4. Satisfacción con los préstamos	6		3.34	.860	.85	1-5
5. Accesibilidad de la información	4		3.02	.813	.72	1-5
6. Satisfacción de los requerimientos de información	4		2.86	.846	.75	1-5
7. Percepción de la atención del personal	3		3.88	.765	.58	1-5

Los resultados para la muestra global revelaron una percepción de calidad respecto a los servicios que se ofrecen en las bibliotecas de sus escuelas y facultades, esto se puede observar en las puntuaciones altas de las medias de los factores de los servicios prestados por el personal, la distribución de las instalaciones, la satisfacción de sus necesidades de información, la atención del personal, de igual forma, en las puntuaciones un poco bajas de la media del factor de satisfacción de los requerimientos de información.

Análisis de diferencias por tipo de estantería

En este caso se encontró que hubo diferencias significativas en el factor "Percepción de los servicios prestados por el personal" (F(2,0)=9.95; p=.001) en donde la prueba Scheffé reveló que los usuarios de bibliotecas mixtas presentan una media más alta (M=3.57) que difiere significativamente de la estantería abierta (M=3.26) y de la estantería cerrada (M=3.24).

En el factor "Distribución de las instalaciones", se encontraron diferencias significativas en el tipo de estantería (F(2,0)=7.31; p=.001) en el cual la prueba Scheffé mostró que los usuarios de las bibliotecas de estantería mixta (M=3.62) difieren significativamente de la estantería cerrada (M=3.38) y de la estantería abierta (M=3.34).

En el factor "Satisfacción de las necesidades de información" se encontraron diferencias significativas en el tipo de estanterías (F(2,0)=12.32; p=.001) en el cual la prueba Scheffé mostró que los usuarios de las bibliotecas de estantería mixta presentan una media más alta (M=3.53) que la diferencian de las bibliotecas con estantería abierta (M=3.41) y de las bibliotecas de estantería cerrada (M=3.15).

En el factor "Accesibilidad de la información" se encontró diferencias significativas respecto al tipo de estantería (F(2,0)=12.36; p=.001) en el cual la prueba Scheffé mostró que los alumnos que participaron en este estudio, de las bibliotecas de estantería mixta (M=3.26) difieren significativamente de las bibliotecas con estantería abierta (M=2.96) y de las bibliotecas de estantería cerrada (M=2.83).

En el factor "Satisfacción de los requerimientos de información" se encontraron diferencias con relación al tipo de estantería (F(2,0)=10.09; p=.001) en el cual con la prueba Scheffé se demostró que los usuarios de bibliotecas de estantería mixta, presentan una media superior (M=3.02) que difiere de las bibliotecas con estantería abierta (M=2.94) y con las bibliotecas de estantería cerrada (M=2.63) (ver Tabla 2).

Tabla 2 - Diferencias por tipo de estantería respecto a la Percepción de la calidad.

Factor	F	gl	Media Cerrada	Media Abierta	Media Mixta	p
1. Percepción de los servicios prestados por el personal	9.95	2	3.24	3.26	3.57	.001***
2. Distribución de las instalaciones	7.31	2	3.38	3.34	3.62	.001***

Percepción de la calidad y satisfacción de los servicios bibliotecarios en una universidad pública — 387

Factor	F	gl	Media Cerrada	Media Abierta	Media Mixta	p
3. Satisfacción de las necesidades de información	12.32	2	3.15	3.41	3.53	.001***
4. Satisfacción con los préstamos	3.83	2	3.28	3.25	3.49	.022
5. Accesibilidad de la información	12.36	2	2.83	2.96	3.26	.001***
6. Satisfacción de los requerimientos de información	10.09	2	2.63	2.94	3.02	.001***
7. Percepción de la atención del personal	.192	2	3.86	3.87	3.91	.825

***$p \leq 0.001$

Análisis de diferencias por tipo de estantería

Se realizó un Análisis de varianza de una sola vía con sus contrastes a posteriori Scheffé. En el factor "Cantidad de los servicios" se encontraron diferencias significativas en el tipo de estanterías de las bibliotecas ($F(2,497)=10.19$, $p=.001$) en donde la prueba Scheffé comprobó que las bibliotecas de estantería mixta presentaron una media superior ($M=4.79$) que difiere significativamente de las bibliotecas de estantería abierta ($M=4.38$) y de las de estantería cerrada ($M=4.25$) y en el factor "Calidad de los servicios", no reencontraron diferencias significativas en los tres tipos de estantería (véase tabla 3).

Tabla 3 - Diferencias por tipo de estantería respecto a Servicios

Factor	F	gl	Media Cerrada	Media Abierta	Media Mixta	p
1. Cantidad de los Servicios	10.19	2,497	4.25	4.38	4.79	.001***
2. Calidad de los Servicios	2.01	2,497	4.62	4.54	4.78	.135

$p=\leq.001$***

En el factor "Calidad de la atención" se encontró diferencias significativas por el tipo de estantería de las bibliotecas ($F(2,497)=5.41$, $p=.005$) en donde en este caso la prueba de Scheffé reveló que las bibliotecas de estantería mixta obtuvieron una media superior (M=4.81) que los otros dos tipos de estantería (M=4.41).

En cuanto a las correlaciones entre satisfacción del usuario y la calidad de los servicios realizadas a través del Coeficiente de correlación Pearson, se observa que a mayor satisfacción del usuario por la cantidad de infraestructura de la biblioteca, mejor es su percepción de la calidad del servicio del personal, de las instalaciones, de la calidad de la información, de la calidad de los préstamos y de los requerimientos de la información.

En cuanto a la cantidad de los servicios se observa que es mayor la satisfacción del usuario de la biblioteca cuando mejor percepción tiene de la calidad del servicio del personal, de las instalaciones, de la información, de los préstamos, de la accesibilidad de la información y de los requerimientos de información. Del mismo modo, a mayor satisfacción del usuario por la calidad de los servicios de la biblioteca, mejor es su percepción de la calidad del servicio del personal, de las instalaciones, de la información, de los préstamos y de los requerimientos de información.

Se observa que a mayor satisfacción del usuario con la cantidad de la accesibilidad de la información de la biblioteca, mejor es la percepción de la calidad que tiene del servicio del personal, de las instalaciones, de la información, de los préstamos, de la accesibilidad de información y de los requerimientos de información.

A mayor satisfacción del usuario con la calidad de la accesibilidad de la información de la biblioteca, mejor percepción de la calidad del servicio del personal, de las instalaciones, de la información, de préstamos y de los requerimientos de información.

Se observa que a mayor satisfacción del usuario con la cantidad de la atención del personal de la biblioteca, mejor percepción de la calidad de los servicios del personal, de instalaciones, de la calidad de la información, de préstamos y de los requerimientos de información.

Finalmente, a mayor satisfacción del usuario con la calidad del atención del personal de la biblioteca, mejor es la percepción de la calidad de servicios del personal, de instalaciones, de la información, de los préstamos y de los requerimientos de información (véase tabla 18).

Discusión

El objetivo de la presente investigación fue identificar la percepción de la calidad y satisfacción de los Servicios Bibliotecarios en una muestra de estudiantes de las escuelas y facultades de la Universidad Autónoma de Yucatán.

Tal como lo mencionan Verdugo *et al.* (1994), el valor de una biblioteca, depende en gran medida del tipo, calidad y eficiencia de los servicios que ésta proporcione y de la ayuda y atención que ofrezca a sus usuarios. Es básico considerar para cualquier biblioteca, al usuario como el punto de partida de toda acción a emprender. Lo que el usuario obtenga de la biblioteca, es lo que la biblioteca representa para él.

La investigación se realizó con estudiantes de preparatoria y de licenciatura, y uno de los aspectos que midió este estudio fue la frecuencia con la que acuden a la biblioteca los estudiantes y se encontró que asisten al menos una vez por semana, generalmente por cuestiones académicas, lo que nos lleva a considerar que la biblioteca es importante para su formación escolar. De ahí, la importancia de la biblioteca universitaria como lo mencionan (Sánchez *et al.*, 1996 y Verdugo *et al.*, 1994) como elemento de apoyo a las tareas de docencia, investigación y difusión cultural y representa un papel decisivo en la formación y actividades académicas de estudiantes, profesores e investigadores.

Otro aspecto importante de este estudio era identificar el tipo de estantería idóneo para las bibliotecas de las escuelas y facultades de la UADY. En este punto, los resultados muestran que los estudiantes que participaron en esta investigación con bibliotecas de estantería mixta, perciben mayor calidad en los servicios prestados por el personal; en la distribución de las instalaciones; en la satisfacción de las necesidades de información; en la accesibilidad de la información y en la satisfacción de los requerimientos de información. Pero en cuanto a la satisfacción con los préstamos y la percepción de la atención del personal, no se encontraron diferencias significativas en los tres tipos de estanterías.

Con respecto a la relación entre la percepción de la calidad y la satisfacción por la infraestructura, servicios, accesibilidad de los servicios y atención del personal, encontramos que: a mayor satisfacción de los usuarios con la cantidad de la infraestructura de su biblioteca, mejor es la percepción de la calidad de las instalaciones, del servicio del personal, de la accesibilidad y requerimientos de información y de los préstamos. Lo anterior concuerda con los resultados obtenidos por Pérez-Ventana *et al.* (2000), si se proporciona infraestructura con calidad, cantidad y organización adecuada para satisfacer los requerimientos de servicios de los usuarios, mejor es la percepción de ésta.

Referente a la cantidad y calidad de los servicios que ofrece la biblioteca, mayor es la satisfacción que los usuarios tienen respecto a las instalaciones, la atención del personal, la información y los préstamos que se ofrecen en las bibliotecas a las que pertenecen. Lo que sugiere que los usuarios están de acuerdo con el tipo de servicio que se proporcionan, pero se considera que estos deberían mejorar, pues deberían ofrecerse servicios especializados como diseminación selectiva de información, obtención de documentos, elaboración de bibliografías, etc. Y una de las responsabilidades que tiene el bibliotecólogo es ofrecer servicios con valor agregado, o sea ofrecer servicios que generen mayores beneficios, satisfacciones o atenciones.

También encontramos que a mayor satisfacción por la cantidad y la calidad de la accesibilidad de la información de los usuarios de este estudio, mejor es su percepción de la calidad del servicio del personal, de los préstamos y de la información. Es por ello que si se les ofrece la posibilidad de obtener mayor información y de mejor calidad, los usuarios tendrán más ventajas, pues obtendrán información más actualizada y acorde a sus requerimientos, tanto para sus actividades académicas como para sus proyectos de investigación. Finalmente a mayor satisfacción de los usuarios con la cantidad y calidad de la atención del personal de las bibliotecas, mejor es su percepción de la calidad de los servicios, de las instalaciones y de la información.

Tomando en cuenta lo antes mencionado, una de las grandes responsabilidades que tienen las bibliotecas de la Universidad, es ofrecer servicios con valor agregado, que satisfagan las necesidades o requerimientos de información para cumplir con la misión de la Universidad Autónoma de Yucatán, que es "la formación integral y humanista de personas en un marco de apertura a todos los campos del conocimiento y a todos los sectores de la sociedad" UADY, 2002 (p. 21), que es otorgar los servicios con calidad, calidez y ofrecer capacitación continua para su personal y espacios adecuados para ello.

Bibliografía

Abad, H. R. y Altuna, E. B. (1998). *Medición de la calidad: directrices internacionales para la medición del rendimiento en as bibliotecas universitarias.* Madrid: ANABAD.

Albrecht, K. (1996). *La misión de la empresa: definir el espíritu, establecer los propósitos, fijar el rumbo.* Barcelona: Paidós.

Arellano, A. (1994). *Guía para la formación de usuarios de la información.* México: SEP.

Arellano, A. (2000). *Modelo para la evaluación integral de las bibliotecas de Educación Superior de México.* México: SEP.

Arellano, A. y Verdugo J. (2000). *Situación de los servicios bibliotecarios de las Universidades públicas estatales de México.* México: SEP.

Berry, L. (2002). *¡Un buen servicio ya no basta!: cuatro principios del servicio excepcional al cliente.* Colombia: Norma.

Cantú, H. (2006). *Desarrollo de una cultura de calidad.* (3a. Ed.) México: McGraw-Hill.

Carrasco, M.; Lobato, H.; Orozco, J. y Pagaza, R. (1992). Programa de mejoramiento de calidad de los servicios bibliotecarios. *Memorias de las XXIII Jornadas Mexicanas de Biblioteconomía.* México.

Chiavenato, I. (2008). *Introducción a la teoría general de la administración.* México: McGraw-Hill/ Interamericana

Código de ética profesional del Colegio Nacional de Bibliotecarios de México. (1991). México: CNB;CUIB.

Conde, M. (1999). *Análisis en la Calidad del Servicio.* Tesis de licenciatura no publicada. Universidad del Mayab. México.

Dirección General de Personal; Dirección General de Bibliotecas. Servicios Bibliotecarios. Universidad Autónoma de México. (2000). *Curso de Promoción para bibliotecario.* México: Universidad Nacional Autónoma de México.

Gerson, F. (1994). Cómo *medir la satisfacción del cliente: mantenga la lealtad para siempre.* México: Grupo Editorial Iberoamérica.

Ginebra, J. y Arana R. (1999). *Dirección por servicio. La otra "reingeniería", la "única" calidad.* México: McGraw-Hill.

Gutiérrez, I. (2004). *La estrategia de orientarse hacia el cliente: caso: área de suscripción de una empresa editorial.* Tesis no publicada, México: UADY.

Hernández, F. (1997). Implementación de la calidad total: hacia una nueva cultura bibliotecológica. *Memorias de las XXVIII Jornadas Mexicanas de Biblioteconomía.*

Heskett L., W. Earl y Christopher W. L. Hart. (1993). *Cambios creativos en el servicio.* Madrid: Díaz de Santos.

Kerlinger, F. y Lee, H. (2002). *Investigación del comportamiento.*(4ª. Ed.) México: McGraw-Hill.

Khouri, A. y Feria, L.(1997). Reingeniería de los servicios en las bibliotecas universitarias. *Investigación bibliotecológica.* (11), 22, 63-68.

Manual de organización del Sistema Bibliotecario de la Universidad Autónoma de Yucatán. (Documento de trabajo). (2001). Universidad Autónoma de Yucatán.

Martínez-Tur, V., Peiró, J. y Ramos, J. (2001). *Calidad de servicio y satisfacción de cliente.* Madrid: Síntesis.

Mendoza, L. (1999). *Algunas reflexiones en torno a la educación de usuarios.* México. [internet]. Disponible en .html

Mendoza, M. (2001). *Algunas consideraciones sobre la estantería abierta.* México. [Internet]. Disponible en http://www.dgbiblio.unam.mx/servicios/dgb/publicdgb/bole/fulltext/volVI1/estanteria.html

Münch Galindo, L. (1998). *Más allá de la excelencia y de la calidad total.* México: Trillas.

Normas para bibliotecas de instituciones de educación superior e investigación (2005). México: CONPAB-IES.

Ortíz, E. y Piña, J. (1994). *Modelo para evaluar bibliotecas universitarias mexicanas, aplicación en los sistemas bibliotecarios de cinco universidades públicas estatales.* Guanajuato, Gto. Tésis de MC.; Universidad de Guanajuato.

Pagaza, R. (1989). *Manual para obtener indicadores como apoyo a la evaluación de servicios bibliotecarios en instituciones de Educación Superior.* México: UNAM: ANUIES.

Reyes Lagunes, I. (1993). Las Redes Semánticas Naturales, su conceptualización y su utilización en la construcción de instrumentos. *Revista de Psicología Social y Personalidad.* 9 (1), 83-99.

Rosander, A. (1992). *La búsqueda de la calidad en los servicios.* Madrid: Díaz de Santos.

Sametz, L. (1994). *Guía de la administración de la biblioteca universitaria.* México: SEP.

Sánchez, G.; Valadez, R.; Páez, J. y Zapata, M. (1995). Los círculos de calidad: implementación en el Sistema Bibliotecario de la FES – Cuautitlán. *Memorias de las XXVI Jornadas Mexicanas de Biblioteconomía*. México.

Sánchez, E. y Ortega, L. (1996). La biblioteca académica en el siglo XXI: algunas perspectivas. *Investigación bibliotecológica.*(10), 20, 36-41.

Scout, Dru. (1992). *La satisfacción del cliente: la otra mitad de su trabajo*. México: Grupo Editorial Iberoamericana.

Swanson, R. A. y Holton, E. F. (2002). *Resultados. Cómo evaluar el desempeño, el aprendizaje y la percepción en las organizaciones*. México: Oxford.

Verdugo, J.; Vega, M. y Palacios, C. (1994). *Guía de los servicios de la biblioteca universitaria*. México: SEP.

Verdugo, J. (1989). *Manual para evaluar la satisfacción de usuarios en bibliotecas de instituciones de Enseñanza Superior de la República Mexicana*. México: UNAM: ANUIES.

Vilar Barrio, J., Gómez Fraile, F. y Tejero Monzón, M. (1997). *Cómo implantar y gestionar la calidad total*. Madrid: Fundación CONFEMETAL.

24

VALIDACIÓN DE LA ESCALA DE ACTITUDES HACIA EL TRABAJO EN DESEMPLEADOS ADULTOS

Tomás Izquierdo Rus [1]

Introducción

En los últimos tiempos el estudio de las actitudes ha adquirido una relevancia importante debido a su consideración como riesgo y la proliferación de trabajos en esta parcela de la Psicología Social ha sido y es desbordante. La razón fundamental de este interés se debe a la creencia de su fuerte asociación con la conducta.

El estudio de las actitudes con vistas a la inserción laboral de las personas desempleadas juega un papel importante por varias razones. Por un lado, porque las actitudes influyen en el comportamiento (Baron & Byrne, 2002); y por otro, por la enorme influencia en la inserción o reinserción laboral de los desempleados adultos. Eagly y Chaiken (1993) plantean que si se conocen las actitudes de una persona hacia la búsqueda de empleo puede predecirse su conducta futura y, en consecuencia, promover el cambio de actitudes.

La manifestación de determinadas actitudes es fundamental en la inserción profesional ya que toda persona que emprenda una búsqueda activa de empleo, pondrá en marcha toda una serie de conductas con vistas a lograr su inserción laboral. Montilla (2004) afirma que aquellas personas con un alto nivel de disposición interna hacia la acción de búsqueda de empleo pondrán en marcha más conductas y encontrarán trabajo antes que aquellas otras con niveles de disposición medios o bajos.

Desde el ámbito de la orientación profesional, al hablar de la motivación hemos de considerar todo un conjunto de creencias, expectativas y actitudes de los sujetos ante el empleo. Según considera De Pablo (1996) para lograr la inserción laboral no basta con formarse en conocimientos, habilidades y

---

[1] Departamento de Métodos de Investigación – Universidad de Murcia, España.

destrezas, sino que es necesario también poseer una actitud que favorezca la motivación y autorresponsabilización de la persona para buscar y encontrar un empleo.

El mercado de trabajo condiciona en gran medida las posibilidades laborales de los individuos, pero coexisten otros factores como el nivel educativo, las actitudes hacia el empleo y otras características psicosociales y demográficas (Martínez, García & Maya, 2001) que afectan el itinerario personal de cada sujeto.

El modelo más clásico respecto a la relación entre actitud y conducta es el modelo de actitudes de tres componentes de Rosenberg y Holland (1960). En él se define la actitud como una predisposición a responder a alguna clase de estimulo con tres tipos de respuestas: afectivas (sentimientos evaluativos de agrado o desagrado), cognitivas (creencias, opiniones e ideas acerca del objeto de actitud) y conductuales (intenciones conductuales o tendencias de acción).

Al aplicar estos tres componentes al ámbito laboral, se puede constatar que la falta de actitudes positivas provoca en ocasiones no solo un sentimiento de fracaso sino también la aparición de secuelas de tipo psicológico (depresión, ansiedad, pérdida de autoestima...) lo que obstaculiza la utilización de conductas o estrategias de empleo apropiadas para lograr su inserción laboral.

Desde la orientación profesional, Martínez (2009) afirma que los orientadores intentan, ante esta situación, ajustar las actitudes que se encuentran en sus usuarios con respecto al empleo, de una situación que ellos juzgan de pasividad (desmoralización, apatía con el empleo...), hacia una situación de buscador activo, que es más propia del discurso de la empleabilidad en el que se mueven estas medidas.

Descripción de la escala de actitudes hacia el trabajo

La escala original de Blanch (1990) constaba de una serie de ítems, distribuidos para cada una de las subescalas, donde los sujetos dieron una respuesta a cada uno de ellos, presentándose las respuestas de la siguiente manera: *valora en qué se grado se identificaría con cada una de las acciones o indique si ha realizado...*

Para dar respuesta a los diversos ítems se utilizó una escala de tipo likert con cinco alternativas de respuesta, en la que se indicaba el grado de acuerdo o desacuerdo del sujeto con una serie de afirmaciones sobre la búsqueda de empleo. Los ítems que componen las escalas de actitudes hacia el trabajo se estructuran en torno a las siguientes escalas:

Centralidad del empleo

La mayor parte de los ítems de escala miden la importancia que los sujetos conceden al empleo, en tanto que valor instrumental y que valencia psicosocial, en las circunstancias contemporáneas de su vida. En el marco de la socialización de los individuos, la centralidad del empleo supone colocar al empleo como valor central de su vida. Hace referencia al valor que se le concede al trabajo incidiendo en la ocupabilidad de forma positiva cuando el individuo considera el trabajo como un medio para su realización personal, social y profesional, y no como un fin en sí mismo.

Explicación del desempleo: Atribución interna y atribución externa

Esta escala trata de explorar en qué medida aparecen indicios del papel de tales atribuciones causales sobre las probabilidades de salida de ese estado. Se refiere a la explicación que el demandante de empleo da sobre su falta de trabajo. Tienen menos oportunidades de encontrar trabajo quienes culpan de su situación de desempleo a causas externas (crisis económica, política del gobierno, innovación tecnológica, etc.) que quienes creen que se debe a causas internas (limitada experiencia laboral, falta de formación, poco esfuerzo en buscar trabajo, escasa formación sobre el mercado laboral, etc.).

Autoconcepto personal y profesional

El autoconcepto personal y profesional presenta una serie de respuestas organizadas de los sujetos concernientes a quién, qué, cómo es y cuánto vale uno mismo, en su ámbito personal y profesional. Sobre esa síntesis de percepciones autorreferenciales basa el sujeto parte de su autoimagen, autoestima, autoevaluación, autopresentación y expectativas de desarrollo individual.

Disponibilidad para el empleo

En esta escala se evalúa la disponibilidad subjetiva hacia al empleo por parte de individuos particulares. Se entiende como la predisposición a emplearse en otras ocupaciones similares o en categorías inferiores o con dificultades geográficas y de horario. Las limitaciones en cuanto al tipo de trabajo, horario, salario, movilidad geográfica harán más difícil el acceso a un puesto de trabajo.

Estilo de búsqueda de empleo

Los ítems que componen esta escala, a diferencia del resto de escalas, solicitan al demandante que indique si ha realizado recientemente la actividad que se le especifica. Se trata de medir el grado de actividad con que un demandante de empleo desarrolla su vida cotidiana y su búsqueda de empleo. Entendido así, aquellas personas que posean un estilo de búsqueda activa (visitar empresas, enviar currículo, planificar su tiempo, etc.) tendrán mayores posibilidades de encontrar trabajo que una persona que no le dedique tiempo a la búsqueda de empleo.

Metodología

Participantes

La población estaba formada por 744 inscritos como demandantes de empleo, con edades comprendidas entre 45 y 64 años, residentes en diversos municipios de la provincia de Jaén. El procedimiento utilizado para realizar la aplicación dio lugar a una población demasiado heterogénea, por ello se seleccionó una muestra con elementos en común, concretamente se eligió como criterio el tiempo en desempleo. La muestra final estaba formada 262 personas, de ellas el 51,25% eran hombres y el 48,75% mujeres. De los grupos formados, el 26,7% tenía menos de 3 meses en situación de desempleo, el 31,8% entre 3 y 12 meses, el 18,9% entre 1 y 2 años y el 19,5% más de dos años.

Instrumento

El instrumento utilizado se trataba de una adaptación de las escalas de actitudes hacia el trabajo de Blanch (1990). Se analizó la aplicación de la escala original en otras investigaciones (Marín, Garrido, Troyano y Bueno, 2002; Martínez, García y Maya, 2001) y, en consecuencia, se decidió añadir una nueva escala de especial relevancia, tras una revisión de la literatura sobre el tema.

La nueva escala, denominada *percepción subjetiva sobre la contratación de los empresarios,* trata de explorar las percepciones que los desempleados tienen sobre aquellos aspectos que los empresarios valoran en su contratación. Un amplio número de las situaciones de discriminación en el ámbito laboral se producen por estereotipos y prejuicios acerca de los mayores de 45 años.

Estas percepciones creadas socialmente se refieren a la supuesta "incapacidad" laboral de las personas a medida que envejecen. En general este colectivo es visto como poco productivo, con una salud precaria y poca flexibilidad ante el cambio. Muchos de estos trabajadores han comprobado la existencia de estos prejuicios, experimentado la experiencia del rechazo por parte de los empleadores, que, en muchas ocasiones, prefieren mano de obra joven al considerarla más adaptable y con menos costes laborales.

El motivo que llevó a la adaptación del cuestionario original de Blanch, incluyendo la escala percepción subjetiva sobre la contratación de los empresarios, se debía principalmente a la necesaria adecuación al contexto de la investigación y según las nuevas concepciones del mercado de trabajo.

Procedimiento

Carretero-Dios y Pérez (2005) proponen que la selección de un instrumento debe estar regida por el hecho de garantizar que el mismo cumple con unas propiedades científicas mínimas y esto significaría que se han seguido unas normas internacionalmente aceptadas. Siguiendo las recomendaciones propuestas por estos autores, la adaptación de la escala de actitudes hacia el trabajo se ha desarrollado en tres fases: preparación del cuestionario, prueba piloto y validación.

El primer paso consistió en la elaboración y preparación del cuestionario, para lo que se contó con el asesoramiento de técnicos en orientación profesional que trabajaban en los servicios públicos de empleo. Se utilizó este método para contrastar si los ítems que componían el cuestionario eran suficientes y adecuados, en la apropiada proporción, para medir los diferentes núcleos temáticos y si cada uno medía la dimensión en la que se adjudicaba.

A cada uno de los asesores se le entregó una copia del cuestionario y se le pidió que valoraran en una escala de 1 a 9 cada uno de los ítems en relación con tres aspectos: coherencia (grado de relación ítem-dimensión), representatividad (grado en que un ítem, tal y como está planteado, es el mejor de los posibles) y calidad técnica: (grado en que un ítem, tal y como está redactado, no induce a error por sesgos gramaticales).

El siguiente paso consistió en la realización de una prueba piloto, sobre una muestra de 28 sujetos, para comprobar aquellos errores que pudieran surgir en la recogida de información. Tras esta recopilación de datos inicial se procedió a corregir, eliminar o sustituir aquellos ítems que hubiesen sido marcados por los participantes en la prueba piloto. Finalmente el cuestionario quedó compuesto por 97 ítems.

Por último, el cuestionario fue administrado a la muestra, previo obtención del consentimiento de los sujetos para participar en la investigación. El objetivo de este estudio instrumental (Montero & León, 2007) es validar la adaptación de la escala de actitudes hacia el trabajo y cuyos resultados se muestran a continuación.

Resultados

Se aplicó la validez de constructo mediante el método de análisis factorial con el objetivo de conocer las dimensiones subyacentes en el cuestionario y, determinar, la varianza total explicada. El análisis de los datos se realizó mediante el paquete estadístico SPSS 16.0.

Antes de comenzar el análisis factorial se hizo imprescindible verificar si las variables estaban altamente interrelacionadas, ya que es un requisito que debe cumplirse para que el análisis factorial tenga sentido. Para ello se utilizaron diversos procedimientos estadísticos, siguiendo el esquema de trabajo de García, Gil y Rodríguez (2000), con el fin de comprobar si la matriz de datos reunía las características técnicas para someterla a un proceso de factorización.

Se aplicó el determinante de Matriz de Correlaciones, la prueba de esfericidad de Bartlett y la medida de adecuación muestral KMO. El determinante obtenido es de cero lo que indica la existencia de correlaciones muy altas entre las variables. En la prueba de Bartlett se obtiene un valor de Chi-cuadrado alto (8446,992), al que se asocia una significación de 0,000, por lo que se puede rechazar la hipótesis nula de que la matriz de correlaciones es una matriz identidad. Por último, el valor obtenido para la prueba KMO es de 0,443.

Posteriormente se utilizó el método de extracción de componentes principales, cuyo objetivo es maximizar la varianza explicada. Como resultado se obtuvo que el primer valor acumula un 17,066% de la varianza, el segundo el 10,074%, el tercer factor acumula un 6,258% y así sucesivamente hasta un total de 22 factores. El porcentaje total acumulado indica que con los 22 factores se consigue representar el 78,513% de la variabilidad total.

En último lugar se empleó el método de rotación Varimax para determinar las relaciones existentes entre cada factor y las variables de estudio, favoreciendo así conocer el contenido de cada factor y facilitando su interpretación. Como resultado de la rotación se consiguió la matriz de componentes rotados.

Cada uno de estos factores remite sólo a un aspecto de uno de los bloques temáticos previamente establecidos, quedando distribuidos del siguiente modo: importancia del empleo (1 factor), atribución causal del desempleo (6 factores), autoconcepto personal y profesional (3 factores), disponibilidad para el empleo (7 factores) y percepción sobre la contratación de los empresarios (5 factores).

Sobre esta base empírica se procedió, por criterios teóricos, a reagrupar los factores en conjunto de orden superior (escalas), con los que se trató de medir algunas de las principales dimensiones psicosociales de lo que se ha venido a denominar perfil psicosocial del desempleado (Blanch, 1990). Para ello se forzó la obtención de 6 factores, esperando conseguir una estructura similar a la original. Además teniendo en cuenta las variables que mayormente saturaban en cada factor, la estructura factorial obtenida se muestra en la siguiente tabla.

Tabla 1 - Estructura factorial del cuestionario de actitudes hacia el trabajo.

Factor	Escalas	Varianza Cuestionario	Varianza Blanch(1990)
I	Centralidad del empleo	60,4%	57,0%
II	Atribución externa del desempleo	73,0%	45,8%
III	Atribución interna del desempleo	51,7%	42,4%
IV	Autoconcepto personal y profesional	65,9%	60,1%
V	Disponibilidad para el empleo	67,1%	57,6%
VI	Percepción sobre contratación de los empresarios	65,4%	—

Posteriormente, y una vez comprobada una estructura similar a la original en cuanto a las escalas, se profundizó por el mismo procedimiento en la validez de constructo intraescalas. Así, se realizó un análisis factorial de cada una de las escalas que contienen subescalas.

Factor 1: Mostró una estructura bifactorial compuesta por dos factores, como se muestra en la tabla 2. Estos dos factores se denominaron: efectos sociales del empleo y concordancias jurídicas y económicas del estar empleado. El primer factor explica el 48,1% de la varianza y está compuesto por los ítems: 1, 2, 3, 4, 5, 6, 7, 8, 9, 10, 11 y 14. El segundo factor explica el 12,3% de la varianza y está compuesto por 3 ítems (12, 13 y 15).

Factor 2: Se dividió en dos subescalas según la estructura encontrada por Blanch (1990). Las dos subescalas en atribución causal del desempleo (atribución interna y atribución externa) halladas por el autor se confirman plenamente en esta investigación. En atribución interna se encontraron dos factores que se denominaron atribución interna de características profesionales (54,8%)

compuesta por los ítems 16, 17 y 18 y atribución interna de características personales (18,21%) de los ítems 19, 20 y 21. Se encontró igualmente otros factores en atribución externa: causas externas coyunturales (36,3%) compuesta por los ítems 22, 23, 24, 25 y 26 y causas externas estructurales (15,3%) que agrupa a los ítems 27, 28, 29 y 30.

Factor 3: Esta escala no ha sido tan satisfactoria como la escala anterior al obtenerse un número de factores inferior a la escala de Blanch (1990). Se obtienen tres factores: autoimagen personal, autopercepción profesional y expectativas personales. El primero de ellos con un 40,6% de la varianza agrupa los ítems 31, 32, 33, 34, 35, 36, 37, 38, 39, 40 y 41; el segundo (17%) se compone de los ítems 42, 43, 44, 45 y 46; y, por último, el tercer factor con un 8,3% de la varianza se compone de los ítems 47, 48, 49, 50, 51 y 52.

Factor 4: Se encontró el mayor número de factores coincidiendo en este aspecto con la estructura original. Así, se hallaron 6 factores que se denominaron implicaciones sociosanitarias del desempeño laboral, requisitos espacio-económicos del puesto, componentes sociopersonales del puesto, condiciones temporales del puesto, compromiso de autogestión y cooperativo y características aversivas de la tarea. Los ítems que tienen mayor peso (53, 54, 55, 56, 57 y 58) hacen referencia al primer factor cuya varianza es de un 30,85%. Con menor peso le siguen por orden: el segundo factor con un 11% y con los ítems 59, 60, 64 y 66, el tercer factor con 8,5% que abarca los ítems 65, 67, 68, 69 y 74, el cuarto factor compuesto por los ítems 61,62, 63 y 73 con un 6,7% de la varianza, el quinto factor (5,6%) que se compone por los ítems 72, 73 y 75; y, en último lugar, un sexto factor con un 4,3% de la varianza que recoge sólo el ítem 70.

Factor 5: Presentó tres factores, no pudiéndose comparar con la de Blanch al tratarse de una escala que no se contempla en el estudio original. Esta escala agrupa tres factores que explican el 40,8%, 14,5% y 10% de la varianza   respectivamente. El primero de ellos, características formativo-profesionales, abarca los ítems 76, 77 y 78. El segundo factor, condiciones socioeconómicas agrupa los ítems 81, 85, 86 y 87. El último factor, características personales, se compone de los ítems 79, 80, 82, 83 y 84.

Validación de la escala de actitudes hacia el trabajo en desempleados adultos 403

La fiabilidad fue obtenida con la finalidad de determinar las características de la consistencia interna del instrumento. Dadas las particularidades del cuestionario, se decidió utilizar el procedimiento *alfa* de Cronbach por dos razones principales: replicar el cuestionario tal cual lo realizaron sus autores y estudiar las consistencia interna de una escala compuesta por ítems no dicotómicos.

La fiabilidad de la escala total es bastante satisfactoria, presentando un *alpha* de Cronbach de 0,886. Del mismo modo, la fiabilidad de los factores también es adecuada al obtenerse en todas las escalas un coeficiente de fiabilidad por encima de 0,8 en todos los casos superando, de esta forma, los valores iniciales de Blanch. En la escala atribución externa es donde se obtiene el coeficiente menor (0,773), aunque de igual forma supera el valor de la escala original.

Los datos obtenidos, tal y como puede apreciarse en la tabla siguiente, nos indican que es un instrumento fiable.

Tabla 2 - Coeficientes alpha de fiabilidad.

Escala	Adaptación	Blanch (1990)
Centralidad del empleo	0.920	0.863
Atribución interna del desempleo	0.830	0.741
Atribución externa del desempleo	0,773	0.720
Autoconcepto personal y profesional	0,920	0.883
Disponibilidad para el empleo	0,891	0.859
Percepción subjetiva sobre la contratación de los empresarios	0,856	—
Estilo de búsqueda de empleo	0,854	0.740

Conclusiones

El presente estudio tiene como objetivo principal la validación de la escalas de actitudes hacia el trabajo, analizando la consistencia interna y la estructural factorial de la misma. La adaptación y validación empírica de la escala ha permitido conocer sus propiedades psicométricas y ha ofrecido la oportunidad de avanzar en la evaluación de las actitudes en el ámbito de la inserción laboral.

Si bien es difícil conseguir una réplica exacta de la estructura factorial obtenida con otra población distinta, y después de haber adaptado el cuestionario, se encuentra que los datos son bastante satisfactorios. Como resultado de la rotación factorial los 87 ítems (que componen las 5 primeras escalas del cuestionario) se agruparon en 22 factores que, acumulados, explicaban el 78,51% de la varianza total.

El primer factor, centralidad del empleo, que explica un porcentaje de varianza de un 60,4%, considera que ese atractivo percibido del empleo constituye una motivación de origen social, anclada en la personalidad por socialización, que funciona como referencia para la autoevaluación y como cauce de actitudes y estrategias de acción.

El segundo factor, denominado atribución causal del desempleo, es el que explica un mayor porcentaje de varianza (73%), incluyendo un mayor número de comportamientos referidos a la atribución de las causas del desempleo a factores externos.

El tercer factor, autoconcepto personal y profesional, aglutina una serie organizada de respuestas que hacen referencia a la imagen tanto personal como profesional de las personas, lo que actuará de forma positiva cuando el demandante de empleo tenga una mayor confianza en sí mismo, sintiéndose capaz de conseguir aquello que se proponga.

El cuarto factor, disponibilidad para el empleo, recoge la predisposición de los sujetos, como actitud aprendida y modificable socialmente, arraigada en el sistema de valores personalmente asumido y funciona como cauce facilitador de la actividad concerniente a la búsqueda de empleo.

El quinto factor, percepción subjetiva sobre la contratación de los empresarios, incluye una serie de percepciones creadas socialmente referidas a la supuesta "incapacidad" laboral de las personas a medida que envejecen, lo que ocasiona un obstáculo importante que determina su futura inserción laboral. Por último, el sexto factor denominado estilo de búsqueda de empleo, aglutina aquellas actividades de búsqueda de empleo activa dirigidas a aumentar las probabilidades de encontrar empleo.

La validez factorial, tanto global como intraescalas, ésta ha demostrado que se mantiene la estructura propuesta por Blanch (1990), con las pequeñas diferencias lógicas que en cualquier tipo de réplica pueden surgir. Respecto a la fiabilidad de toda la escala, los resultados muestran una elevada fiabilidad del instrumento a través del coeficiente *alfa* de Cronbach (α=0,886) así como una fiabilidad adecuada para cada uno de los factores, con coeficientes que varían de 0,773 a 0,920.

En definitiva, a través del estudio de la fiabilidad y la validez, se puede afirmar que el cuestionario utilizado reúne las cualidades esenciales de este tipo de instrumentos. Por tanto, se considera que este instrumento constituye una herramienta válida para evaluar las actitudes hacia el trabajo en el contexto de la inserción laboral.

Bibliografía

Bauder, H. (2006). Origin, employment status and attitudes towards work: immigrants in Vancouver, Canada. *Work, Employement and Society*, 20 (4), 709-729.

Blanch, J. M. (1990). *Del viejo al nuevo paro. Un análisis psicológico y social*. Barcelona: PPU.

Baron, R. y Byrne, D. (2002). *Psicología Social*. Madrid: Prentice-Hall.

Carretero-Dios, H. y Pérez, C. (2007). Normas para el desarrollo y revisión de estudios instrumentales: consideraciones sobre la selección de tests en la investigación psicológica. *International Journal of Clinical and Health Psychology*, *7*, 3, 863-882.

De Pablo, J. M. (1996). Desarrollo de los aspectos personales para la ocupación: una metodología para el cambio con grupos de desempleados. *Intervención Psicosocial, V, 15*, 75-101.

Eagly, A. H. & Chaiken, S. (1993). *The psychology of attitudes*. Orlando: Harcourt Brace Jovanovich.

García, A. M. y García, M. G. (2008). La influencia de los rasgos psicológicos en las actitudes hacia el empleo. *Revista de Psicología del Trabajo y de las Organizaciones*, 24 (2), 203-233.

García, E., Gil, G. y Rodríguez, G. (2000). *Análisis factorial*. Madrid: La Muralla.

Garrido, A. (2006). *Sociopsicología del Trabajo*. Barcelona: UOC.

Izquierdo, T. (2008). *El desempleo en los mayores de 45 años*. Jaén: CES.

Izquierdo, T. (2010). *Los nuevos retos del mercado laboral: una perspectiva desde la orientación profesional*. Úbeda: Amarantos.

Izquierdo, T. y Alonso, H. J. (2010). Valores culturales y consecuencias psicosociales del desempleo en América Latina. *Revista de Psicología del Trabajo y de las Organizaciones, 26, 2*, 123-133.

Marín, M., Garrido, M. A., Troyano, Y. y Bueno, R. (2002). Datos para definir políticas de educación y formación para el empleo en función del perfil psicosocial de los jóvenes. *Psicothema, 14, 2*, 288-292.

Martinez, A. (2009). Los orientadores laborales. Trabajo cotidiano y efectos sobre sus públicos. *Cuadernos de Relaciones Laborales, 27*, 2, 145-169.

Martínez, M. F., García, M. y Maya, I. (2001). El rol del apoyo social y las actitudes hacia el empleo en el emplazamiento laboral de inmigrantes. *Anuario de Psicología, 32, 3*, 51-65.

Montero, I. y León, O. G. (2007). A guide for naming research studies in Psychology. *International Journal of Clinical and Health Psychology, 7*, 847-862.

Montilla, S. (2004). Una aproximación a la motivación en procesos de orientación laboral. *Revista de Empleo de la Junta de Andalucía, 5*, 43-44.

Piqueras, R. y Rodríguez, A. (1997). Orientación profesional centrada en las soluciones. Intervención Psicosocial, 6, 3, 317-337.

Rosenberg, M. J. y Hovland, C. I. (1960). Cognitive, affective and behavioural components of attitudes. En C. I. Hovland y M. J. Rosenberg (Eds.), *Attitude organization and change: An analysis of consistency among attitude components*. New Haven: Yale University Press.

25

El proceso diagnóstico en las organizaciones

Victor Quiroga[1]
Carlos Bonantini[1]
Melisa Mandolesi[1]
María Romina Cattaneo[1]

Etimología del término diagnóstico

Comenzaremos por establecer que implica la palabra diagnóstico, ya que es un vocablo de uso frecuente en diversas disciplinas.

Etimológicamente proviene del griego *diagnostikós* que significa "que permite distinguir"

En medicina, por ejemplo, diagnóstico implica la determinación o identificación de una enfermedad mediante el examen de los signos y síntomas que presenta la persona. Por lo tanto, es el reconocimiento de una enfermedad y hace referencia a esta particularidad que define la etimología; diagnosticar, en medicina, es distinguir el carácter de una patología diferenciando sus síntomas de otras.

El diagnóstico es empírico, esto supone que cuando se realiza un diagnóstico se lo hace sobre la base de la observación, pero esta afirmación no impide considerar al diagnóstico desde la perspectiva de la construcción intelectual, ya que es una abstracción de nuestro juicio basada en datos fundados.

Esta característica del diagnóstico hace que, en el lenguaje general, el mismo constituya un examen de una cosa, un hecho o una situación para buscar solución a los problemas a que remite.

El diagnóstico supone, entonces, el análisis de datos para evaluar un problema, lo que nos lleva a dos características del mismo: la cuestión del relevamiento de datos y la evaluación de los mismos, con el fin de llegar a un tipo de información para determinar los rumbos a seguir.

---

[1] Facultad de Psicología. UNR.

La importancia del diagnóstico en consultoría

Provisoriamente, consideraremos al diagnóstico organizacional como un proceso de análisis en el cual se examinan todas o algunas de las áreas que integran un sistema organizacional, con el fin de estudiarlas con profundidad y poder resolver situaciones que entorpecen o ponen en peligro el buen funcionamiento del mismo.

Cuando el grupo cliente nos convoca, nos encontramos ante una situación de desconocimiento o conocimiento parcial de la problemática, para poder realizar lo que en otro lugar hemos denominado el "pasaje del encargo a la demanda", es necesario contar con la información necesaria, para aconsejar a los representantes de la organización respecto a los caminos posibles que pueden tomar para comenzar a resolver la problemática enunciada en el encargo.

El diagnóstico no constituye la solución a la problemática de la organización, ni siquiera el camino a seguir para llegar a las soluciones deseadas, es sólo una recopilación ordenada de la información disponible con el objetivo de reducirla a unidades manejables y poder analizarla para definir las estrategias de intervención.

En la consultoría, el diagnóstico constituye una herramienta privilegiada, sobre todo si consideramos, como afirmaba Bleger (1963)[2], que la labor de intervención privilegia la mirada del que está afuera del sistema. Este autor recomendaba la no pertenencia del consultor a la plantilla de la organización. Cuando el consultor participa de la estructura organizacional se ve sometido a dos tipos de problemas: por un lado, su pertenencia a una estructura de poder dentro de la cual se restringe su capacidad crítica y la formulación transparente de opiniones respecto a la estructura que está analizando; y por el otro, su mirada se ve contaminada por esa pertenencia a la organización, ya que en la cotidianeidad los actores organizacionales naturalizan una serie de cuestiones que se invisibilizan en las rutinas de la misma.

El diagnóstico (y el pre-diagnóstico, tema que desarrollaremos más adelante) constituyen, desde el momento que tomamos contacto con la organización, una mirada profunda y desinteresada sobre el desenvolvimiento de la misma. Para poder realizarlos es necesario que consideremos una serie de cuestiones, que tienen que ver con la calidad de la información relevada.

---

[2] Bleger J. (1963) Psicohigiene y Psicología Institucional. Paidós. Bs. As.

Diagnóstico e investigación

Un punto poco explorado en la literatura psicosociológica, es el tema del valor de la metodología de investigación en la producción de conocimientos orientados a la gestión de las organizaciones.

Investigación y consultoría son frecuentemente tomados como caminos diferentes, y se le reconoce poco valor a la formación en investigación que deben tener los consultores.

El proceso diagnóstico constituye en el sentido más explícito del concepto un proceso de investigación, en el cual el rigor metodológico puede determinar el éxito o el fracaso de la labor del consultor a la hora de entender los mecanismos formales e informales de la organización.

Frecuentemente, se concibe a la investigación como la acción realizada por un especialista que se encuentra al margen de la labor empírica realizada al interior de las organizaciones, la investigación, sería lo que los profesionales insertos en organizaciones de producción de conocimientos realizan, y se la concibe orientada a la producción de saberes que poco o nada tienen que ver con los problemas de la vida cotidiana.

Esto es inexacto, si bien existen prácticas de producción de conocimientos que están mediatizadas del uso cotidiano por la tecnología[3], ésta no es la única investigación posible, y en los hechos, en las diferentes organizaciones, se conciben procesos de producción de conocimientos sin que estos sean reconocidos como tales. Un error frecuente es creer que la investigación en una empresa se realiza solo en los departamentos de desarrollo, en todo momento, en cada una de los puntos de trabajo de la organización existen procesos que determinan el desarrollo de nuevos saberes y que van desde la adaptación de una determinada pieza para ejecutar la tarea hasta el desarrollo de dispositivos de producción con alto nivel de complejidad.

Estas producciones son mucho mas eficaces cuando se trabaja con rigor metodológico aplicando lo que la metodología de investigación científica nos enseña.

Retomando lo anteriormente planteado, el diagnóstico es ni más ni menos, un proceso de investigación. Por esta razón, debe ser encarado como tal, definiendo con claridad el objeto del mismo, sus objetivos y la estrategia metodológica con la cual se ha de realizar.

---

[3] Entendemos por tecnología a la práctica de transferir los conocimientos que se realizan en el laboratorio o en los centros de investigación a la producción de mecanismos o artefactos útiles para la vida cotidiana.

Un punto importante, a diferencia de los proyectos clásicos de investigación, es que en los diagnósticos que realizamos a requerimiento del grupo cliente, se deben definir las expectativas de logros esperadas a lo largo del mismo y tener siempre en cuenta que este proceso debe llevar a generar información para determinar los caminos a seguir en los procesos de gestión.

También debemos considerar que, siendo el diagnóstico una acción que se realiza ante un encargo de un colectivo organizacional, deben existir ciertas condiciones que nos permitan desarrollar con la mayor precisión posible el pasaje del encargo expresado por el o los representantes del grupo cliente, al análisis de la demanda subyacente al mismo.

Condiciones necesarias para realizar un diagnóstico

Para poder realizar un adecuado diagnóstico de una organización, existen algunas condiciones necesarias que debemos considerar a la hora de comenzar.

Contar con la confianza del grupo cliente, esto supone que en la organización que se nos contrata exista una real conciencia de la necesidad de realizar cambio o ajustes a la misma para mejorar su funcionamiento o resolver procesos de crisis.

Tener libre circulación en la organización, de manera que el interventor pueda circular por todos los rincones de la misma, relevando la información necesaria para el estudio.

El respeto a la confidencialidad de la información relevada. Cuando se trabaja en organizaciones es fundamental que los actores de la misma tengan la seguridad de que no se revelarán las fuentes de la información trabajada en el proceso diagnóstico.

Se debe garantizar la devolución de la información, los actores entrevistados deberán saber que se les realizará una devolución de lo que han dado, esto facilita el proceso y además cumple con un código ético y de salud, previniendo el desarrollo de la angustia de los entrevistados.

Se debe formular al cliente un proyecto de intervención lo más específico posible, el cual constituirá un contrato técnico con el mismo. Es fundamental garantizar que se cumplan los términos de ese contrato.

El pre-diagnóstico

Como su nombre lo indica el pre-diagnóstico constituye un momento previo al diagnóstico en el que el consultor, a partir de ser requerido por la organización, toma contacto con el o los representantes del grupo cliente.

El proceso diagnóstico en las organizaciones 411

Como hemos afirmado en otro trabajo[4], el encargo del grupo cliente adolece de imprecisiones muy importantes, que se relacionan con la mirada que el mismo como colectivo tiene de sus problemas, de las particularidades que el representante del grupo cliente agrega a esa mirada colectiva en función de sus propios intereses, de los diferentes interjuegos de intereses que se expresan en la dinámica de la organización, de la imagen que el consultor tiene para el grupo cliente, etc.

Estas imprecisiones solo pueden ser salvadas, en la medida en que el grupo consultor tenga un mapa de los diferentes juegos organizacionales que existen al interior del grupo cliente. Poder conceptualizar con una cierta precisión estos interjuegos, requiere de una cantidad de datos que no se poseen al momento de la primera entrevista.

Por lo general, no se sabe cuáles son las coaliciones internas, se desconoce la estructura formal de la organización y mas aún la informal, no se conoce la historia de la misma, la cultura jugada en su vida cotidiana, etc.

En esta situación, es dudoso que se pueda formular al grupo cliente una propuesta de intervención que sirva al desarrollo de la organización aportando ideas y sugerencias para resolver los problemas que tiene.

Es por ello que, una buena práctica del consultor consiste en concurrir a la primera entrevista con la disposición de realizar una atenta escucha de lo que nos dicen nuestros interlocutores, dominando la ansiedad que nos lleva por el camino de las soluciones rápidas pero de poca efectividad.

Nuestra estrategia debe orientarse a proponer en el mediodía de la entrevista la posibilidad de realizar una serie de acciones orientadas a tener un conocimiento mas preciso de la organización, y para ello propondremos la realización de un pre-diagnóstico que nos permita reunir los elementos de juicio necesarios para elaborar un proyecto de intervención.

Este pre-diagnóstico se diferencia del diagnóstico propiamente dicho, porque se trata de un relevamiento ligero de datos realizado en diferentes puntos de urgencia[5] de la organización, para poder reconocer las características del encargo, la visión del mismo que tienen los actores del grupo cliente, además del interlocutor que nos recibió en la primera entrevista.

---

[4] Ver Bonantini, C.; Quiroga, V. *et al.* (2011) La consultoría en la encrucijada. CIAPOT 2011. Florianópolis.

[5] Estos puntos de urgencia se determinan en reuniones de equipo del grupo consultor en las que se debate sobre los contenidos de las primeras entrevistas y se analiza el encargo.

Una acción que creemos importante a realizar durante el pre-diagnóstico es el recorrido por el establecimiento, es decir la parte física de la organización, tomando contacto con los colaboradores de la misma, y recorriendo con nuestra mirada las características del ambiente físico de trabajo, la organización de los procesos de trabajo, el clima organizacional que registramos en una primera impresión etc.

Todo este proceso de trabajo puede ser resumido en el gráfico que exponemos a continuación. En el mismo, podemos observar cómo se expresa en el plano de la acción, esto que hemos dado en llamar "el pasaje de la formulación del encargo por el grupo cliente al reconocimiento de la demanda de parte del grupo consultor".

El diagnóstico

El diagnóstico, en cambio, constituye el primer momento del proceso de intervención en la organización.

Una vez reunidos los datos del pre-diagnóstico, el grupo consultor debe abocarse al análisis de los mismo comparando las primeras hipótesis formuladas después de la entrevista inicial, con lo que la nueva información indica. En este proceso, se puede producir la validación de las hipótesis originales o puede ser que el grupo consultor varíe su mirada de las características y problemáticas del grupo cliente.

Generalmente, es aconsejable trabajar en este momento de la intervención con técnicas de grupo taller en el que los diferentes miembros del equipo interventor participan en igualdad de condiciones en el análisis y debate de la información relevada.

El análisis de la información conduce a la realización de un proyecto de diagnóstico e intervención.

En el siguiente gráfico, expresamos los pasos de diagnóstico, con el fin de que el lector pueda comparar las semejanzas y deferencias entre el diagnóstico y el pre diagnóstico.

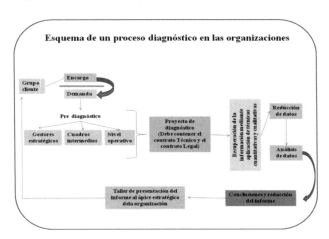

Como podemos observar en el gráfico, el momento más importante del diagnóstico es el pasaje del encargo a la demanda, esta operación, si bien se inicia desde el momento en que concluimos el pre-diagnóstico, estará presente a lo largo de todo el proyecto de intervención.

Si bien nos referimos en el esquema al proyecto diagnóstico, éste incluye la intervención que el grupo consultor realiza en la organización, ya que poder develar la demanda de la organización implica, de alguna manera, estar trabajando sobre los puntos de descarga de la problemática organizacional.

Es importante destacar que, el diagnóstico no constituye una fase previa a la intervención y resolución de los problemas, en la medida en que reconocemos los problemas y sus orígenes, estamos trabajando sobre los posibles caminos de solución a los mismos, por lo que el par diagnóstico intervención se constituye en una sola acción proactiva, que permite que el colectivo organizacional se sumerja en la tarea de analizar sus nodos problemáticos en la red de relaciones formales e informales que se establecen a su interior.

En el esquema incluimos el pre-diagnóstico organizacional que, a los efectos didácticos, hemos desgajado en este escrito, pero que ambos constituyen un solo movimiento del proceso de consultoría organizacional.

Técnicas de recuperación de la información

A continuación, realizaremos algunas precisiones acerca de las diferentes herramientas que el consultor tiene a su disposición en el momento de comenzar a realizar un pre-diagnóstico o un diagnóstico.

Como hemos remarcado en varias oportunidades en este escrito, es importante tener en cuenta que en los procesos de consultoría tanto en el pre--diagnóstico, como en el diagnóstico, las técnicas seleccionadas están vinculadas con los objetivos propuestos al grupo cliente para llevar adelante la intervención y, por lo tanto, guardan relación con el encargo formulado por el mismo y con la demanda analizada por el grupo consultor.

Si bien las técnicas de recuperación de datos son múltiples y pueden dividirse genéricamente en técnicas de recuperación individual, grupal o por medio de procesos de recuperación estandarizados, creemos importante listar para el lector interesado en este tema algunas de las técnicas más frecuentemente utilizadas.

A continuación exponemos una lista de las técnicas de recuperación de datos más frecuentemente utilizadas:

1. Observación
2. Cuestionario
3. Encuestas
4. Escalas de medición
5. Test
6. Entrevistas
7. Técnicas grupales
8. Técnicas individuales estandarizadas
9. Técnicas grupales estandarizadas
10. Análisis de transmisión de mensajes
11. Análisis de redes comunicacionales
12. Análisis documentales.

Un caso especial de diagnóstico: el diagnóstico participativo

Los procesos de cambio en las organizaciones, deben constituir un esfuerzo de las mismas por producir una doble adaptación:

El proceso diagnóstico en las organizaciones

415

a) A su entorno, con el que deben guardar relaciones de continuidad, de manera de ofrecer al mismo los bienes y/o servicios que le demande, en la medida y condiciones que este determine y b) de sus propias estructuras internas, con el fin de poder cumplir con los objetivos que la organización se ha planteado.

Para lograr eficiencia, las organizaciones deben realizar permanentes operaciones de cambio que impliquen el logro de esta doble adaptación. En la época de la globalización, las organizaciones se ven impelidas a realizar un autoanálisis permanente que les permita readaptar en forma continua sus estructuras.

Para ello es necesario dedicar tiempo y esfuerzo, recursos humanos y materiales, que no siempre están disponibles en el interior de las mismas. Los departamentos de programación y desarrollo son parte de una tecno-estructura muy costosa que no todas las empresas pueden sostener.

Cuando se recurre a la ayuda externa, es frecuente que quienes asumen la responsabilidad de convocar a los consultores, corran el riesgo de verse desbordados por una parafernalia de programas y propuestas que, en el mejor de los casos, no responde a las necesidades internas de la organización y sus actores.

La pregunta que frecuentemente se escucha en esta situación, se refiere a las posibilidades de éxito que puede tener un plan de reestructuración organizacional o un programa de formación de recursos humanos. En este último caso, la *Formación Continua* aparece como la formula mágica para atender a cualquier necesidad de cualquier empresa. La formación por más continua que sea, si no esta articulada con las necesidades reales de la empresa, suele constituirse en un factor distorsivo de la funcionalidad de las estructuras organizativas de la misma.

Desarrollar proyectos construidos en forma externa a la organización, sin participación activa y creativa de sus miembros en el diseño y ejecución, conduce a la frustración ante los nuevos fracasos o la dependencia casi patológica de quienes concurren para satisfacer un reclamo puntual y se quedan en la organización para responder a todas las demandas sin límite de tiempo.

El diagnóstico organizacional participativo surge como una herramienta que permite determinar los principales puntos de urgencia de una organización por medio del análisis cooperativo de consultores y actores organizacionales, permitiendo diseñar propuestas de desarrollo organizacional a la medida de las necesidades de la misma.

En los gráficos siguientes se expresa sintéticamente la propuesta.

Características del servicio de diagnóstico organizacional participativo

Pasos más importantes de la propuesta

- Determinación de los puntos de urgencia del grupo cliente.
- Desarrollo de una propuesta de intervención en función de las características y necesidades de la organización.
- Elaboración de planes de desarrollo de Recursos Humanos determinados por los requerimientos de la organización y sus colaboradores.
- Formulación de pautas estratégicas para la adaptación contínua de la organización a su entorno.
- Desarrollo del compromiso de los actores con la organización a mediante la aplicación de diseños de intervención participativos.

Síntesis

Hemos hecho este extenso desarrollo del diagnóstico organizacional porque creemos importante que comience a debatirse la temática. Nuestra propuesta es involucrar a todos los actores de la organización en el proceso de cambio como camino a la eficiencia de los procesos de intervención, pero somos conscientes que con la sola voluntad de los miembros no alcanza, ni siquiera con la formación técnica del grupo consultor, es necesario contar con las herramientas necesarias para formular el proyecto de cambio organizacional.

El diagnóstico brinda la información necesaria para poder desarrollar un proyecto adecuado a las necesidades de la organización, en el diagnóstico participativo, el saber técnico no opera como un saber supra organizacional, por el contrario el verdadero saber es el que portan los miembros de la organización.

El saber técnico tiene como función constituir un articulador en la búsqueda de la información, en su análisis y en la formulación del proyecto de cambio.

Como hemos referido frecuentemente, el mejor consultor es aquel cuyo paso por la organización no es percibido por sus integrantes.

Diagnóstico participativo, proceso de cambio y formación continua se constituyen el trípode necesario para poder establecer las condiciones de adaptación flexible de la organización a su entorno, y constituyen las herramientas de nuestro trabajo, que como dijera el gran maestro Carlos Altschul, son herramientas de alguien que está de paso.

Bibliografía

Altschul C. (2002) Estar de paso. Granica. Bs. As.

Ardoino J. et. al. (1987) Análisis Institucional. Plaza y Valdés. México.

Bleger J. (1973) Psicohigiene y Psicología Institucional. Paidós. Bs. As.

Bonantini C *et al.* (2005) Desarrollo local, economía solidaria y nuevas subjetividades. Publicado en las Memorias de las XII jornadas de Investigación. Facultad de Psicología Universidad de Bs. As.

Bonantini C. (1996) Psicosociología de las organizaciones. CEP – Psicología. Rosario

Bonantini C. *et al.* (2008). Pasado y presente en la praxis de los investigadores. Aportes a la construcción metodológica en Ciencias Sociales. En Cuadernos Sociales Iberoamericanos N° 8, año. Rizomas de nuestra sociedad. UNR Editora. Rosario

Bonantini C., Domínguez Rodríguez E. (2006) Universidad y poder. UNR Editora. Rosario.

Bonantini C., Ryan G. (2001) La Psicosociología como saber bisagra entre la psicología y la sociología.. En cuadernos Sociales 3. UNR Editora Rosario

Bonantini C., Simonetti G. (1999) El mito de Saturno. Desocupación y vida cotidiana. UNR Editora. Rosario.

Bonantini C., Simonetti G. (2003) Trabajo y no trabajo la otra mirada. UNR Editora. Rosario.

Bonantini et. al. (2008). El desarrollo local como herramienta de articulación de actores sociales. Co autor. Revista Extensión digital. Año 1, Nª 3. Secretaría de Extensión Universitaria de la Facultad de Psicología de la Universidad Nacional de Rosario. Rosario

Fernández Rodríguez A (2004) Psicología de las organizaciones. Editorial UOC. Barcelona.

Gore E. (1988) Aprendizaje y organización. Tesis. Bs. As.

Gore E. (1998) La educación en la empresa. Granica. Bs. As.

Gore E. (2003) Aprendizaje colectivo. Granica. Bs. As.

Matterlart A, Matterlart M. Historia de las teorías de la comunicación. Paidós. Bs. As.

Minstzberg H. (1998) Diseño de organizaciones eficientes. El Ateneo. Bs. As.

Mucchielli A. (1998) Psicología de la comunicación. Paidos. Bs. As.

Schein E. (1990) Consultoría en proceso. Addison- Wesley Iberoamericana. Delaware.

Schlemenson A. (1996) Organizar y conducir la escuela. Paidós. Bs. As.

Schlemenson A. (2002). La estrategia del talento. Paidós. Bs. As.

Schvarstein L (1998) Diseño de las organizaciones. Paidós. Bs. As.

Schvarstein L. (1995). *Psicología Social de las Organizaciones.* Buenos Aires: Editorial Piados.

26

LA CONSULTORÍA PSICOSOCIOLOGICA EN LA ENCRUCIJADA

Carlos Bonantini[1]
Víctor Quiroga[1]
Melisa Mandolesi[1]
María Romina Cattaneo[1]

Introducción

Encrucijada: Cambio tecnológico y artesanía de la consultoría

En los últimos cincuenta años mucho es lo que ha cambiado la sociedad, en este breve espacio temporal asistimos a cambios de gran envergadura: el fracaso del experimento socialista en el mundo, el paso de la bipolaridad a la hegemonía de EE.UU., la globalización que ha penetrado en todas las culturas alterando las nociones de lo regional, las identidades nacionales, etc.

La consultoría psicosociológica, se encuentra frente a una encrucijada, que es el producto de los múltiples desafíos que se le plantean como consecuencia de los cambios ocurridos en las últimas décadas.

En el tercer milenio, asistimos a la sedimentación de una cultura basada en las comunicaciones y la automatización de la producción. Las sociedades del capitalismo industrial temprano, basaron el dominio en la represión física; en la sociedad de las TICs, la burguesía ha desarrollado dispositivos de control que hacen cada vez menos necesaria la represión directa, el dominio se establece por vía del control de las acciones y reflexiones de la población mediante la acción devastadora de los *mass media,* entre otros instrumentos.

Las estructuras organizacionales de las empresas y organismos del estado, se han modificado a tal punto, que afectan tanto a las culturas como a los climas organizacionales. Existe, lo que podríamos definir como, un nuevo paradigma comunicativo de la sociedad y, a diferencia del cara a cara del intercambio de la sociedad tradicional, los modelos relacionales de la sociedad se encuentran

---

[1] Facultad de Psicología – UNR.

mediados por un conjunto de dispositivos que, a la vez que acercan, alejan a los interlocutores, que a la vez que informan, inducen a los actores sociales a la incertidumbre y la duda.

La organización social es una estructura funcional de redes, en la que aquello que definíamos como empresa, recobra hoy el auténtico sentido de emprender, la empresa no son solo las fábricas, los monopolios, la pequeña organización comercial; hoy la empresa es un colectivo de trabajo y riesgo que necesita de la acción conjunta y solidaria de sus integrantes para cumplir con sus objetivos. Aquellos que así lo entienden pueden decir que entraron al siglo XXI, los otros quedaran en la memoria de la historia que, como los castillos de arenas, desaparecen con el tiempo sin dejar rastros.

Consideraciones técnicas de la consultoría

Etimológicamente, consultoría deriva de consultar palabra que proviene del latín *consultare*, que significa pedir consejo o deliberar muchas veces con alguien. En castellano, consultoría referencia dos cuestiones: a) actividad del consultor, b) despacho del mismo. Pareciera que el término clave es el de consultor, que es quien da su parecer sobre una cosa. En la actualidad, se trataría de una persona u organización con un determinado *expertis* dedicada a brindar servicios, de una manera no permanente, orientados a la resolución de problemas planteados por un grupo cliente.

La consultoría es un servicio de asesoramiento profesional independiente de la organización, que ayuda a la misma a alcanzar sus fines y objetivos. Para ello, el consultor desarrolla una actividad con el grupo cliente, facilitando al mismo las herramientas de solución de problemas, el descubrimiento y evaluación de nuevas oportunidades, el mejoramiento de la formación de los integrantes de la organización y los modos de puesta en práctica de los cambios.

En esta definición, hemos querido resaltar algunas cuestiones que tienen importancia en la actividad de consultoría.

En primer lugar, se trata de una actividad no permanente, el consultor, término de Altschul (2002)[2] está de paso, siempre está de paso, lo cual no quiere decir que sea ajeno; el consultor, en términos del autor, es externo porque no come y duerme en el lugar, pero es un sujeto que se implica en su intervención y se compromete con la organización.

El paso por la organización, deja huella y sobre esa huella caminarán los integrantes construyendo su propio futuro organizacional. La condición de

---

[2] Altschull C. (2002) Estar de paso. Granica. Bs. As.

transitoriedad del estar de paso es lo que permite al consultor implicarse sin mezclarse, reteniendo su mirada externa y participando en la vida interna de la organización, aportando su punto de vista sobre aquello que en la organización, por tan cotidiano y presente, no puede ser visto.

Pero también, es importante reconocer otro de los términos de nuestro concepto, el consultor no es un oráculo que puede intervenir sobre cualquiera de los temas problemáticos de la organización, el posee un *expertis*, y debe trabajar sobre los problemas que su *expertis* le permite abordar. No para dar soluciones, sino para involucrar a los participantes de la organización en la construcción de herramientas que les permitan buscar por sí mismo las soluciones.

Para ello, cuando se interviene en una organización es importante la escucha y la mirada respecto de aquello que constituye el encargo del grupo cliente. Escucha y mirada que, no solo se limita al representante del grupo cliente, sino que se debe extender a toda la organización.

Intervenir, implica poder estar entre, y para ello se debe conocer que es lo que constituye las parte entre las cuales se está. Es necesario saber que la palabra que enuncia, a la vez oculta, que lo que se pide manifiestamente, permite que circule por debajo de sí una demanda que articula el pedido con aquello que lo determina pero de lo que no se es consciente. La demanda es el representante de lo que ocurre en la organización y a la vez, lo que ha determinado el pedido. El consultor desde esta perspectiva es un técnico, que transita el camino del pedido a la demanda por vía del análisis, análisis que exige un conocimiento de la organización y que da valor al diagnóstico como herramienta de trabajo en la intervención.

La consultoría psicosociológica como campo particular de la consultoría

Consultores hay muchos, hay consultores en todos los campos imaginables: políticas, campañas electorales, finanzas, inversiones, arquitectura, bienes inmuebles, seguridad, policía, arte, psicología, educación, cooperativas, turismo, concursos de belleza, etc. No hay área de especialidad donde no exista o haya la posibilidad real de consultoría especializada. Cada área implica determinados paradigma de intervención. Si bien todos son consultores, tanto el ingeniero, como el psicólogo, el comunicador o el sociólogo, etc., en cada campo las herramientas de intervención adquieren tintes particulares que se relacionan con la estructura disciplinar, con las culturas específicas, con los métodos y técnicas de abordaje de sus campos de trabajo etc.

Veamos un ejemplo, la relación entre el consultor en ingeniería y el psicólogo.

Consultoría en Ingeniería	Consultoría en Psicosociología
Opera con las características de la organización del trabajo	Opera con los significados y atribución de significados en el proceso organizacional.
El eje central es el proceso de trabajo	El eje central es la trama vincular en la organización.
Analiza los contenidos de la tarea y los modos de ejecución.	Analiza los procesos comunicacionales y las relaciones de poder en la organización.
Busca aumentar la eficiencia el trabajador como vía para el aumento de la productividad de la organización.	Intenta facilitar el entendimiento de los problemas y generar actitudes de compromiso orientadas a construir colectivamente soluciones.

Figura 1 - Consultorías comparadas.

Como podemos observar si bien ambos actores pueden participar en la vida interna de la organización desde la perspectiva de la consultoría, y pueden trabajar en relaciones de complementariedad y aún más, conformando un equipo interdisciplinario de trabajo, existen sustanciales diferencias con respecto a los modos de abordaje de la problemática organizacional.

En este punto de nuestro diálogo, podemos formular una pregunta, ¿Por qué hablar de consultoría psicosociológica, y no hacerlo desde el concepto de Psicólogo en el Campo del Trabajo?

Partimos de considerar a la Psicosociología como una práctica que tienen los Psicólogos, para abordar los problemas relacionados con el trabajo. Desde este punto de vista adscribimos a la corriente que no fragmenta a la psicología en múltiples sub-disciplinas tales como Psicología Educativa, Psicología Laboral, Psicología Jurídica, sino que pensamos que la Psicología constituye un solo campo disciplinar, un cuerpo de conocimientos, que se despliega en distintos campos tales como el clínico, el jurídico, el laboral, el educativo, etc. Esa participación en los diferentes campos, se despliega desde diversas teorías, es así que sería un error identificar teorías con campos y pensar que la clínica es el campo en el que puede desplegarse el Psicoanálisis, que la Psicología Genética constituye una teoría para intervenir en el campo de la educación o que la Teoría Sistémica es el único conocimiento posible para abordar el campo del trabajo.

Todas las teorías poseen herramientas para intervenir en todos los campos y más aún en muchos problemas de un determinado campo no es posible intervenir desde la estrecha perspectiva de una teoría solamente.

Muchas veces es necesario construir saberes y prácticas de intervención basadas no solo en diferentes teorías, hay que ir más allá y avanzar sobre las fronteras de las disciplinas creando nuevos campos de conocimiento que involucren a diferentes disciplinas.

Este es el caso de la Psicosociología de la Organizaciones.

La Organización constituye un punto de descarga del diálogo entre la Sociología y la Psicología. Ella es tributaria de ambas disciplinas y en su problemática convergen los conceptos teóricos que tienen que ver tanto con la mirada macro-social como micro-individual.

En un trabajo anterior[3], decíamos que la Psicosociología que estudia las organizaciones, se configura en un espacio bisagra entre la Psicología y la Sociología. Constituye un saber aplicado al análisis de las organizaciones de cualquier tipo (salud, educativas, laborales, etc.) trabaja a nivel de las tramas vinculares que los diferentes actores establecen al interior de las mismas. Es teoría y práctica, que se introduce en el medio organizacional, para favorecer el desarrollo de las potencialidades y creatividad del hombre desde una perspectiva crítica y en libertad.

Dentro de ese gran campo que se denomina Psicosociología de las Organizaciones, se habilitan, a nuestro entender, prácticas poco desarrolladas por los profesionales psicólogos en nuestro país: el Análisis Organizacional y el Análisis Institucional. Estas prácticas tienen múltiples lugares de trabajo donde desenvolverse, como ser las organizaciones educativas, laborales, de salud, etc.

Desde este punto de vista se hace necesario el desarrollo de investigaciones que permitan satisfacer las necesidades de formación que este campo demanda.

Este material pretende ser un aporte más al debate de estos interesantes puntos de reflexión: el carácter disciplinar de la Psicología, las demarcaciones que se realizan en su interior, la Psicología Social como territorio particular de la Psicología o como denominación necesaria de la misma, los saberes territoriales que se vertebran al interior de este gran campo, las posibilidades formativas de estos saberes en tanto campo de aplicación concreta del saber de la Psicología.

Creemos que un buen punto de partida de nuestra reflexión, para comenzar a abordar una temática tan amplia (que no pretendemos agotar en este trabajo) es el debate sobre las implicancias conceptuales de hablar de consultoría Psicosociológica en el campo de las Organizaciones, que consecuencias tiene colocarse en los diferentes límites que el debate necesariamente traza y que posibilidades nos brinda esta demarcación.

---

[3] Bonantini C. Ryan G. (2001) La Psicosociología como espacio bisagra entre la Psicología y la Sociología. En Cuadernos Sociales 3. UNR Editora. Rosario

La consultoría como y en proceso

Al definir el título de este trabajo incluimos el tema de la encrucijada. Al hacerlo, estábamos pensando en lo que significa el término, lugar de encuentro (de caminos), momento de toma de decisiones. La consultoría es, ni más ni menos que eso, un momento de encuentro de dos caminos (el de la organización y el del consultor) y ese encuentro ocurre porque es necesario para la organización tomar decisiones que convocan, no solo a su pasado, sino fundamentalmente a su presente pensando en su futuro.

El consultor concurre a la organización para participar temporalmente de un camino que la misma ha recorrido durante cierto tiempo, pero no lo hace como una página en blanco, desprovisto de experiencias, conceptos, teorías, sino que participa en ese proceso de encuentro con todo lo que él mismo es.

Por eso, es que decimos que el lugar del consultor es un no lugar, desde el cual tiene que ampliar el campo de la mirada de la organización pero sin involucrarse en sus conflictos internos. Si ha de tomar parte, siempre será tomar parte por la organización en su conjunto, su compromiso es con toda la organización y no con alguna de sus facciones.

Su trabajo es un proceso que se verifica dentro de otros procesos complejos. Se ve demandado por todos los integrantes de la organización que lícitamente buscan que el proceso de consultoría redunde en una ampliación de sus propios espacios.

En este proceso, el consultor debe invisibilizarse, debe desplazarse dentro de la organización realizando el menor ruido posible, su presencia será más eficaz cuando menos conocimiento tengan los integrantes de la organización de su paso por la misma.

Parafraseando a un viejo truco discursivo del psicoanálisis lacaniano, "el consultor debe transformarse en una carta robada". Esa carta que es buscada con denuedo y que nadie la puede hallar, porque se halla allí ante la presencia de todos, a la vista de todos, y es precisamente esa presencia transparente, clara, la que hace que en su silencio y quietud la carta pueda pasar inadvertida.

En alguna oportunidad un representante del grupo cliente le dijo a un consultor, "...pero lo que Ud. nos dice es aquello que nos ocurre todos los días y que nosotros nunca tenemos en cuenta", lo que el actor estaba afirmando era precisamente eso, en la medida en que el consultor se invisibiliza, puede ocupar esa dimensión desconocida para los actores de la organización, que es tener el registro de lo obvio y lo cotidiano, aquello que está, pero que por estar siempre allí deja de verse, lo que no hace ruido pero afecta nuestras experiencias en la organización.

Pero además de esta condición de invisibilidad, el consultor debe ser ajeno a los éxitos y fracasos de la organización, en la medida en que su tarea es facilitar a los actores a reconocer lo obvio y lo cotidiano, los ayuda a poder asumir una actitud analítica para pensar en los obstáculos a su trabajo, a entender las nociones de cooperación y solidaridad en la organización, a considerar el punto de vista del otro mas que el suyo propio, y de esta manera poder ir construyendo nuevas herramientas de operación que faciliten el desarrollo organizacional.

En este punto volvemos a la noción de proceso, si se pretende lograr un cambio inmediato, acotado en un tiempo determinado, es posible que en el horizonte de visibilidad de la intervención se recorte la sombra del fracaso, los miembros de la organización deben aprender a contener sus ansiedades y angustias, a trabajar con ellas para favorecer el análisis, a ver en cada fracaso una crisis y en cada crisis una oportunidad. Hablar de la intervención psicosociológica como proceso, no significa que la misma no tenga que responder a un proyecto definido y acotado en el tiempo. Es hablar de un proyecto flexible, que puede modificarse con los avatares del proceso, que es necesario saber adónde ir y como transitar el camino, pero a la vez reconocer los cambios de sentido en el momento en que se hacen necesarios. En la figura 2 podemos ver una síntesis gráfica de un proceso de intervención.

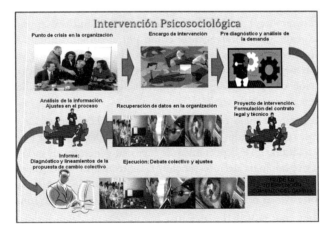

Figura 2 - Síntesis de un proceso de consultoría psicosociológica.

En ella encontramos que cuando la organización visualiza estar frente a lo que denominaremos punto de crisis, somos convocados por la misma y establecemos una relación con el representante del grupo cliente (gerente, propietario, etc.), quien es el encargado de formular el pedido. Desde el momento en que comienza la primera entrevista, desplegamos nuestra escucha y comenzamos a recuperar información para realizar el pre-diagnóstico que nos permita ir conociendo las características de la organización que formula el encargo.

El pre-diagnostico incluye un paso fundamental, el pasaje de la escucha del encargo a comenzar el análisis de la demanda. La demanda está constituida por los componentes implícitos del encargo, ella nos habla de aquello que no esta formulado en el encargo pero que es una parte importante del mismo, parte que en no pocas oportunidades la organización no expresa conscientemente, o más aún, desconoce su existencia en su funcionamiento estructural. Así, por ejemplo, subyacente a un encargo de formación puede existir una demanda respecto a conflictos intra-organizacionales, entre diferentes actores de la misma, que perjudican el funcionamiento de la misma.

Para analizar la demanda es necesario escuchar las distintas voces de la organización, recorrerla físicamente y pulsar el latido de su arquitectura funcional.

La operación de pasaje del encargo a la demanda en el marco del pre-diagnóstico nos permite tener los elementos de juicio que nos permitirán formular el proyecto de intervención.

El proyecto de intervención contiene además de los objetivos, las metas los métodos y técnicas, etc., dos cuestiones fundamentales para todo proceso de intervención: el contrato legal y el contrato técnico.

El contrato legal remite a las condiciones económicas y contractuales en las que se realizará la intervención, como por ejemplo, cantidad de tiempo que se extenderá la misma, los honorarios por la tarea y forma de efectivizarla (tanto en el tiempo como en el espacio), los requerimientos funcionales para la realización de las acciones (ejemplo espacio físico, disponibilidad de los actores organizacionales, etc.).

El contrato técnico permitirá establecer con la organización un marco de desarrollo del proyecto. En él se incluyen los objetivos de la intervención, las metas a alcanzar, las expectativas de logro en general y en cada una de las etapas, la metodología de intervención y las técnicas e instrumentos que se implementarán para recuperar los datos, la presentación de los resultados, el trabajo colectivo entre los miembros del grupo cliente y el grupo consultor, etc.

Ambos contratos deben definirse con precisión, dejando muy claro los términos de los mismos y si es posible, se deben trabajar conjuntamente con los miembros del grupo cliente, con el fin que estos conozcan con amplitud y profundidad las características del trabajo a realizar.

El siguiente paso, es el momento de ingresar a lo que podemos denominar, el proceso de intervención específico. Desplegamos nuestro proyecto para poder reconocer los diferentes componentes de la organización, los vínculos

La consultoría psicosociologica en la encrucijada

relacionales existentes entre los mismos, los diferentes canales comunicacionales, las estructuras y redes de poder, tanto formales como informales, los diferentes procedimientos de ejecución de las tareas cotidianas, los documentos de la organización (reglamentos, informes, estadísticas etc.). Toda la información que encontremos puede ser de utilidad, por lo que el principio del relevamiento es no desechar ningún dato por nimio o insignificante que parezca. En el momento del análisis de los datos, podremos contrastar la información recuperada y desechar aquella que no nos brinda utilidad alguna o poca utilidad.

Cuando realizamos un proyecto es fundamental involucrar a todos los miembros en el mismo, que la totalidad de los integrantes de la organización se sientan partícipes del proceso de intervención y más aún, lo hagan parte de su propia experiencia. Pero este principio que es muy importante, lo es más aún en el momento de trabajar en la recuperación de la información y de ser posible en determinadas etapas del análisis de los datos. Trabajar en forma colectiva con los miembros de la organización, conformando un equipo de trabajo en el que participen integrantes del grupo consultor y del grupo cliente, es una medida estratégica para aumentar la sinergia del proyecto, no solo durante nuestra estadía temporal en la organización, sino fundamentalmente luego de nos hayamos ido de la misma.

La etapa del análisis de la información, que incluye la comparación con nuestros presupuestos teóricos y con otras experiencias realizadas (propias o ajenas), nos permite conocer en profundidad la misma, poder confirmar o descartar hipótesis iniciales, realizar simulaciones de caminos posibles para enfrentar la problemática, etc. Esta etapa finaliza con la elaboración del informe para ser presentado al grupo cliente.

El informe incluye la presentación inteligible y sencilla de la información relevada, expresado en un diagnóstico organizacional que nos permite enmarcar la problemática de la organización, y en base a ello, realizar las propuestas de cambio organizacional.

Un elemento importante en este momento de la intervención es que las propuestas presentadas por el grupo consultor no constituyen una receta cerrada de recomendaciones a realizar por lo organización para resolver sus problemas, por el contrario, sería más preciso decir que es una presentación de lineamientos que la organización debe analizar en forma colectiva para poder determinar por sí y por la acción de sus colaboradores, que caminos deberá seguir para lograr un eficiente desarrollo organizacional.

De esta manera, el informe se constituye en una herramienta de trabajo cooperativo entre los miembros de la organización, que le permite realizar el debate franco de los problemas que acontecen en el desenvolvimiento cotidiano y vincular este debate a los fines estratégicos de la organización que involucran, no solo el medio ambiente interno sino también el entorno de sentido que la organización constituye con su accionar.

Del proceso de consultoría a la consultoría de procesos

En este momento de nuestro desarrollo nos interesa retomar un importante trabajo sobre consultaría de Schein (1988)[4], porque entendemos que brinda al interesado en la Consultoría Psicosociológica herramientas interesantes para reflexionar sobre la práctica en este campo.

En primer lugar, es importante destacar que Schein define la Consultoría de Procesos (CP) en relación con el Desarrollo Organizacional (DO), estableciendo que este último es un programa de mejoras para toda la organización pero que, generalmente es llevado adelante por el consultor con individuos y grupos, y que la CP implica la actitud del consultor ante el DO, lo que se ve en las premisas del consultor y de la consultoría.

Schein[5] nos brinda un interesante concepto de la consultoría de procesos, nos dice que es *un conjunto de actividades del consultor que ayuda al cliente a percibir, entender y actuar sobre los hechos del proceso que suceden en su entorno, con el fin de mejorar la situación según el deseo del propio cliente.*

La paradoja que formula, aún sin decirlo, este autor es que muchas veces el representante del grupo cliente sabe que algo anda mal, pero no sabe que espera exactamente del consultor y, sólo sabe que es necesario que algo cambie en la organización, lo que nos formula es un pedido de ayuda ante la imposibilidad de resolución.

Con eso debemos trabajar en consultoría, por eso la importancia del pasaje del encargo a la demanda y, el valor de la escucha y la mirada a lo largo del proceso, pero más aún en los primeros momentos de la relación con el grupo cliente.

La constatación de la situación descripta, lleva a Schein a formular una serie de premisas que guían el trabajo del consultor, que se constituyen en casi un decálogo del consultor y que son de gran importancia en nuestro paso por las organizaciones.

---

[4] Schein E. (1988) Consultoría en procesos. Recomendaciones para Gerentes y Consultores. Addison-Wesley Iberoamericana. Wilmington

[5] Ídem anterior.

En los propios términos del autor las premisas a las que hacemos referencia serian las siguientes:

- El cliente necesita ayuda para diagnosticar sus problemas.
- El cliente requiere de orientación para determinar qué tipo de ayuda busca.
- El cliente necesita apoyo para saber que cambiar y cómo hacerlo.
- La efectividad del cambio depende de la posibilidad de que la organización aprenda a diagnosticar y manejar fortalezas y debilidades.
- Si los remedios que se aplican no son determinados en colaboración con la organización que sabe lo que funciona y lo que no esos remedios pueden ser erróneos.
- El consultor de procesos debe dar alternativas para que el cliente decida que escoger.
- La función principal de la C.P. es transmitir al grupo cliente habilidades para diagnosticar y corregir problemas.

Las afirmaciones que realizamos a lo largo de nuestro planteamiento, con respecto a la importancia de la mirada y la escucha; y con respecto a la función del consultor en el proceso, son expresamente referidas por el autor en estas premisas.

Schein agrega, además, la importancia del análisis de las comunicaciones que se registran en la cotidianeidad organizacional, análisis que va mas allá de los presupuestos teóricos generales de la teoría comunicacional, y plantea el trabajo con los elementos meta comunicacionales de tanta importancia en la cotidianeidad cultural de las organizaciones.

Al analizar las comunicaciones deberíamos considerar entre otros los siguientes puntos:

◊ Cómo se comunican los miembros de la organización entre si.
◊ Que medios usan para comunicarse (palabra, gestos, posturas, etc.)
◊ Quién comunica, con qué frecuencia, durante cuánto tiempo
◊ Quien se comunica con quien.
◊ Quien habla después de quien
◊ Quien interrumpe a quien
◊ Que estilos de comunicación se utilizan

◊ Comunicación con gestos
◊ Niveles de la comunicación

En la actualidad, el modelo de Schein constituye un buen punto de partida, pero no agota la caja de herramienta con que contamos los profesionales de la consultoría a la hora de intervenir en las organizaciones, es necesario incorporar nuevos problemas, como las cuestiones de poder en las organizaciones, los análisis de la arquitectura organizacional de los recursos humanos, las significaciones y prácticas políticas en las organizaciones, etc.

A modo de cierre y como intento de apertura

A modo de cierre de nuestra ponencia queremos presentar gráficamente el modelo de consultoría en proceso.

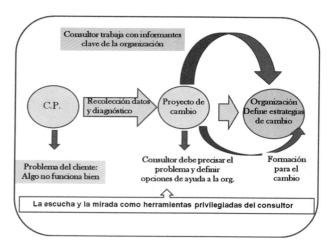

Lo que consideramos importante es, incluir esto que hemos denominado el campo de la escucha y la mirada. Este campo no se remite solamente a estos conceptos, habilita el uso en consultoría de un arsenal conceptual proveniente de diferentes disciplinas psicológicas, que incluyen al Cognitivismo, al Conductismo, la Teoría de la Gestalt, el Psicoanálisis, el Construccionismo, la Teoría Sistémica, etc.

La mirada que proponemos en nuestro modelo, se centra en el desarrollo del trabajo de equipo al interior de equipos de trabajo, que constituyen los miembros del grupo consultor y el grupo cliente.

Este punto de partida de la consultoría moderna, reconoce que en el actual estado de desarrollo de las nuevas tecnologías, es necesario trabajar con la organización total de manera cooperativa, como camino a reconocimiento de la misma, de sus problemas y búsqueda de soluciones.

Pero también queremos destacar algunos aspectos que, por estar dentro del campo de la ética profesional, no dejan de ser importantes para el desarrollo organizacional. Puntualmente, queremos poner de manifiesto que la actividad del consultor en la organización, si bien esta guiado por el logro de una mayor eficacia y eficiencia de la misma, ello no implica dejar de lado la construcción colectiva de formas de prevención del sufrimiento psíquico en las organizaciones y la necesidad de colocar en el horizonte de visibilidad de la tarea de intervención, la premisa del desarrollo humano de los actores organizacionales.

Desde este posicionamiento, surgen como necesidad la incorporación en el trabajo del Consultor Psicosociológico, de otras problemáticas que, por menos tratadas, no dejaban de ser fundamentales en el desarrollo social. Es así que, comenzamos a trabajar con problemas como el de la relación entre trabajo y salud mental, a reconocer y operar preventivamente sobre las nuevas patologías en el campo del trabajo (Burnout, adicción al trabajo, Mobbing, etc.), a valorizar la importancia de acciones que, aún no estando directamente vinculadas con los objetivos principales de las organizaciones, son fundamentales a su crecimiento, como lo es el desarrollo de planes de formación continua en las organizaciones, y fundamentalmente, a considerar la necesidad de reformular el clásico concepto del trabajador vinculado a la noción de máquina de producir, para ir construyendo una visión del mismo como ser humano integral, que tiene necesidades y deseos a los que la organización tiene la obligación de atender.

Bibliografía

Altschul C. (2002) Estar de paso. Granica. Bs. As.

Altschul C. et. Al. (2003) Transformando. EUDEBA. Bs. As.

Alvares de Mon Pan de Soraluce A. (2001) El mito del líder. Prentice Hall. Madrid.

Bleger J. (1973) Psicohigiene y Psicología Institucional. Paidós. Bs. As.

Blouet-Chapiro C. y Ferry G.. (1993). El Psicosociólogo en la Clase. Paidos Educador. Bs. As.

Bonantini C. (1988. El concepto de trabajo en su génesis histórica. Centro de Estudiantes Fac. de Psicología. UNR. Rosario.

Bonantini C. (1996) Psicosociología de las organizaciones. CEP – Psicología. Rosario

Bonantini C., Domínguez Rodríguez E. (2006) Universidad y poder. UNR Editora. Rosario.

Bonantini C., Ryan G. (2001) La Psicosociología como saber bisagra entre la psicología y la sociología.. En cuadernos Sociales 3. UNR Editora Rosario

Bonantini C., Simonetti G. (1999) El mito de Saturno. Desocupación y vida cotidiana. UNR Editora. Rosario.

Bonantini C., Simonetti G. (2003) Trabajo y no trabajo la otra mirada. UNR Editora. Rosario.

Breton P. (2000) La utopía de la comunicación. Dominios. Bs. As.

Dominguez P. y Casas J. (1979).Introducción a la Psicosociología del trabajo. Pablo del Rio Editor. Madrid

Fernández Rodríguez A (2004) Psicología de las organizaciones. Editorial UOC. Barcelona.

Galeano C. (1997) Modelos de comunicación. Ediciones Macchi. Bs. As.

Gore E. (1988) Aprendizaje y organización. Tesis. Bs. As.

Gore E. (1998) La educación en la empresa. Granica. Bs. As.

Gore E. (2003) Aprendizaje colectivo. Granica. Bs. As.

Hortal M. (2000) Las organizaciones virtuales. Pirámide. Bs. As.

Jaques E. (2000) La organización requerida. Granica. Bs. As.

Kaufmann A. (1993) El poder de las organizaciones. ESIC Editorial. Universidad de Alcalá de Henares.

Mandel G. (1994) Hacia una empresa democrática. Editorial Lugar. Bs. As.

La consultoría psicosociologica en la encrucijada 435

Matterlart A, Matterlart M. Historia de las teorías de la comunicación. Paidos. Bs. As.

Mintzberg (2000) Diseño de organizaciones eficientes. El Ateneo. Bs. As.

Mucchielli A. (1998) Psicología de la comunicación. Paidos. Bs. As.

Ogliastri E. (1988)- Gerencia Japonesa y círculos de participación. Norma. Bs. As.

Schein E. (1990) Consultoría en proceso. Addison- Wesley Iberoamericana. Delaware.

Schelemenson A. (1990) La perspectiva ética del análisis organizacional. Paidos. Bs. As.

Schlemenson A. (1996) Organizar y conducir la escuela. Paidós. Bs. As.

Schlemenson A. (2002). La estrategia del talento. Paidós. Bs. As.

Autores Varios. (1987) Análisis Institucional. Plaza y Valdés. Paidós. México.

Schlemnson A. (1996) Organizar y conducir la escuela. Paidós Bs. As.

Schlemnson A. (2002) La estrategia del talento. Paidós. Bs. As.

Schvarstein L (1998) Diseño de las organizaciones. Paidós. Bs. As.

Schvarstein L. (1995). *Psicología Social de las Organizaciones.* Buenos Aires: Editorial Piados.

Schvarstein L. (2003) La inteligencia social de las organizaciones. Paidos. Bs. As.

Schvarstein, L. (1998). *Diseño de las Organizaciones.* Buenos Aires: Paidos.

Taylor F. (1953) Principios de la administración científica del trabajo. El Ateneo. Bs. As.

Impresso por :

Graphium
gráfica e editora

Tel.:11 2769-9056